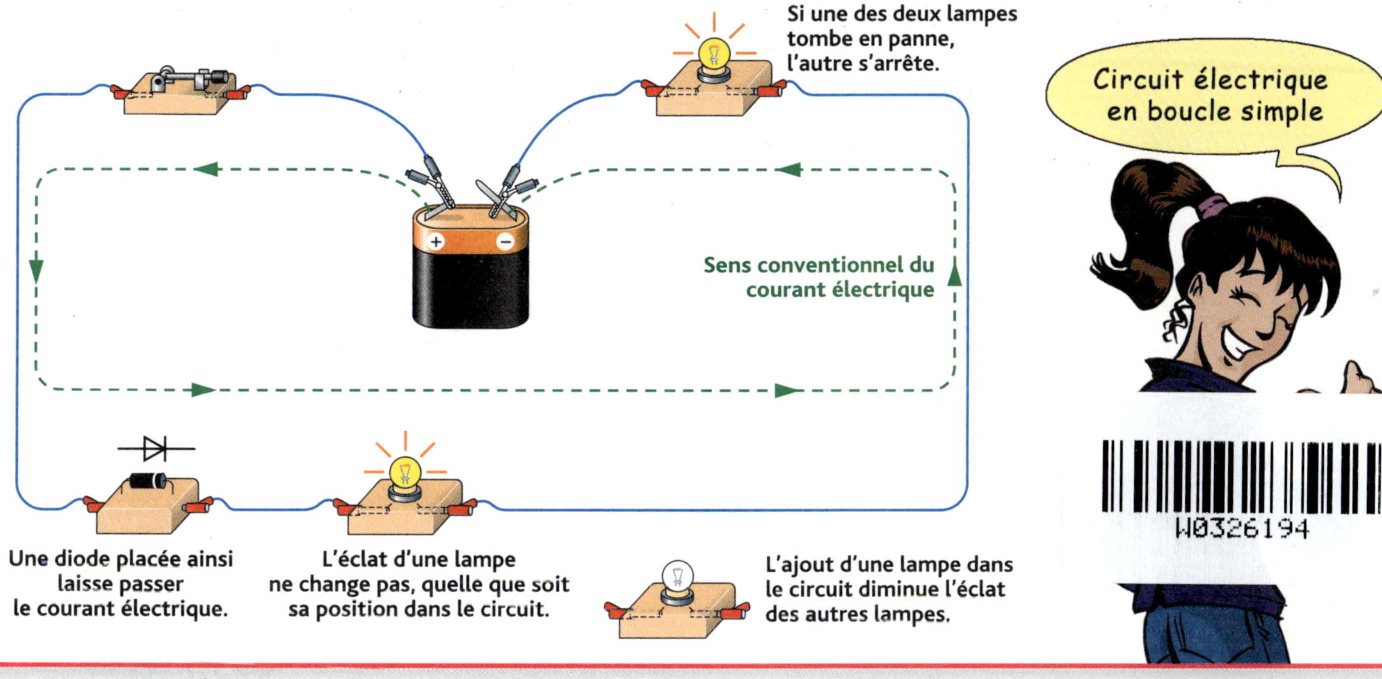
Circuit électrique en boucle simple
Si une des deux lampes tombe en panne, l'autre s'arrête.
Sens conventionnel du courant électrique
Une diode placée ainsi laisse passer le courant électrique.
L'éclat d'une lampe ne change pas, quelle que soit sa position dans le circuit.
L'ajout d'une lampe dans le circuit diminue l'éclat des autres lampes.

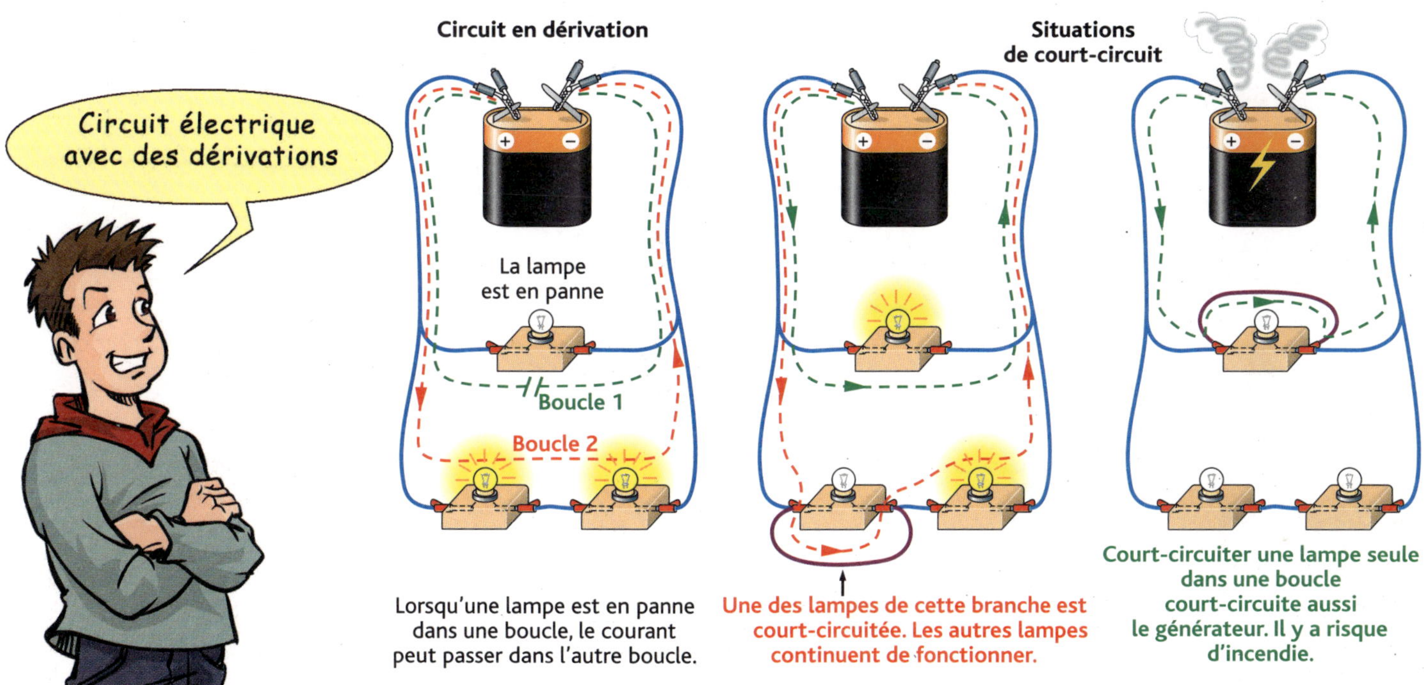
Circuit électrique avec des dérivations
Circuit en dérivation
La lampe est en panne
Boucle 1
Boucle 2
Lorsqu'une lampe est en panne dans une boucle, le courant peut passer dans l'autre boucle.
Situations de court-circuit
Une des lampes de cette branche est court-circuitée. Les autres lampes continuent de fonctionner.
Court-circuiter une lampe seule dans une boucle court-circuite aussi le générateur. Il y a risque d'incendie.

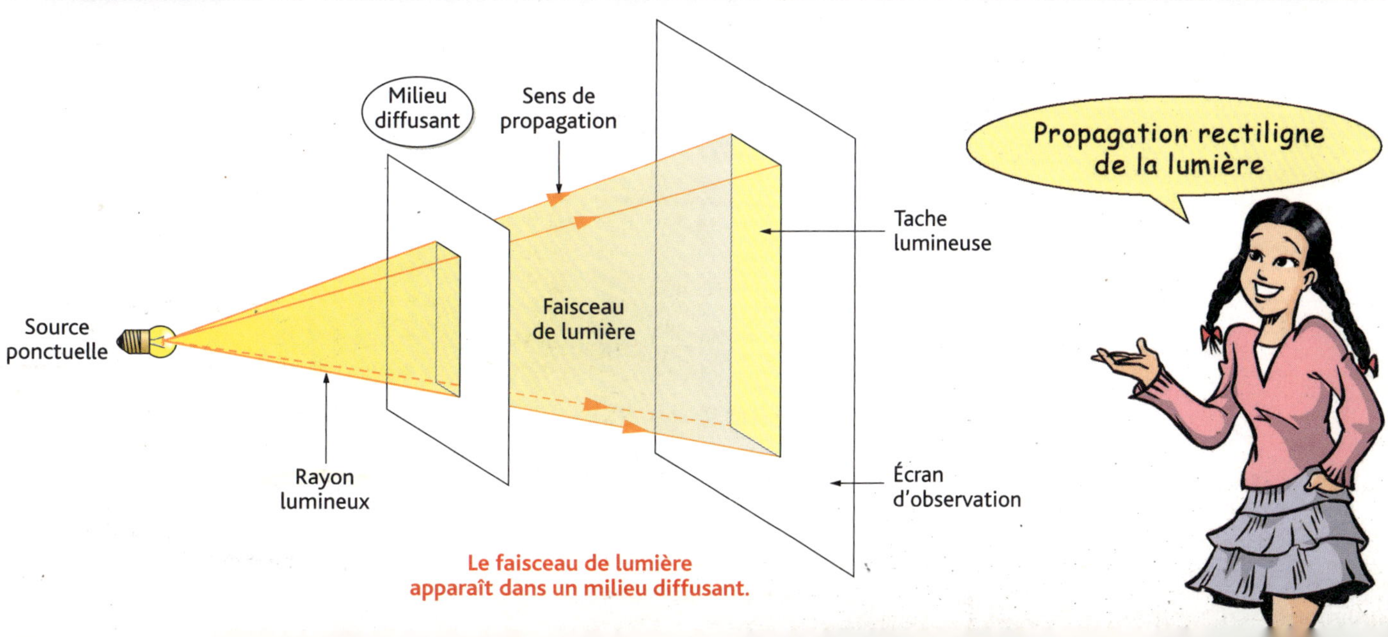
Propagation rectiligne de la lumière
Milieu diffusant
Sens de propagation
Tache lumineuse
Source ponctuelle
Faisceau de lumière
Rayon lumineux
Écran d'observation
Le faisceau de lumière apparaît dans un milieu diffusant.

Programme 2007

Physique Chimie 4e

Sous la direction de René Vento

Ce livre a été écrit par une équipe de professeurs formateurs à l'IUFM de l'académie d'Aix-Marseille et enseignants.

Martial AUDE
Suzanne BEAUFILS
Jean-Claude DESARNAUD
Nancy GARRABOS
Brigitte GOBERT
Denis REGAUD
Gérard VIDAL

BORDAS APPREND À PROTÉGER LA PLANÈTE

Bordas

Découvre ton manuel

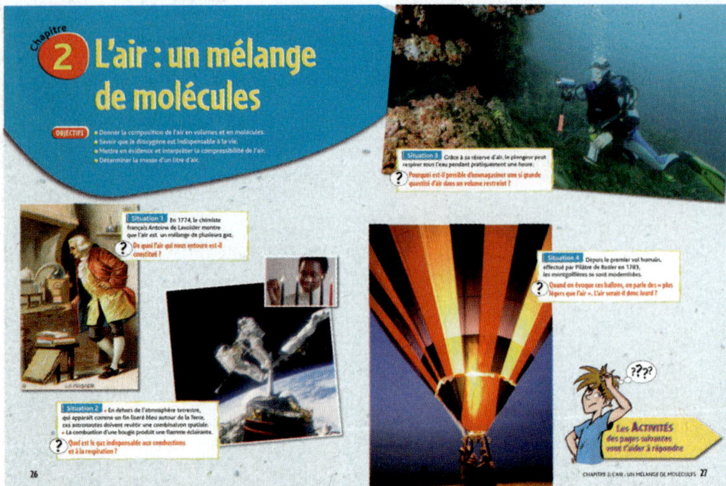

Les ouvertures de chapitre

Des **documents** et des **questions** pour s'interroger avant d'aborder le chapitre.

Les activités

Des **expériences** ou des **documents** pour t'aider à acquérir les compétences et les connaissances du programme.

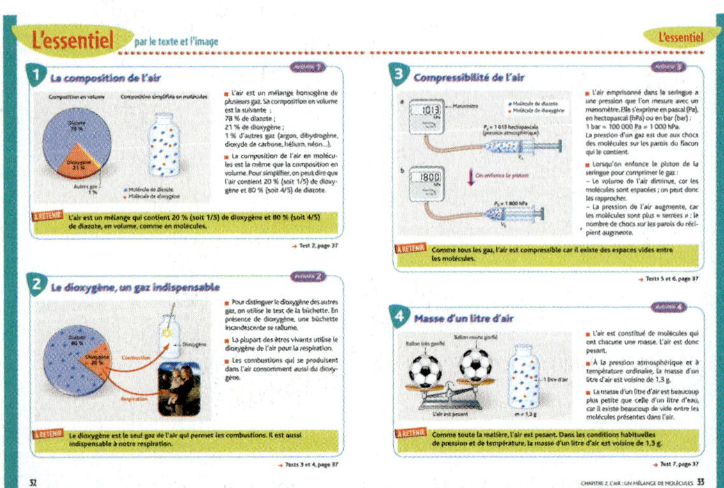

L'essentiel

par l'image et par le texte

Le **bilan** des activités du chapitre :
– des **schémas** commentés, faisant la **synthèse** des connaissances acquises ;
– des **résumés à retenir.**

ISBN : 978-2-04-732226-0

Les documents

Des **documents** pour découvrir, en lien avec les autres disciplines, les **applications** de la physique-chimie autour de nous.
Un site Internet : www.bordas-vento.fr/doc4e te permettra d'aller plus loin.

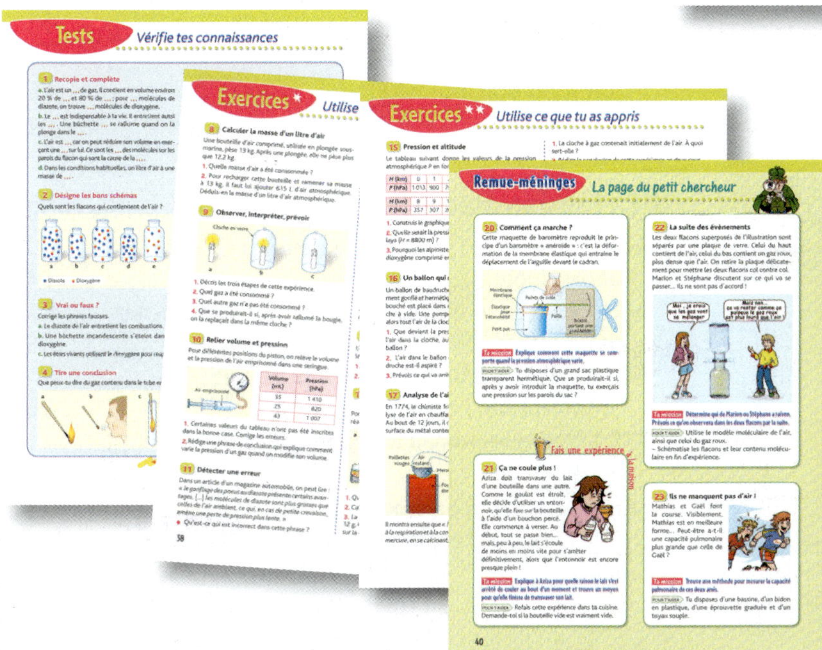

Les exercices

- Des **tests**, pour vérifier tes connaissances.
- Des **exercices** progressifs, pour utiliser ce que tu as appris.
- Des **remue-méninges**, proposant une mission à accomplir (énigme à résoudre, expérience à faire à la maison, recherche sur Internet...).

La compétence expérimentale

Des **consignes** et des **photos** pour apprendre à réaliser des expériences.

L'investigation

Un **problème** à résoudre en pratiquant une démarche d'**investigation**.

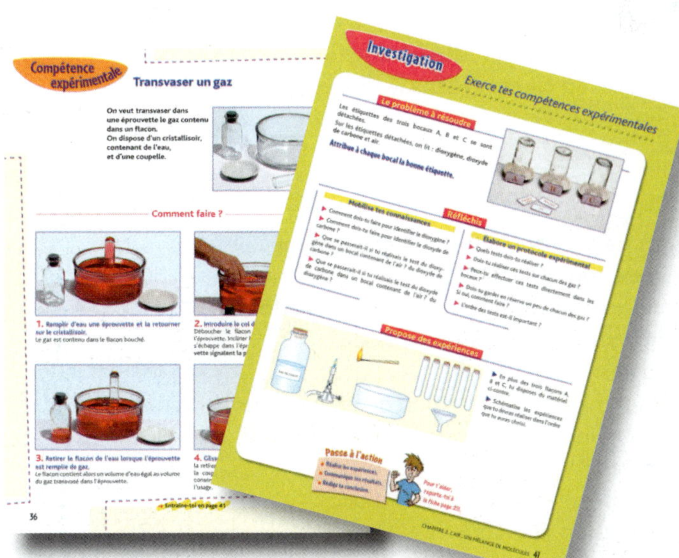

À la fin de chaque partie :

Les **tests-bilans** pour évaluer ses acquis.

À la fin du manuel :

Des **méthodes** et des **outils** pour t'aider à mener à bien une activité ou un exercice.

Sommaire

LA LUMIÈRE : COULEURS ET IMAGES

DES MÉTHODES ET DES OUTILS POUR T'AIDER

Méthodes

Outils

Programme de Physique-Chimie 4[e]

(D'après *BO* hors série n° 5, 25 août 2005).

A. De l'air qui nous entoure à la molécule

Notions – contenus	Compétences
COMPOSITION DE L'AIR Le dioxygène, constituant de l'air avec le diazote. Le dioxygène, nécessaire à la vie.	Retenir que l'air est un mélange et citer les proportions dioxygène/diazote dans l'air. Distinguer gaz et fumées (microparticules solides en suspension).
VOLUME ET MASSE DE L'AIR Caractère compressible d'un gaz. Masse d'un volume donné de gaz.	*Compétences expérimentales :* *– mettre en évidence le caractère compressible d'un gaz ;* *– utiliser un capteur de pression.* Utiliser correctement les notions de masse et de volume sans les confondre, utiliser les unités correspondantes. Retenir que 1 L = 1 dm^3 et que de même 1 mL = 1 cm^3. Retenir l'ordre de grandeur de la masse d'un litre d'air dans les conditions usuelles de température et de pression.
UNE DESCRIPTION MOLÉCULAIRE POUR COMPRENDRE Un premier modèle particulaire pour interpréter la compressibilité d'un gaz. Distinction entre mélange et corps pur pour l'air et la vapeur d'eau. L'existence de la molécule. Les trois états de l'eau à travers la description moléculaire : – l'état gazeux est dispersé et désordonné ; – l'état liquide est compact et désordonné ; – l'état solide est compact, les solides cristallins sont ordonnés. Interprétation de la conservation de la masse lors des changements d'états et lors des mélanges.	*Compétence expérimentale : réaliser des mélanges homogènes et des pesées (liquides et solides).* Utiliser la notion de molécules pour interpréter : – la compressibilité de l'air ; – les différences entre corps purs et mélanges ; – les différences entre les trois états physiques de l'eau ; – la conservation de la masse lors des mélanges en solutions aqueuses et des changements d'états de l'eau ; – la non-compressibilité de l'eau ; – la diffusion d'un gaz dans l'air ou d'un soluté dans l'eau.
LES COMBUSTIONS La combustion nécessite la présence de réactifs (combustible et comburant) qui sont consommés au cours de la combustion ; de nouveaux produits se forment. Combustion du carbone. Test du dioxyde de carbone : le dioxyde de carbone réagit avec l'eau de chaux pour donner un précipité de carbonate de calcium. Combustion du butane et/ou du méthane. Tests du dioxyde de carbone et de l'eau formés.	*Compétences expérimentales :* *– réaliser et décrire une expérience de combustion ;* *– identifier lors d'une transformation les réactifs (avant transformation) et les produits (après transformation) ;* *– reconnaître un précipité.* Exprimer le danger des combustions incomplètes.
LES ATOMES POUR COMPRENDRE LA TRANSFORMATION CHIMIQUE Interprétation atomique de deux ou trois combustions. Les molécules sont constituées d'atomes. La disparition de tout ou partie des réactifs et la formation de produits correspond à un réarrangement d'atomes au sein de nouvelles molécules. Les atomes sont représentés par des symboles, les molécules par des formules. L'équation de la réaction précise le sens de la transformation (la flèche va des réactifs vers les produits). Les atomes présents dans les produits formés sont de même nature et en même nombre que dans les réactifs. La masse totale est conservée au cours d'une transformation chimique.	*Compétence expérimentale : réaliser des modèles moléculaires pour les réactifs et les produits des combustions du carbone, du butane et/ou du méthane (aspect qualitatif et aspect quantitatif).* Citer et interpréter les formules chimiques : O_2, H_2O, CO_2, C_4H_{10} et/ou CH_4. Écrire les équations de réaction pour les combustions du carbone, du butane et/ou du méthane et expliquer leur signification (les atomes présents dans les produits formés sont de même nature et en même nombre que dans les réactifs). Retenir que la masse totale est conservée ou cours d'une transformation chimique.

B. Les lois du courant continu

B1. Intensité et tension

INTENSITÉ ET TENSION : DEUX GRANDEURS ÉLECTRIQUES ISSUES DE LA MESURE Introduction opératoire de l'intensité et de la tension.	Identifier les bornes d'une pile, mettre en évidence la tension entre ses bornes en circuit ouvert. Schématiser une pile. Reconnaître qu'il peut y avoir une tension entre deux points entre lesquels ne passe aucun courant et qu'inversement un dipôle peut être parcouru par un courant sans tension notable entre ses bornes.
Intensité : mesure, unité.	*Compétences expérimentales :* *– brancher un multimètre utilisé en ampèremètre* *– mesurer une intensité* Schématiser le circuit et le mode de branchement du multimètre pour mesurer une intensité positive. Retenir l'unité d'intensité.

Notions – contenus	Compétences
Tension : mesure, unité. Notion de branche et de nœud. Lois d'unicité de l'intensité en courant continu dans un circuit série et d'additivité de l'intensité dans un circuit comportant des dérivations. Loi d'additivité vérifiée par la tension. Le comportement d'un circuit en boucle simple est indépendant de l'ordre des dipôles associés en série qui le constituent. Caractère universel (indépendant de l'objet) des deux lois précédentes. Adaptation d'un dipôle à un générateur donné. Intensité et tension nominale. Surtension et sous-tension.	*Compétences expérimentales : brancher un multimètre utilisé en voltmètre ; mesurer une tension.* Schématiser le circuit et le mode de branchement du multimètre pour mesurer une tension positive. Retenir l'unité de tension. Repérer sur un schéma ou sur un circuit les différentes branches (principale et dérivées) et les nœuds éventuels. Formuler l'unicité de l'intensité dans un circuit série et l'additivité des intensités dans un circuit comportant des dérivations. *Compétence expérimentale : vérifier l'unicité de l'intensité en courant continu dans un circuit en série et l'additivité de l'intensité dans un circuit comportant des dérivations.* Formuler l'additivité de la tension dans un circuit série. *Compétence expérimentale : vérifier l'additivité de la tension dans un circuit série.* Adapter une lampe à une pile donnée. Interpréter en termes de tension ou d'intensité l'éclat d'une lampe dont on connaît les valeurs nominales.

B2. Un dipôle : la résistance

LA « RÉSISTANCE » Approche expérimentale de la « résistance » électrique. Unité de résistance électrique.	Retenir que : • pour un générateur donné : – l'intensité varie selon la « résistance » branchée à ses bornes ; – plus la résistance est grande, plus l'intensité est petite ; – l'intensité du courant dans une branche ne dépend pas de la place de la « résistance » ; • l'ohm (Ω) est l'unité de résistance électrique du SI. *Compétence expérimentale : utiliser un multimètre en ohmmètre.*
LA LOI D'OHM Le modèle du dipôle ohmique déduit des résultats expérimentaux. Loi d'Ohm. Sécurité : fusibles.	*Compétences expérimentales :* *– schématiser puis réaliser un montage permettant d'aboutir à la caractéristique d'un dipôle ohmique ;* *– présenter les résultats des mesures sous forme de tableau ;* *– tracer la caractéristique d'un dipôle ohmique.* Utiliser la loi d'Ohm pour déterminer l'intensité du courant dans une « résistance » connaissant sa valeur et celle de la tension appliquée à ses bornes.

C. La lumière : couleurs et images

C1. Lumières colorées et couleur des objets

LUMIÈRES COLORÉES ET COULEUR DES OBJETS Premières notions sur les lumières colorées : – rôle d'un filtre ; – spectre continu ; – superposition de lumières colorées. Premières notions sur la couleur des objets.	*Compétence expérimentale : obtenir des lumières colorées par :* *– utilisation de filtres ;* *– décomposition de la lumière blanche par un réseau ou un prisme ;* *– diffusion de la lumière blanche à l'aide d'écrans colorés ;* *– superposition de lumières colorées.* Faire le lien entre la couleur d'un objet et : la lumière reçue ; la lumière absorbée.

C2. Que se passe-t-il quand la lumière traverse une lentille ?

LENTILLES : FOYERS ET IMAGES Principe de formation des images en optique géométrique. Concentration de l'énergie avec la lentille mince convergente. Distance focale. Sécurité : danger de l'observation directe du soleil à travers une lentille convergente. Modélisation de l'œil. La vision résulte de la formation d'une image sur la rétine. Approche expérimentale des corrections des défauts de l'œil (myopie, hypermétropie).	*Compétences expérimentales :* *– positionner une lentille convergente par rapport à un objet pour obtenir une image nette sur un écran ;* *– distinguer une lentille convergente d'une lentille divergente ;* *– trouver le foyer d'une lentille convergente et estimer sa distance focale.* Retenir que l'œil est assimilable à une lentille convergente placée devant un écran. Retenir que la vision résulte de la formation d'une image sur la rétine jouant le rôle d'écran. Retenir la façon de corriger les défauts de l'œil (myopie, hypermétropie).

C3. Vitesse de la lumière

Vitesse de la lumière dans le vide.	Retenir que la lumière peut se propager dans le vide et dans certains milieux matériels. Mémoriser la valeur de la vitesse de la lumière dans le vide ($3 \cdot 10^8$ m/s). Citer quelques ordres de grandeur des distances dans l'Univers à une puissance de 10 près ou des durées de propagation de la lumière qui leur correspondent.

Savoir se comporter en salle de physique-chimie

1. Quitte ton manteau, accroche-le aux portemanteaux ; n'encombre pas ta table.

2. Laisse la circulation libre en rangeant ton cartable sous la table.
Si tu dois te déplacer, fais-le sans courir.

3. Attache les cheveux longs, méfie-toi des vêtements amples, porte une blouse de protection.

4. Ne mange pas, ne bois pas. Ce que tu avalerais risquerait d'attaquer ton tube digestif. N'essaie ni de sentir ni de goûter les produits.

5. Manipule debout au-dessus d'une table bien dégagée. Ne touche pas au matériel sans indication du professeur.

6. Pour finir, nettoie et range ton matériel. Lave-toi les mains avant de quitter la salle.

De l'air qui nous entoure à la molécule

Chapitre 1

L'eau : un corps pur formé de molécules

OBJECTIFS

- Découvrir la molécule d'eau.
- Utiliser le modèle de la molécule pour expliquer les trois états de l'eau.
- Interpréter la conservation de la masse lors d'un changement d'état et lors de la dissolution.

Situation 1 De petites gouttes d'eau constituent ces perles de rosée. Elles sont encore plus petites dans le brouillard que diffuse un brumisateur.

? Peut-on produire indéfiniment des quantités d'eau de plus en plus petites ?

Situation 2 Qu'elle soit solide, liquide ou gaz, l'eau est formée de grains de matière identiques, extrêmement petits, appelés molécules.

? **Pourquoi l'eau se présente-t-elle sous trois états différents, alors que toutes les molécules sont identiques ?**

Situation 3 Après une tempête sur le lac Léman, les câbles et les coques des bateaux ploient sous le poids de la glace qui s'y est accumulée.

? **Le nombre de molécules d'eau change-t-il au cours de la solidification ?**

Situation 4 Ce morceau de sucre est en train de se dissoudre dans l'eau. Bientôt, il aura totalement disparu.

? **Le sucre semble avoir disparu... pourtant la masse de l'ensemble n'a pas changé ! Pourquoi ?**

Les ACTIVITÉS des pages suivantes vont t'aider à répondre

Activité 1

Les molécules existent-elles vraiment ?

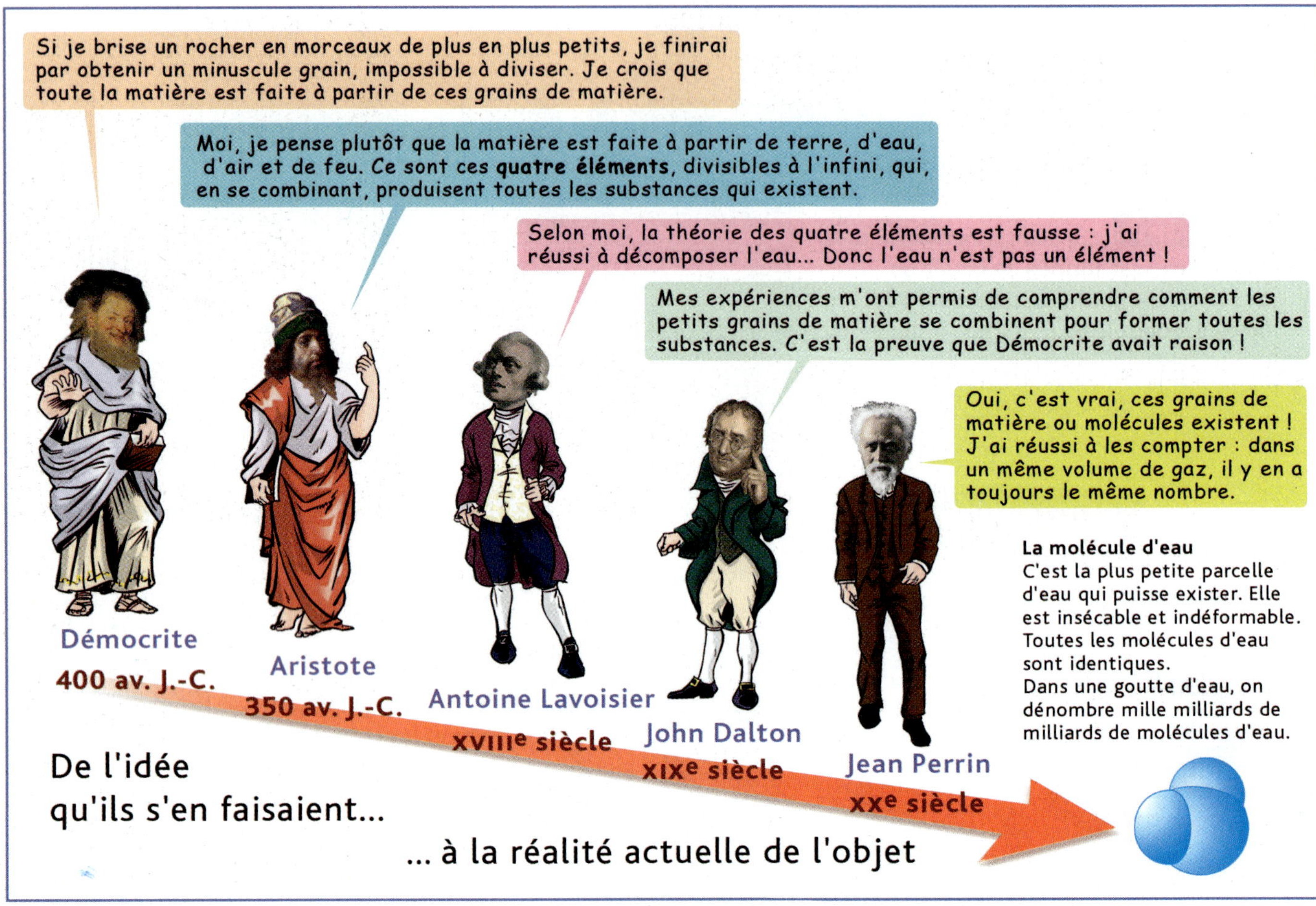

Extrais des informations

1. Quelles sont les deux théories opposées imaginées par les philosophes grecs ?
2. Que signifie le mot « insécable » ?
3. Qui apporte la preuve de l'existence des grains de matière ?
4. Comment appelle-t-on la plus petite parcelle d'eau ?
5. Combien de ces petits grains de matière d'eau y a-t-il dans une goutte d'eau ? Réécris ce nombre en chiffres.

Interprète

6. Comment Démocrite imagine-t-il un mélange ?
7. Qu'est-ce qui amène Lavoisier à douter de la théorie des éléments d'Aristote ?
8. Est-il possible de diviser une goutte d'eau à l'infini ? Qu'obtient-on finalement ?

Conclus

9. Rédige ta conclusion en répondant à la question : « Les molécules d'eau existent-elles vraiment ? »

Activité 2

Comment expliquer les trois états de l'eau à l'aide des molécules ?

1. État solide

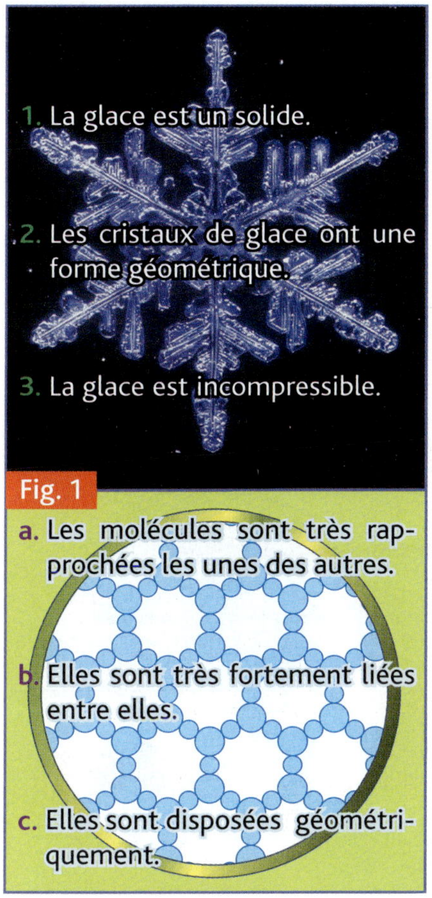

Fig. 1

2. État liquide

Fig. 2

3. État gazeux

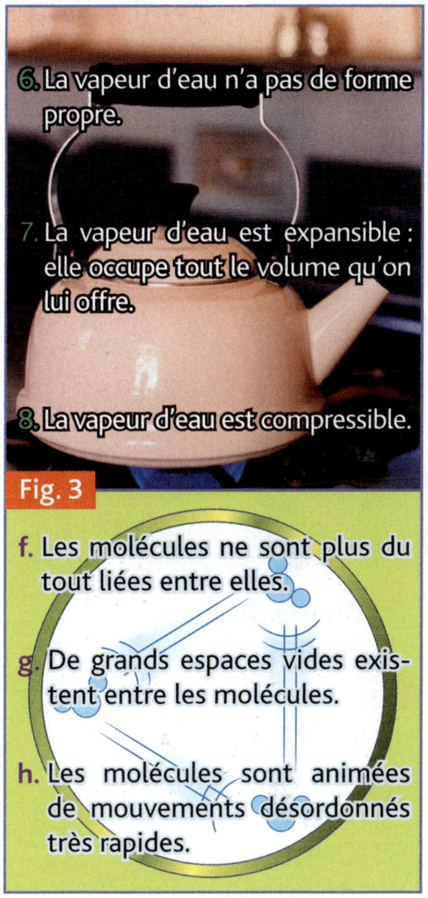

Fig. 3

Vocabulaire

- Un corps est dit *compressible* si on peut réduire son volume en exerçant une pression sur lui.
- Les gaz sont *expansibles*, car ils ont tendance à occuper tout l'espace qui leur est offert.

Extrais des informations

1. Note dans un tableau les différents comportements des molécules d'eau, ainsi que les propriétés de l'eau dans les trois états.

Interprète

2. À chacune des propriétés de l'eau solide, liquide ou vapeur, associe un comportement des molécules. Par exemple, a correspond à 3, car les molécules sont déjà en contact, il est impossible de les rapprocher plus.
3. Parmi les qualificatifs suivants, associe à chacun des états de l'eau ceux qui lui correspondent : *compact*, *dispersé*, *ordonné*, *désordonné*.

Conclus

4. Rédige ta conclusion en répondant à la question : « Comment expliquer les trois états de la matière à l'aide des molécules ? »

Activité 3

Pourquoi la masse se conserve-t-elle lors d'un changement d'état ?

1. Masse à l'état liquide

- À l'aide d'une balance, déterminons la masse d'une certaine quantité d'eau contenue dans une fiole.
- Repérons d'un trait son volume.

2. Volume à l'état solide

- Plaçons la fiole pleine au congélateur.
- Quand toute l'eau est solide, sortons la fiole du congélateur.
- Repérons d'un trait son volume.

3. Après congélation

- Après avoir fait séjourner la fiole dans le congélateur, l'eau liquide s'est transformée en glace.
- Essuyons soigneusement la fiole et posons-la de nouveau sur le plateau de la balance.

Fig. 1

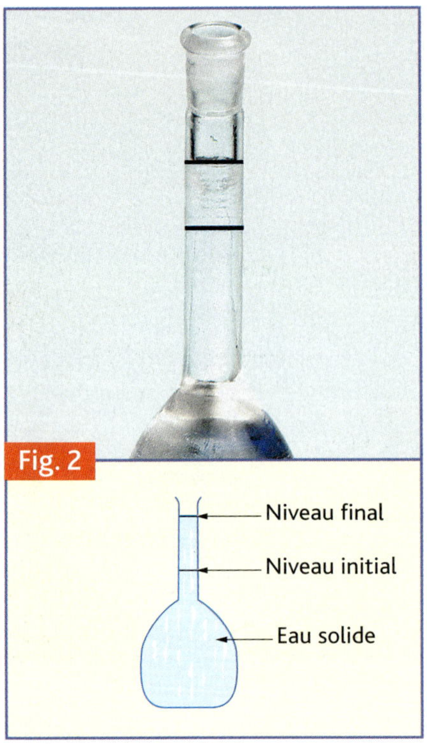

Fig. 2

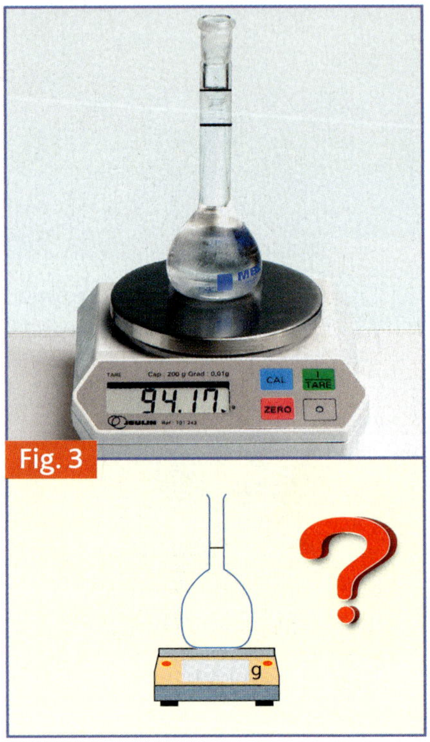

Fig. 3

Fais attention !
La condensation qui se dépose sur les parois de la fiole peut fausser la mesure.

Observe

1. Avant congélation, quelle est la masse de l'eau liquide **(Fig. 1)** ?
2. Après congélation, quelle est la masse de la glace **(Fig. 3)** ?
3. Comment constate-t-on que le volume a augmenté **(Fig. 2)** ?

Interprète

4. Reproduis et complète le schéma de la **figure 3**.
   Représente les molécules dans la glace.
5. Qu'est-ce qui a changé et qu'est-ce qui n'a pas été modifié pour les molécules lors de la congélation de l'eau ?

Conclus

6. Rédige ta conclusion en répondant à la question : « Pourquoi la masse se conserve-t-elle lors d'un changement d'état ? »

Activité 4

Pourquoi la masse ne change-t-elle pas lors d'une dissolution ?

1. Avant dissolution

Sur le plateau d'une balance, disposons un bécher contenant de l'eau, quelques morceaux de sucre et un agitateur en verre.

2. Après dissolution

Une fois le sucre dissous dans l'eau, replaçons sur la balance le bécher contenant la solution, ainsi que l'agitateur.

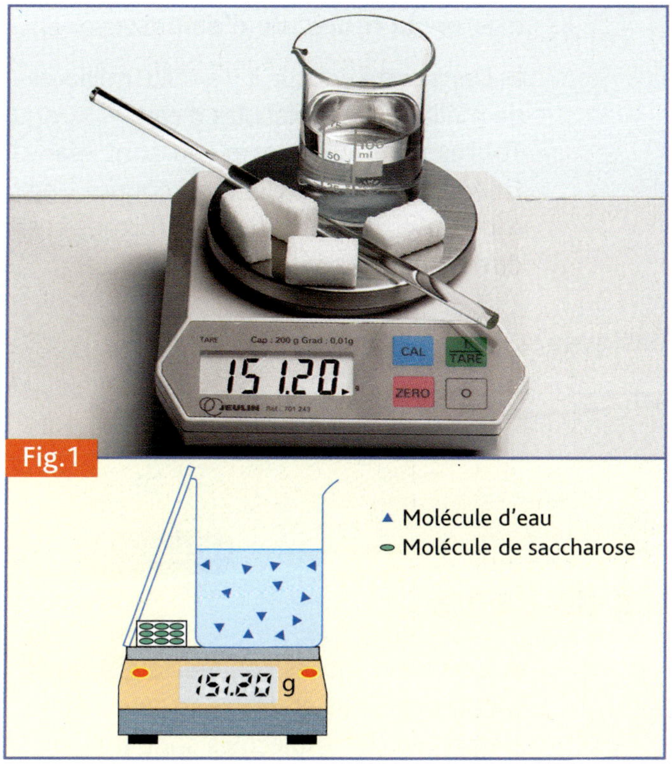

Fig. 1

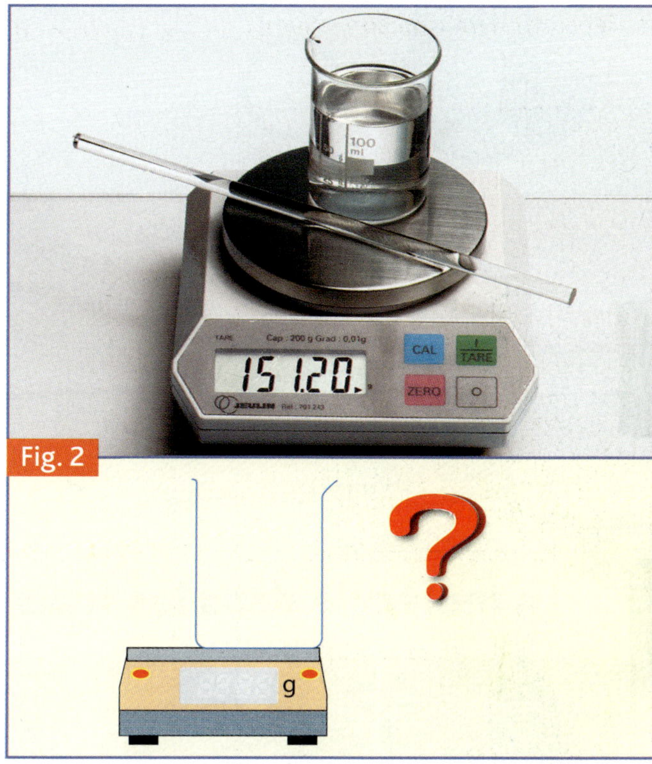

Fig. 2

Vocabulaire

Le sucre en morceau est obtenu à partir de la canne à sucre ou de la betterave. Il est formé de molécules de saccharose, toutes identiques, mais différentes de celles de l'eau.

Observe

1. Quelle est la masse de l'ensemble eau, sucre et verrerie avant dissolution (Fig. 1) ?
2. Quelle est la masse de l'ensemble solution et verrerie après dissolution (Fig. 2) ?

Interprète

3. Que peux-tu dire du nombre total de molécules d'eau et de molécules de saccharose, avant et après dissolution ?
4. Comment sont réparties les deux sortes de molécules dans le mélange ?
5. Reproduis et complète le schéma de la figure 2. Représente les deux sortes de molécules.

Conclus

6. Rédige ta conclusion en répondant à la question : « Pourquoi la masse est-elle inchangée lors d'une dissolution ? »

L'essentiel par l'image et le texte

1 La molécule d'eau

Activité 1

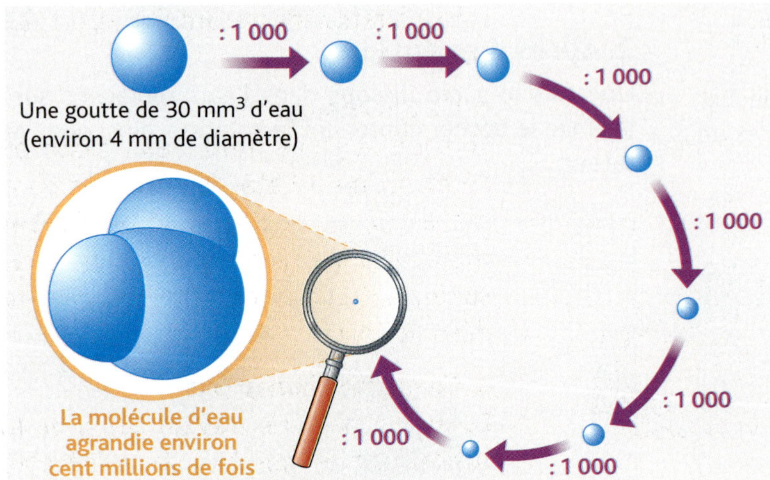

■ Supposons qu'on puisse diviser par 1 000 le volume d'une goutte d'eau de 30 mm^3, puis répéter à nouveau cette division. Au bout de la septième division par 1 000, on trouvera le plus petit grain de matière d'eau qui puisse exister : **la molécule d'eau**.

■ Dans cette goutte, il y a mille milliards de milliards de molécules d'eau.
Toutes les molécules d'eau sont identiques. Il est impossible de couper une molécule, de modifier sa forme, ses dimensions ou sa masse.

À RETENIR **L'eau est formée de molécules toutes identiques : c'est un corps pur.**

→ Test 2, page 21

2 La molécule dans les trois états de l'eau

Activité 2

■ Comme tous les **solides**, la **glace** est incompressible et possède une forme propre, car les molécules sont très rapprochées et fortement liées entre elles.

■ Comme tous les **liquides**, l'**eau liquide** est incompressible, n'a pas de forme propre et peut couler, car les molécules sont aussi très rapprochées mais peu liées entre elles.

■ Comme tous les **gaz**, la **vapeur d'eau** n'a pas de volume propre, elle occupe tout l'espace qui lui est offert, car les molécules sont séparées par des espaces vides et animées de mouvements désordonnés.

À RETENIR **Les propriétés des trois états de l'eau s'expliquent par les comportements des molécules.**

→ Tests 3, 4 et 5, page 21

3 Masse et changements d'état

Activité 3

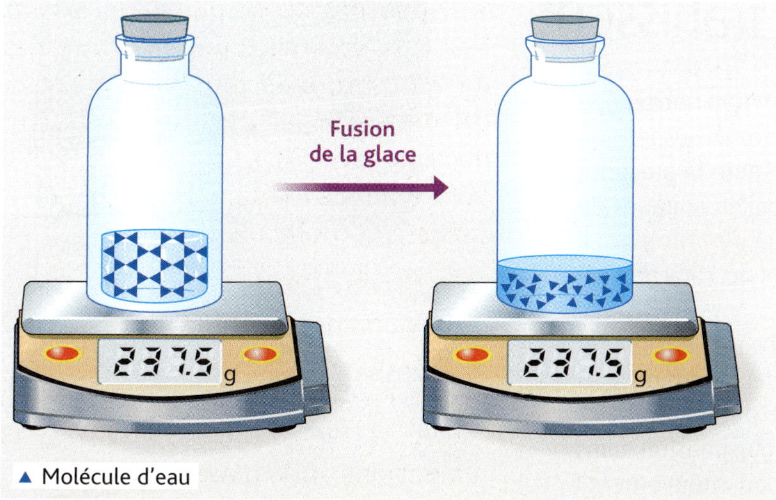

Laissé à température ambiante, un glaçon fond.

■ **Ce qui change**

Lorsque la glace fond, l'eau passe de l'état solide à l'état liquide : les liens entre les molécules sont brisés. Les molécules peuvent glisser les unes sur les autres ; leur répartition devient désordonnée.

■ **Ce qui ne change pas**

La masse ne varie pas au cours de la fusion, car le nombre de molécules d'eau est inchangé.

À RETENIR **Au cours d'un changement d'état, le nombre de molécules ne varie pas : la masse se conserve.**

→ **Tests 6 et 7, page 21**

4 Masse, dissolution et mélange

Activité 4

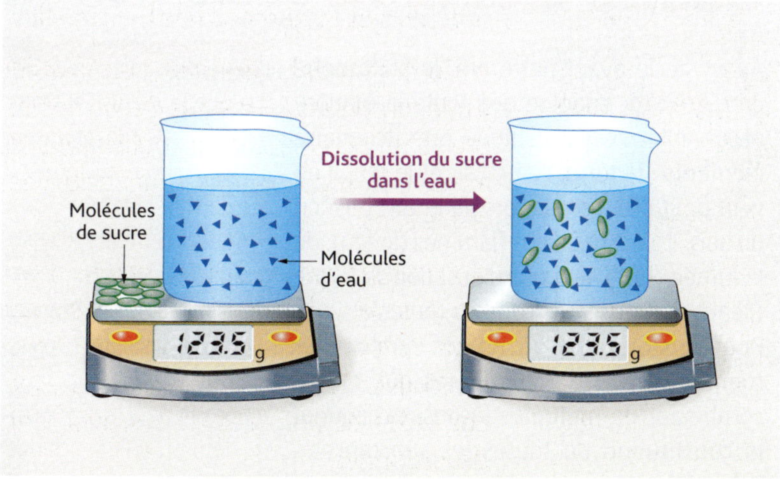

■ Lors de la dissolution d'un soluté (le sucre) dans un solvant (l'eau), les molécules de soluté se dispersent parmi celles du solvant. Leur nombre total ne change pas. La masse de l'ensemble se conserve.

■ La solution obtenue est un mélange homogène de molécules du soluté et de molécules du solvant.

■ Cette observation est aussi vérifiée dans le cas du mélange de deux liquides miscibles.

À RETENIR **Au cours d'une dissolution (ou d'un mélange de deux liquides miscibles), la masse de l'ensemble est conservée car le nombre total de molécules ne varie pas.**

→ **Test 8, page 21**

B2i Pour en savoir plus : http://www.bordas-vento.fr/doc4e

Histoire des sciences

Quand les **molécules** se trahissent

» ?
- » Quelle preuve indirecte de l'existence des molécules R. Brown apporte-t-il ?
- » Comment montre-t-il que ce qu'il observe n'est pas dû aux grains de pollen eux-mêmes ?
- » Recherche sur Internet une animation du mouvement brownien.

En 1827, alors qu'il observe au microscope des grains de pollen (photo) en suspension dans l'eau, Robert Brown note la présence de petites particules de pollen animées de mouvements **incessants** et **désordonnés**. Il attribue ces mouvements au caractère vivant du pollen.

Pour s'en convaincre, il observe également une goutte d'eau incluse depuis des millions d'années dans du quartz transparent : les particules minérales en suspension dans l'eau sont, elles aussi, en mouvement ! Brown comprend alors que le phénomène est d'ordre physique et non biologique.

Nous savons maintenant que le « mouvement brownien » est une conséquence de l'existence des molécules : les particules, percutées par les molécules invisibles, changent de direction au hasard des chocs qu'elles subissent.

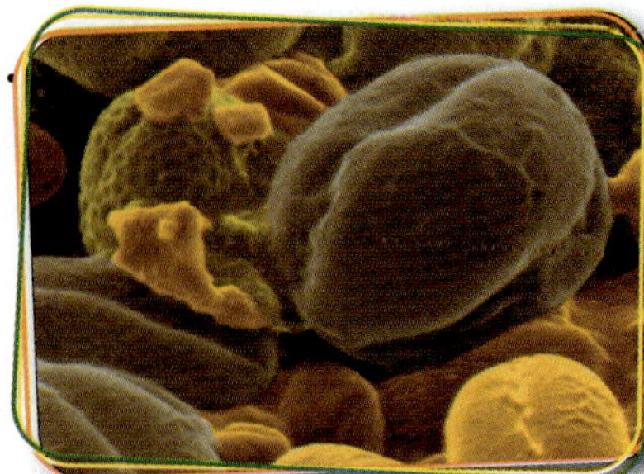

▲ Grains de pollen observés au microscope électronique (grossissement 25 000).

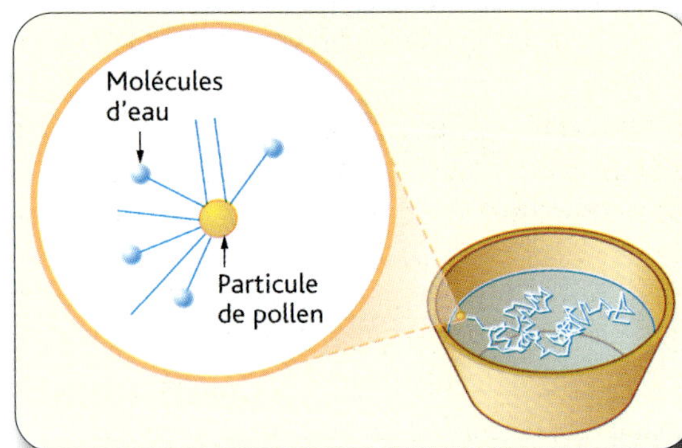

▲ En observant des particules de pollen, Brown s'aperçut qu'elles étaient animées de mouvements désordonnés.

Aux origines des sciences

Quatre éléments seulement ?

▲ Les quatre éléments d'Aristote : l'eau, la terre, l'air, le feu.

Au IVe siècle avant notre ère, le philosophe grec **Aristote** imagine que toute la matière observable n'est constituée que de quatre éléments : la terre, l'eau, l'air et le feu. Il en veut pour preuve que lors de la combustion du bois, il s'échappe des flammes (le feu), de la fumée (l'air), de la condensation se forme (l'eau) et il reste des cendres (la terre).

Pour Aristote, chacun de ces quatre éléments possède des propriétés qui, en les combinant de multiples façons, expliquent la constitution de toutes les substances : l'alcool serait une combinaison d'eau et de feu, le charbon, de terre et de feu... La théorie des quatre éléments traversera les âges jusqu'au XIXe siècle, quand Dalton établit une nouvelle théorie en accord avec l'existence des molécules.

» ?
- » Quelle preuve Aristote donne-t-il de la présence de l'élément « terre » dans le bois ?
- » Selon cette théorie, quels éléments constitueraient le gaz de la cuisinière ? l'eau de mer ?
- » Recherche la signification actuelle en chimie du mot « théorie ».

Techniques

De l'eau pour **découper**

La découpe de matériaux par jet d'eau sous pression consiste à projeter un filet d'eau à très grande vitesse (entre 600 et 900 mètres par seconde) et sous une pression très élevée, à travers un conduit très fin. Les molécules d'eau sont projetées avec une telle force que le matériau est découpé par arrachement de matière.

Cette technique ne dégage pas de chaleur, de gaz ni de fumées toxiques, et permet la découpe de formes complexes dans des matériaux durs et épais. Mais elle génère un bruit très important (autant qu'un A380 au décollage !) et le mouillage de certains matériaux. Les industriels l'utilisent pour la découpe de métaux, de textiles, le perçage du béton, le décapage des coques de bateaux...

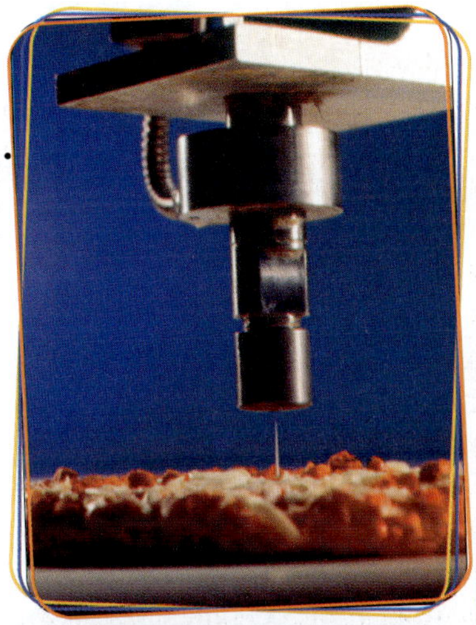

▲ Découpe de pizza (!) et de béton au jet d'eau.

» ?

- Quel est l'effet des molécules d'eau sur le matériau à découper ?
- Cite un avantage et un inconvénient de cette technique.
- Recherche la vitesse du son dans l'air et compare-la à celle des molécules.

Métier

Chasseur de **parfums**

Au fin fond de la forêt amazonienne, la nacelle d'une montgolfière se pose sur la cime des arbres. Le parfumeur Roman Kaiser prend pied sur une passerelle légère, sort un globe de verre et l'introduit autour d'une fleur. La riche senteur fruitée de la fleur envahit le flacon et est aspirée par une matière spéciale, qui l'absorbe. Kaiser a capturé une nouvelle senteur inconnue.

De retour en Suisse, il fera analyser le contenu de ses fioles en laboratoire. La senteur décomposée pourra alors être reproduite artificiellement, sous forme de molécules qui serviront de base à des parfums. Roman Kaiser a déjà étudié la structure de quelque 2 400 espèces de senteurs végétales et identifié ainsi environ 200 nouvelles combinaisons de molécules.

▲ Le métier de Roman Kaiser est de rechercher de nouvelles senteurs.

?

- Comment Roman Kaiser capture-t-il la senteur d'une fleur ?
- Pour quelle raison analyse-t-on ces senteurs en laboratoire ?
- Documente-toi sur la profession de parfumeur.

▲ Cette montgolfière et sa nacelle permettent de capturer de nouvelles senteurs dans des lieux jusque-là inaccessibles.

Compétence expérimentale

Mesurer des masses, des volumes, réaliser des mélanges

On veut préparer une solution de sirop en dissolvant 25 g de sucre dans 50 mL d'eau.

Pesée d'un solide, volume d'un liquide

1. Tarer la balance.
Allumer la balance. Poser la coupelle vide sur le plateau. Appuyer sur la touche TARE. La balance affiche 0,00 g.

2. Prélever la masse de sucre.
Verser dans la coupelle la quantité de sucre voulue. La balance affiche sa masse : 25,00 g.

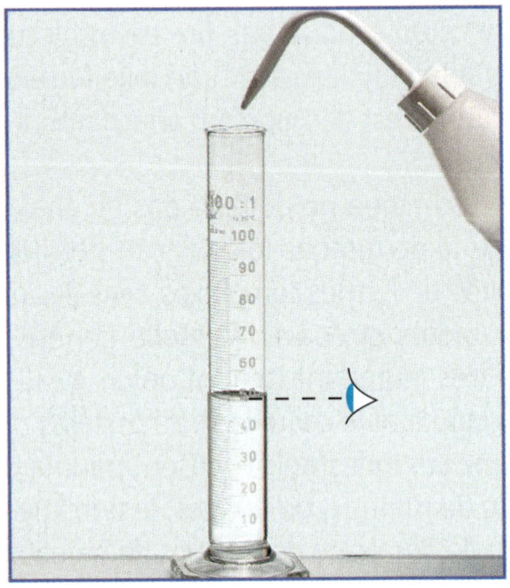

3. Prélever le volume de liquide.
Verser l'eau dans l'éprouvette jusqu'à la graduation 50,0 mL, sans commettre d'erreur de parallaxe.

Dissolution

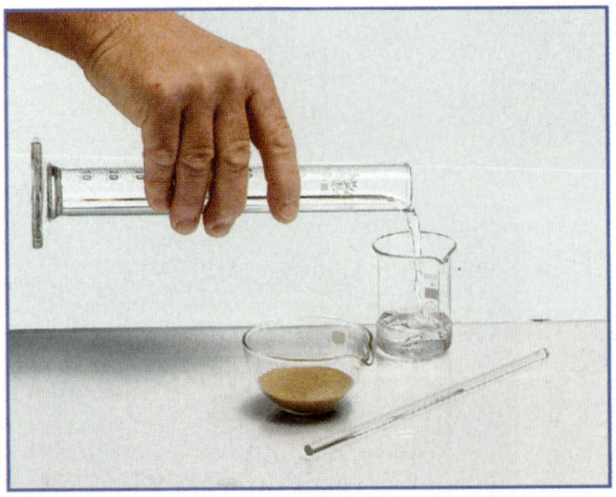

1. Mélanger.
Verser l'eau dans le bécher et ajouter le sucre.

2. Agiter.
Agiter avec l'agitateur en verre pour dissoudre le sucre et homogénéiser la solution.

3. Résultat.
Le sirop obtenu est un mélange homogène de molécules de sucre et de molécules d'eau.

→ Entraîne-toi en page 25

Tests

Vérifie tes connaissances

1 Recopie et complète

a. La plus petite particule d'eau est la **...** . Toutes les **...** d'eau sont **...** . Il est impossible de changer la **...** , les **...** , ou la **...** d'une molécule.

b. Les solides et les liquides sont incompressibles, car les molécules sont très **...** les unes des autres.

c. Les liquides et les gaz n'ont pas de forme propre, car les molécules ne sont pas **...** entre elles.

d. Lors d'un changement d'état, la **...** se conserve car le nombre de **...** reste inchangé.

2 Désigne les molécules d'eau

Parmi ces molécules, désigne par leur lettre celles qui sont des molécules d'eau.

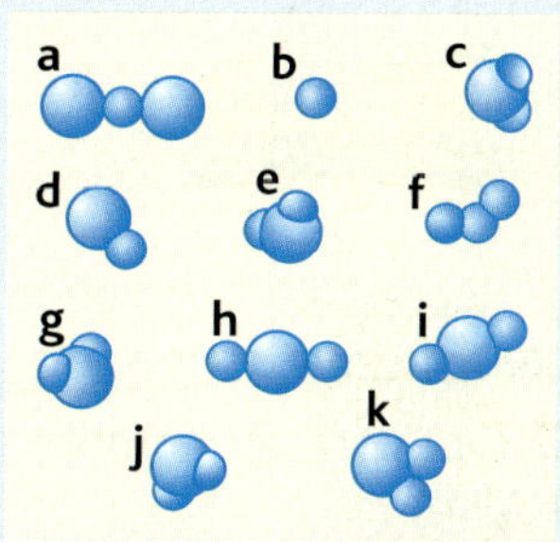

3 Associe un schéma à un état

À quel état correspond chacun des schémas ?

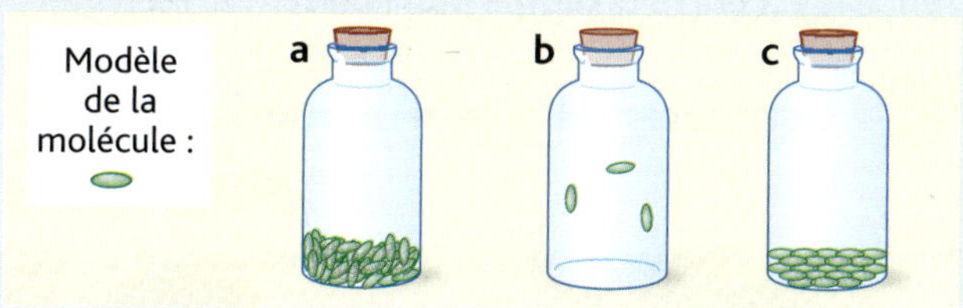

4 Établis une correspondance

Relie les propriétés des états de l'eau aux comportements des molécules. *Exemple :* **4. a.**

L'eau	Les molécules
1. La glace est rigide.	**a.** Elles sont serrées.
2. La glace n'est pas compressible.	**b.** Elles sont dispersées.
3. L'eau liquide n'a pas de forme propre.	**c.** Elles sont liées.
4. L'eau liquide est incompressible.	**d.** Elles sont agitées.
5. L'eau liquide peut s'écouler.	**e.** Elles glissent les unes sur les autres.
6. La vapeur se répand dans l'atmosphère.	

5 Associe des propriétés à un état

À chaque état de l'eau, associe un ou plusieurs des termes suivants :
compact ; dispersé ; ordonné ; désordonné ; liaison ; grands espaces vides ; agitation.

6 Identifie les changements d'état

À chaque flèche, associe un changement d'état.

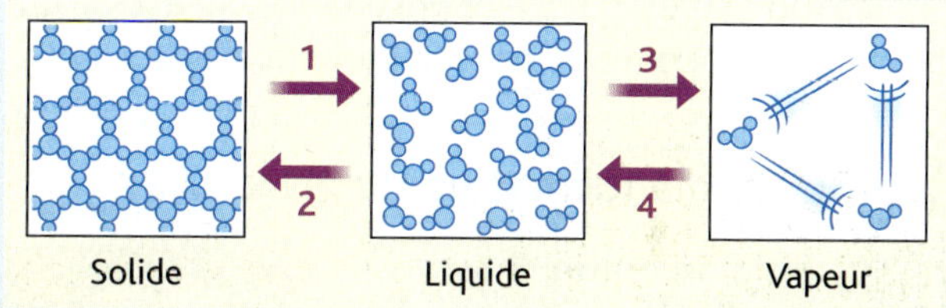

7 Choisis le schéma correct

Quel est le schéma qui représente correctement le résultat de la fusion de la glace ? Qu'est-ce qui est incorrect dans les autres schémas ?

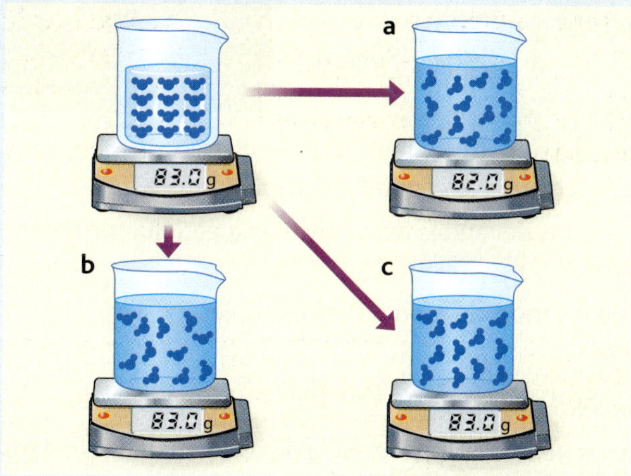

8 Associe un schéma à une légende

Associe chacune des légendes suivantes à un schéma : *corps pur solide ; corps pur liquide ; mélange homogène ; mélange hétérogène .*

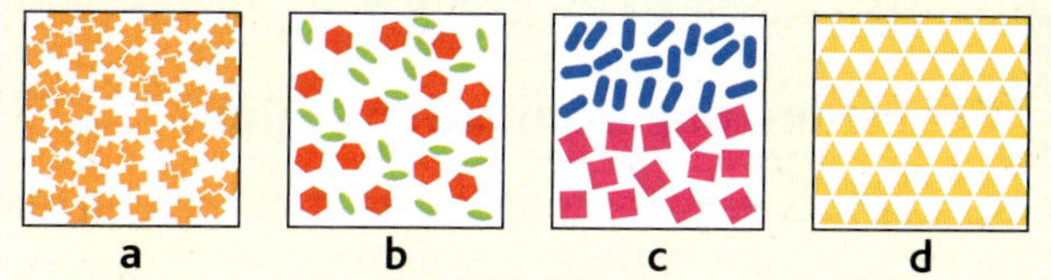

→ Solutions en page 220

Exercices ★ Utilise ce que tu as appris

9 Reconnaître un changement d'état

1. Quel changement d'état les schémas suivants représentent-ils ?

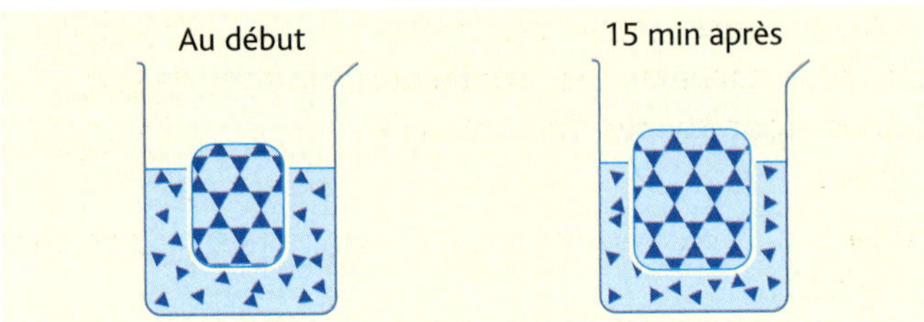

2. Pour les molécules, qu'est-ce qui change, qu'est-ce qui ne change pas au cours de ce changement d'état?

10 Expliquer la formation du givre

Par temps froid, le matin, il est fréquent de constater que la végétation est recouverte d'une pellicule de cristaux de glace. Elle a pour origine la vapeur d'eau présente dans l'atmosphère.

1. De quel état à quel autre état l'eau passe-t-elle lors de la formation du givre ?

2. Comment s'appelle ce changement d'état ?

3. Quelques instants plus tard, le givre a disparu, sans pour autant que le végétal soit mouillé.

a. Que sont devenues les molécules d'eau qui formaient ce givre ?

b. Quelles modification ont-elles subies ?

11 Remettre dans l'ordre

● Ces schémas représentent la dissolution du sucre dans l'eau. Remets-les dans l'ordre.

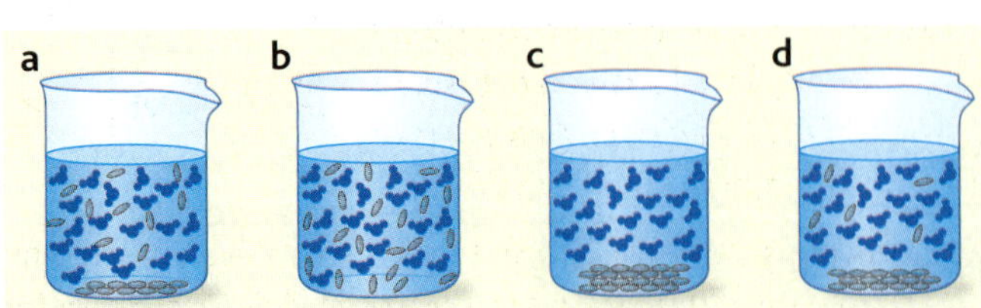

12 Construire une explication logique

Voici trois débuts de phrases permettant de faire un raisonnement logique : « *Je sais que* » ;
« *Donc, j'en déduis que* ».
« *J'observe que* » ;

Pour compléter les phrases, voici trois propositions :
- « *les molécules ne sont pas liées entre elles* » ;
- « *l'eau est formée de molécules* » ;
- « *je ne peux pas saisir de l'eau entre mes doigts* ».

● À toi d'associer les débuts de phrases et les propositions pour aboutir à une construction correcte.

13 Compléter un schéma

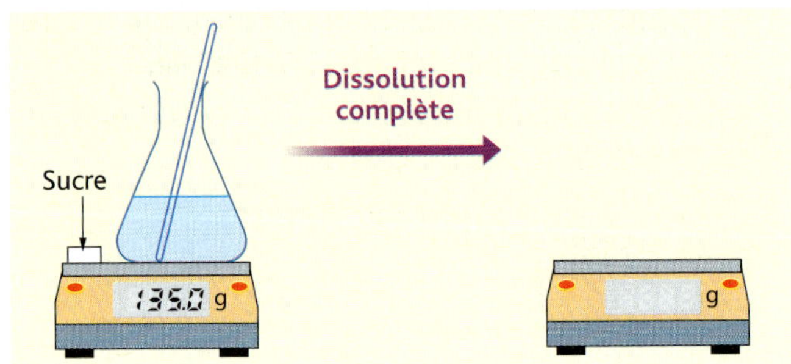

1. Reproduis et complète le schéma de droite, qui représente l'expérience après dissolution du sucre dans l'eau.

2. Que dire du nombre total de molécules (solvant et soluté) ?

3. En utilisant le mot « molécule », fais une phrase qui explique ce qu'il advient de la masse au cours de la dissolution.

4. En utilisant le mot « molécule », explique quelle différence il y a entre un corps pur et un mélange.

14 Comparer à l'aide d'un modèle

→ Solution en page 220

1. Quelles similitudes existe-t-il entre l'eau et le sable qu'on transvase ?

2. À quoi pourrais-tu comparer un grain de sable ?

3. Compare la surface de l'eau à celle du sable, après transvasement : quelle différence observes-tu ? Quelle propriété possèdent les molécules d'eau que ne possèdent pas les grains de sable ?

15 Un modèle mal utilisé

Jacques a schématisé des changements d'état en représentant les molécules.

● Pour chaque schéma, précise de quel changement d'état il s'agit et quelle erreur a été commise.

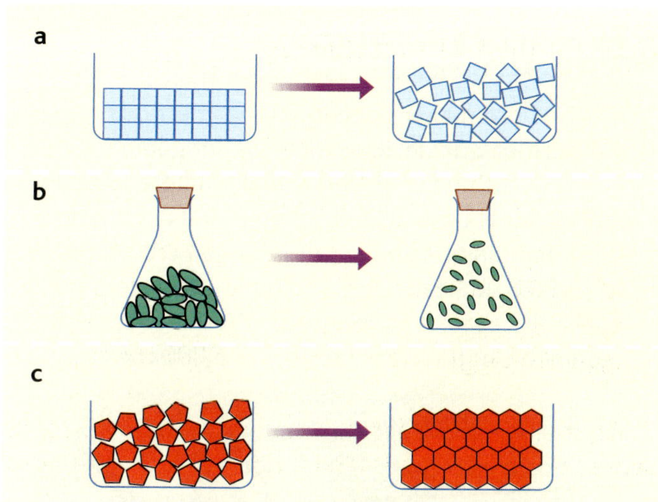

16 Liquides ou solides ?

Les cristaux liquides sont utilisés pour les affichages numériques des montres, des calculatrices. Lors de la fusion, ils passent par un état intermédiaire entre solide et liquide, à la fois fluide, comme les liquides, et ordonné, comme les solides. Ces cristaux sont formés de molécules allongées qui ont toutes la même orientation et peuvent alors glisser les unes sur les autres.

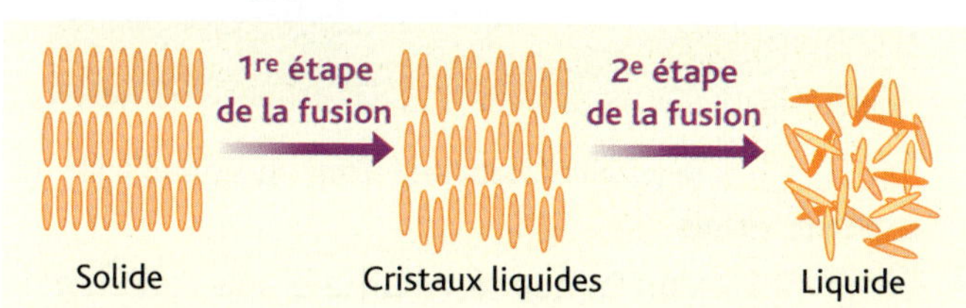

1. Pourquoi peut-on comparer les cristaux liquides à un liquide ? à un solide ?

2. Énumère quelques objets qui utilisent les cristaux liquides.

17 L'invasion des molécules

On introduit des cristaux d'iode solide dans un ballon hermétiquement fermé. On chauffe ensuite les parois du ballon, simplement en le tenant entre ses mains. Peu à peu, on voit de belles vapeurs violettes se répandre dans tout le ballon.

1. Au cours de ce changement d'état, nommé sublimation, de quel état à quel autre état passe l'iode ?

2. Schématise cette sublimation en représentant les molécules d'iode sous forme de rectangles violets.

Attention ! L'iode est un produit toxique. Ne fais pas cette expérience.

18 On m'aurait menti ?

Voulant vérifier la conservation de la masse au cours de la fusion de la glace, le professeur Katastrogov réalise l'expérience suivante :

1. Peux-tu aider ce pauvre professeur en lui expliquant pourquoi la masse semble avoir changé dans le deuxième et le troisième schéma ?

2. Quelles précautions aurait-il fallu qu'il prenne ?

19 *Pour aller plus loin*

Ce petit cube de 5 nanomètres d'arête a été agrandi plusieurs millions de fois. S'il était rempli de vapeur d'eau à la pression atmosphérique, il contiendrait en moyenne 3 molécules d'eau seulement. Mais, s'il s'agissait d'eau liquide, il en contiendrait plus de 4 000.

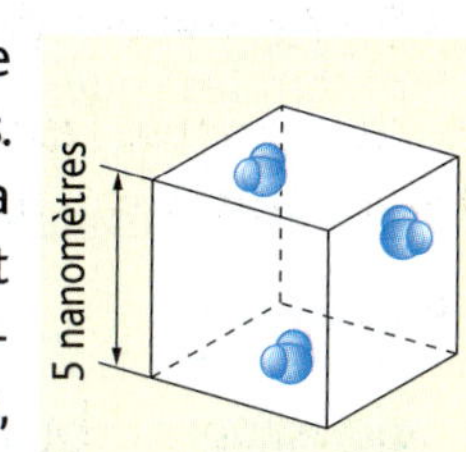

1. Explique pourquoi il n'y a que 3 molécules du gaz, alors que ce cube pourrait contenir 4 000 molécules d'eau liquide.

2. Pour quelle raison précise-t-on « en moyenne » ?

3. De quoi l'espace non occupé par les molécules dans le cube est-il constitué ?

Le nanomètre (nm) est le milliardième de mètre.
$1 \text{ m} = 10^9 \text{ nm}$; $1 \text{ nm} = 10^{-9} \text{ m}$.

20 Je n'y vois plus rien !

Sur la plaque de cuisson, des pâtes sont en train de cuire dans l'eau bouillante de la casserole. Adrien rentre à ce moment-là : « Brrrr, il fait froid dehors ! Mais !... Je n'y vois plus rien, mes lunettes se couvrent de buée ! »

Ta mission Tu dois enquêter pour trouver les coupables qui ont formé la buée sur les verres de lunettes d'Adrien.

POUR T'AIDER › Demande-toi de quoi est faite cette buée, comment elle a pu se former, à cause de quoi... mais aussi quel trajet ont accompli les coupables, quelles transformations se sont produites et en quels lieux.

21 Ça fait beaucoup !

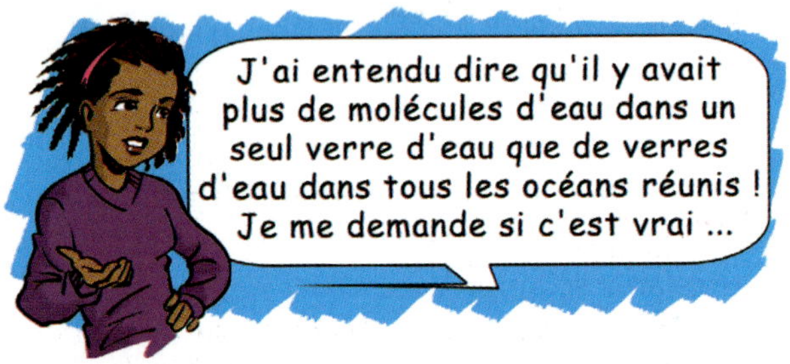

Ta mission Vérifie cette affirmation.

POUR T'AIDER › Évalue la capacité d'un verre de table, puis le nombre de molécules dans le verre, en assimilant les molécules à un cube de 0,3 nm d'arête.
– Cherche sur Internet la quantité totale d'eau sur Terre, puis évalue le nombre de verres dans toute cette eau.
– Fais attention aux unités de volume ; utilise les puissances de dix.

B2i www.bordas-vento.fr/doc4e

Fais une expérience à la maison

22 Mesurer les molécules avec une cuillère

Benjamin Franklin, homme politique américain du XVIIIe siècle, était aussi un scientifique et un inventeur.

Il fut le premier à concevoir une méthode simple permettant de déterminer la longueur d'une molécule d'huile : il versa une cuillère d'huile d'olive sur les eaux calmes d'un étang et constata le lendemain que l'huile s'était largement étalée à la surface de l'eau. Le film d'huile avait alors une épaisseur égale à la longueur d'une molécule et recouvrait une surface voisine de 2 000 m².

Ta mission Détermine la longueur d'une molécule d'huile, exprimée en mm.

POUR T'AIDER › Vérifie que le volume d'une cuillerée d'huile est voisin de 2 mL : verses-en dix cuillerées dans un verre doseur.
1 mL = 1 cm^3.
Longueur d'une molécule = volume du film divisé par sa surface.

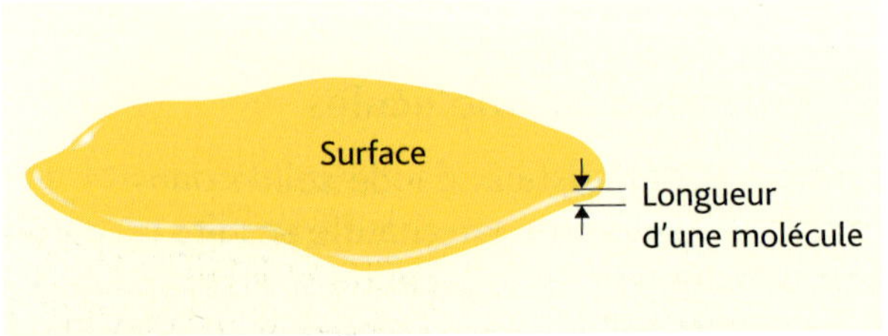

Investigation

Exerce tes compétences expérimentales

Le problème à résoudre

Ça fait une semaine que le robinet du lavabo fuit et le plombier, débordé, n'a pas eu le temps de s'en occuper ! Chaque seconde, une goutte d'eau tombe... Que d'eau gaspillée !

Tu dois calculer le volume d'eau perdue pendant cette semaine.

Réfléchis

Mobilise tes connaissances

- Comment fait-on pour mesurer le volume d'un liquide ?
- Comment faire pour connaître le volume d'eau perdue sans que la fuite continue pendant une semaine ?
- Saurais-tu mesurer le volume d'une goutte ?
- Est-il important que les gouttes aient le même volume ?

Élabore un protocole expérimental

- Avec quel matériel peux-tu produire des gouttes ?
- Comment savoir si elles ont toutes le même volume ?
- Comment peux-tu déterminer le volume d'une goutte seule ?
- Que faut-il connaître aussi pour obtenir le volume d'eau perdue dans la semaine ?

Propose des expériences

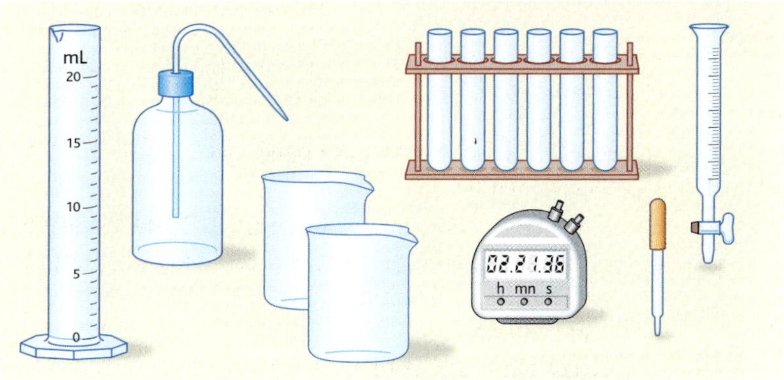

- Tu disposes du matériel ci-contre. Choisis celui dont tu auras besoin pour résoudre ton problème.
- Schématise les expériences que tu devras réaliser dans l'ordre que tu auras choisi.

Passe à l'action

- Réalise les expériences.
- Communique tes résultats.
- Rédige ta conclusion.

Pour t'aider, reporte-toi à la fiche page 211.

Chapitre

2 L'air : un mélange de molécules

OBJECTIFS

- Donner la composition de l'air en volumes et en molécules.
- Savoir que le dioxygène est indispensable à la vie.
- Mettre en évidence et interpréter la compressibilité de l'air.
- Déterminer la masse d'un litre d'air.

Situation 1 En 1774, le chimiste français Antoine de Lavoisier montre que l'air est un mélange de plusieurs gaz.

? De quoi l'air qui nous entoure est-il constitué ?

Situation 2

- En dehors de l'atmosphère terrestre, qui apparaît comme un fin liseré bleu autour de la Terre, ces astronautes doivent revêtir une combinaison spatiale.
- La combustion d'une bougie produit une flamme éclairante.

? Quel est le gaz indispensable aux combustions et à la respiration ?

Situation 3 Grâce à sa réserve d'air, le plongeur peut respirer sous l'eau pendant pratiquement une heure.

? Pourquoi est-il possible d'emmagasiner une si grande quantité d'air dans un volume restreint ?

Situation 4 Depuis le premier vol humain, effectué par Pilâtre de Rozier en 1783, les montgolfières se sont modernisées.

? Quand on évoque ces ballons, on parle des « plus légers que l'air ». L'air serait-il donc lourd ?

Les ACTIVITÉS des pages suivantes vont t'aider à répondre

Activité 1

Comment l'atmosphère est-elle constituée ?

1. Sa composition

Depuis que la Terre s'est formée il y a 4,5 milliards d'années, son atmosphère a subi de profonds changements. À l'origine, elle était composée de méthane, d'ammoniac, de vapeur d'eau et de dioxyde de carbone.

L'apparition de la vie et des végétaux, un milliard d'années plus tard, lui a permis d'évoluer. Grâce à la photosynthèse, les végétaux ont produit du dioxygène qui a enrichi l'atmosphère progressivement et, depuis un demi-million d'années, la teneur en dioxygène est celle que nous mesurons actuellement.

L'atmosphère actuelle est faite d'un mélange de gaz, dont les proportions en % sont :

Diazote 78,03
Dioxyde de carbone 0,03
Dioxygène 20,99
Dihydrogène 0,01
Argon 0,93
Néon, Hélium, Krypton, Xénon } 0,01

Fig. 1

D'autres gaz, comme la vapeur d'eau et l'ozone, sont présents en très petites quantités et subissent des variations selon le lieu et l'époque.

2. Sa structure

L'atmosphère est si mince, comparée à la Terre, qu'on peut se la représenter comme la pelure d'une pomme par rapport à la pomme elle-même. C'est l'attraction terrestre qui la retient autour de notre globe.

Bien que la composition de l'air soit la même en tous points de l'atmosphère, il existe des variations importantes en température et en pression avec l'altitude. L'atmosphère est composée de quatre couches, où la température est alternativement décroissante ou croissante. L'ionosphère, la quatrième couche, n'est pas représentée ici. Elle s'étend au-delà de 100 km d'altitude.

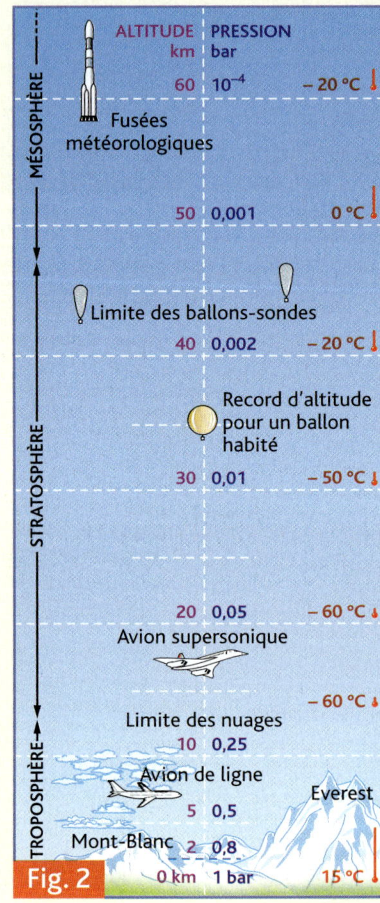

Fig. 2

Coup de pouce

Dans un « camembert », les angles des secteurs sont proportionnels aux pourcentages. Par exemple, 25 % correspond à un angle de 90° :

$$\frac{25 \times 360}{100} = 90$$

Extrais des informations du document

1. Quels sont les trois principaux gaz constituant l'air **(Fig. 1)** ?
2. Quels sont ceux dont les proportions peuvent varier ?
3. Comment varient la température et la pression dans la troposphère **(Fig. 2)** ?
4. À partir de quelle altitude commence l'ionosphère ?

Utilise ces informations

5. Fais une représentation graphique en secteur ou en « camembert » des pourcentages des trois principaux gaz présents dans l'air ; arrondis aux nombres entiers les plus proches.

Conclus

6. Rédige ta conclusion en répondant à la question : « Comment l'atmosphère est-elle constituée ? »

Activité 2

Comment reconnaître le dioxygène ?

1. Allumage d'une bûchette

Enflammons dans l'air l'extrémité d'une bûchette en bois.

2. Combustion dans l'air

Soufflons la flamme, en laissant sur la bûchette un point incandescent.

3. Combustion dans le dioxygène

Plongeons la bûchette dans un flacon contenant du dioxygène.

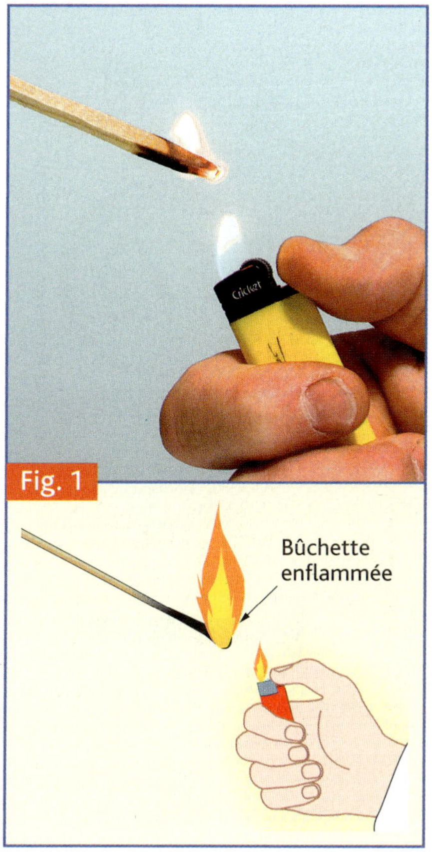

Fig. 1

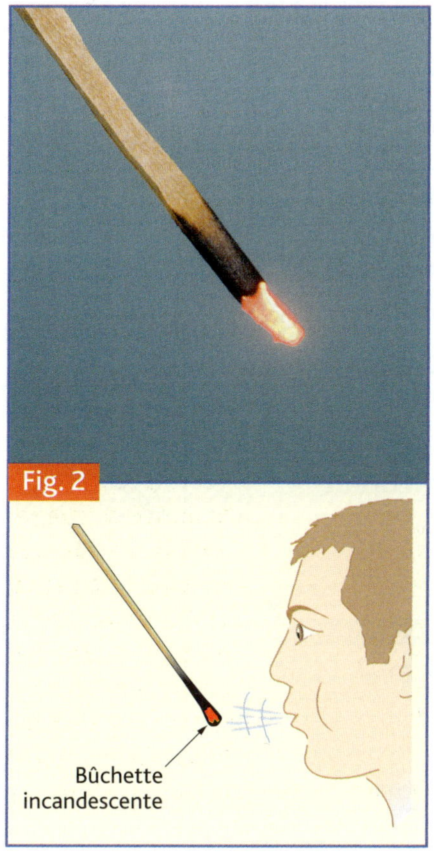

Fig. 2

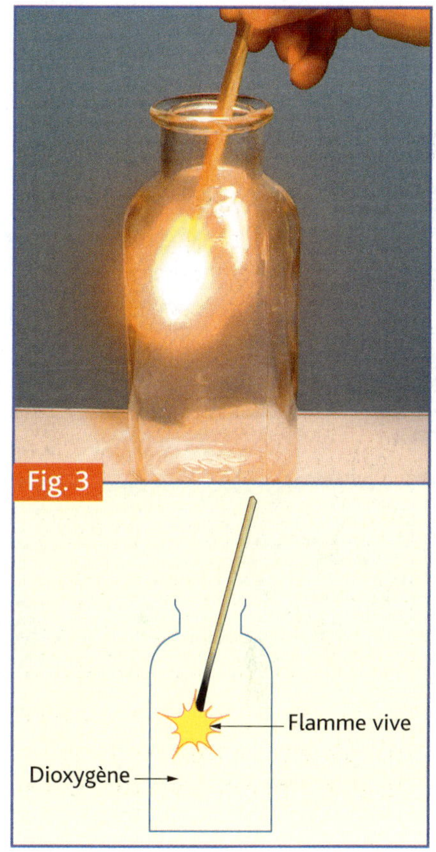

Fig. 3

Fais attention !

Ne confonds pas gaz et fumées ! Les fumées sont un mélange visible de fines particules (cendres, poussières…) ou de minuscules gouttelettes (eau, acides…) en suspension dans l'air, alors que les gaz sont généralement invisibles.

Observe

1. Dans quel gaz la bûchette est-elle plongée initialement (Fig. 2) ?
2. Dans quel gaz est-elle plongée ensuite (Fig. 3) ?
3. Où la combustion est-elle la plus vive ?

Interprète

4. Quel est l'effet du dioxygène sur les combustions ?
5. Explique alors pourquoi le vent peut attiser les incendies.

Conclus

6. Rédige ta conclusion en répondant à la question : « Comment reconnaître le dioxygène ? »

Activité 3

Pourquoi le volume de l'air peut-il varier ?

1. Avant compression

Une seringue contient 40 mL d'air à la pression atmosphérique. Elle est reliée à un manomètre à aiguille.

2. Pendant la compression

Appuyons sur le piston, afin de le déplacer et de réduire le volume du gaz.

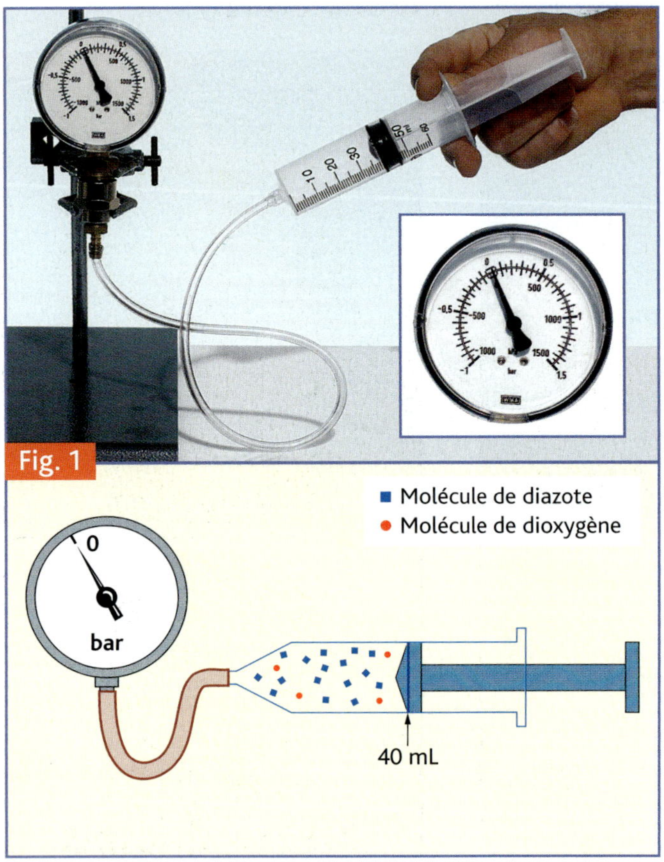

Fig. 1

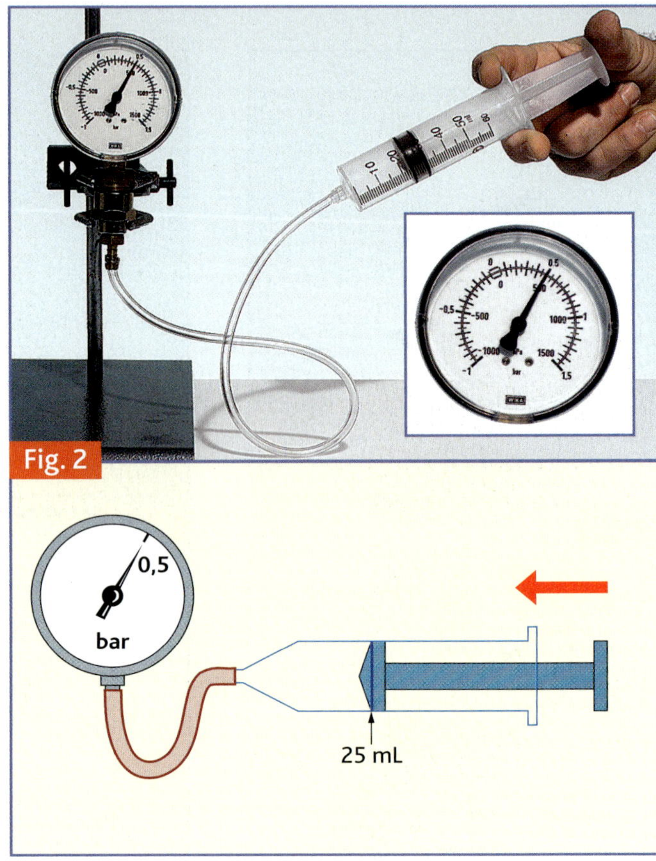

Fig. 2

Coup de pouce

Le manomètre indique la différence entre la pression du gaz à l'intérieur de la seringue et la pression atmosphérique à l'extérieur.

Observe

1. Qu'indique le manomètre de la Fig. 1 ? celui de la Fig. 2 ?
2. Quel est le volume de l'air emprisonné dans la Fig. 1 ? dans la Fig. 2 ? Comment ce volume a-t-il varié ?

Interprète

3. Reproduis le schéma de la Fig. 2 et représente les molécules de dioxygène et de diazote.
4. Que faut-il modifier à ce schéma dans le cas où on tire sur le piston de la seringue au lieu de le pousser ?

Conclus

5. Rédige ta conclusion en répondant à la question : « Pourquoi le volume de l'air peut-il varier ? »

Activité 4

→ Fiche p. 36

Quelle est la masse d'un litre d'air ?

1. Première pesée du ballon

Posons un ballon bien gonflé sur le plateau de la balance.

2. Remplissage d'une bouteille avec l'air

Avec l'air du ballon, remplissons une bouteille de 1,5 L, retournée sur une cuve à eau.

3. Seconde pesée du ballon

Pesons de nouveau le ballon auquel on a retiré de l'air.

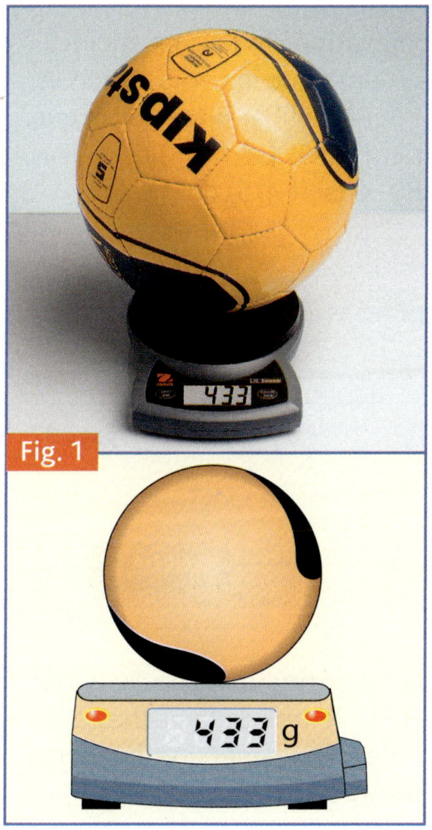

Fig. 1

Fig. 2

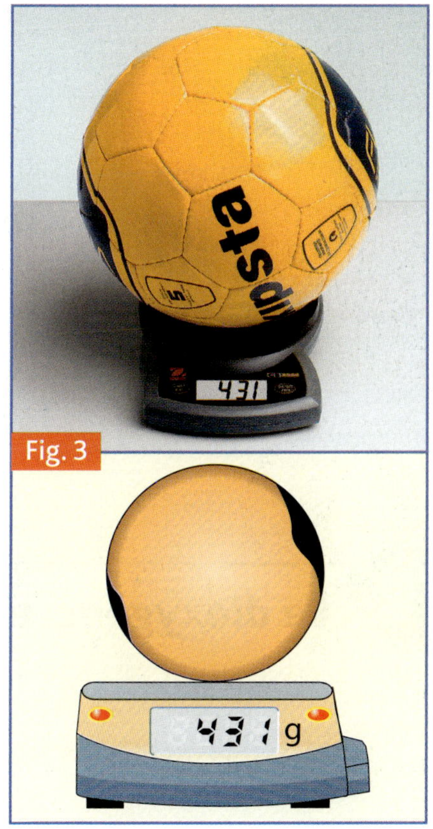

Fig. 3

Fais attention !

L'enveloppe du ballon bien gonflé doit rester tendue après retrait de l'air : le volume du ballon ne doit pas varier.

Observe

1. Quelle est la masse du ballon avant de retirer de l'air (Fig. 1) ?
2. Quel est le volume d'air retiré du ballon (Fig. 2) ?
3. Quelle est la masse du ballon, après avoir retiré de l'air (Fig. 3) ?

Exploite tes observations

4. Quelle est la variation de masse du ballon ?
5. À quoi est due cette variation de masse du ballon ?
6. Détermine par le calcul la masse d'un litre d'air.

Conclus

7. Rédige ta conclusion en répondant à la question : « Quelle est la masse d'un litre d'air ? »

L'essentiel par le texte et l'image

Activité 1

1 La composition de l'air

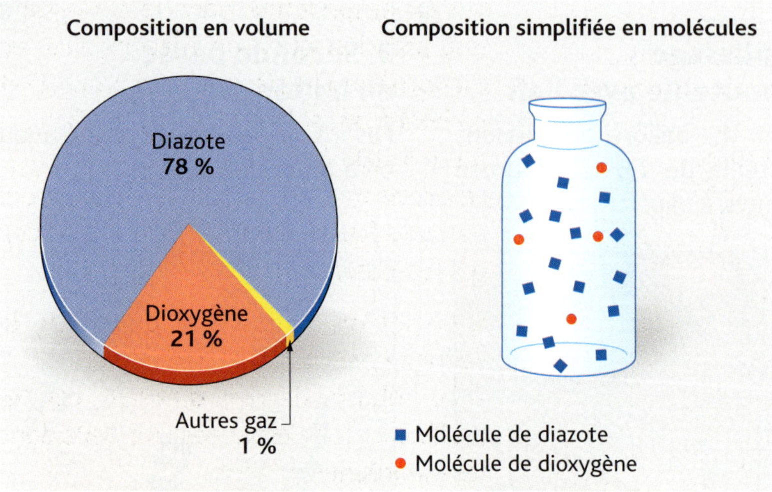

■ L'air est un mélange homogène de plusieurs gaz. Sa composition en volume est la suivante :
78 % de diazote ;
21 % de dioxygène ;
1 % d'autres gaz (argon, dihydrogène, dioxyde de carbone, hélium, néon...).

■ La composition de l'air en molécules est la même que la composition en volume. Pour simplifier, on peut dire que l'air contient 20 % (soit 1/5) de dioxygène et 80 % (soit 4/5) de diazote.

À RETENIR **L'air est un mélange qui contient 20 % (soit 1/5) de dioxygène et 80 % (soit 4/5) de diazote, en volume, comme en molécules.**

→ Test 2, page 37

Activité 2

2 Le dioxygène, un gaz indispensable

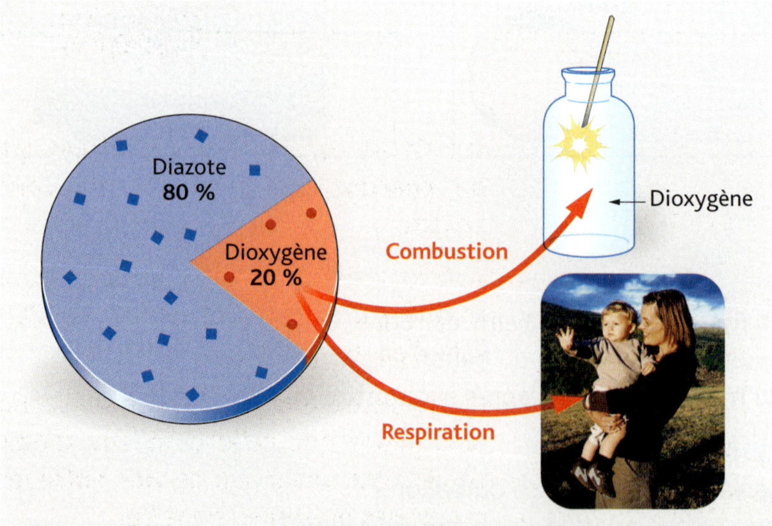

■ Pour distinguer le dioxygène des autres gaz, on utilise le test de la bûchette. En présence de dioxygène, une bûchette incandescente se rallume.

■ La plupart des êtres vivants utilise le dioxygène de l'air pour la respiration.

■ Les combustions qui se produisent dans l'air consomment aussi du dioxygène.

À RETENIR **Le dioxygène est le seul gaz de l'air qui permet les combustions. Il est aussi indispensable à notre respiration.**

→ Tests 3 et 4, page 37

Activité 3

3 Compressibilité de l'air

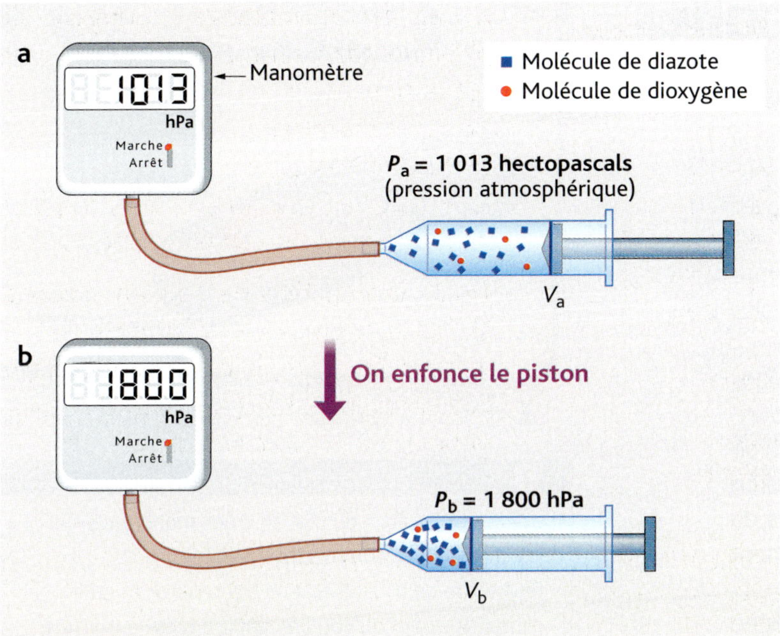

■ L'air emprisonné dans la seringue a une pression que l'on mesure avec un manomètre. Elle s'exprime en pascal (Pa), en hectopascal (hPa) ou en bar (bar) :
1 bar = 100 000 Pa = 1 000 hPa.
La pression d'un gaz est due aux chocs des molécules sur les parois du flacon qui le contient.

■ Lorsqu'on enfonce le piston de la seringue pour comprimer le gaz :
– Le volume de l'air diminue, car les molécules sont espacées ; on peut donc les rapprocher.
– La pression de l'air augmente, car les molécules sont plus « serrées » : le nombre de chocs sur les parois du récipient augmente.

À RETENIR **Comme tous les gaz, l'air est compressible car il existe des espaces vides entre les molécules.**

→ Tests 5 et 6, page 37

Activité 4

4 Masse d'un litre d'air

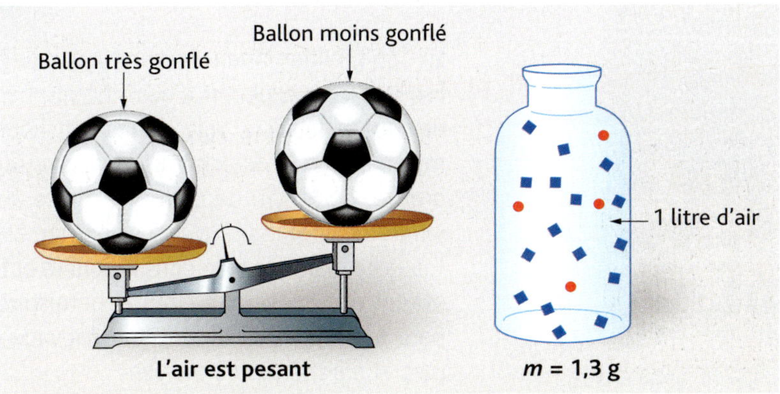

■ L'air est constitué de molécules qui ont chacune une masse. L'air est donc pesant.

■ À la pression atmosphérique et à température ordinaire, la masse d'un litre d'air est voisine de 1,3 g.

■ La masse d'un litre d'air est beaucoup plus petite que celle d'un litre d'eau, car il existe beaucoup de vide entre les molécules présentes dans l'air.

À RETENIR **Comme toute la matière, l'air est pesant. Dans les conditions habituelles de pression et de température, la masse d'un litre d'air est voisine de 1,3 g.**

→ Test 7, page 37

B2i Pour en savoir plus : http://www.bordas-vento.fr/doc4e

Santé

Contre le mal des **montagnes**

Le « mal aigu des montagnes » (MAM) est dû à un défaut d'oxygénation du cerveau, en raison de la diminution de la pression atmosphérique avec l'altitude. Il apparaît le plus souvent à partir de 3 500 m et s'aggrave rapidement avec l'altitude. Ce mal se manifeste par des maux de tête, des vertiges ou une fatigue persistante. Il peut être fatal si le malade n'est pas redescendu rapidement à une altitude plus basse.

Le **caisson hyperbare** portable est un sac étanche dans lequel est placée la personne. Pour mettre le caisson en pression, on le gonfle à l'aide d'une pompe. Une surpression de 220 millibars correspond à une perte d'altitude d'environ 3 000 mètres, ce qui suffit à faire disparaître les signes du MAM. Toutefois, le caisson ne suffit pas : il faut rapidement redescendre le malade dans la vallée.

La meilleure méthode pour éviter le « MAM » en montagne est de monter lentement, pour permettre une bonne acclimatation.

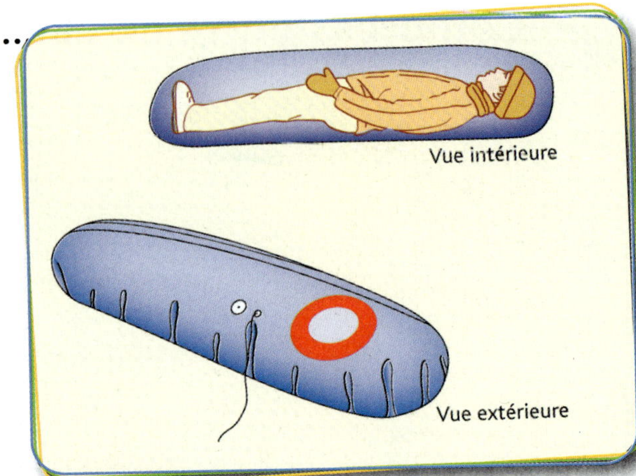

▲ Le « caisson hyperbare » peut sauver la vie d'un alpiniste.

» ?

- » Quelle est la cause du mal aigu des montagnes ?
- » Comment le caisson hyperbare agit-il ?
- » Recherche quels aménagements ce caisson doit comporter pour qu'une personne y reste enfermée pendant plusieurs heures.

▲ Une reconstitution de l'expérience des « sphères de Magdebourg », qui met en évidence la pression atmosphérique.

» ?

- » Explique comment la pression atmosphérique maintient les deux hémisphères plaqués l'un contre l'autre.
- » Quelle force pressante subit une vitre de 1 m² ?
- » Pour quelle raison une vitre soumise à la pression atmosphérique ne se brise-t-elle pas ?

Histoire des sciences

Une force **surprenante** !

En 1654, l'Allemand Otto von Guericke réalise la célèbre expérience des « hémisphères de Magdebourg », ville dont il est bourgmestre. Il accole deux hémisphères creux en bronze, de 50 cm de diamètre, grâce à un joint en cuir graissé. Avec à sa pompe à air, Guericke réalise le vide dans la sphère et fait atteler des chevaux à chaque hémisphère pour les séparer. Il faudra huit chevaux de part et d'autre pour y arriver.

Guericke vient de mettre en évidence la **force pressante due à la pression atmosphérique**. De nos jours, on sait calculer une telle force : par exemple sur une vitre de 1 m², cette force est équivalente au poids d'un camion de 10 tonnes !

▲ Le plongeur industriel travaille souvent en conditions difficiles.

Métier

Plongeur professionnel

L'expression « plongeur professionnel » est souvent associée à un moniteur encadrant des plongeurs amateurs. Mais ce terme peut désigner aussi un plongeur scientifique (archéologue), militaire ou industriel.

Le plongeur industriel exécute des travaux sous l'eau (jusqu'à 150 à 200 mètres de profondeur) lors d'aménagements de barrages, de ports ou encore sur des plates-formes de forage en mer. Il inspecte alors les structures, effectue des travaux de maçonnerie, découpe des tôles, raccorde des tuyauteries, des câbles... Il travaille souvent dans des conditions difficiles : eau boueuse, eau froide ou grosse mer.

Pour ce métier, une grande résistance physique et nerveuse est indispensable.

Un métier pas simple !

Effectuer des travaux en scaphandrier, c'est un peu comme jouer du violon avec des gants de boxe !

?

- Cite quelques professions qui s'exercent en milieu sous-marin.
- Jusqu'à quelles profondeurs les plongeurs professionnels peuvent-ils exercer leurs activités ?
- Recherche jusqu'à quel âge ces métiers peuvent s'exercer.

Environnement

Le **bon** et le **mauvais** ozone

L'ozone est un gaz formé à partir du dioxygène de l'air. On parle parfois du « bon » ozone stratosphérique et du « mauvais » ozone troposphérique. Pourquoi cette distinction ?

Le « bon » ozone, formé dans la deuxième couche de l'atmosphère, absorbe fortement les rayons ultraviolets, nous protégeant de ces radiations mortelles. Mais certains gaz produits par l'activité industrielle détruisent l'ozone protecteur. Ce **trou dans la couche d'ozone** augmente le risque de cancers de la peau.

Le « mauvais » ozone est produit par les activités humaines près du sol, en partie par les gaz de combustion et les hydrocarbures émis par les voitures. Cet ozone provoque l'irritation des voies respiratoires, la diminution des récoltes...

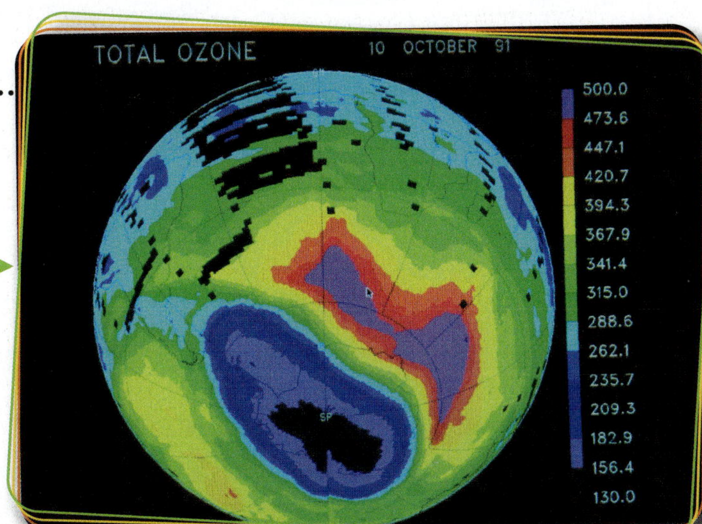

Cette image montre le trou dans la couche d'ozone qui nous protège, au-dessus de l'Antarctique. ▶

» ?

- Quelle est la cause de la disparition du « bon » ozone et quelles en sont les conséquences ?
- Quelle est la cause principale de formation du « mauvais » ozone ? Quelles en sont les conséquences ?
- Recherche comment évolue le trou de la couche d'ozone depuis 30 ans.

Compétence expérimentale

Transvaser un gaz

On veut transvaser dans une éprouvette le gaz contenu dans un flacon.
On dispose d'un cristallisoir, contenant de l'eau, et d'une coupelle.

Comment faire ?

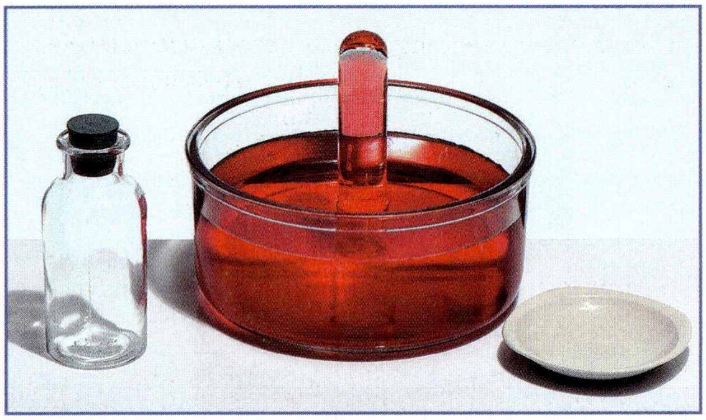

1. Remplir d'eau une éprouvette et la retourner sur le cristallisoir.
Le gaz est contenu dans le flacon bouché.

2. Introduire le col du flacon dans l'eau.
Déboucher le flacon et placer son ouverture sous l'éprouvette. Incliner le flacon de telle sorte que le gaz s'échappe dans l'éprouvette. **Les bulles dans l'éprouvette signalent la présence du gaz.**

3. Retirer le flacon de l'eau lorsque l'éprouvette est remplie de gaz.
Le flacon contient alors un volume d'eau égal au volume du gaz transvasé dans l'éprouvette.

4. Glisser une coupelle sous l'éprouvette avant de la retirer du cristallisoir. La petite quantité d'eau dans la coupelle assure l'étanchéité de l'éprouvette. On conserve ainsi le gaz recueilli dans l'éprouvette prêt à l'usage.

→ Entraîne-toi en page 41

Tests Vérifie tes connaissances

1 Recopie et complète

a. L'air est un ... de gaz. Il contient en volume environ 20 % de ... et 80 % de ... ; pour ... molécules de diazote, on trouve ... molécules de dioxygène.

b. Le ... est indispensable à la vie. Il entretient aussi les ... . Une bûchette ... se rallume quand on la plonge dans le ... .

c. L'air est ... car on peut réduire son volume en exerçant une ... sur lui. Ce sont les ... des molécules sur les parois du flacon qui sont la cause de la ... .

d. Dans les conditions habituelles, un litre d'air à une masse de ... .

2 Désigne les bons schémas

Quels sont les flacons qui contiennent de l'air ?

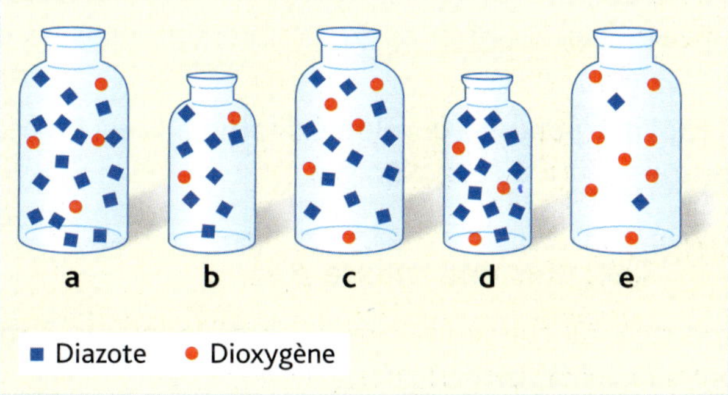

3 Vrai ou faux ?

Corrige les phrases fausses.

a. Le diazote de l'air entretient les combustions.

b. Une bûchette incandescente s'éteint dans le dioxygène.

c. Les êtres vivants utilisent le dioxygène pour respirer.

4 Tire une conclusion

Que peux-tu dire du gaz contenu dans le tube en **c** ?

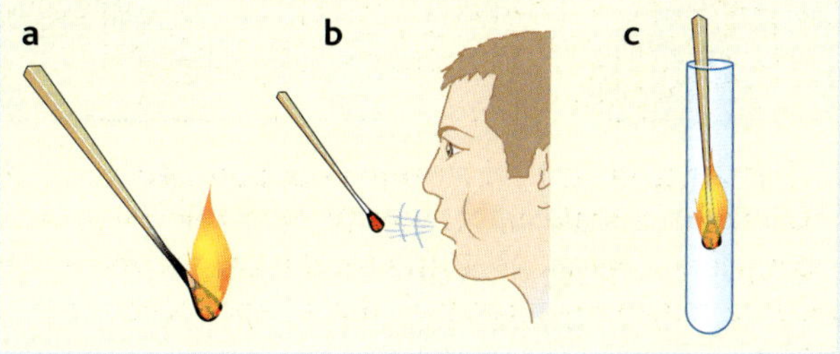

5 Établis une correspondance

Comme dans l'exemple ci-dessous, relie les propriétés des gaz au comportement des molécules.

Les gaz	Les molécules
1. Les gaz sont compressibles car ...	**a.** les molécules se rapprochent.
2. Quand la pression d'un gaz diminue, ...	**b.** les molécules sont animées de mouvements incessants.
3. Quand on réduit le volume d'un gaz, ...	**c.** les molécules ne sont pas toutes identiques.
4. Les gaz occupent tout l'espace qui leur est offert, car ...	**d.** les molécules sont espacées.
5. L'air est un mélange, car ...	**e.** les chocs des molécules sur les parois sont moins nombreux.

6 Choisis le bon schéma

On comprime le gaz de la seringue **a**.

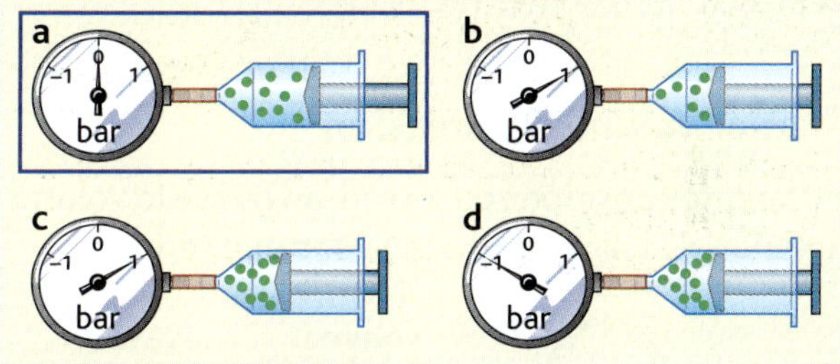

a. Quel schéma représente correctement le résultat ?

b. Qu'est-ce qui est incorrect sur les deux autres schémas ?

7 Trouve la masse

On retire un litre d'air d'un ballon gonflé. Quel est le résultat affiché par la seconde balance ?

→ Solutions en page 220

Exercices ★ Utilise ce que tu as appris

8 Calculer la masse d'un litre d'air

Une bouteille d'air comprimé, utilisée en plongée sous-marine, pèse 13 kg. Après une plongée, elle ne pèse plus que 12,2 kg.

1. Quelle masse d'air a été consommée ?

2. Pour recharger cette bouteille et ramener sa masse à 13 kg, il faut lui ajouter 615 L d'air atmosphérique. Déduis-en la masse d'un litre d'air atmosphérique.

9 Observer, interpréter, prévoir

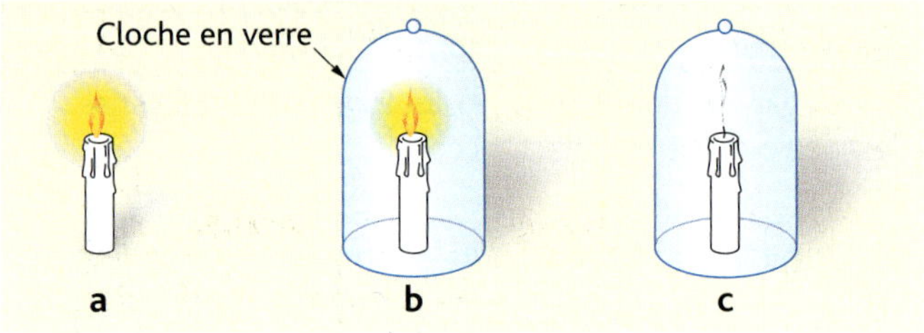

1. Décris les trois étapes de cette expérience.
2. Quel gaz a été consommé ?
3. Quel autre gaz n'a pas été consommé ?
4. Que se produirait-il si, après avoir rallumé la bougie, on la replaçait dans la même cloche ?

10 Relier volume et pression

Pour différentes positions du piston, on relève le volume et la pression de l'air emprisonné dans une seringue.

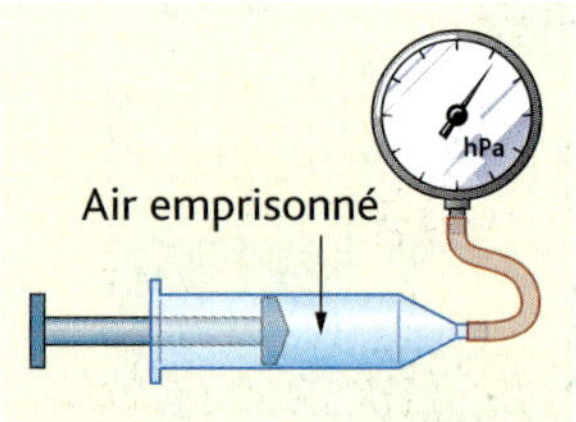

Volume (mL)	Pression (hPa)
35	1 410
25	820
43	1 007

1. Certaines valeurs du tableau n'ont pas été inscrites dans la bonne case. Corrige les erreurs.

2. Rédige une phrase de conclusion qui explique comment varie la pression d'un gaz quand on modifie son volume.

11 Détecter une erreur

Dans un article d'un magazine automobile, on peut lire : « *le gonflage des pneus au diazote présente certains avantages,* [...] *les molécules de diazote sont plus grosses que celles de l'air ambiant, ce qui, en cas de petite crevaison, amène une perte de pression plus lente.* »

- Qu'est-ce qui est incorrect dans cette phrase ?

12 Comparer la compressibilité

Deux seringues sont connectées à un manomètre. L'une contient 20 mL de diazote (**a**) et l'autre 20 mL d'eau (**b**). On pousse sur le piston de chacune d'elles.

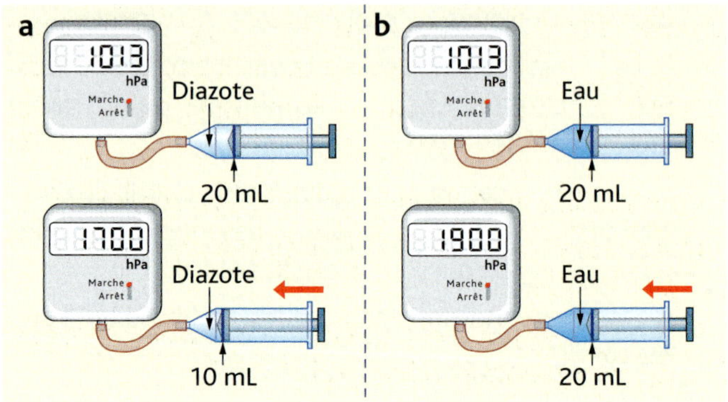

1. Comment varie le volume du diazote ? de l'eau ?
2. Comment varie la pression du diazote ? de l'eau ?
3. Fais un schéma qui représente les molécules de diazote et d'eau avant et après compression dans les deux seringues.
4. Explique pourquoi le volume d'un liquide est invariable, contrairement à celui d'un gaz.

13 Calculer une masse d'air

Une salle de classe mesure 12 m de longueur, 7 m de largeur et 2,50 m de hauteur.

1. Calcule le volume d'air contenu dans cette salle.
2. Calcule la masse de l'air de cette salle.

14 Exploiter des résultats expérimentaux

→ Solution en page 220

Pour déterminer la masse d'un litre de gaz butane, on réalise l'expérience suivante :

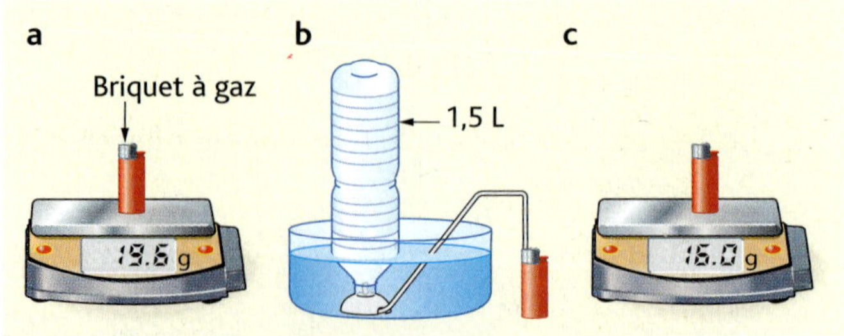

1. Quelle est la masse du butane recueilli ?
2. Calcule la masse d'un litre de butane.
3. La masse du butane contenu dans le briquet est de 12 g. Quel volume total de ce gaz pourra-t-on récupérer sur la cuve à eau ?

Investigation

Exerce tes compétences expérimentales

Le problème à résoudre

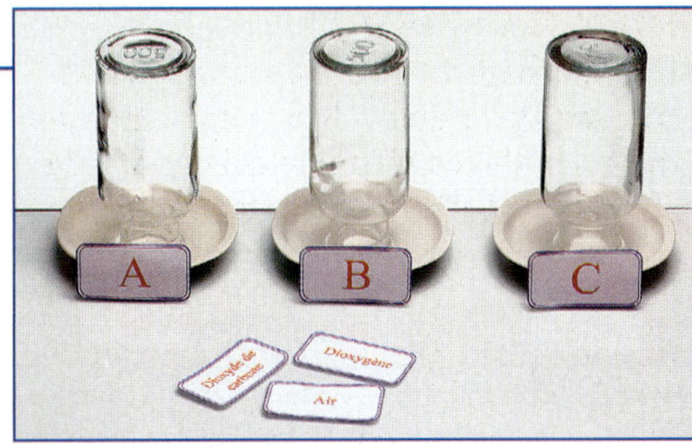

Les étiquettes des trois bocaux A, B et C se sont détachées.

Sur les étiquettes détachées, on lit : **dioxygène, dioxyde de carbone** et **air.**

Attribue à chaque bocal la bonne étiquette.

Réfléchis

Mobilise tes connaissances

- Comment dois-tu faire pour identifier le dioxygène ?
- Comment dois-tu faire pour identifier le dioxyde de carbone ?
- Que se passerait-il si tu réalisais le test du dioxygène dans un bocal contenant de l'air ? du dioxyde de carbone ?
- Que se passerait-il si tu réalisais le test du dioxyde de carbone dans un bocal contenant de l'air ? du dioxygène ?

Élabore un protocole expérimental

- Quels tests dois-tu réaliser ?
- Dois-tu réaliser ces tests sur chacun des gaz ?
- Peux-tu effectuer ces tests directement dans les bocaux ?
- Dois-tu garder en réserve un peu de chacun des gaz ? Si oui, comment faire ?
- L'ordre des tests est-il important ?

Propose des expériences

- En plus des trois flacons A, B et C, tu disposes du matériel ci-contre.
- Schématise les expériences que tu devras réaliser dans l'ordre que tu auras choisi.

Passe à l'action

- Réalise les expériences.
- Communique tes résultats.
- Rédige ta conclusion.

Pour t'aider, reporte-toi à la fiche page 211.

Chapitre

3 Les combustions

OBJECTIFS

- Réaliser et décrire les combustions du carbone, du méthane et du butane.
- Identifier les réactifs et les produits d'une combustion.
- Connaître le danger des combustions incomplètes.

Situation 1 L'été, en Provence, par fort mistral, des milliers d'hectares de forêt partent en fumée.

? Pourquoi le feu se propage-t-il plus vite les jours de grand vent ?

Situation 2 Le méthanier transporte le méthane liquéfié d'un site où l'on procède à son extraction vers un site où il sera acheminé vers un réseau de distribution de gaz.

? Que se passe-t-il quand le méthane brûle ?

Situation 3 Torchères dans une raffinerie de pétrole.

? De quoi est constituée cette fumée noire ?

Situation 4 Plusieurs dispositifs de sécurité ont été mis en place dans cette cuisine.

? Pourquoi ces dispositifs sont-ils nécessaires ?

Les ACTIVITÉS des pages suivantes vont t'aider à répondre

Activité 1

→ Fiche p. 52

Que se passe-t-il lorsque le carbone brûle ?

1. Amorçage de la combustion

- Chauffons un morceau de carbone jusqu'à incandescence.

2. Combustion dans le dioxygène

- Introduisons le morceau de carbone incandescent dans un flacon contenant du dioxygène.

3. Test à l'eau de chaux

- Retirons le reste du carbone et versons de l'eau de chaux dans le flacon.
- Observons l'eau de chaux.

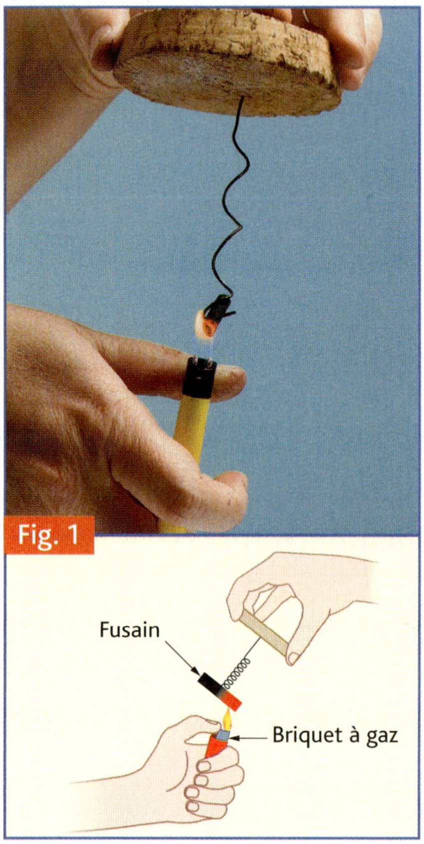

Fig. 1

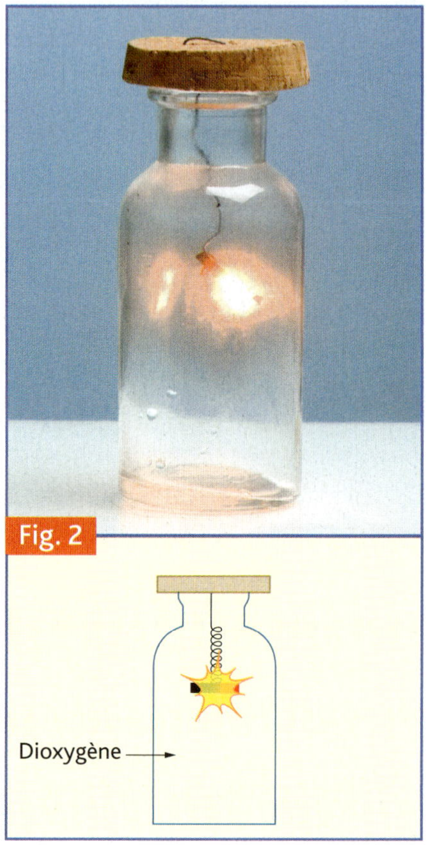

Fig. 2

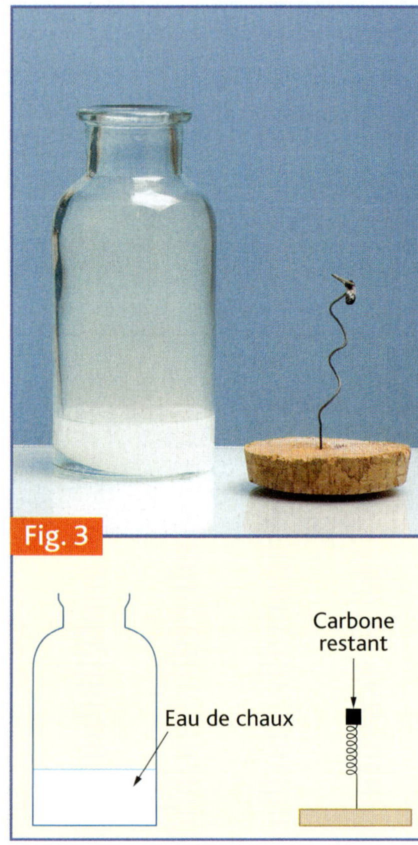

Fig. 3

Vocabulaire

Les corps qui disparaissent sont les *réactifs*. Ceux qui se forment sont les *produits*.

Observe

1. Dans quel gaz le carbone brûle-t-il le plus vivement **(Fig. 1 et 2)** ?
2. Après un certain temps, la combustion cesse. Reste-t-il du carbone ?
3. Que se passe-t-il pour l'eau de chaux **(Fig. 3)** ?

Interprète

4. Lors de la combustion du carbone, quel gaz est consommé ?
   Du carbone a-t-il disparu ?
5. Quel gaz s'est formé ?

Conclus

6. Rédige ta conclusion en répondant à la question : « Que se passe-t-il lorsque le carbone brûle ? »

Activité 2

Quels sont les produits de la combustion complète du méthane ?

1. Réglage du bec Bunsen

- Allumons un bec Bunsen alimenté par du méthane, la virole étant fermée.
- Ouvrons la virole.

2. Récupération des produits formés

- Plaçons un flacon au-dessus de la flamme. Observons.

3. Test à l'eau de chaux

- Versons de l'eau de chaux dans le flacon.
- Agitons et laissons reposer.

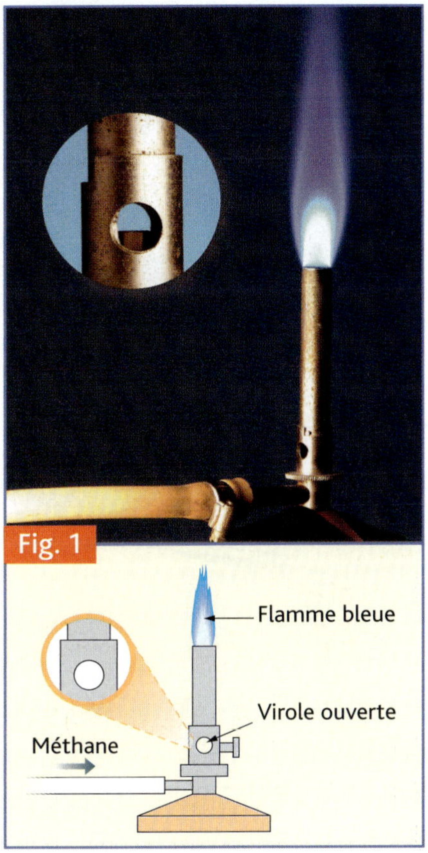

Fig. 1

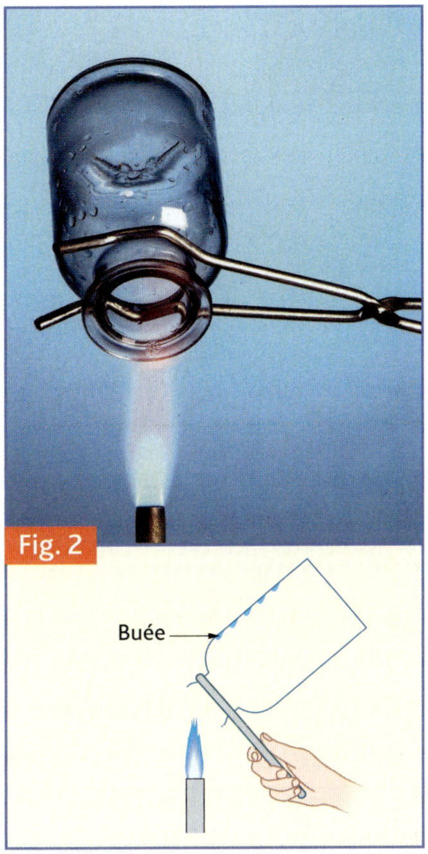

Fig. 2

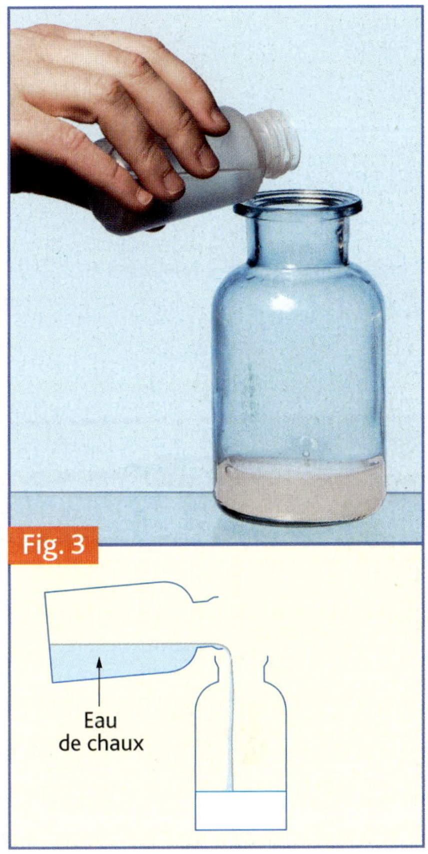

Fig. 3

Fais attention !

Ne fais pas cette expérience à la maison : tu risques de te brûler et de déclencher un incendie.

Observe

1. Décris la flamme du méthane qui brûle à la sortie du bec Bunsen **(Fig. 1)**.
2. Qu'observe-t-on sur les parois du flacon **(Fig. 2)** ?
3. Qu'observe-t-on pour l'eau de chaux **(Fig. 3)** ?

Interprète

4. Comment pourrait-on identifier le produit qui se dépose sur les parois **(Fig. 2)** ?
5. Quel gaz s'est formé lors de la combustion **(Fig. 3)** ?
6. Quel est le rôle de la virole **(Fig. 1)** ?

Conclus

7. Rédige ta conclusion en répondant à la question : « Quels sont les produits de la combustion complète du méthane ? »

Activité 3

Que se passe-t-il quand une combustion est incomplète ?

1. Combustion complète

Plaçons un flacon au-dessus de la flamme d'un briquet à gaz alimenté par du butane.

2. Test au sulfate de cuivre anhydre

Introduisons un peu de sulfate de cuivre anhydre dans le flacon.

3. Combustion incomplète

Écrasons un court instant la flamme avec une soucoupe.

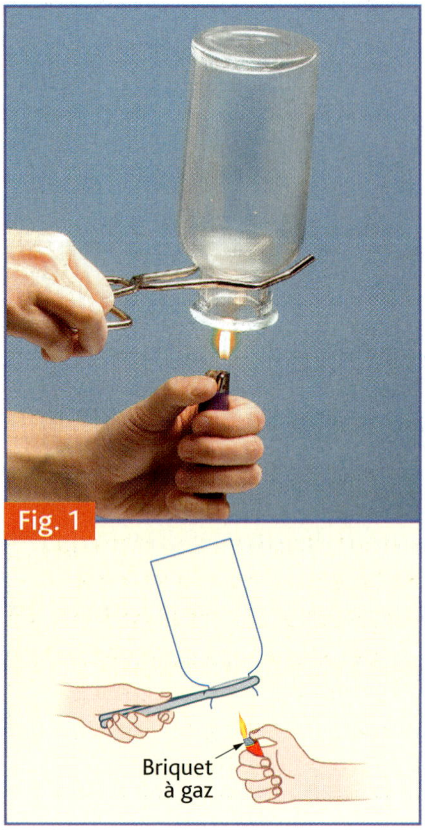

Fig. 1

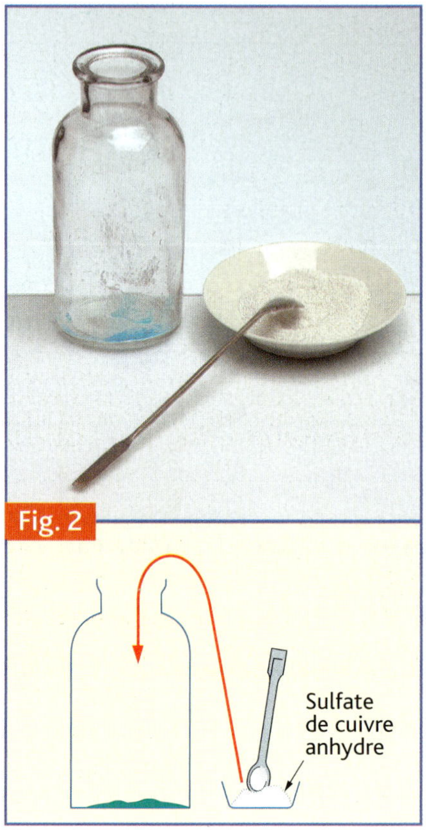

Fig. 2

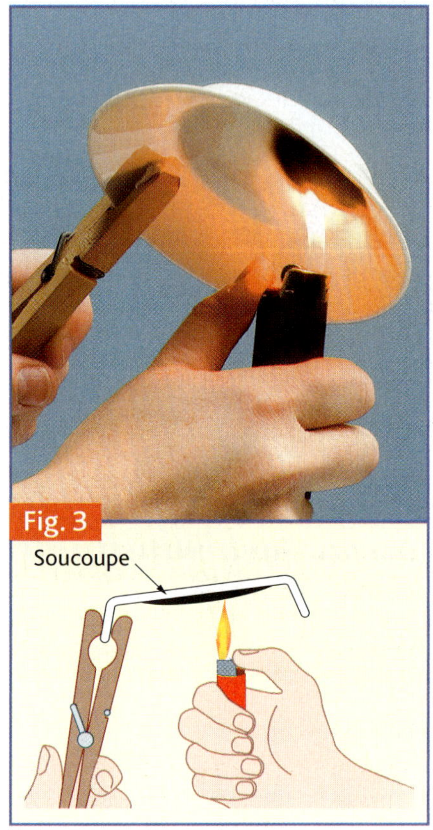

Fig. 3

Fais attention !

Une combustion incomplète produit en plus un gaz très toxique : le monoxyde de carbone.

Observe

1. Qu'observe-t-on pour le sulfate de cuivre anhydre **(Fig. 2)** ?
2. Qu'observe-t-on sur la soucoupe **(Fig. 3)** ?

Interprète

3. Quel est l'un des produits formés lors de la combustion complète **(Fig. 2)** ?
4. Sachant qu'il se forme aussi un gaz qui trouble l'eau de chaux, quel est le second produit formé lors de la combustion complète ?
5. Quel est le produit qui se forme en plus des deux précédents lors de la combustion incomplète **(Fig. 3)** ?

Conclus

6. Rédige ta conclusion en répondant à la question : « Que se passe-t-il quand une combustion est incomplète ? »

Activité 4

Quels sont les dangers d'une combustion incomplète ?

1. Faits divers relevés dans les journaux

« À Liverdun, près de Nancy, six personnes, dont quatre enfants, ont été hospitalisées mercredi, victimes d'une légère intoxication au monoxyde de carbone qui s'est déclarée dans trois appartements d'un immeuble. Le bâtiment a été évacué et ses dix habitants ont été relogés. L'alerte a été donnée après que des habitants eurent été victimes de légers malaises. »

« À Montréal, une fillette de 16 mois est morte d'une intoxication au monoxyde de carbone. Son père a laissé son enfant à l'intérieur de la voiture pendant qu'il la déneigeait. À première vue, le pot d'échappement aurait été bouché par la neige. »

2. Carte d'identité du monoxyde de carbone

Nom : monoxyde de carbone
Formule chimique : CO
Couleur : incolore
Odeur : inodore
Goût : insipide
État physique : gazeux dans les conditions normales de température et de pression

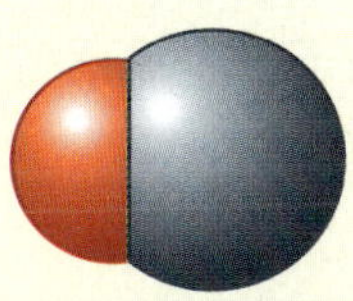

Toxicité ⚠
Lorsque ce gaz est présent dans l'air, il se combine avec l'hémoglobine et bloque alors le transport du dioxygène dans l'organisme. Les intoxications peuvent aller de maux de tête, fatigue, nausées et vomissements jusqu'au coma et à la mort, selon la concentration du monoxyde de carbone dans l'air ambiant et la durée de l'exposition.

Fais attention !
Pour éviter l'intoxication, il faut prévoir une arrivée d'air frais et une évacuation des produits de la combustion par une cheminée.

Extrais des informations

1. Quels appareils présents dans un immeuble pourraient conduire à la formation de monoxyde de carbone en cas de mauvais fonctionnement **(Doc. 1)** ?
2. D'où provenait le monoxyde de carbone responsable de l'intoxication de la fillette **(Doc. 1)** ?
3. Que peut provoquer l'intoxication au monoxyde de carbone **(Doc. 2)** ?
4. Comment le monoxyde de carbone agit-il sur l'organisme **(Doc. 2)** ?

Exploite les informations

5. Comment ces accidents auraient-ils pu être évités **(Doc. 1)** ?

Conclus

6. Rédige ta conclusion en répondant à la question : « Quels sont les dangers d'une combustion incomplète ? »

L'essentiel par l'image et le texte

Activité 1

1 La combustion du carbone

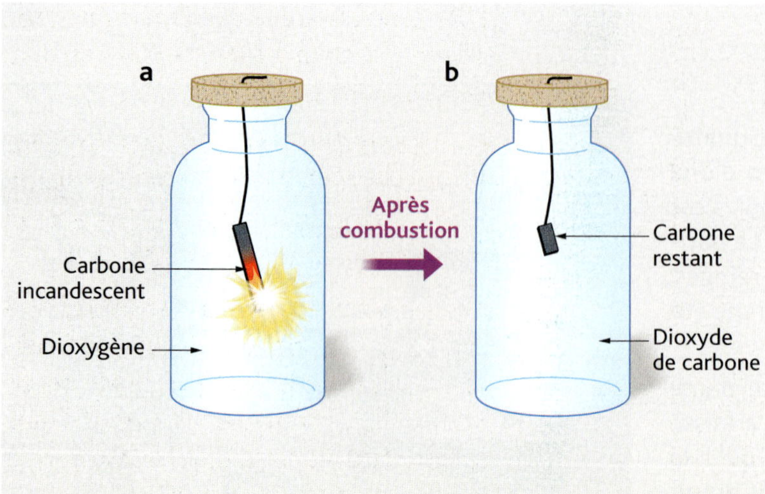

■ L'expérience dans laquelle une substance (ici le carbone) brûle est appelée **combustion**.

■ Lors d'une combustion, des substances (le carbone et le dioxygène) disparaissent : ce sont les **réactifs** (**a**). Une nouvelle substance (le dioxyde de carbone) se forme : c'est le **produit** (**b**).

■ Les réactifs d'une combustion sont aussi appelés **combustible** (substance qui brûle : ici, le carbone) et **comburant** (substance qui permet la combustion : ici, le dioxygène).

À RETENIR

La combustion du carbone dans le dioxygène est une transformation chimique dont le bilan s'écrit : carbone + dioxygène ⟶ dioxyde de carbone.

« réagit avec » (+) ; **« donne »** (⟶)

→ **Tests 2 et 3 page 53**

Activité 2

2 La combustion complète du méthane

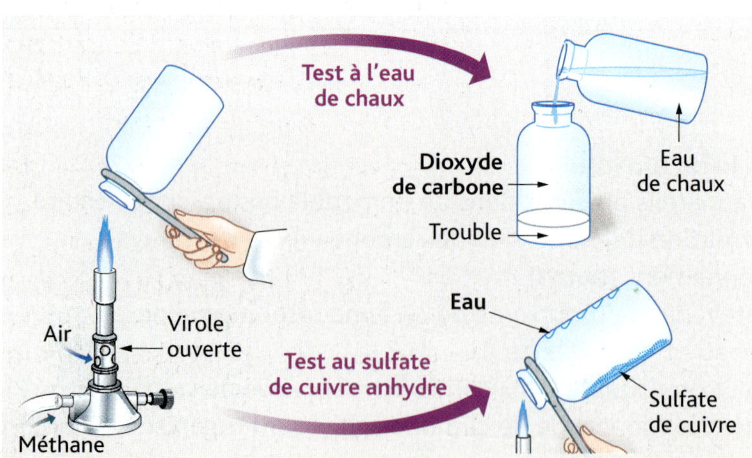

■ Lorsque la virole du bec Bunsen est ouverte, le méthane brûle en produisant une flamme bleue, chauffante et peu éclairante.

■ Au cours de cette combustion, du **méthane** et du **dioxygène** disparaissent, tandis que de l'**eau** et du **dioxyde de carbone** apparaissent.

■ Lorsque l'air est en quantité suffisante (virole ouverte), la combustion du méthane est **complète**.

À RETENIR

La combustion complète du méthane est une transformation chimique dont le bilan s'écrit : méthane + dioxygène ⟶ dioxyde de carbone + eau

→ **Test 4 page 53**

Activité 3

3 La combustion incomplète du butane

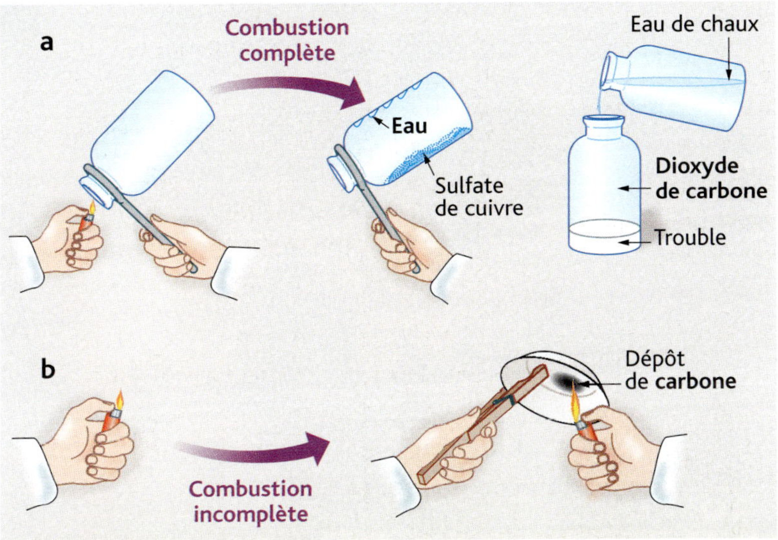

■ Dans un briquet à gaz, le butane brûle en produisant une flamme éclairante et peu chauffante.

■ Au cours de la combustion complète du butane, du **butane** et du **dioxygène** disparaissent, tandis que de l'**eau** et du **dioxyde de carbone** se forment (**a**).

■ Quand on couvre la flamme d'une soucoupe, on la prive d'air et la combustion devient incomplète : il se forme, en plus du dioxyde de carbone et de l'eau, du **carbone** et un gaz très toxique, le **monoxyde de carbone** (**b**).

À RETENIR **La combustion incomplète du butane (ou du méthane) produit du carbone et du monoxyde de carbone, gaz très toxique.**

→ Test 5 page 53

Activité 4

4 Les dangers des combustions incomplètes

■ Toutes les combustions sont potentiellement dangereuses. Elle peuvent conduire à un **incendie**, une **explosion** (cas des gaz) ou une **asphyxie**.

■ Les combustions incomplètes produisent un gaz incolore, inodore et très toxique : le **monoxyde de carbone**.
Pour éviter l'intoxication par le monoxyde de carbone, il faut : entretenir régulièrement les appareils de chauffage (**b**) ; aérer les pièces où ils sont installés (**a**) ; évacuer les produits de la combustion (**a**).

À RETENIR **Lors de l'utilisation des appareils de chauffage à combustion, il faut respecter des règles de sécurité.**

→ Test 6, page 53

Documents

B2i Pour en savoir plus : http://www.bordas-vento.fr/doc4e

Histoire des techniques

Tout **feu,** tout **flamme**

Pour l'homme préhistorique, la maîtrise du feu est une évolution majeure. Il y a environ **200000 ans**, l'homme réussit enfin à produire du feu en utilisant du bois ou des silex. Il peut ainsi cuire sa nourriture ou éloigner les bêtes sauvages.
Une fois le feu produit, il faut pouvoir le transporter. Un homme retrouvé congelé avait sur lui, il y a environ 5000 ans, un récipient en écorce de bouleau contenant des feuilles d'érable et quelques charbons, dont on suppose qu'il servait au transport du feu. Vers la fin du XIXe siècle encore, les Indiens navigateurs de Patagonie, en Amérique du Sud, transportaient dans leurs pirogues un foyer allumé en permanence sur un lit d'argile. Dans nos sociétés modernes, le problème a été réglé, il y a plus d'un siècle, par l'invention des... allumettes.

▲ La maîtrise du feu, une étape très importante dans l'évolution de l'homme.

» ?
- » Cite deux moyens de produire du feu.
- » À quoi servait le feu aux premiers hommes ?
- » Recherche des applications qui, autrefois, nécessitaient l'utilisation du feu et qui aujourd'hui peuvent s'en passer.

Métier

Des **pilotes** d'exception

◀ Piloter un bombardier d'eau nécessite une grande expérience de vol et beaucoup de sang-froid.

» ?
- » Comment sont recrutés les pilotes d'avions bombardiers d'eau ?
- » Quelle est leur mission ?
- » Recherche le nom d'un ou deux appareils bombardiers d'eau.

Les avions bombardiers d'eau servent à lutter contre les feux de forêts. En été, les équipages sont en alerte du lever au coucher du Soleil. Ils se tiennent alors en tenue de vol à la base, prêts à rejoindre leurs avions, ou en vol au-dessus des zones à hauts risques.
La majorité des pilotes provient de l'armée. Le recrutement s'effectue avec une expérience minimale de 3000 heures de vol. Les nouveaux pilotes sont intégrés en tant que copilotes pour une durée de 3 ans en général. Fort de cette expérience, le copilote passera ensuite, seul à bord, sur Tracker, un avion qui combat les éclosions de feu. Il pourra ensuite devenir commandant de bord, quelques années plus tard, sur un gros bombardier.

Santé

Fumer, (et **fumée**) tue !

La fumée de cigarette contient plus de 4000 substances chimiques ! Elle est extrêmement nocive non seulement pour le fumeur, mais aussi pour son entourage. La fumée qui s'échappe de la cigarette contient en effet plus de substances toxiques (monoxyde de carbone, oxydes d'azote...) et de substances cancérogènes (goudrons, benzène...) que celle inhalée directement par le fumeur à travers la cigarette. Pour l'entourage, on parle de **tabagisme passif**.

Le danger est donc bien réel pour tous : risques d'accidents cardiovasculaires (infarctus), de cancer du poumon ou des sinus, de maladies des bronches... sans oublier le jaunissement de la peau et des dents ou l'accoutumance qu'entraîne la nicotine pour les fumeurs.

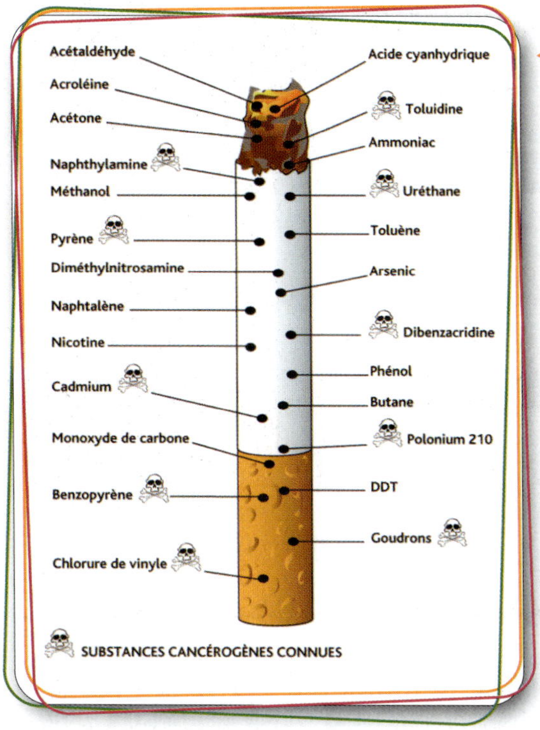

Les substances contenues dans une cigarette menacent la santé des fumeurs, mais aussi de leur entourage.

» ?

- » Dans le cas de la « combustion de la cigarette », quels sont les combustibles ?
- » Cite deux ou trois substances toxiques contenues dans la fumée de cigarette.
- » Recherche quels sont les additifs ajoutés dans les cigarettes qui provoquent une accoutumance.

Environnement

Coup de chaud sur la planète

L'augmentation de l'effet de serre est une menace pour toutes les espèces vivantes.

L'effet de serre est un phénomène tout à fait naturel, qui permet de maintenir sur notre planète une température favorable à la vie. Le problème est que l'humanité rejette de plus en plus de dioxyde de carbone dans l'atmosphère, ce qui entraîne une **augmentation de l'effet de serre**. La planète se réchauffe : la température a augmenté de 0,5 °C au cours du dernier siècle et pourrait encore augmenter de 1,4 °C à 5,8 °C au cours du siècle à venir.

Les conséquences de ce réchauffement seraient dramatiques : augmentation du nombre de personnes pouvant être touchées par le paludisme, intensification des phénomènes extrêmes (canicules, froid, tempêtes...), montée du niveau des océans de 10 à 90 centimètres...

» ?

- » Quelle pourrait être la cause de la canicule et des incendies estivaux des dernières années ?
- » Quelles peuvent être les conséquences de l'augmentation de l'effet de serre ?
- » Recherche les solutions possibles pour remédier au réchauffement de la planète.

Et toi ?

Que peux-tu faire au quotidien pour lutter contre l'augmentation de l'effet de serre ?

Compétence expérimentale

Réaliser la combustion du carbone dans le dioxygène

On veut remplir un flacon avec du dioxygène et y faire ensuite brûler un morceau de fusain.

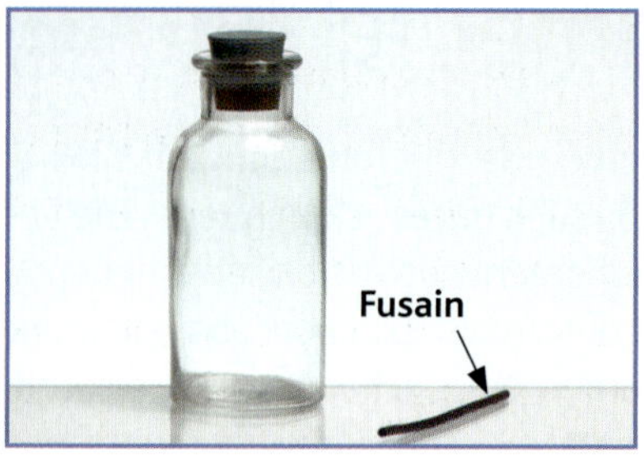

Comment faire ?

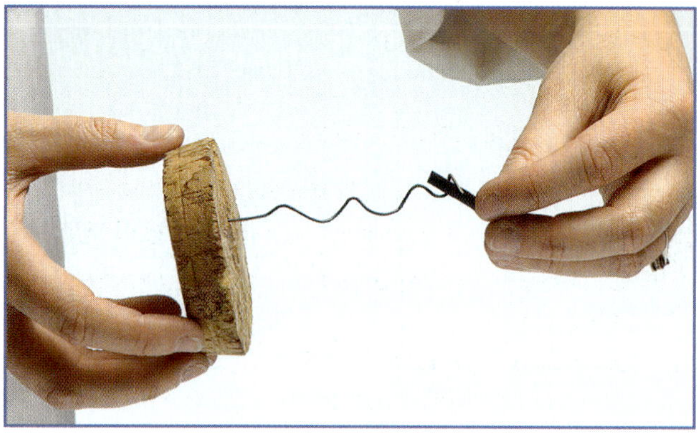

1. Préparer le carbone.
Accrocher un morceau de fusain sur un fil de fer fixé à un bouchon de liège.

2. Préparer le dioxygène.
Renverser le flacon rempli d'eau sur un cristallisoir également rempli d'eau.
Faire entrer le dioxygène dans le flacon à l'aide d'un tuyau souple relié à la bouteille. Lorsqu'il n'y a plus d'eau dans le flacon, celui-ci est plein de dioxygène.

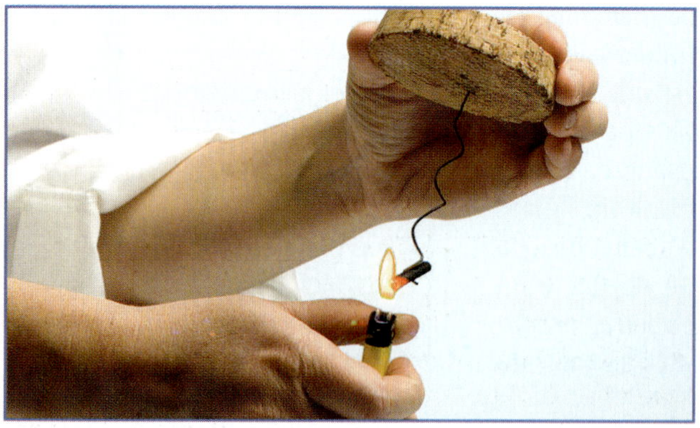

3. Amorcer la combustion.
Amorcer la combustion à proximité du flacon de dioxygène. Pour cela, chauffer le morceau de fusain à l'aide d'une flamme, jusqu'à ce qu'il devienne incandescent.

4. Réaliser la combustion du carbone dans le flacon.
Ouvrir le flacon de dioxygène et veiller à ce que le fusain reste incandescent lors de son introduction dans le flacon.
Attention ! Si on utilise un bec Bunsen, veiller à ne pas passer la main sur la flamme !
La combustion s'arrête lorsqu'il n'y a plus de dioxygène ; on peut alors caractériser les produits obtenus.

→ Entraîne-toi en page 57

Tests Vérifie tes connaissances

1 Recopie et complète

a. Une combustion est une ... chimique au cours de laquelle les ... disparaissent et les ... se forment.

b. La combustion du carbone dans le ... produit du ..., qui trouble l'... .

c. Au cours de la combustion complète du méthane, il se forme du ... et de l'... .

d. Une combustion ... est dangereuse, car elle produit un gaz très toxique, le ... .

2 Choisis la bonne réponse

Indique le bilan correct de la combustion du carbone dans le dioxygène :

a. carbone + dioxygène → monoxyde de carbone.

b. carbone + dioxygène → dioxyde de carbone.

c. carbone + dioxygène → dioxyde de carbone + eau.

3 Légende un schéma

Attribue à chaque numéro la légende qui convient : *eau de chaux* ; *dioxyde de carbone* ; *dioxygène* ; *carbone*.

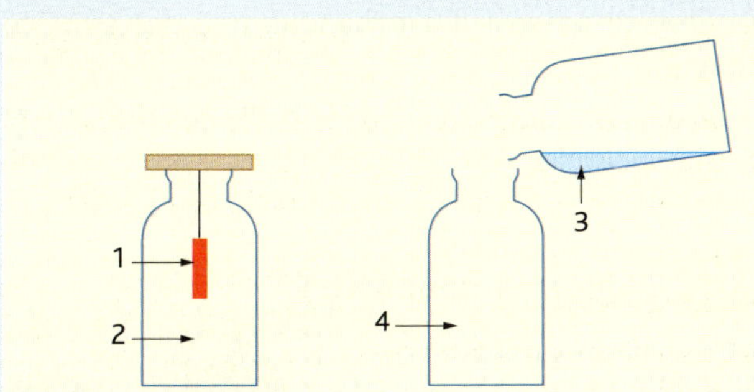

4 Vrai ou faux ?

Réponds par vrai ou par faux à chacune des affirmations suivantes.

a. La combustion complète du méthane dans le dioxygène produit du monoxyde de carbone.

b. Lors de la combustion complète du méthane dans le dioxygène, la flamme est bleue et très chaude.

c. L'un des produits de la combustion complète du méthane dans le dioxygène est le carbone.

5 Trouve les produits formés

Indique le ou les numéros correspondant aux produits qui se forment lors de la combustion du butane dans chaque cas **a** et **b**.

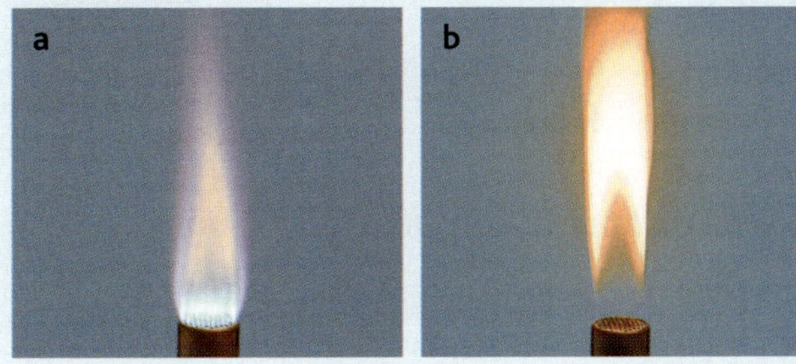

1. Dioxyde de carbone ; **2.** eau ; **3.** carbone ; **4.** monoxyde de carbone.

6 Identifie les risques

À chaque action, associe le risque correspondant.

1. Allumer un feu en forêt

2. Produire une étincelle lors d'une fuite de gaz

3. S'endormir dans une chambre dont le poêle est défectueux

a. Intoxication

b. Incendie

c. Explosion

7 Mots croisés

Recopie et complète la grille en t'aidant des définitions. Tu trouveras le mot caché.

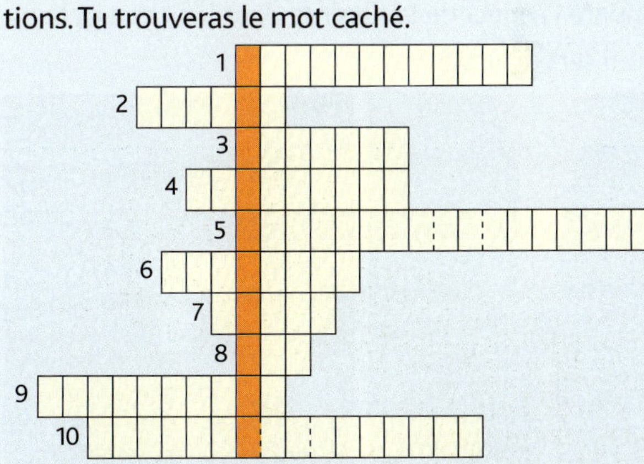

1. Si on absorbe du monoxyde de carbone, on en risque une. **2.** Gaz combustible. **3, 5, 8 et 10.** Produits de la combustion incomplète du butane. **4.** Un bon comburant. **6.** Se dit d'une combustion dont le comburant est en quantité suffisante. **7.** Couleur de la flamme d'une combustion complète. **9.** Se dit de la flamme d'un briquet à gaz.

→ Solutions en page 220

8 Interpréter la combustion du carbone dans l'air

On réalise la combustion du carbone dans l'air.

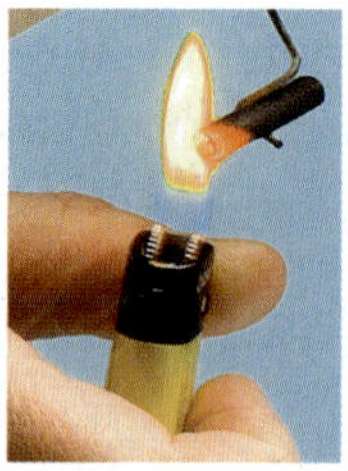

1. Quels sont les réactifs de cette combustion ?

2. Pourquoi le carbone brûle-t-il plus vivement dans le dioxygène ?

9 Interpréter la combustion du butane

On réalise la combustion complète du butane.

1. Écris le bilan de cette combustion.

2. Si la combustion avait été incomplète, quels autres produits aurait-on obtenus en plus ?

10 Schématiser une expérience

La cartouche d'un briquet à gaz contient du butane.

1. Schématise une expérience qui permet de recueillir dans un tube à essai le gaz contenu dans un briquet.

2. Schématise une expérience qui permet d'identifier les produits de la combustion complète du butane.

11 Comprendre les réglages du bec Bunsen

On allume un bec Bunsen, la virole étant fermée (**a**), puis on ouvre la virole (**b**).

1. Compare l'aspect de la flamme dans les cas **a** et **b**.

2. À quoi sert la virole ?

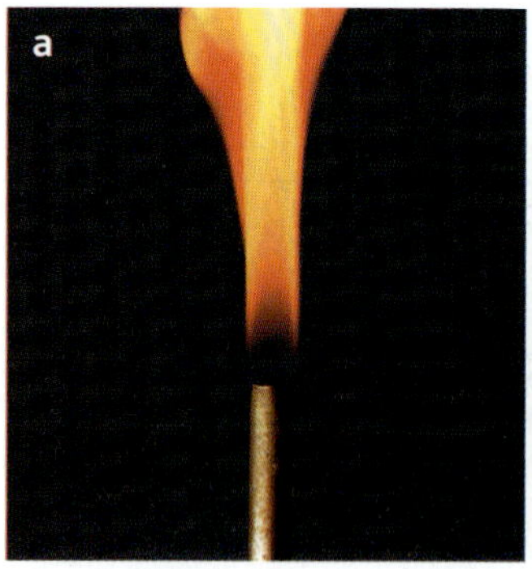

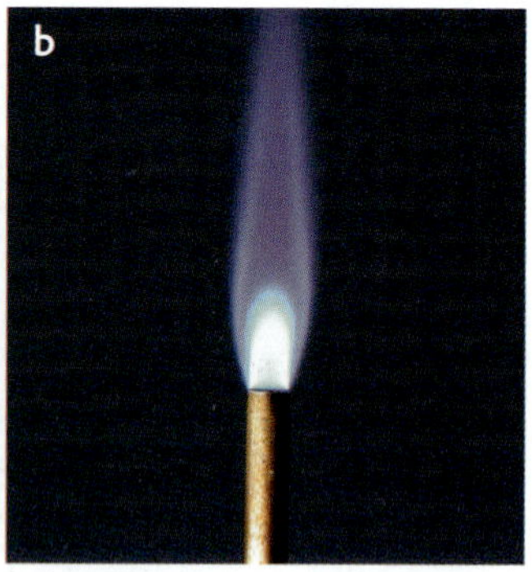

12 Connaître le danger des combustions

1. Les plaques de cuisson à gaz possèdent une sécurité qui coupe l'arrivée de gaz si la flamme s'éteint par accident. Pourquoi ?

2. Il est déconseillé, lorsqu'on a garé sa voiture dans un endroit fermé, de laisser le moteur en marche. Pourquoi ?

3. En Provence, les autorités interdisent de faire un feu lorsque le vent dépasse 40 km/h. Pourquoi ?

13 Comprendre les circonstances d'un incendie

Le triangle du feu correspond aux conditions qu'il faut réunir pour provoquer une combustion :

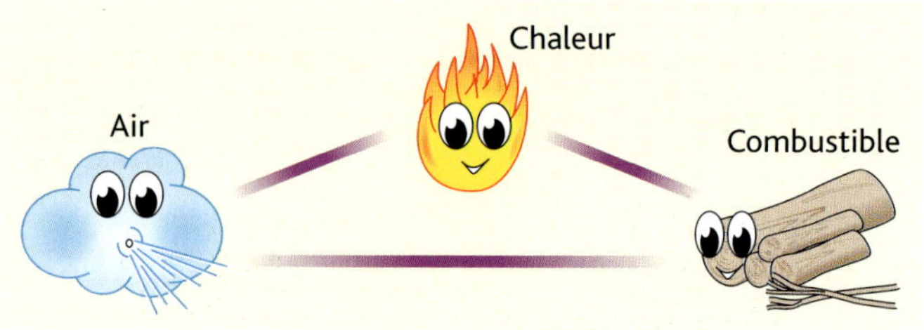

1. Quel est le comburant présent dans l'air ?

2. Cite quatre combustibles.

3. Que se passe-t-il s'il manque une des trois conditions ?

4. Déduis-en tout ce qu'il est possible de faire pour éteindre un incendie.

14 Trouver le coupable !

« Crise cardiaque » avait déclaré le docteur face au corps sans vie du locataire de l'appartement. Mais l'inspecteur avait déjà eu affaire à cet assassin incolore et inodore. Il regarda la cage à oiseaux dans un coin de la pièce. Non loin de là, un poêle ronflait. Et le policier demanda au médecin : « Et le perroquet, lui aussi a eu une crise cardiaque ? »

1. À quel assassin pense l'inspecteur ?

2. Cite trois propriétés de ce gaz.

3. Quelles précautions doit-on prendre lors de l'utilisation d'un poêle ?

Exercices ** Utilise ce que tu as appris

15 Combien ?

Pour brûler complètement 2 g de carbone, il faut 20 L d'air. On obtient 3,5 L de dioxyde de carbone.

1. Quel volume d'air faut-il pour brûler 6 g de carbone ?

2. Quel est le volume de dioxygène nécessaire ?

3. On suppose qu'il n'existe aucune ventilation dans la pièce dans laquelle on réalise la combustion.

a. Quels sont les gaz restants à la fin de la combustion ?

b. Quel est leur volume ?

16 Combustion du méthane

Les brûleurs d'une plaque de cuisson ont été équipés pour l'utilisation du méthane.

Sur la photo **a**, le gaz qui alimente le brûleur est bien du méthane. Sur la photo **b**, le gaz qui alimente le brûleur est du butane.

- Explique pourquoi la flamme n'a pas le même aspect sur les deux photos.

Pour t'aider : la combustion de 1 m^3 de méthane nécessite 10 m^3 d'air et la combustion de 1 m^3 de butane nécessite 32,5 m^3 d'air.

17 Les dangers du tabagisme

Trois transformations se produisent lorsque le tabac d'une cigarette brûle : la vaporisation, la combustion et la pyrogénation.

1. Qu'est-ce qu'une vaporisation ? une combustion ? une pyrogénation ?

2. Quelles substances dangereuses, présentes dans la fumée de cigarette, proviennent de la vaporisation ? de la combustion ? de la pyrogénation ?

B2i www.bordas-vento.fr/doc4e

18 Effet de serre

Les gaz à effet de serre (dioxyde de carbone, vapeur d'eau...) emprisonnent une partie de la chaleur que la Terre reçoit du Soleil et aident à maintenir des températures propices à la vie sur Terre.

Or, les activités humaines font basculer l'équilibre des gaz dans l'atmosphère. Nous produisons trop de gaz à effet de serre. Cela peut changer notre environnement et affecter la vie sur la Terre de certaines espèces.

1. Qu'appelle-t-on effet de serre ?

2. Quelles seraient sans lui les conditions sur Terre ?

3. Quelles sont les principales sources de dioxyde de carbone sur Terre ?

19 Combustion du carbone

→ Solution en page 220

Pour brûler entièrement 15 grammes de carbone, il faut 150 litres d'air.

1. Choisis dans la liste ci-après les produits que l'on trouve après la combustion de 15 g de carbone dans 150 L d'air.

2. Même question après la combustion de 15 g de carbone dans 100 L d'air.

3. Détermine la masse de carbone restant à la fin de la réaction dans la question 2.

Liste : *carbone ; diazote ; dioxygène ; dioxyde de carbone ; monoxyde de carbone.*

20 *Pour aller plus loin*

Le brûleur d'une plaque de cuisson consomme 3 L de butane à la minute. La combustion complète de 1 L de butane nécessite 6,5 L de dioxygène ; elle produit 4 L de dioxyde de carbone et de la vapeur d'eau.

1. Combien de litres de dioxygène sont utilisés lors d'*une heure* de fonctionnement du brûleur ?

2. Quel est le volume d'air correspondant ?

3. Quel est le volume de dioxyde de carbone formé ?

4. Déduis-en la raison de l'installation systématique d'une ventilation dans les cuisines.

Remue-méninges La page du petit chercheur

21 Assez nettoyé !

Gérard, le cuisinier du collège, est en colère : il va devoir passer de longues heures à frotter le fond de ses casseroles, qui est tout noir !

Ta mission **Cherche quelles peuvent être les raisons du noircissement de la casserole.**

POUR T'AIDER > Renseigne-toi sur le fonctionnement d'un brûleur à gaz. Le bec Bunsen est un brûleur à gaz.

23 Trop polluant ?

Lors d'un barbecue, Kevin s'écrie en colère : « En faisant brûler tout ce charbon de bois, nous sommes en train de polluer l'atmosphère ! »
Sa copine Angie lui répond : « Allons, nous produisons bien peu de dioxyde de carbone ! »
« Tu crois ? » rétorque Kevin.

Ta mission **Détermine qui a raison.**

POUR T'AIDER > Cherche sur Internet la quantité de dioxyde de carbone rejeté chaque jour dans l'atmosphère.
– Calcule la quantité de dioxyde de carbone produite en brûlant 1,5 kg de charbon de bois.
– 1 g de carbone produit environ 2 L de dioxyde de carbone. Le charbon de bois contient environ 85 % de carbone.

B2i www.bordas-vento.fr/doc4e

Fais une expérience à la maison

22 La bougie d'anniversaire

Nadia fête son anniversaire. Sa maman a allumé de jolies bougies sur le gâteau. Mais Nadia est curieuse : « Qu'est ce qui brûle dans la bougie ? »

Ta mission **Cherche quel est le combustible lors de la combustion d'une bougie.**

POUR T'AIDER > Essaie d'enflammer un bout de bougie sans mèche.
– Essaie d'enflammer une mèche de coton seule.
Attention ! Réalise cette expérience avec l'aide d'un adulte.

24 Une bougie parfumée

Pour la fête des mères, Enzo a fabriqué une bougie parfumée à l'école. Il a utilisé la moitié d'un citron évidé, dans laquelle il a laissé la partie centrale fibreuse.

Mais Enzo ne se rappelle pas quel liquide il doit mettre dans sa moitié de citron pour faire brûler la « mèche » de sa bougie.

Ta mission **Cherche quel liquide Enzo doit utiliser.**

POUR T'AIDER > Demande-toi quel doit être le rôle de ce liquide.
Attention ! Il ne faut jamais manipuler près d'une flamme des produits volatils (éther, alcool, acétone, essence).

Investigation

Exerce tes compétences expérimentales

Le problème à résoudre

On fait brûler une bougie dans une bouteille dont le fond a été découpé.
Au bout d'un certain temps, la bougie s'éteint.

Comment faire pour que la bougie ne s'éteigne pas tout de suite ?

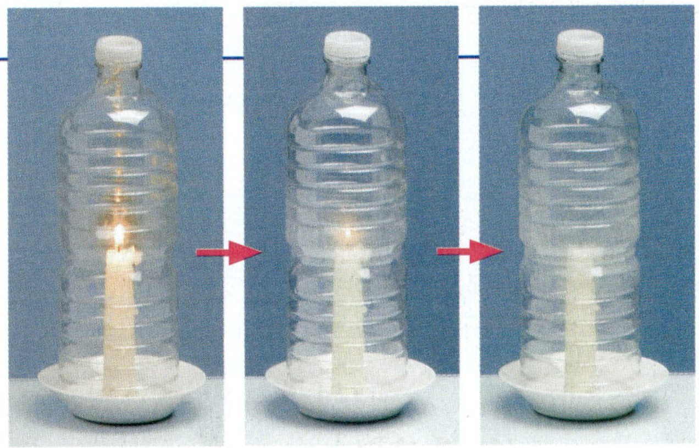

Réfléchis

Mobilise tes connaissances

- Comment pourrais-tu vérifier s'il reste encore du dioxygène dans la bouteille ?
- Comment pourrais-tu vérifier que la combustion de la bougie dégage du dioxyde de carbone ?
- Que se passerait-il si tu réalisais la combustion d'une bougie dans un flacon contenant du dioxyde de carbone ?

Formule des hypothèses

- Si tu enlevais la bouteille, la bougie continuerait-elle à brûler ?
- Quelles peuvent être les raisons pour lesquelles la bougie s'est éteinte ?

Propose des expériences

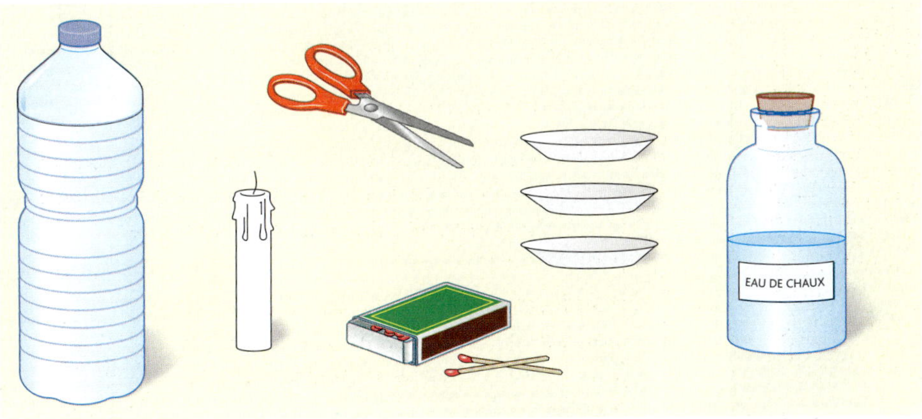

- Tu disposes du matériel ci-contre. Choisis celui dont tu auras besoin pour résoudre ton problème.
- Schématise le montage que tu auras choisi.

Passe à l'action

- Réalise les expériences.
- Communique tes résultats.
- Rédige ta conclusion.

Pour t'aider, reporte-toi à la fiche page 211.

Chapitre 4

Les atomes dans la réaction chimique

OBJECTIFS

- Donner et interpréter les formules chimiques du dioxygène, de l'eau, du dioxyde de carbone et du méthane.
- Écrire les équations des réactions de combustion du carbone et du méthane.
- Retenir que la masse totale est conservée au cours d'une transformation chimique.

Situation 1 Modèles moléculaires de l'eau et de l'ADN, molécule que l'on retrouve dans tous les organismes vivants.

? Que représentent les petites boules colorées qui constituent le modèle de ces molécules ?

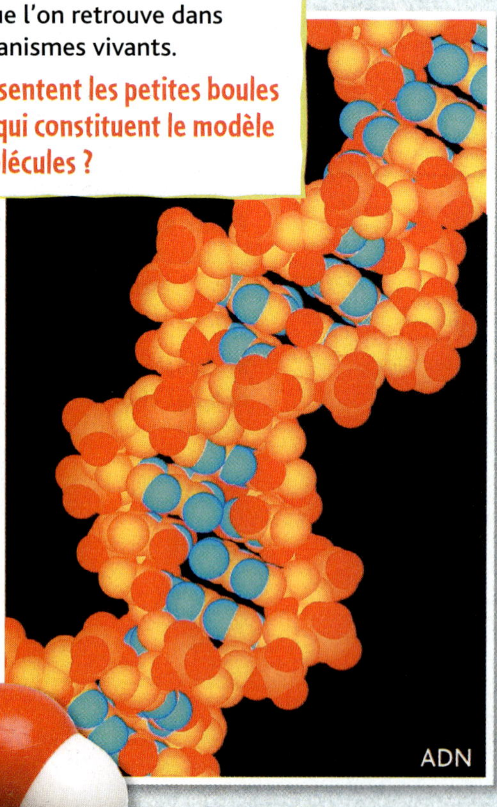

Eau

Situation 2 La combustion du bois ou du charbon de bois produit du dioxyde de carbone. Ce gaz contribue à l'effet de serre.

? Comment se forme le dioxyde de carbone provenant des combustions ?

Situation 3 Parfois, lors de la combustion du gaz dans une cuisine, on peut observer de la buée sur les vitres.

? Comment se forme l'eau provenant de la combustion du gaz ?

Situation 4 Le laboratoire de Lavoisier. Antoine Laurent de Lavoisier (1743-1794), chimiste français, est considéré comme le père de la chimie moderne.

? Comment expliquer cette citation de Lavoisier : « Rien ne se perd, rien ne se crée, tout se transforme » ?

Les ACTIVITÉS des pages suivantes vont t'aider à répondre

Activité 1

Comment écrire la formule d'une molécule à l'aide de son modèle ?

Les modèles moléculaires sont formés à l'aide de boules, de couleurs et de grosseurs différentes, et de tiges plastiques de différentes longueurs. Chaque boule représente un atome. Par exemple :

Nom de l'atome	Hydrogène	Oxygène	Carbone
Symbole de l'atome	H	O	C
Modèle			

Construction de modèles

Construisons les modèles compacts de 4 molécules :
- la molécule d'eau ;
- la molécule de dioxygène ;
- la molécule de dioxyde de carbone ;
- la molécule de méthane.

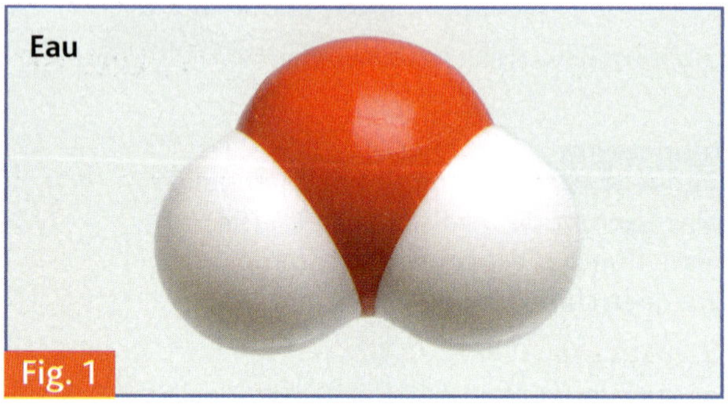
Eau
Fig. 1

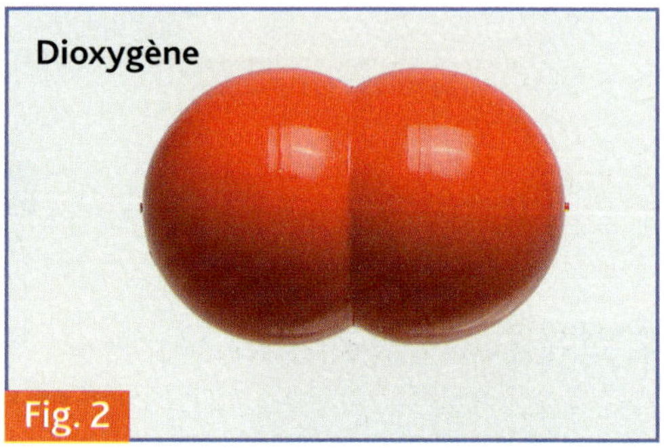
Dioxygène
Fig. 2

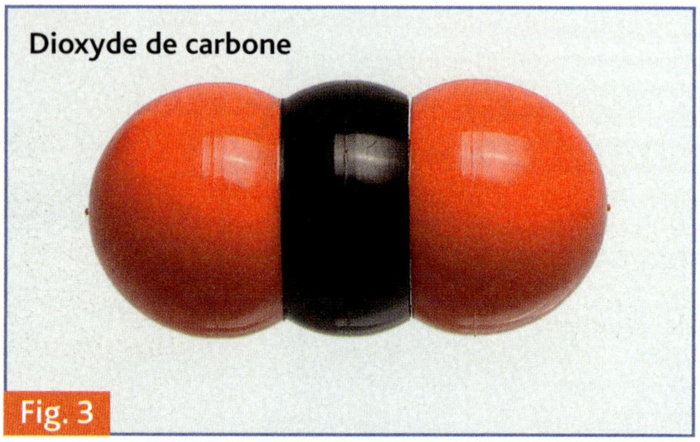
Dioxyde de carbone
Fig. 3

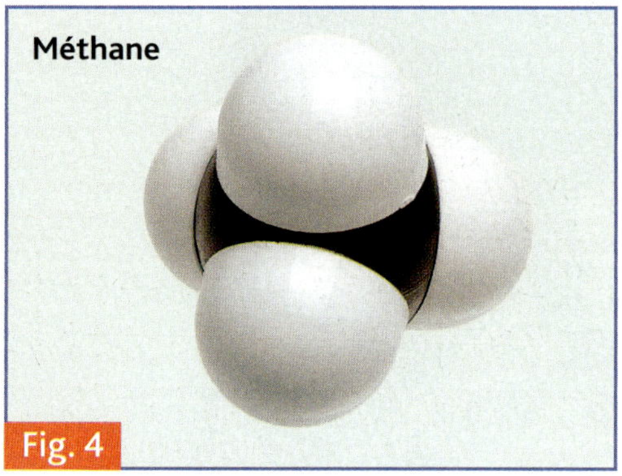
Méthane
Fig. 4

Coup de pouce

La formule d'une molécule contient le symbole des différents atomes présents et leur nombre, indiqué en indice. Le chiffre 1 n'est jamais écrit. Par exemple : H_2O.

Observe

1. Quelle est la composition en atomes (nom, nombre et symbole) de :
   a. la molécule d'eau (Fig. 1) ?
   b. la molécule de dioxygène (Fig. 2) ?
   c. la molécule de dioxyde de carbone (Fig. 3) ?
   d. la molécule de méthane (Fig. 4) ?

Exploite tes informations

2. Écris les formules de l'eau, du dioxygène, du dioxyde de carbone et du méthane.

Conclus

3. Rédige ta conclusion en répondant à la question « Comment écrire la formule d'une molécule à l'aide de son modèle moléculaire ? »

Activité 2

Comment écrire l'équation de la réaction de combustion du carbone à l'aide de modèles ?

1. Bilan littéral

Écrivons le bilan de la combustion du carbone en indiquant les réactifs à gauche de la flèche et les produits à droite.

Réactifs : carbone + dioxygène → **Produits** : dioxyde de carbone

Fig. 1

2. Bilan avec les modèles

Modélisons ce bilan à l'aide des modèles moléculaires.

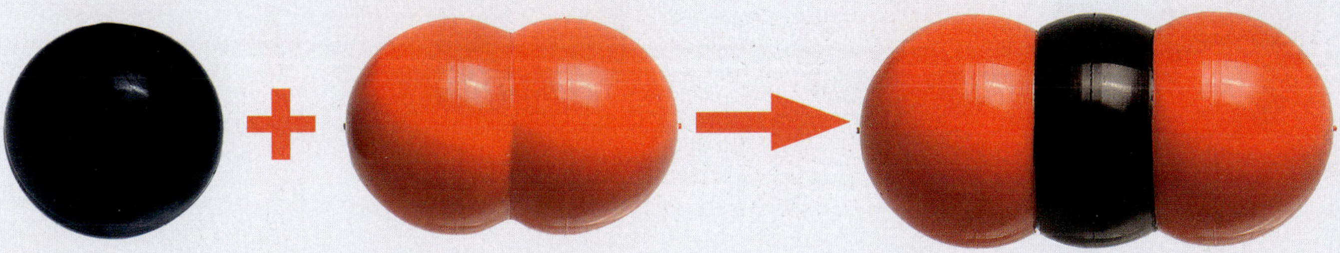

Fig. 2

Coup de pouce

L'équation de la réaction traduit la transformation chimique. On y fait figurer les formules des réactifs à gauche de la flèche et les formules des produits à droite.

Observe

1. Quel est le nombre d'atomes de carbone et d'oxygène dans les réactifs (Fig. 2) ?
2. Quel est le nombre d'atomes de carbone et d'oxygène dans les produits (Fig. 2) ?

Exploite tes observations

3. Que deviennent les atomes des réactifs lors de la transformation chimique ?
4. Écris les formules de tous les corps entrant en jeu dans cette transformation chimique.

Conclus

5. Écris l'équation de cette combustion.

Activité 3

Comment écrire l'équation de la réaction de combustion du méthane à l'aide de modèles ?

1. Bilan littéral

Écrivons le bilan de la combustion du méthane en indiquant à gauche les réactifs à gauche de la flèche et les produits à droite.

Réactifs : méthane + dioxygène → **Produits** : dioxyde de carbone + eau

Fig. 1

2. Bilan incomplet avec les modèles

Utilisons des modèles moléculaires pour modéliser ce bilan.

Fig. 2

Coup de pouce

Équilibrer une équation consiste à ajouter des coefficients devant les formules afin que les atomes présents dans les réactifs se retrouvent en même nombre dans les produits.

Observe

1. Quel est le nombre d'atomes de carbone, d'oxygène et d'hydrogène des réactifs (Fig. 2) ?
2. Quel est le nombre d'atomes de carbone, d'oxygène et d'hydrogène des produits (Fig. 2) ? Que remarques-tu ?

Exploite tes observations

3. Combien de molécules d'eau doivent se former afin que le nombre d'atomes d'hydrogène soit le même dans les réactifs et dans les produits ?
4. Combien de molécules de dioxygène doivent disparaître afin que le nombre d'atomes d'oxygène soit le même dans les réactifs et dans les produits ?

Conclus

5. Écris l'équation de cette combustion. Décris l'équation en faisant une phrase.

Activité 4

La masse change-t-elle lors d'une transformation chimique ?

1. Les réactifs

Pesons des morceaux de calcaire et un flacon contenant de l'acide chlorhydrique.

2. La réaction

Introduisons le calcaire dans l'acide chlorhydrique.

3. Après la réaction

À la fin de la réaction, lisons l'indication donnée par la balance.

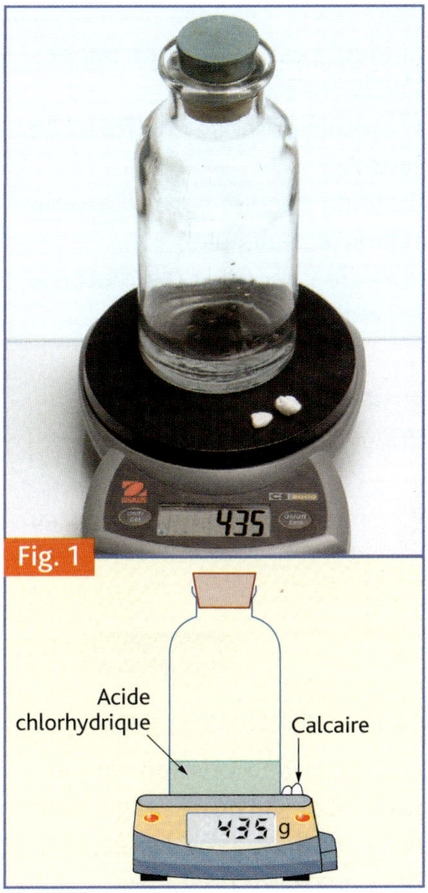

Fig. 1

Fig. 2

Fig. 3

Fais attention !

L'acide chlorhydrique, même dilué, est corrosif pour la peau, les yeux et même les vêtements !

Observe

1. Qu'observe-t-on dans le flacon **(Fig. 2)** ?
2. Le calcaire est-il encore visible **(Fig. 3)** ?
3. Qu'indique la balance **(Fig. 1, 2 et 3)** ?

Interprète

4. L'un des produits formés est du dioxyde de carbone. Comment le vérifier ?
5. L'action de l'acide chlorhydrique sur le calcaire est-elle une transformation chimique ? Pourquoi ?

Conclus

6. Rédige ta conclusion en répondant à la question : « La masse change-t-elle lors d'une transformation chimique ? »

L'essentiel par le texte et l'image

1 Atomes et molécules

Activité 1

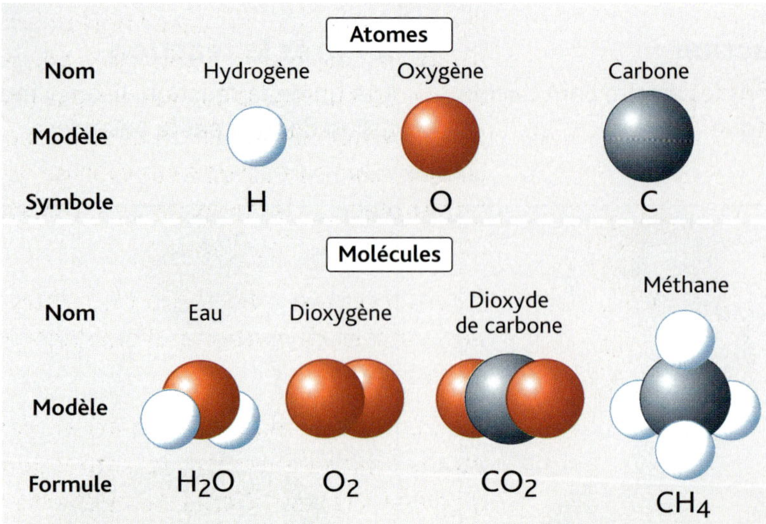

■ La matière est constituée de particules infiniment petites appelées **atomes**. Chaque atome est modélisé par une sphère, de couleur et de diamètre différents, et représenté par un **symbole chimique**.

■ Une **molécule** est constituée par des atomes liés entre eux.
Chaque molécule possède une **formule** qui contient :
– le symbole de chaque sorte d'atome présente dans la molécule ;
– le nombre de chaque sorte d'atome indiqué en indice.

À RETENIR **La matière est constituée d'atomes, représentés chacun par un symbole chimique. Les molécules sont constituées d'atomes. Chaque molécule possède une formule.**

→ Tests 2, 3 et 4 page 69

2 La combustion du carbone

Activité 2

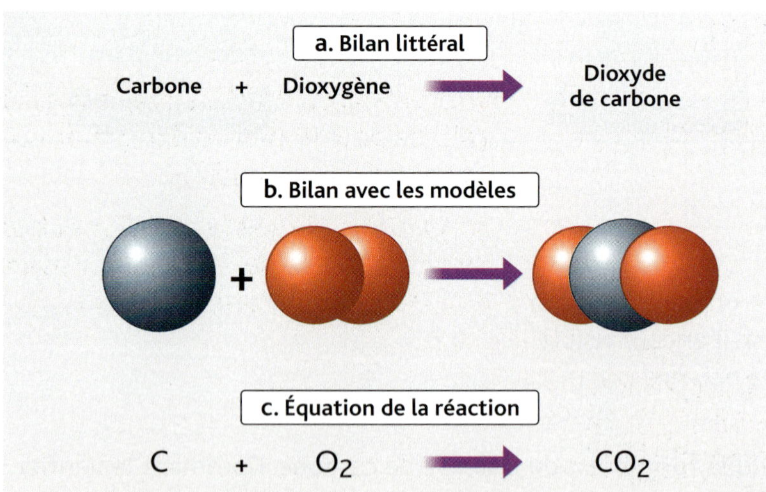

■ Au cours de la combustion du carbone, un atome de **carbone** réagit avec une molécule de **dioxygène**. Les atomes des réactifs s'associent pour former une molécule de **dioxyde de carbone**.

■ Les atomes de carbone et d'oxygène se retrouvent en même nombre dans les produits et dans les réactifs : on dit qu'il y a **conservation des atomes**.

■ On utilise les formules des réactifs et des produits pour écrire le bilan de la réaction sous la forme d'une équation, appelée **équation de réaction**.

À RETENIR **Au cours d'une transformation chimique, les atomes des réactifs se retrouvent dans les produits, mais réarrangés différemment.**

→ Test 5, page 69

3 La combustion du méthane

Activité 3

a. Bilan littéral

Méthane + Dioxygène → Dioxyde de carbone + Eau

b. Bilan avec les modèles

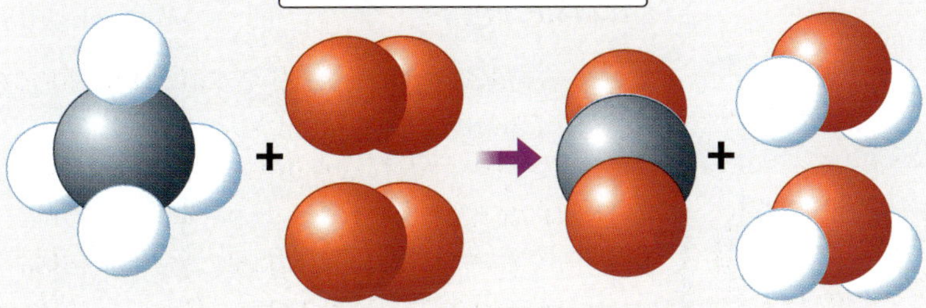

c. Équation de la réaction

$$CH_4 + 2\,O_2 \rightarrow CO_2 + 2\,H_2O$$

■ Au cours de la combustion du méthane, une molécule de **méthane** et deux molécules de **dioxygène** disparaissent. Les atomes provenant des molécules des réactifs s'associent pour former une molécule de **dioxyde de carbone** et deux molécules d'**eau**.

■ On constate qu'il y a conservation des atomes de carbone, d'oxygène et d'hydrogène.

■ Pour traduire la conservation des atomes dans l'équation de la réaction, on place des coefficients devant les formules. On dit que l'équation est **équilibrée**.

À RETENIR **Pour traduire la conservation des atomes au cours d'une transformation chimique, l'équation de réaction doit être équilibrée.**

→ Tests 6 et 7, page 69

4 Conservation de la masse

Activité 4

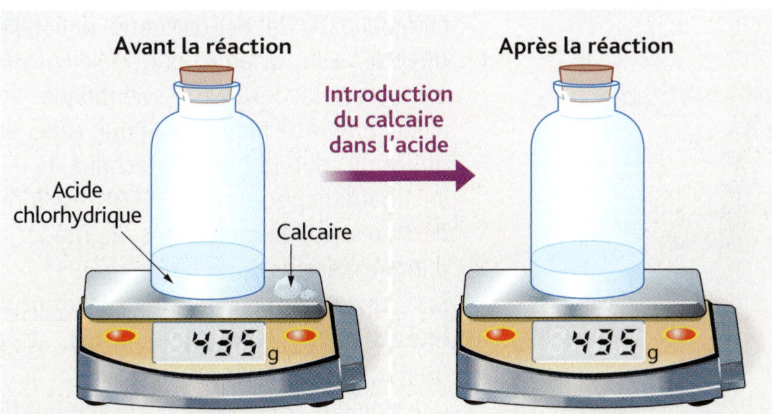

■ L'acide chlorhydrique réagit avec le calcaire pour former du dioxyde de carbone et d'autres produits.

■ Au cours de cette transformation chimique, la masse est la même avant et après la disparition du calcaire.

À RETENIR **Au cours d'une transformation chimique, la masse des réactifs qui disparaissent est égale à la masse des produits qui se forment : on dit que la masse se conserve.**

→ Test 8, page 69

Histoire des sciences

Classer les atomes

À la fin du XVIIIe siècle, le chimiste français Antoine Lavoisier recense une trentaine d'atomes. À la fin du XIXe siècle, on en compte le double. La nécessité d'un classement se manifeste alors.

En 1869, un chimiste russe, Dimitri Mendeleïev, propose un tableau dans lequel il range les atomes du plus léger au plus lourd. Les atomes ayant des propriétés chimiques voisines se trouvent sur une même ligne. Il laisse des cases vides car, grâce à son classement, il prévoit l'existence d'atomes qui ne seront découverts que plus tard.

La version actuelle de la classification de Mendeleïev compte **plus de 110 atomes** (voir en fin de livre) et les scientifiques sont persuadés qu'il en reste à découvrir ou à fabriquer.

En 1869, Mendeleïev imagine un système de classement des atomes, qui est encore utilisé aujourd'hui. ▶

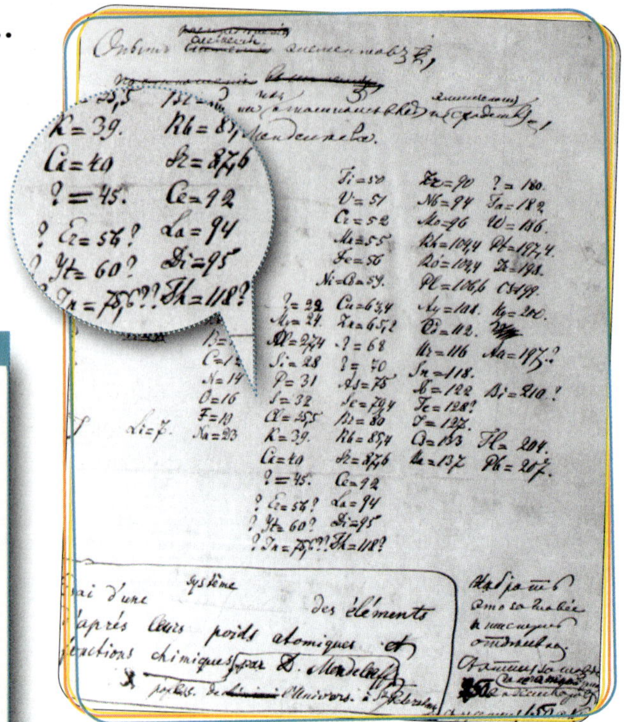

» ?

- Comment Mendeleïev a-t-il choisi de classer les atomes ?
- Quelle particularité présentent deux atomes d'une même ligne ?
- Fais une recherche pour citer quelques atomes découverts après le premier tableau établi par Mendeleïev.

Métier

Les experts

◀ La police scientifique emploie des chimistes, des physiciens, des biologistes...

En France, la **police scientifique** est regroupée au sein de l'« Institut de recherche criminelle de la gendarmerie nationale » (IRCGN). Elle a pour principale mission d'effectuer les examens scientifiques lors d'une enquête judiciaire. Pour cela, elle utilise du matériel et des techniques d'investigation spécialisés. L'IRCGN est formé de chimistes, de biologistes, de médecins, d'informaticiens...

Les « enquêteurs » chimistes analysent différents **indices** (peintures, résidus de tir, tissus...) trouvés sur les lieux du crime. Ils déterminent, entre autres, leur composition chimique ou leur date de fabrication. Ils peuvent ainsi comparer, par exemple, une trace de peinture à la peinture provenant d'une voiture retrouvée abandonnée ou des balles à celles de l'arme d'un suspect. Leurs analyses peuvent constituer des preuves suffisantes pour faire avancer l'enquête.

» ?

- Cite quelques spécialités de la police scientifique.
- Que fait la police scientifique des indices récoltés lors d'une enquête ?
- Recherche quels types d'analyses les biologistes de l'IRCGN effectuent.

Santé

Des molécules **intelligentes**

Une voiture si petite qu'on ne la voit pas à l'œil nu... Elle mesure 3 nanomètres de large, c'est-à-dire 1 000 fois moins que l'épaisseur d'un cheveu. Il s'agit d'une unique molécule en forme de H, dotée de quatre grandes « roues » composées de sphères de carbone de 60 atomes chacune.

Cette **« nanovoiture »** roule toute seule grâce à l'énergie solaire. On imagine déjà des petites voitures roulant dans nos artères pour apporter à nos cellules du ravitaillement ou de quoi réparer des lésions.

▲ Cette molécule roule toute seule comme une voiture !

» ?

» Quelle est la constitution de cette « nanovoiture » ?
» Convertis 1 nanomètre en millimètre, centimètre et mètre.
» Recherche en quoi les « nanomachines » sont une avancée pour la médecine.

Matière

Quand la **nature** joue aux **Legos**

◀ Les atomes sont comme des Legos qu'on peut assembler pour former des molécules.

Les jeux de construction pour enfants sont étonnants : à l'aide d'un nombre limité d'éléments, les possibilités d'assemblages à réaliser sont quasi illimitées. De la même façon, bien qu'il n'existe qu'une centaine de sortes d'atomes différents, la nature et les hommes, en les assemblant de manières nombreuses et variées, ont fabriqué et fabriquent des millions d'espèces chimiques différentes.

Tous les gaz et les liquides sont constitués de molécules. Quant aux solides, la plupart, comme le carbone ou les métaux, sont constitués d'un très grand nombre d'atomes disposés de façon particulière dans l'espace. Une chose est sûre : qu'elles soient liquides, solides ou gazeuses, toutes les espèces chimiques sont constituées à partir d'**atomes**.

» ?

» De quoi sont constitués les gaz et les liquides ?
» De quoi sont constitués les métaux ?
» Recherche combien de sortes d'atomes différents il existe.

Le savais-tu ?

La cuisine, c'est un peu de la chimie. En cuisant des aliments, tu fabriques de savoureuses nouvelles molécules.

Compétence expérimentale

Réaliser l'action de l'acide chlorhydrique sur le calcaire

L'action de l'acide chlorhydrique sur le calcaire produit entre autres du dioxyde de carbone.

Réalisons le montage permettant à la fois de faire la réaction et de caractériser le gaz formé.

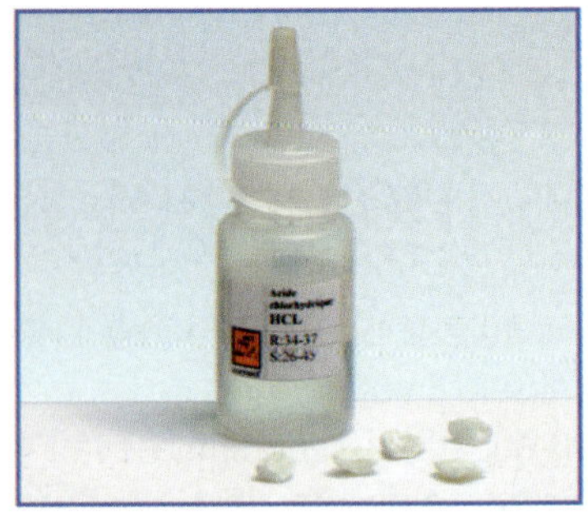

Comment faire ?

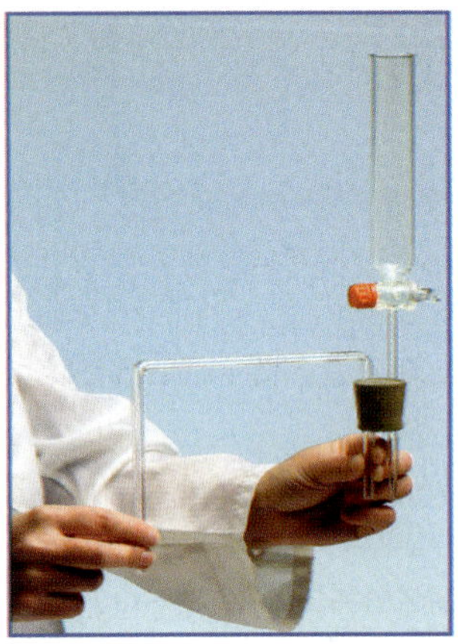

1. Dans un bouchon à deux trous, placer l'entonnoir tulipe vide et le tube à dégagement.
Attention ! Cette verrerie est très fragile. Il ne faut pas forcer pour faire rentrer les tubes en verre, mais les mouiller légèrement pour qu'ils glissent plus facilement, et se protéger les mains avec un chiffon.

2. Placer quelques morceaux de calcaire dans un flacon vide.

3. Adapter le bouchon sur le flacon et plonger l'autre extrémité du tube à dégagement dans un verre à pied contenant de l'eau de chaux.
Verser l'acide chlorhydrique dans l'entonnoir tulipe.
Attention ! L'acide chlorhydrique est corrosif : il doit être manipulé avec des gants et des lunettes.

4. Verser un peu d'acide sur le calcaire à l'aide de l'entonnoir.
Attention ! L'extrémité du tube ne doit plus plonger dans l'eau de chaux lorsque le dégagement gazeux cesse.

→ Entraîne-toi en page 73

Tests Vérifie tes connaissances

1 Recopie et complète

a. Les atomes sont représentés par des .... La formule d'une molécule comprend le ... et le nombre de chaque type d'... qui la constitue.

b. Au cours d'une réaction chimique, les atomes sont ....

c. Le bilan d'une réaction chimique s'écrit sous la forme d'une ..., qui doit être ....

d. Au cours d'une réaction chimique, la masse se ....

2 Trouve les données manquantes

Retrouve ce qui est écrit sous la tache d'encre.

Nom	Symbole	Modèle
carbone	[redacted]	[redacted]
oxygène	[redacted]	
hydrogène	H	[redacted]

3 Trouve la bonne combinaison

Associe les cadres qui se correspondent.

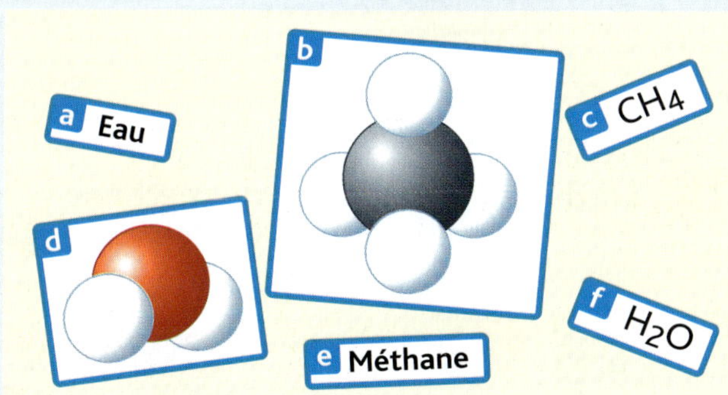

4 Choisis la bonne réponse

1. La molécule de dioxyde de carbone CO_2 est formée de :

a. 2 atomes d'oxygène et un atome de carbone ;

b. 2 atomes de carbone et un atome d'oxygène ;

c. 2 atomes d'oxygène et 2 atomes de carbone.

2. La formule de la molécule de dioxygène est :

a. O_2 ; **b.** O ; **c.** 2 O.

5 Choisis la bonne réponse

Le bilan de la combustion complète du carbone est :

a. $C + O_2 \quad CO_2 + H_2O$; **b.** $C + O_2 \longrightarrow CO$;

c. $C + O_2 \longrightarrow CO_2$.

6 Trouve les coefficients manquants

Trouve la solution du SUDOKU et complète l'équation suivante : $CH_4 + \ \ O_2 \rightarrow CO_2 + \ \ H_2O$

1			3
	4	2	
2		1	

7 Corrige les phrases fausses

Indique les propositions vraies et corrige celles qui sont fausses.

a. Dans une réaction chimique, il y a moins d'atomes de chaque sorte après la réaction.

b. Au cours d'une réaction chimique, les molécules sont conservées.

c. À la fin d'une réaction chimique, les atomes des molécules des réactifs sont réarrangés différemment.

8 Choisis le bon schéma

On réalise la pesée schématisée ci-contre.

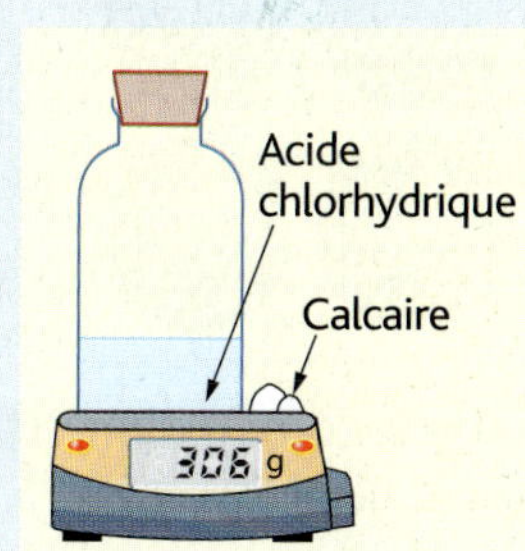

Parmi les trois schémas proposés ci-dessous, quel est celui qui représente correctement ce que l'on observe après avoir introduit le calcaire dans l'acide ?

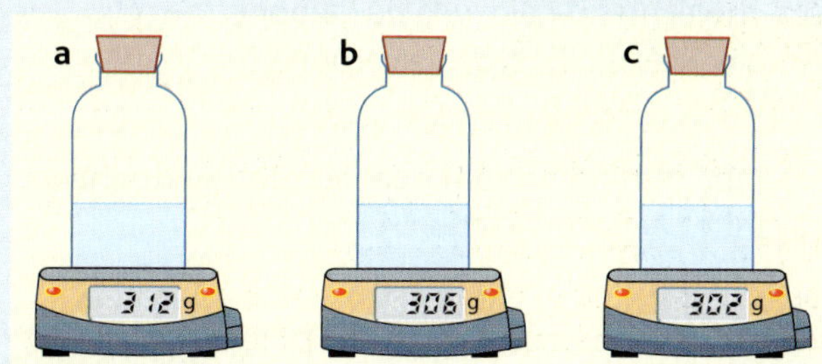

→ Solutions en page 220

Exercices Utilise ce que tu as appris

9 Décomposer une molécule en atomes

Au petit déjeuner, Luz utilise du sucre classique, appelé aussi saccharose.

La molécule de saccharose a pour formule $C_{12}H_{22}O_{11}$.

- Précise le nom et le nombre des divers atomes présents dans la molécule.

10 Écrire la formule d'une molécule

La maman de Luz, qui fait très attention à sa ligne, utilise plutôt le fructose, qui est un sucre que l'on trouve dans les fruits. Sa molécule contient 6 atomes de carbone, 12 atomes d'hydrogène et 6 atomes d'oxygène.

- Quelle est la formule du fructose ?

11 Étudier la combustion du carbone

On a représenté ci-dessous des atomes de carbone et des molécules de dioxygène.

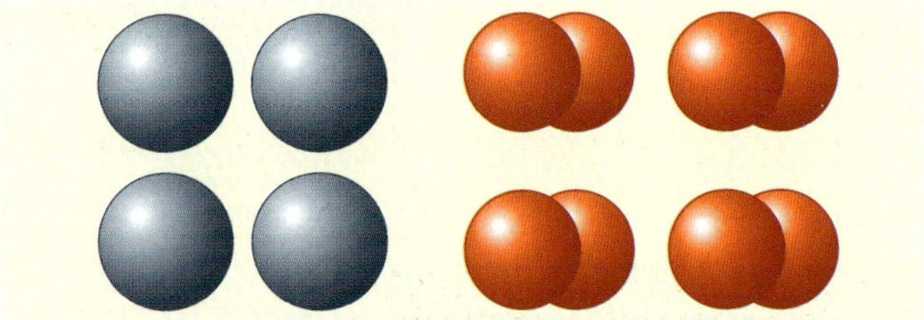

1. Lors de la combustion, si les quatre atomes de carbone réagissent, il se forme :
– une molécule de dioxyde de carbone ?
– quatre molécules de dioxyde de carbone ?
– huit molécules de dioxyde de carbone ?
Choisis la bonne réponse en justifiant.

2. Vérifie ton résultat en comptant les atomes de chaque sorte avant et après la réaction.

12 Étudier la combustion du propane

Dans certaines bouteilles de gaz, on trouve un gaz de la famille du méthane : le propane.

La formule du propane est C_3H_8.

1. Quels sont les réactifs de la combustion **complète** du propane dans le dioxygène?

2. Écris et équilibre l'équation de la combustion **complète** du propane dans le dioxygène.

3. Dans le cas de la combustion **incomplète** du propane, il se forme en plus du monoxyde de carbone. Par analogie avec la formule du dioxyde de carbone, trouve la formule du monoxyde de carbone.

4. Dessine le modèle de la molécule de monoxyde de carbone.

13 Décomposer une molécule en atomes

La soeur de Luz utilise de l'aspartame pour sucrer ses aliments. La molécule d'aspartame a pour formule $C_{14}H_{18}N_2O_5$, où N est le symbole de l'atome d'azote.

- Précise le nom et le nombre des divers atomes présents dans la molécule.

14 Vérifier la conservation des atomes

Romain a équilibré les équations de réaction suivantes.

- Vérifie la conservation des atomes dans ces équations et corrige les équations non équilibrées.

a. $C_3H_8 + 5\ O_2 \longrightarrow 3\ CO_2 + 4\ H_2O$

b. $H_2 + O_2 \longrightarrow H_2O$

c. $CO + O_2 \longrightarrow 2\ CO_2$

15 Étudier la combustion du méthane

→ Solution en page 220

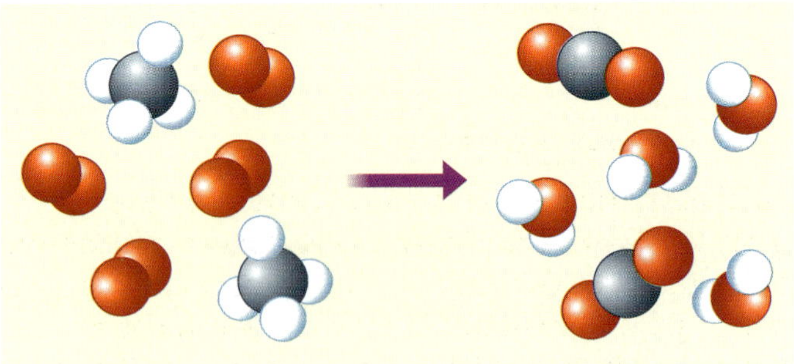

1. Indique le nom et le nombre des différentes molécules présentes dans les réactifs ci-dessus.

2. Indique le nom et le nombre des différentes molécules présentes dans les produits ci-dessus.

3. Montre que les atomes se conservent.

4. Écris l'équation de réaction de la combustion complète du méthane.

16 Équations de réactions

Équilibre les équations suivantes :

a. $C_4H_{10} + O_2 \longrightarrow CO_2 + H_2O$

b. $C + O_2 \longrightarrow CO$

c. $C_5H_{12} + O_2 \longrightarrow CO_2 + H_2O$

17 Synthèse de l'eau

C'est Cavendish qui réalise le premier la synthèse de l'eau en 1783. Pour cela, il fait réagir du dioxygène et du dihydrogène.

1. Qui était Cavendish ?

2. Quelle est la formule de la molécule de dihydrogène ?

3. Écris et équilibre l'équation de la synthèse de l'eau.

18 Composition de l'air

On sait que l'air est un mélange qui contient, en volume, 20 % de dioxygène et 80 % de diazote.

1. Quelle est la formule de la molécule de diazote ?

2. Dessine son modèle moléculaire.

3. Reproduis le schéma ci-contre et complète-le en dessinant les molécules de diazote présentes dans ce flacon contenant de l'air.

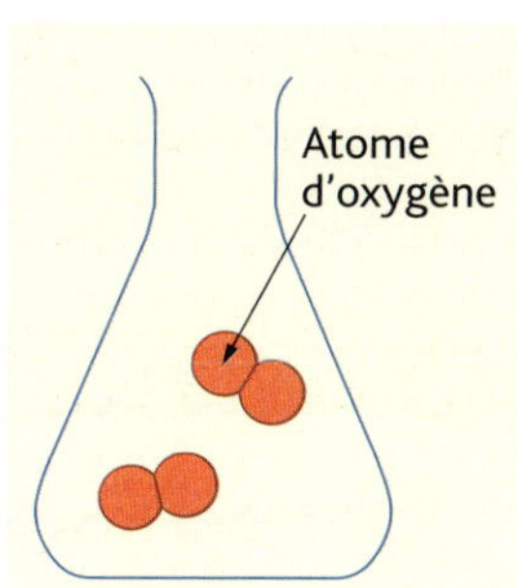

Pour t'aider : Le modèle de l'atome d'azote est ●. Son symbole est N.

19 La photosynthèse

La photosynthèse permet aux plantes d'utiliser l'énergie solaire afin de fabriquer les substances qui leur sont indispensables pour vivre. Les nutriments nécessaires à la plante sont, entre autres, le dioxyde de carbone et l'eau. C'est une réaction chimique qui conduit à la formation de glucose ($C_6H_{12}O_6$) et de dioxygène.

Pendant la nuit, la photosynthèse n'a plus lieu, la plante respire comme toute autre être vivant.

1. Quel sont les noms et les formules des réactifs mis en jeu dans la photosynthèse ?

2. Quels sont les noms et les formules des produits formés ?

3. Écris et équilibre l'équation de cette réaction.

4. Pendant la nuit, quel est le réactif consommé ? Quel est le produit formé ?

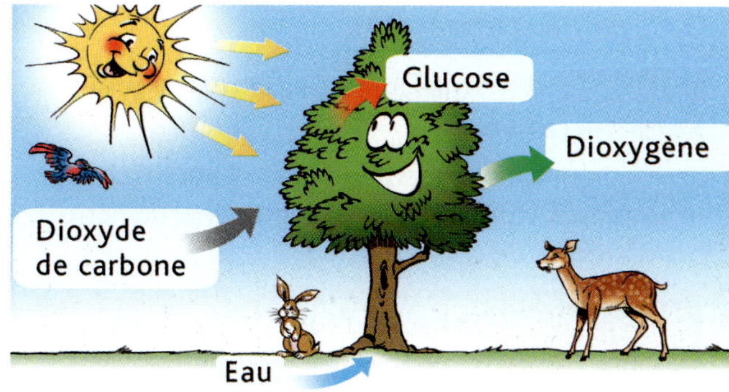

20 La fondue

La maman de Lorie utilise un réchaud à alcool (de formule C_2H_6O) pour maintenir en température le récipient qui contient la fondue au chocolat.

1. Quels sont les réactifs mis en présence dans le réchaud ?

2. Quels sont les produits formés si la combustion est complète ?

3. Écris le bilan littéral de cette réaction.

4. Écris et équilibre l'équation de cette combustion.

21 *Pour aller plus loin*

1. Écris l'équation de la combustion complète du méthane.

2. Combien de molécules de dioxygène réagissent avec une molécule de méthane ?

3. Écris l'équation de la combustion complète du butane.

4. Combien de molécules de dioxygène réagissent avec une molécule de butane ?

5. Quel est celui de ces deux gaz qui nécessite le plus d'air pour sa combustion complète ?

6. Pourquoi la combustion du butane est-elle incomplète dans un brûleur réglé pour le méthane ?

22 La formule magique

La formule du méthane est CH_4, celle de l'éthane C_2H_6, celle du propane C_3H_8…

Ta mission **Cherche la formule du pentane, qui possède 5 atomes de carbone.**

POUR T'AIDER › Quelle opération fait-on pour trouver le nombre d'atomes d'hydrogène à partir du nombre d'atomes de carbone ?

23 Quand le GPL remplace l'essence

La voiture de la famille Gazoualle marche au GPL.

Ta mission **Justifie le nom de GPL donné à ce carburant et trouve les formules des corps qui le constituent.**

POUR T'AIDER › Recherche les informations nécessaires sur Internet.

B2i www.bordas-vento.fr/doc4e

24 La main de Midas

Dans la mythologie grecque, Midas, roi de Phrygie, obtint de Dionysos, le dieu du vin, le pouvoir de changer ce qu'il touchait en or. Ainsi tout, jusqu'à l'eau qu'il utilisait pour laver ses mains, se transformait en or.

Rapidement, Midas supplia Dionysos de le délivrer de ce don si gênant. Le dieu lui ordonna alors d'aller se laver dans la source du ruisseau Pactole. C'est ainsi que Midas fut débarrassé de son funeste privilège et que, depuis, les eaux du Pactole charrient de l'or.

Ta mission **Cherche pourquoi il est impossible de changer l'eau en or.**

POUR T'AIDER › Recherche sur Internet quels atomes composent l'or.

B2i www.bordas-vento.fr/doc4e

Fais une expérience à la maison

25 L'œuf magique

Romain propose un tour de magie à la classe. Il s'agit de faire passer un œuf dans le goulot d'une bouteille, sans le casser.

L'astuce consiste à tremper l'œuf dans un bain de vinaigre quelques heures à l'avance. Après, il suffit de poser l'œuf sur la bouteille, le bout le plus petit en premier, et, lentement, par l'effet de la gravité, il s'allongera et pénétrera dans la bouteille.

Ta mission **Cherche une explication à ce tour de magie.**

POUR T'AIDER › De quoi est composé la coquille d'œuf ?

Investigation

Exerce tes compétences expérimentales

Le problème à résoudre

Tu as recueilli différentes substances : des coquilles d'œufs, des coquilles de moules et des morceaux de verre.

Tu veux identifier quelles substances contiennent du calcaire.

Réfléchis

Mobilise tes connaissances

- Pour identifier le calcaire, quel test dois-tu réaliser ?
- Si ce test est positif, quel produit se forme ?
- De quels tests disposes-tu pour identifier les gaz que tu connais ?
- Quels tests dois-tu réaliser pour identifier le gaz formé ?

Élabore un protocole expérimental

- Quel matériel dois-tu utiliser pour réaliser le test avec l'acide chlorhydrique ?
- Quelles précautions dois-tu prendre lors de la manipulation de l'acide ?
- Comment récupérer le gaz formé ?
- Quel matériel dois-tu utiliser pour identifier le gaz formé ?

Propose des expériences

- Tu disposes du matériel ci-contre. Choisis celui dont tu auras besoin pour résoudre ton problème.
- Schématise les expériences que tu devras réaliser.

Passe à l'action

- Réalise les expériences.
- Communique tes résultats.
- Rédige ta conclusion.

Pour t'aider, reporte-toi à la fiche page 211.

Pour chaque test, il y a une ou plusieurs réponses exactes. À toi de choisir.

1 L'eau pure est constituée de molécules.

a. On peut diviser ces molécules.
b. Ces molécules sont toutes identiques dans l'eau liquide.
c. Les molécules constituant la glace, l'eau liquide et la vapeur d'eau sont différentes.
d. Les molécules sont plus rapprochées dans la glace que dans la vapeur d'eau.

2 Les propriétés des molécules dans les liquides permettent de leur associer les qualificatifs suivants :

a. compact ; **b.** dispersé ;
c. ordonné ; **d.** désordonné.

3 La propriété : « Les molécules sont peu liées entre elles » explique que :

a. les gaz n'ont pas de forme propre ;
b. les solides ont une forme propre ;
c. les liquides peuvent couler ;
d. les solides sont incompressibles.

4 Constitution de l'air

a. L'air est constitué de 80 % de dioxygène et 20 % de diazote.
b. L'air est constitué de 80 % de diazote et 20 % de dioxygène.
c. Toutes les molécules constituant l'air sont identiques.
d. Sur 10 molécules dans l'air, il y en a 8 de diazote et 2 de dioxygène.

5 Quand on comprime un gaz contenu dans une seringue :

a. on rapproche les molécules les unes des autres ;
b. les chocs des molécules sur les parois deviennent plus fréquents ;
c. le volume augmente et la pression diminue ;
d. le volume et la masse du gaz diminuent.

6 On plonge une bûchette incandescente dans un flacon contenant un gaz.

a. La bûchette s'éteint à cause du dioxygène.
b. La combustion se ravive si le gaz est du dioxygène.
c. La combustion devient plus vive grâce au diazote.
d. La combustion cesse lorsqu'il n'y a plus de dioxygène.

7 Au cours d'une transformation chimique, les substances qui disparaissent sont :

a. les produits ; **b.** les réactifs ;
c. les combustibles ; **d.** les comburants.

8 Lorsque l'air est en quantité suffisante, une combustion est :

a. complète ; **b.** incomplète ;
c. totale ; **d.** partielle.

9 Les combustions incomplètes forment un gaz très toxique :

a. le butane ;
b. le dioxyde de carbone ;
c. le monoxyde de carbone ;
d. le méthane.

10 La molécule de méthane CH_4 contient :

a. 1 atome de carbone et 1 atome d'hydrogène ;
b. 1 atome de carbone et 4 atomes d'hydrogène ;
c. 4 atomes de carbone et 1 atome d'hydrogène ;
d. 4 atomes de carbone et 4 atomes d'hydrogène.

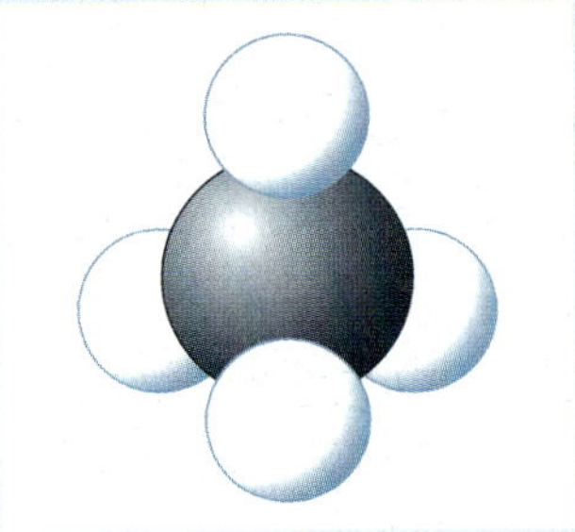

11 Pour équilibrer l'équation de réaction de combustion du méthane :

$CH_4 + 2\,O_2 \rightarrow CO_2 + ?\,H_2O$,
le coefficient manquant est : **a.** 4 ; **b.** 1 ; **c.** 2 ; **d.** 4.

12 Au cours d'une transformation chimique, la masse :

a. augmente ; **b.** diminue ;
c. reste constante ; **d.** varie.

Réponses p. 224.

Les lois du courant continu

Chapitre

5 L'intensité du courant

OBJECTIFS

- Mesurer l'intensité du courant électrique en un point d'un circuit.
- Montrer l'unicité de l'intensité dans un circuit en boucle simple.
- Étudier l'influence de la composition du circuit sur l'intensité du courant.
- Étudier l'influence de l'ordre des dipôles sur l'intensité du courant.

Situation 1 Les lampadaires à halogène sont munis d'un dispositif permettant de régler l'éclat de la lampe.

? Qu'est-ce qui varie dans le circuit lorsque la lampe brille de plus en plus ?

Situation 2 Manon a réalisé un circuit avec trois lampes identiques montées en série.

? Pourquoi l'éclat des lampes est-il le même ?

Situation 3 Guillaume et Alexandre ont utilisé la même lampe et le même générateur.

? Pourquoi la lampe d'Alexandre brille-t-elle plus faiblement que celle de Guillaume ?

Situation 4 Ce circuit comporte deux lampes différentes en série.

? L'éclat de chaque lampe change-t-il si on les permute ?

Les ACTIVITÉS des pages suivantes vont t'aider à répondre

Activité 1

→ Fiche p. 86

Pourquoi l'éclat d'une lampe varie-t-il ?

1. La lampe brille

Réalisons un circuit électrique comportant : un générateur réglable, un ampèremètre, une lampe et un interrupteur.

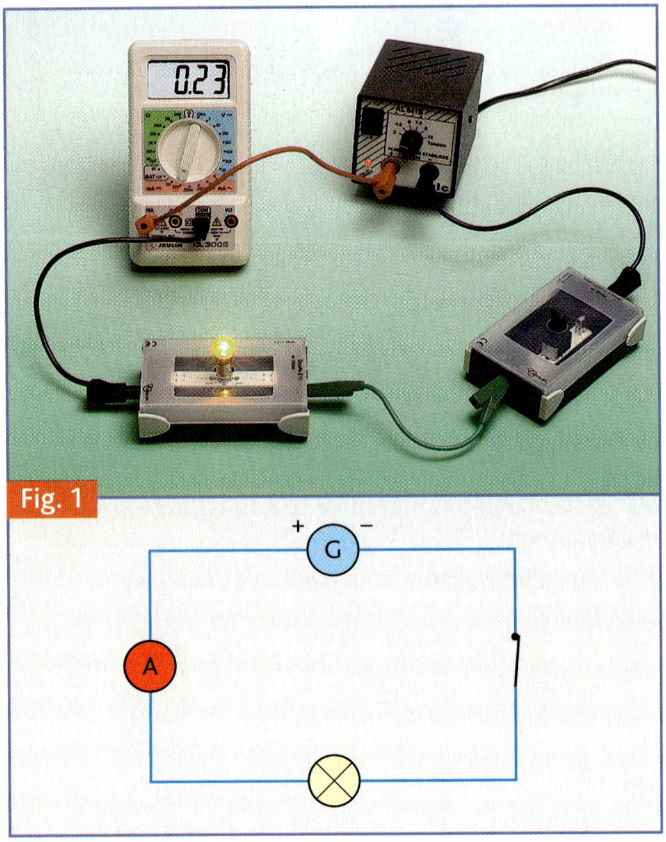

Fig. 1

2. La lampe brille plus

Modifions le réglage du générateur afin que l'éclat de la lampe soit plus intense.

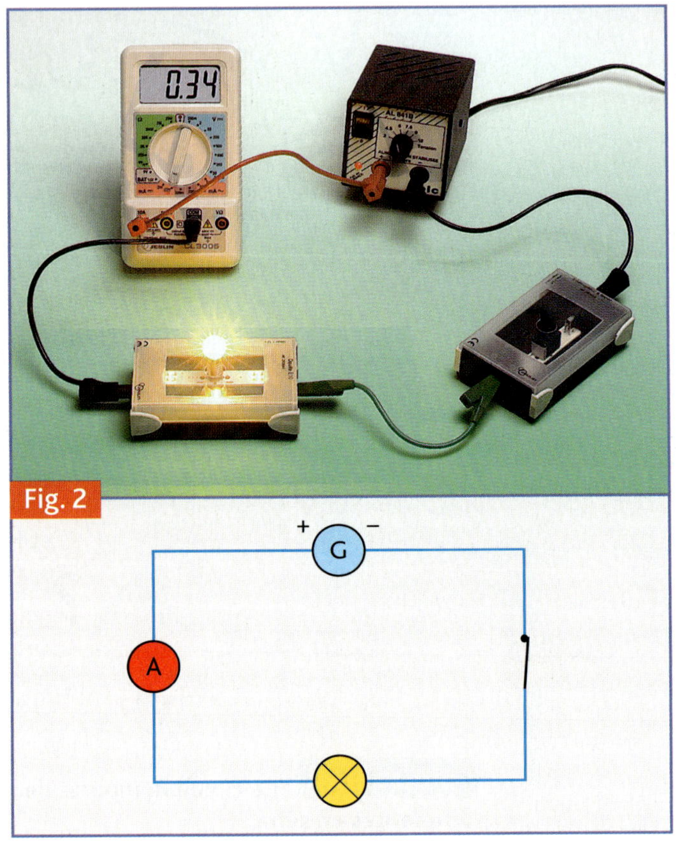

Fig. 2

Coup de pouce

L'ampèremètre permet de mesurer l'intensité du courant. L'intensité s'exprime en ampère (symbole : A).

Observe

1. Dans le circuit de la **Fig. 1**, observe l'éclat de la lampe et note l'indication de l'ampèremètre.
2. Dans le circuit de la **Fig. 2**, observe l'éclat de la lampe et note l'indication de l'ampèremètre.

Exploite tes observations

3. Comment varie l'intensité du courant quand l'éclat de la lampe augmente ?
4. Si l'éclat de la lampe diminuait, que pourrait-on en déduire sur l'intensité du courant ?

Conclus

5. Rédige ta conclusion en répondant à la question : « Pourquoi l'éclat d'une lampe varie-t-il ? »

Activité 2

→ Fiche p. 86

L'intensité est-elle la même en tout point d'un circuit en boucle simple ?

1. Mesure de l'intensité en un point

Réalisons le circuit électrique comportant en série : un générateur, un ampèremètre, une lampe et un interrupteur.

2. Mesure de l'intensité en un autre point

Modifions la place de l'ampèremètre dans le circuit.

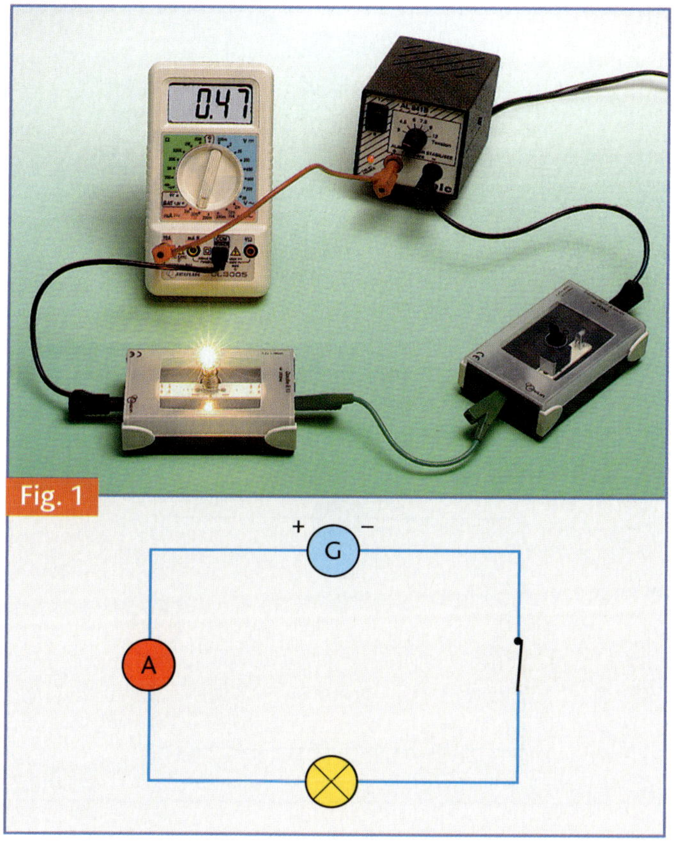

Fig. 1

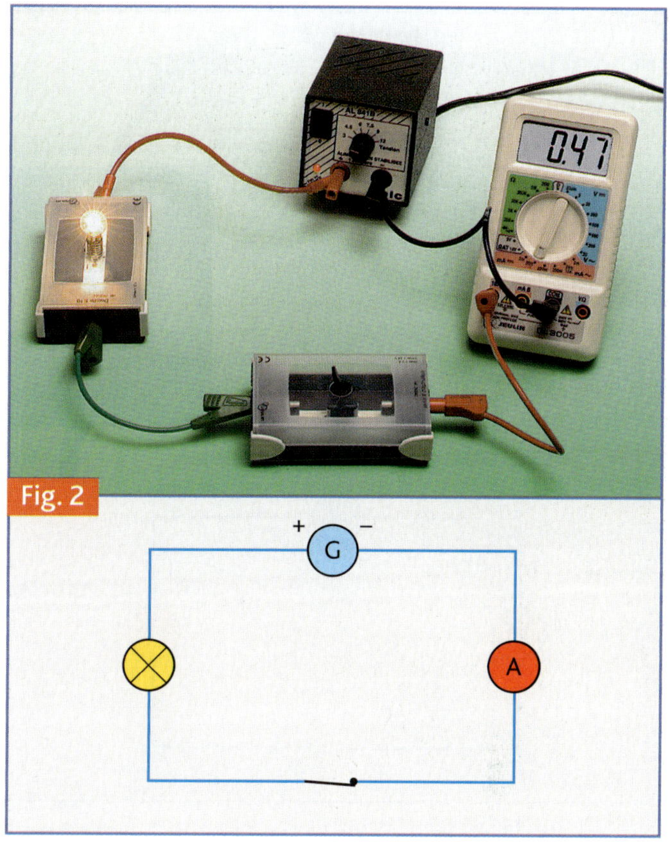

Fig. 2

Fais attention !

Débranche la borne + du générateur avant de changer la place de l'ampèremètre, afin d'éviter un court-circuit accidentel.

Observe

1. Indique la place de l'ampèremètre dans le premier circuit **(Fig. 1)**. Quelle est la valeur de l'intensité du courant circulant entre la borne + du générateur et la lampe ?
2. Indique la place de l'ampèremètre dans le deuxième circuit **(Fig. 2)**. Quelle est la valeur de l'intensité du courant circulant entre la lampe et la borne – du générateur ?

Exploite tes observations

3. Compare les valeurs des intensités mesurées dans les deux cas.

Conclus

4. Rédige ta conclusion en répondant à la question : « L'intensité est-elle la même en tout point d'un circuit en boucle simple ? »

Activité 3

→ Fiche p. 86

L'intensité dépend-elle de la composition du circuit ?

1. Mesure de l'intensité dans un circuit

- Réalisons un circuit comportant, en série : un générateur, une lampe, un interrupteur et un ampèremètre.
- Mesurons l'intensité du courant.

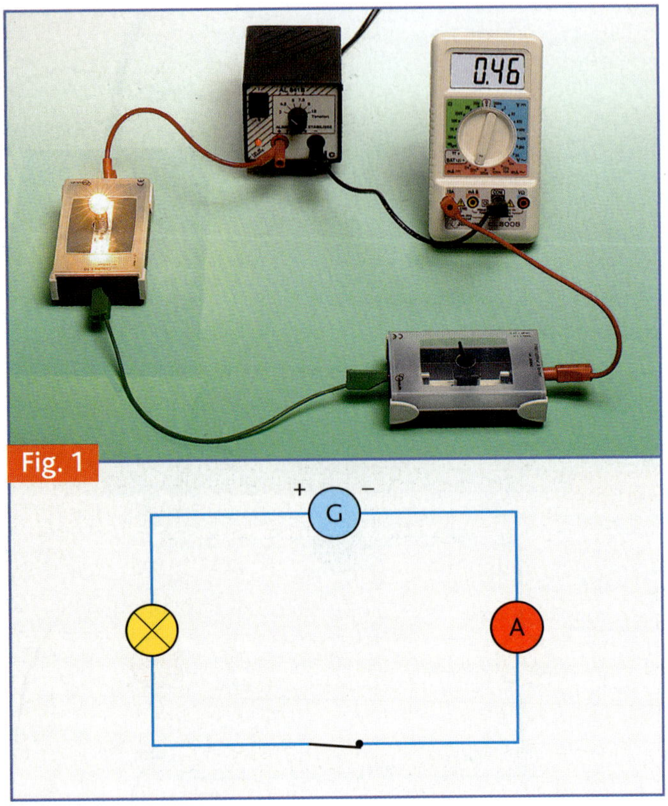

Fig. 1

2. Ajout d'un moteur

- Dans le circuit, ajoutons un petit moteur en série avec la lampe.
- Mesurons l'intensité du courant.

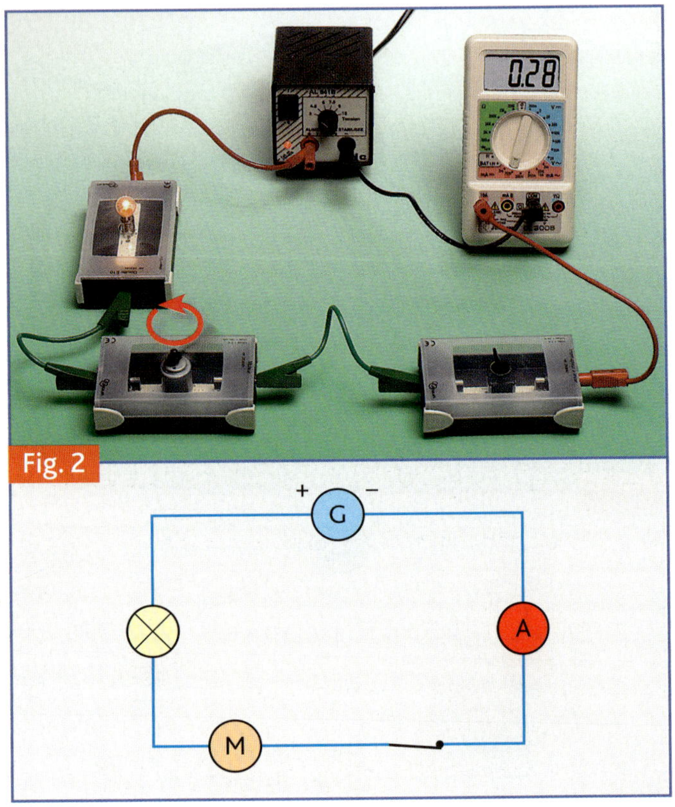

Fig. 2

Fais attention !

De combien de fils de connexion supplémentaires as-tu besoin pour modifier le circuit ?

Observe

1. Lis la valeur de l'intensité du courant électrique dans le circuit comportant la lampe **(Fig. 1)**.
2. L'éclat de la lampe change-t-il quand on ajoute le moteur dans le circuit **(Fig. 2)** ?
3. Lis la valeur de l'intensité du courant électrique dans le circuit comportant la lampe et le moteur **(Fig. 2)**.

Exploite tes observations

4. Compare les valeurs des intensités dans les deux circuits.
5. Dans quel sens l'intensité est-elle modifiée quand on augmente le nombre de dipôles en série ?

Conclus

6. Rédige ta conclusion en répondant à la question : « L'intensité du courant dépend-elle de la composition du circuit ? »

Activité 4

→ Fiche p. 86

L'intensité dépend-elle de l'ordre des dipôles dans le circuit ?

1. Mesure de l'intensité dans un circuit

- Mesurons l'intensité du courant dans un circuit comportant en série : un petit moteur électrique et une lampe.

2. Changement de l'ordre des dipôles

- Permutons la lampe et le moteur électrique.
- Mesurons à nouveau l'intensité.

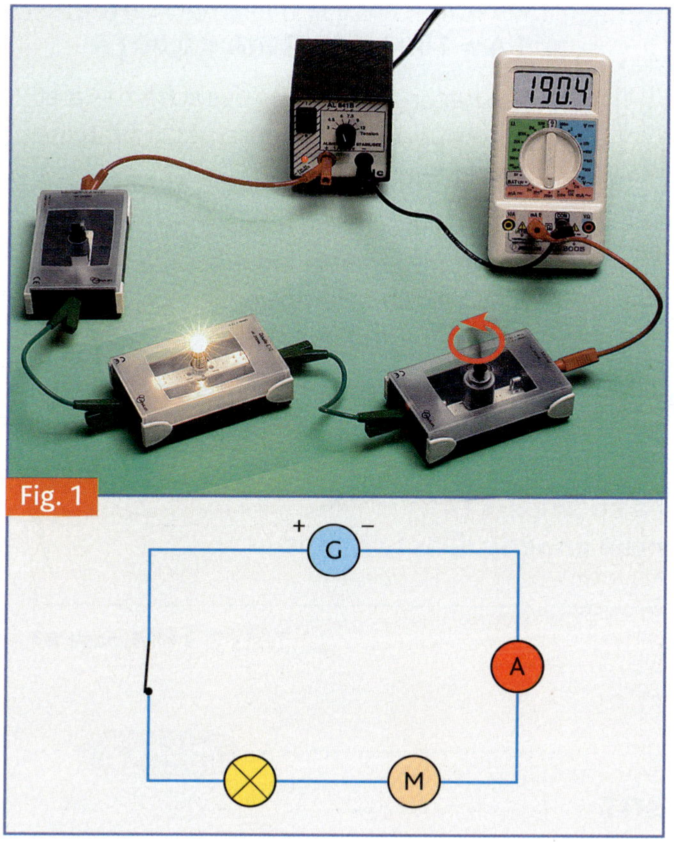

Fig. 1

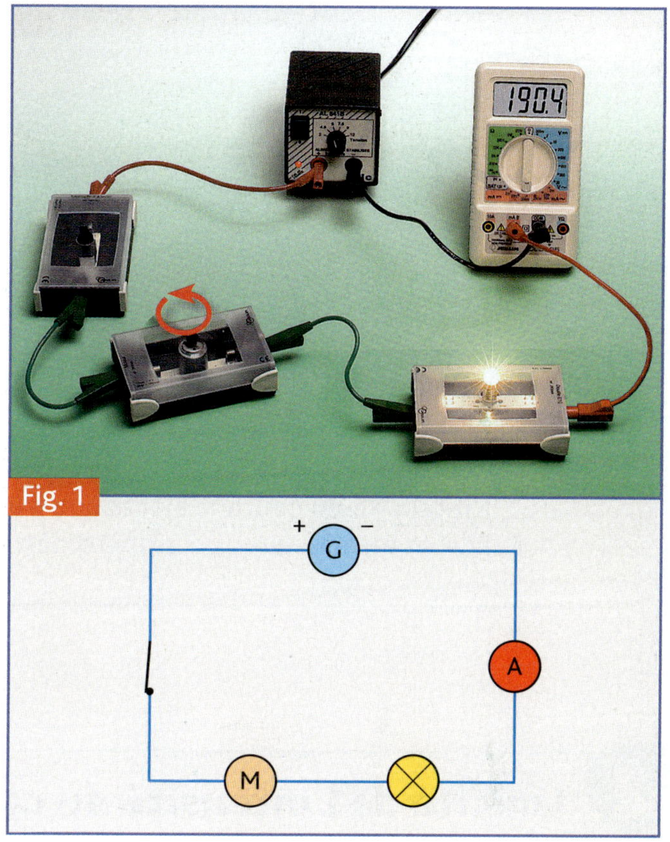

Fig. 1

Fais attention !

Conserve le même calibre de l'ampèremètre afin de comparer rigoureusement les différentes mesures.

Observe

1. Repère le sens du courant électrique et l'ordre des dipôles dans le circuit de la Fig. 1. Lis la valeur de l'intensité du courant dans ce circuit.
2. Repère le sens du courant électrique et l'ordre des dipôles dans le circuit de la Fig. 2. Lis la valeur de l'intensité du courant dans ce circuit.

Exploite tes observations

3. Compare les valeurs des intensités dans les deux circuits. Qu'en déduis-tu ?

Conclus

4. Rédige ta conclusion en répondant à la question : « L'intensité dépend-elle de l'ordre des dipôles dans le circuit ? »

L'essentiel par l'image et le texte

Activité 1

1 Mesure de l'intensité du courant

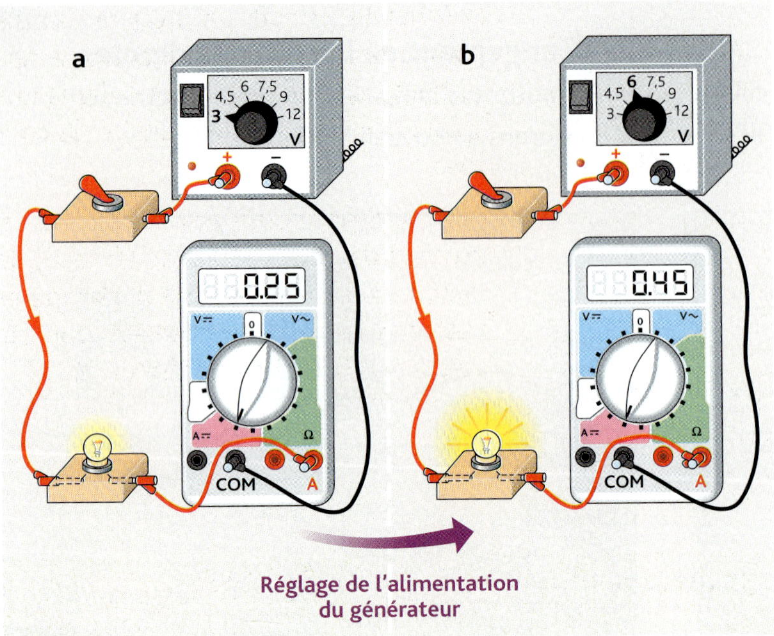

- On mesure l'intensité *I* du courant traversant un dipôle avec un **ampèremètre** branché **en série** dans le circuit (→ *Fiche p. 86*).
- L'unité d'intensité est l'**ampère** (A). On utilise aussi le milliampère (mA). **1 A = 1000 mA ; 1 mA = 0,001 A**
- Chacun des circuits des schémas **a** et **b** comporte un ampèremètre branché en série avec la lampe.
- Dans le schéma **a**, la lampe brille peu et l'ampèremètre indique 0,25 A. Dans le schéma **b**, la lampe brille plus, et l'ampèremètre indique 0,45 A.
- Plus l'intensité du courant est grande, plus l'éclat de la lampe est grand.

À RETENIR **L'intensité du courant électrique s'exprime en ampère (A). Elle se mesure avec un ampèremètre branché en série dans le circuit.**

→ Tests 2, 3 et 4, page 87

Activité 2

2 Unicité de l'intensité du courant

- Le circuit en boucle simple (ou circuit série) représenté comporte trois ampèremètres placés en différents points du circuit. On constate qu'ils indiquent la même valeur pour l'intensité. L'intensité du courant a donc **même valeur en tout point d'un circuit en boucle simple**.
- On peut brancher l'ampèremètre en n'importe quel point d'un circuit en boucle simple.

À RETENIR **Dans un circuit en boucle simple, l'intensité du courant a une valeur unique ; la place de l'ampèremètre est donc indifférente.**

→ Test 5, page 87

3 Influence de la composition du circuit

Activité 3

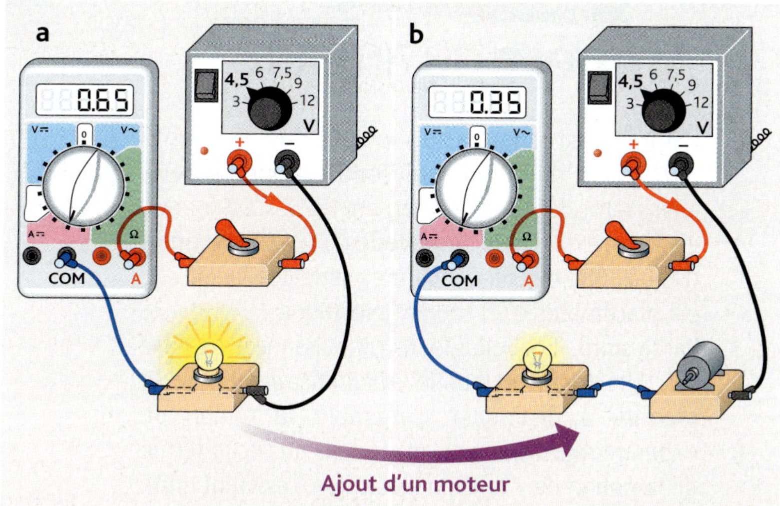

■ Dans le circuit en boucle simple comportant un générateur et une lampe (schéma **a**), l'ampèremètre indique une valeur I_1 = 0,65 A de l'intensité du courant.

■ Quand on ajoute une lampe ou un moteur dans le circuit (schéma **b**), la lampe brille plus faiblement. L'ampèremètre mesure une intensité dont la valeur I_2 = 0,35 A est inférieure à I_1.

À RETENIR **L'intensité du courant dans un circuit en boucle simple dépend des dipôles qui le constituent.**

→ Test 6, page 87

4 Influence de l'ordre des dipôles sur l'intensité

Activité 4

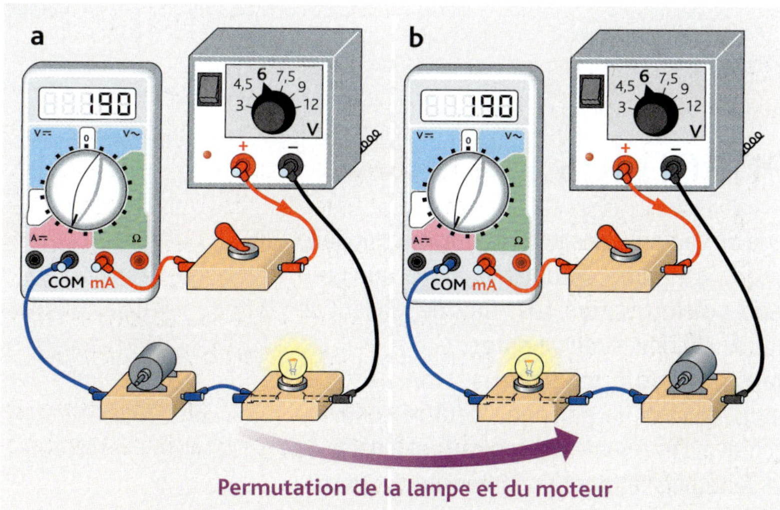

■ Dans le circuit du schéma **a**, le moteur a été placé avant la lampe. L'ampèremètre mesure une intensité égale à 190 mA.

■ On permute les positions de la lampe et du moteur (schéma **b**). La lampe a un éclat inchangé. L'ampèremètre mesure une intensité de 190 mA.

■ L'intensité du courant n'a donc pas changé.

À RETENIR **Dans un circuit en boucle simple, l'ordre des dipôles n'a pas d'influence sur la valeur de l'intensité du courant.**

→ Tests 3 et 6, page 87

B2i Pour en savoir plus : http://www.bordas-vento.fr/doc4e

▲ André-Marie Ampère (à gauche, représenté ici avec François Arago) a beaucoup contribué à faire avancer les connaissances sur l'électricité et le magnétisme.

Histoire des techniques

Ampère ou ampère ?

L'ampère est le nom choisi pour l'unité d'intensité du courant, en hommage à André-Marie Ampère, physicien célèbre, né à Lyon en 1775. C'est lui qui, en 1820, explique la découverte du physicien danois Œrsted : une aiguille aimantée est déviée lorsqu'elle est placée près d'un courant électrique.
Par la suite, il développe les connaissances de base sur l'électricité et sur le magnétisme. Il sera le premier à distinguer clairement la notion de « courant électrique » circulant dans un circuit fermé de la notion de « tension électrique » existant entre les deux bornes d'une pile. En outre, il conçoit et met au point de nombreux appareils de mesure du courant électrique.

» ?

» Quelle est l'origine du nom de l'unité d'intensité ?
» Sur quels domaines de la physique Ampère a-t-il particulièrement concentré ses recherches ?
» Ampère est décédé à Marseille en 1836. Recherche sous quelles époques historiques il a vécu.

Toi aussi, refais l'expérience d'Œrsted !
Va voir en page 90 et étonne tes amis.

Sécurité

Attention les secousses

▲ Attention ! Risques d'électrocution !

Le passage du courant dans le corps humain s'appelle **électrisation**. La figure ci-contre rappelle quelques circonstances d'électrisation. Les effets dépendent de l'intensité du courant et de sa durée.
Un courant d'intensité inférieure à 1 mA n'est pas perçu, mais, à 5 mA, la personne peut ressentir un choc électrique. Les muscles se contractent à partir de 10 mA et se tétanisent pour une intensité de 25 mA. Pour des expositions supérieures, par exemple 40 mA pendant 8 secondes ou 80 mA pendant 1 seconde, survient la fibrillation ventriculaire, qui désorganise le fonctionnement du cœur et diminue les chances de survie. Au-delà, c'est l'arrêt cardiaque et la mort instantanée : on parle alors d'**électrocution**.

» ?

» De quoi dépendent les effets d'une électrisation sur le corps humain ?
» À partir de quelle durée le rythme cardiaque est-il perturbé par le passage d'un courant de 40 mA ? de 80 mA ?
» Cherche les précautions à prendre et les consignes à respecter pour éviter une électrisation.

Développement durable

Quand essence et électricité font bon ménage

» ?

» Quelle est la signification du mot hybride ?
» Pourquoi les véhicules décrits sont qualifiés ainsi ?
» Quels avantages recherche-t-on en développant ce type de véhicules ?

Les voitures hybrides fonctionnent grâce à deux moteurs : l'un à essence et l'autre électrique. De ce fait, elles consomment moins d'essence, sont moins polluantes et moins bruyantes.
Quand la voiture s'immobilise, les deux moteurs s'arrêtent. Au démarrage, seul le moteur électrique fonctionne jusqu'à 30 km/h, donc sans consommer d'essence. Puis le moteur à essence prend le relais jusqu'à la vitesse de croisière. Lors d'une grande accélération, les deux moteurs fonctionnent simultanément. La recharge de la batterie qui alimente le moteur électrique s'effectue quand le moteur à essence fonctionne ou quand la voiture ralentit.

Cette voiture fonctionne à la fois à l'essence et à l'électricité.

Métier

Électricien... un métier branché

Le métier d'électricien s'exerce dans des domaines et dans des conditions très variés. L'électricien en bâtiment réalise toutes les installations intérieures et extérieures : éclairage, chauffage, alarmes... L'électricien automaticien assure la mise en place et l'entretien des chaînes de production automatiques, par exemple pour le conditionnement des aliments (mise en boîte) ou des boissons (mise en bouteille). L'électricien aéronautique ou automobile est un technicien très qualifié. Il réalise des circuits électriques complexes, qui contrôlent le fonctionnement d'un grand nombre de systèmes de capteurs, de transmission de données, d'actionneurs (commandes électriques).

» ?

» Cite au moins trois domaines dans lesquels l'électricien exerce ses compétences.
» Pourquoi les électriciens sont-ils indispensables dans la société moderne ?
» Qu'est-ce qui te paraît attractif ou contraignant dans ce métier ?

Ces électriciennes élaborent des armoires électriques pour un Airbus A340.

Compétence expérimentale

Mesurer une intensité

Mesurons l'intensité du courant électrique dans le circuit.

Comment faire ?

1. Sélectionner la fonction ampèremètre du multimètre en plaçant le sélecteur sur le plus grand calibre (10 A) en courant continu (symbole =).
(→ *Fiche p. 216*)

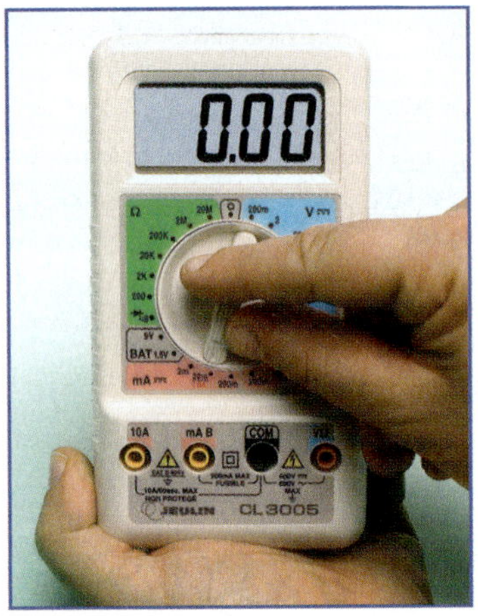

2. Ouvrir l'interrupteur et déconnecter une borne de la lampe. Repérer le sens du courant dans le circuit.

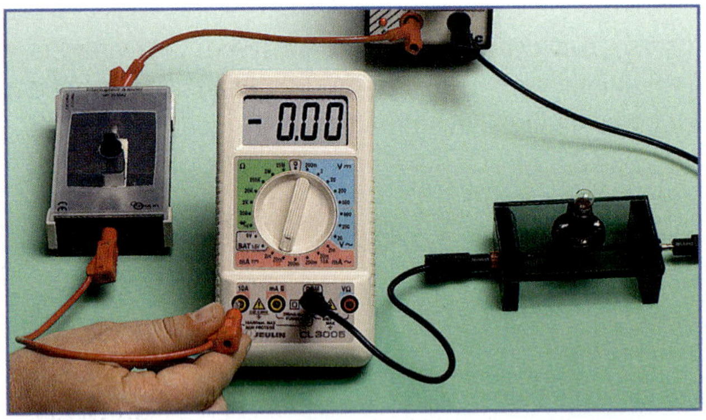

3. Avec un fil de connexion supplémentaire, brancher le multimètre en série, de telle sorte que le courant entre par la borne 10 A et sorte par la borne COM.

4. Fermer l'interrupteur. Si l'intensité est inférieure ou égale à 0,2 A soit 200 mA, utiliser la borne mA et tourner le sélecteur pour chercher la valeur la plus précise.
Si le calibre est trop petit, le chiffre 1 s'affiche ; s'il est trop grand, c'est le chiffre 0.
Noter la valeur de l'intensité avec l'unité :
ici, *I* = 179,5 mA.

→ Entraîne-toi en page 91

Tests

Vérifie tes connaissances

1 Recopie et complète

a. L'intensité du courant électrique est mesurée avec un **...**, branché **...** dans le circuit. Elle s'exprime en **...** .

b. Dans un circuit en boucle simple, l'intensité a **...** en tout point du circuit. La place de l'ampèremètre est donc **...** .

c. L'intensité du courant dans un circuit en boucle simple **...** des dipôles qui le constituent.

d. Dans un circuit en boucle simple, **...** des dipôles n'a pas d'influence sur la valeur de **...** du courant.

2 Choisis le bon schéma

Quel est le schéma du montage correct de l'ampèremètre ? Critique le schéma erroné.

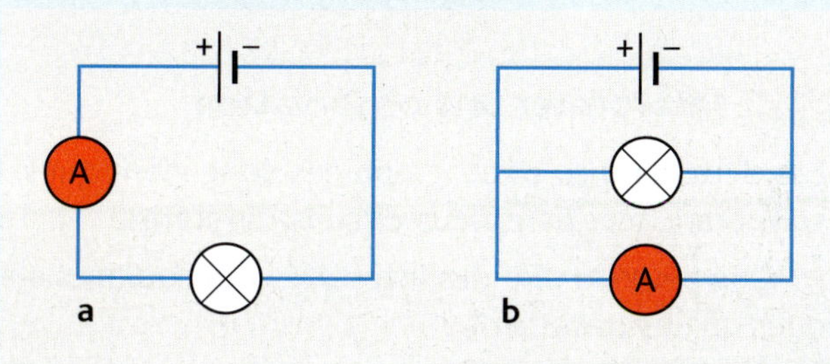

3 Vrai ou faux ?

Réponds par vrai ou par faux à chacune des affirmations suivantes.

a. L'unité d'intensité est le volt.

b. L'ampèremètre se branche en série.

c. Le multimètre sert à mesurer des longueurs.

d. L'intensité ne dépend pas de l'ordre des dipôles.

4 Trouve l'erreur

Emma utilise un multimètre pour mesurer une intensité.

Quelle erreur a-t-elle commise ?

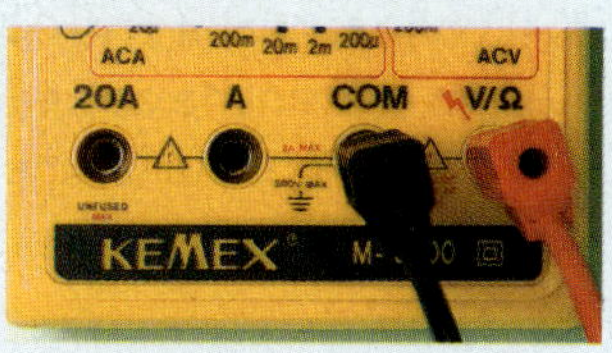

5 Choisis les bonnes réponses

Dans le circuit ci-après, l'ampèremètre A_2 indique 200 mA. Les appareils sont réglés sur le même calibre.

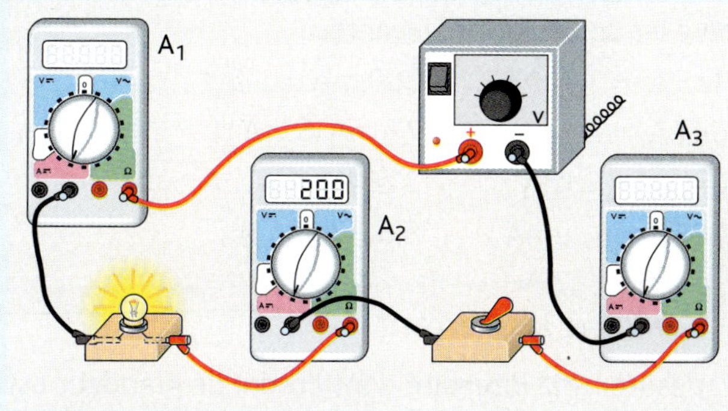

Choisis la bonne valeur pour A_1 et pour A_3 parmi les valeurs suivantes :

a. 100 mA ; **b.** 200 mA ; **c.** 300 mA.

6 Prévois un résultat

On considère un circuit en boucle simple. Indique pour chacun des cas suivants si l'intensité *augmente*, *diminue*, *est inchangée* ou *est nulle*.

a. La lampe brille moins.

b. On enlève le générateur.

c. On ajoute une deuxième lampe en série.

d. On change l'ordre des deux lampes.

e. On déplace l'ampèremètre.

f. On ouvre le circuit.

7 Trouve le mot caché

Recopie et complète la grille : tu trouveras le mot caché.

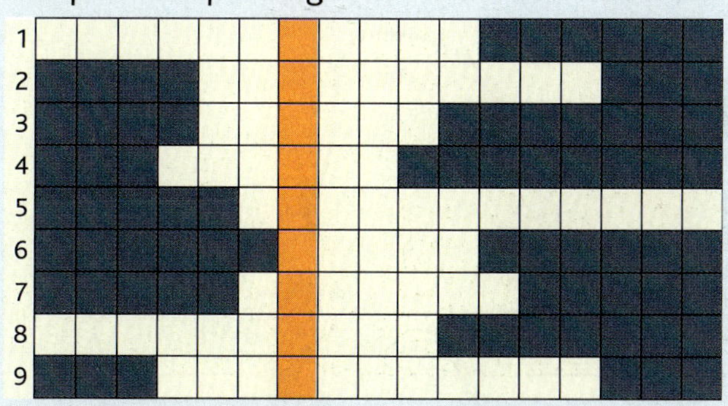

1. Quand elle circule, c'est le courant électrique. **2.** Indispensable dans tout circuit électrique. **3.** Tourne quand le circuit est fermé. **4.** Le courant ne passe pas quand le circuit est ainsi. **5.** Commande le passage du courant dans le circuit. **6.** Mode de branchement de l'ampèremètre. **7.** Quand il est fermé, le courant y circule. **8.** Le contraire d'isolant. **9.** Pour mesurer l'intensité du courant.

→ Solutions en page 220

Exercices* Utilise ce que tu as appris

8 Convertir des unités

Effectue les conversions suivantes :

a. 0,125 A = … mA ; 350 mA = … A ;
b. 0,047 A = … mA ; 72 mA = … A ;
c. 1,630 A = … mA ; 3 264 mA = … A ;
d. 0,002 5 A = … mA ; 8,6 mA = … A ;

9 Corriger une erreur

Pour mesurer une intensité dont l'ordre de grandeur est inconnu, Yasmina n'a pas correctement réglé le multimètre.

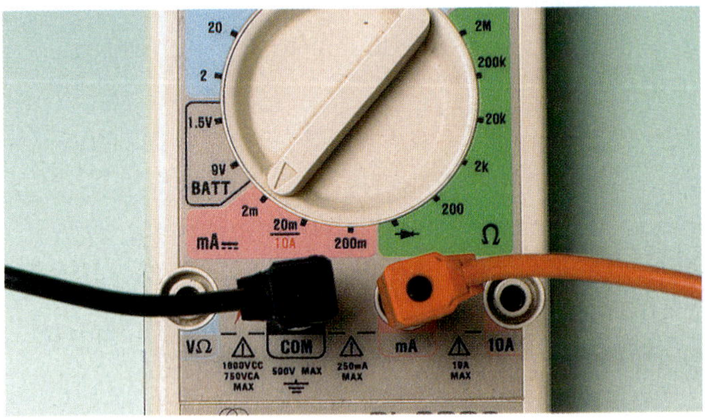

1. Quelle erreur a-t-elle commise ?
2. Que risque d'indiquer l'affichage du multimètre ?
3. Corrige cette erreur.

10 Prévoir une observation

Dans le circuit, les lampes L_1 et L_2 sont identiques.

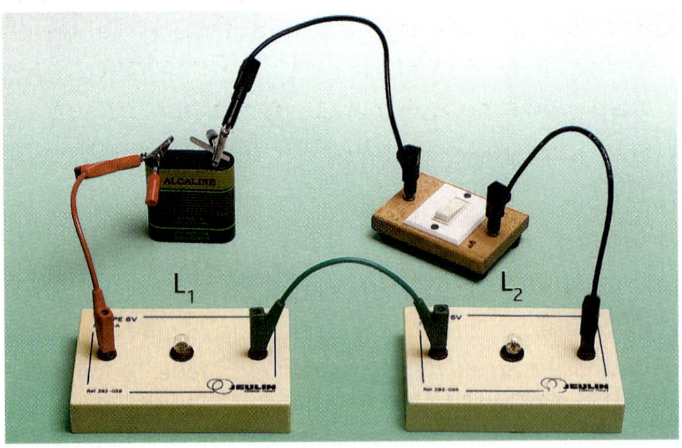

1. Brilleront-elles du même éclat quand on fermera l'interrupteur ?
2. Quel appareil permettrait de confirmer cette prévision ?
3. Dessine le schéma normalisé complet du circuit avec l'appareil de mesure.

11 Lire une intensité

1. Quelle est la valeur de l'intensité mesurée par l'ampèremètre ?
2. Le calibre est-il bien choisi ?
3. Dessine le schéma normalisé du montage.

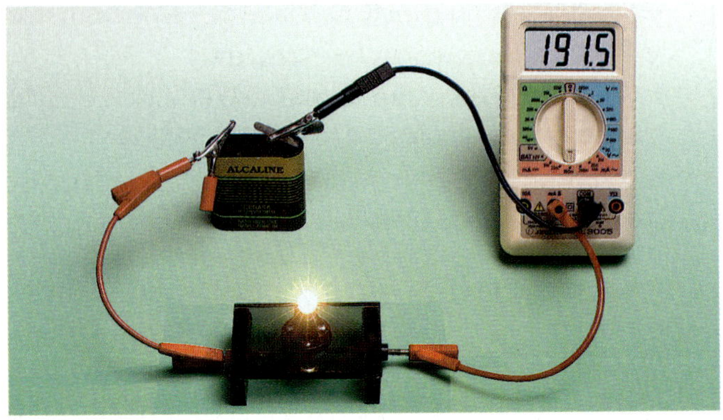

12 Interpréter une observation

Les deux lampes photographiées sont identiques. Elles sont branchées dans deux circuits différents.

- Que peux-tu dire des intensités des courants électriques qui les traversent ?

13 Prévoir une mesure

→ Solution en page 220

1. Quelle est la valeur de l'intensité affichée par l'ampèremètre ?
2. Quelle sera l'indication de l'ampèremètre :
a. si on le branche entre la lampe et le moteur ?
b. si on le branche entre le moteur et la borne – ?
c. si on permute la lampe et le moteur ?

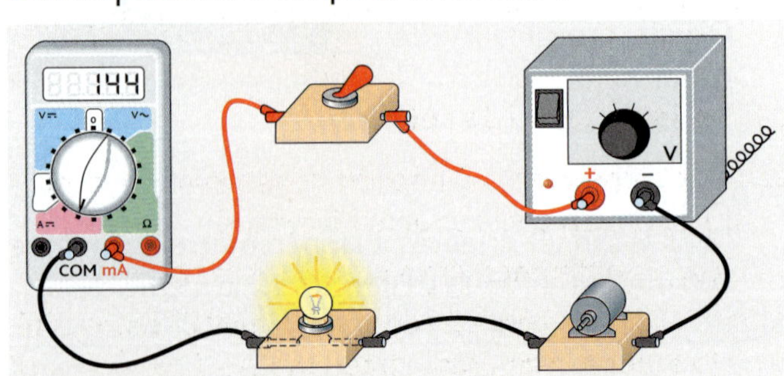

14 Quel protocole !

Lilas souhaite mesurer l'intensité du courant dans le circuit photographié. Remets les étapes dans l'ordre :

a. Connecter l'autre borne de l'ampèremètre.

b. Repérer le sens du courant et débrancher un fil.

c. Fermer le circuit et ajuster le calibre.

d. Régler le multimètre en ampèremètre, calibre 10 A.

e. Connecter une borne de l'ampèremètre à ce fil.

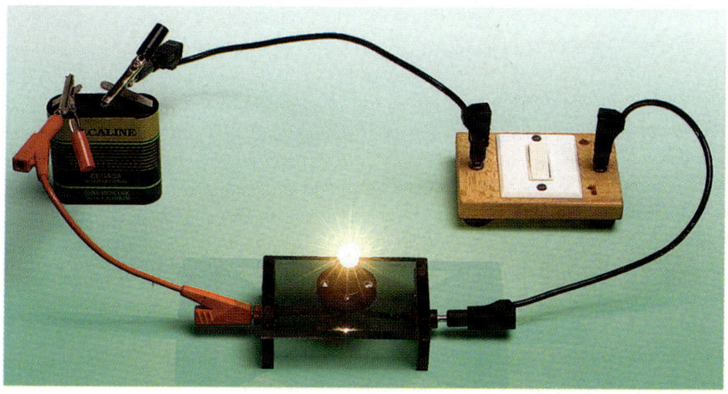

15 Où sont les bornes ?

En l'absence de marquage des bornes + et – du générateur, Pierre a réalisé un circuit avec une lampe et un ampèremètre.

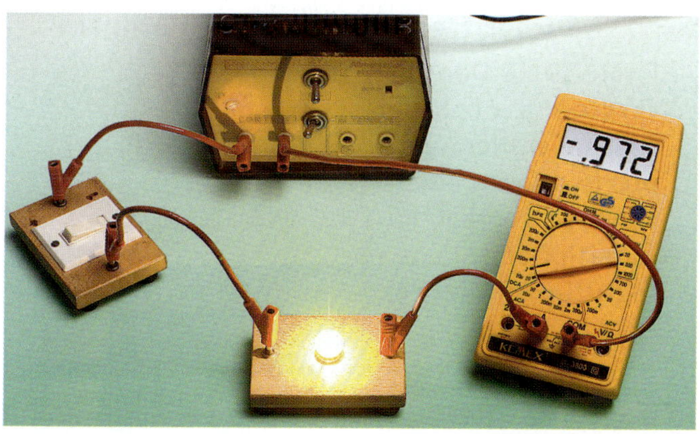

1. Quel est le sens du courant dans le circuit ?
2. Déduis-en la nature des bornes du générateur.
3. Corrige le montage et dessine son schéma normalisé.

16 Il faut suivre la loi !

Les deux ampèremètres en série dans le circuit n'indiquent pas la même valeur pour l'intensité.

1. Calcule la différence entre les valeurs affichées.
2. Cette différence est-elle due aux valeurs de l'intensité ou au fonctionnement des ampèremètres ?
3. Quelle modification du circuit permettrait de montrer que c'est le fonctionnement d'un des deux ampèremètres qui est défaillant ?

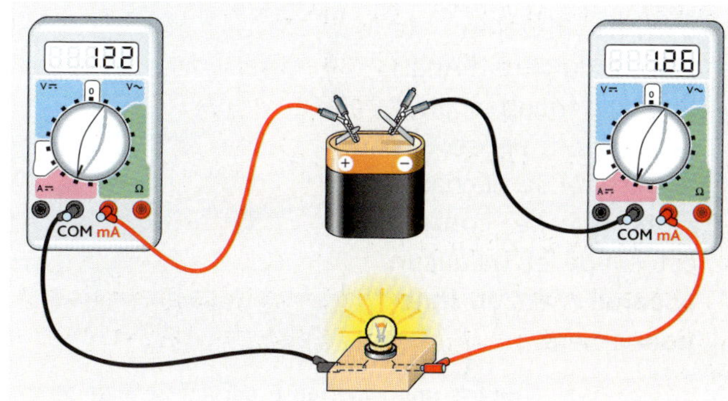

17 Soyons précis

Dans un circuit fermé, on a modifié les réglages de l'ampèremètre. On a obtenu successivement les affichages photographiés.

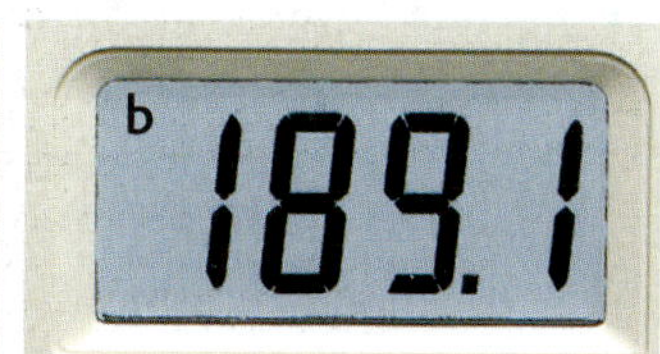

1. Que représente, en ampère, l'unité du dernier chiffre affiché ? Quelle est la mesure la plus précise ?
2. Quels réglages de l'ampèremètre a-t-on modifiés ?

18 *Pour aller plus loin*

1. Dans le circuit schématisé, les dipôles D_1 et D_2 sont deux diodes. Quand on ferme l'interrupteur K_1, l'ampèremètre indique une intensité I = 0,3 A. Qu'indique-t-il :

a. quand on ferme seulement l'interrupteur K_2 ?

b. quand on ferme seulement l'interrupteur K_3 ?

c. quand on ferme K_2 et K_3 ?

d. quand on ferme K_1, K_2 et K_3 ?

2. On permute les bornes de la pile. Réponds aux mêmes questions.

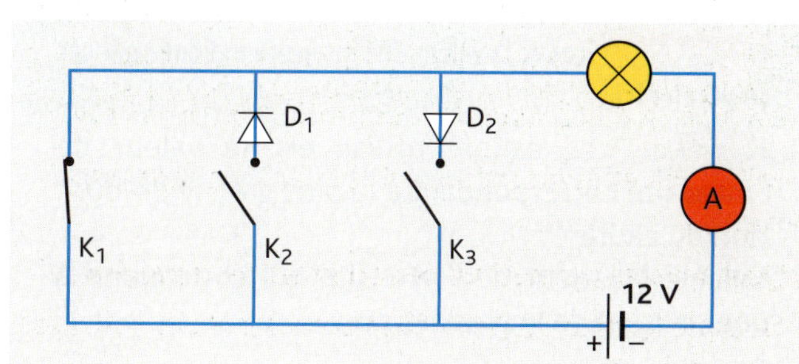

19 Y aurait-il des fuites ?

Après quelques jours d'immobilisation, la voiture du père d'Anaïs a des difficultés pour démarrer. Il pense que la batterie se décharge alors que le contact est coupé et qu'aucun appareil n'est en fonctionnement.

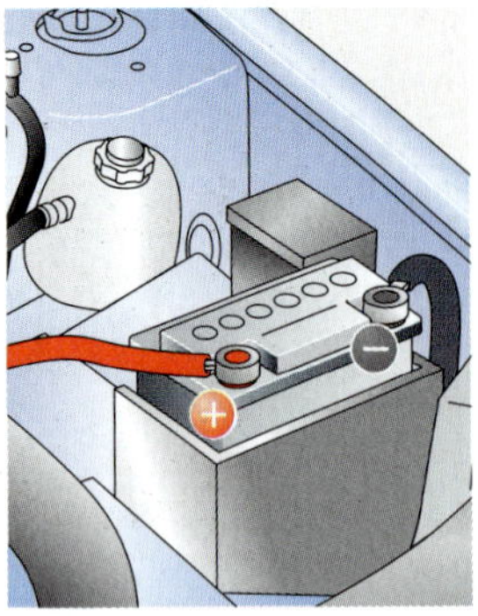

Ta mission Propose une expérience qui permettrait de confirmer que le père d'Anaïs a raison.

POUR T'AIDER On te rappelle que la borne – de la batterie est reliée à la masse de la carrosserie.

20 De chiffres en aiguille

Jusque dans les années 1980, les élèves utilisaient des ampèremètres à aiguille.

Ta mission Trouve la valeur de l'intensité indiquée par cet ampèremètre.

POUR T'AIDER Le calibre utilisé est la valeur de l'intensité correspondant à la plus grande graduation du cadran.
Calcule la valeur de l'intensité qui correspond à une division de la graduation.

21 Une protection rapprochée

On veut fabriquer un témoin lumineux avec une DEL. Au premier essai, la DEL a grillé instantanément.

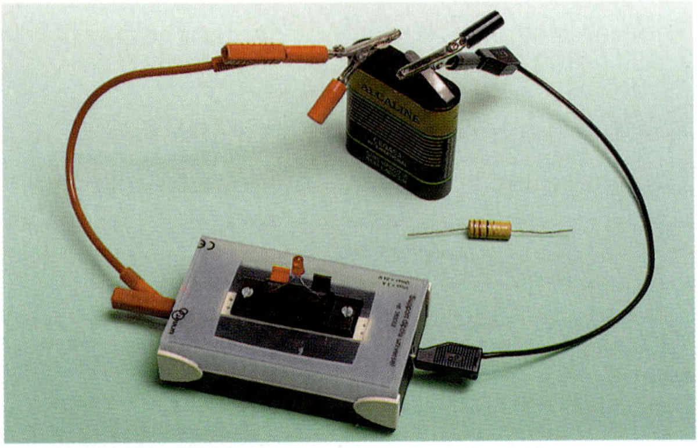

Ta mission Imagine un montage dans lequel la DEL serait protégée contre un courant électrique trop intense.

POUR T'AIDER Observe la photo. Demande-toi où tu peux brancher le composant oublié.

Fais une expérience à la maison

22 Sur les traces d'Œrsted et d'Ampère

En 1819, le Danois Œrsted a étonné Ampère en montrant que le courant électrique parcourant un fil faisait dévier une aiguille aimantée (→ *document p. 84*).

Ta mission En utilisant une pile de 4,5 V, montre que l'expérience d'Œrsted permet de détecter un courant électrique et de préciser son sens.

POUR T'AIDER Enroule en boucles serrées une dizaine de tours de fil électrique autour du boîtier de la boussole.
Oriente le boîtier afin que les brins de fils soient parallèles à l'aiguille. Utilise la boussole entourée de la bobine de fil comme un ampèremètre.
Recherche une description de l'expérience d'Œrsted.

B2i www.bordas-vento.fr/doc4e

Investigation

Exerce tes compétences expérimentales

Le problème à résoudre

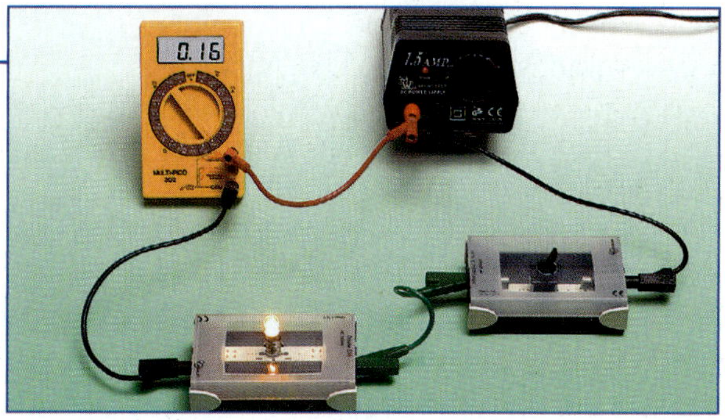

Arthur a acheté un petit multimètre d'occasion. Il l'utilise dans un circuit comportant un générateur 6 V et une lampe marquée 6 V/0,2 A. Il lit 0,16 A.

Tu dois vérifier que l'appareil est juste.

Réfléchis

Mobilise tes connaissances

- De quel instrument de contrôle as-tu besoin ?
- Quel type de montage dois-tu envisager ?
- Quelle propriété de l'intensité du courant te permettra de critiquer les indications de l'ampèremètre ?
- L'ordre des dipôles dans le circuit a-t-il une importance ?

Élabore un protocole expérimental

- De quel matériel as-tu besoin ?
- Comment les appareils de mesure doivent-ils être branchés ?
- Faut-il sélectionner certains calibres ?
- Comment constateras-tu si l'appareil est juste ou non ?

Propose des expériences

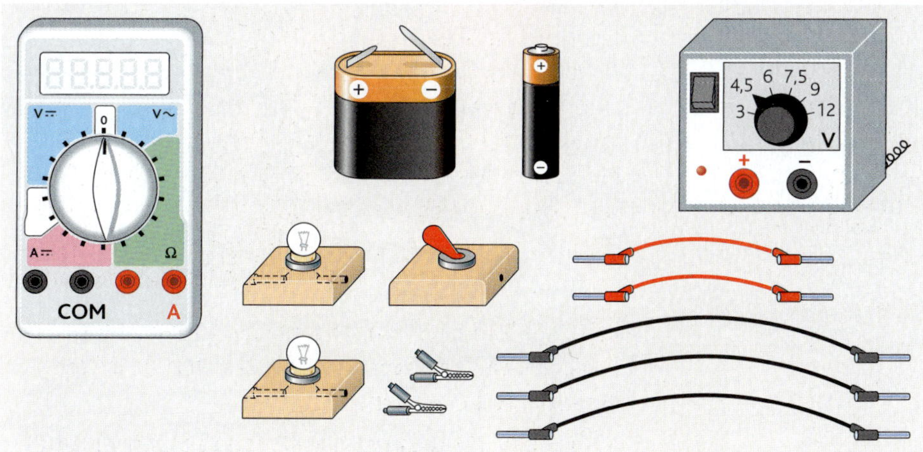

- En plus du multimètre d'Arthur, tu disposes du matériel ci-contre. Choisis celui dont tu as besoin pour résoudre ton problème.
- Schématise les expériences que tu devras réaliser dans l'ordre que tu auras choisi.

Passe à l'action

- Réalise les expériences.
- Communique tes résultats.
- Rédige ta conclusion.

Pour t'aider, reporte-toi à la fiche page 211.

Chapitre 6 La tension électrique

OBJECTIFS

- Mesurer la tension aux bornes d'un dipôle isolé.
- Mesurer la tension aux bornes d'un dipôle dans un circuit.
- Montrer que tension et intensité sont deux grandeurs différentes.
- Adapter un dipôle à un générateur donné.

Situation 1 Les moteurs de ces voiturettes électriques sont alimentés par des batteries et par des piles solaires.

? **Qu'existe-t-il aux bornes d'un générateur ?**

Situation 2 Simulation de la foudre tombant sur Ariane V. L'éclair est un courant électrique très intense.

? Quelle est la cause de ce courant électrique ?

Situation 3 L'ampère est l'unité d'intensité ; le volt est l'unité de tension. Les créateurs de cette société ont-ils inventé une nouvelle unité, ou confondent-ils intensité et tension ?

? Comment ne pas confondre intensité et tension dans un circuit ?

Situation 4 À chaque lampe sa pile.

? Comment choisir la lampe la mieux adaptée à un générateur donné ?

Les ACTIVITÉS des pages suivantes vont t'aider à répondre

Activité 1

Existe-t-il toujours une tension aux bornes d'un dipôle ?

1. Tension aux bornes d'une pile

- Branchons un multimètre réglé en voltmètre aux bornes d'une pile.

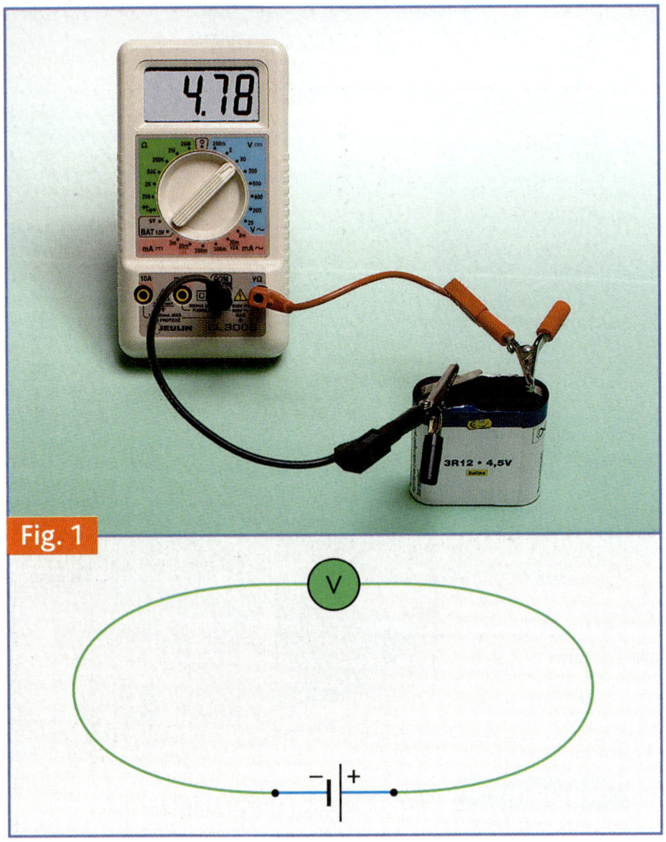

Fig. 1

2. Tension aux bornes d'une lampe

- Branchons un multimètre réglé en voltmètre aux bornes d'une lampe.

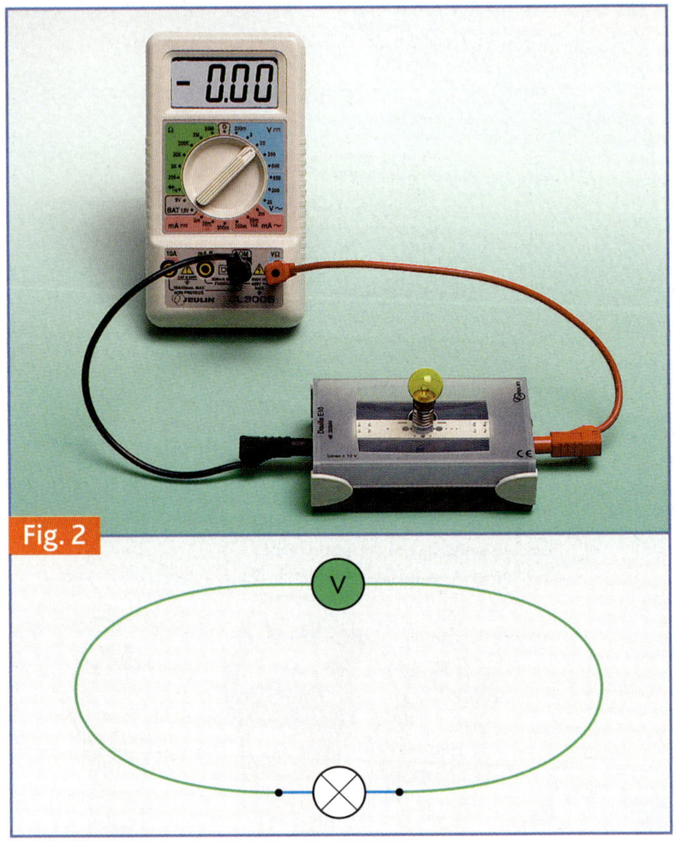

Fig. 2

Coup de pouce

La tension se mesure avec un voltmètre. Elle s'exprime en volt (V).

Observe

1. Lis l'indication du voltmètre aux bornes de la pile **(Fig. 1)**.
2. Lis l'indication du voltmètre aux bornes de la lampe **(Fig. 2)**.

Exploite tes observations

3. Existe-t-il une tension aux bornes de la pile ? À quel type de dipôle la pile appartient-elle ?
4. Compare la valeur de la tension mesurée à l'indication en volt (V) inscrite sur le boîtier de la pile.
5. Existe-t-il une tension aux bornes de la lampe isolée ? À quel type de dipôle la lampe appartient-elle ?

Conclus

6. Rédige ta conclusion en répondant à la question : « Existe-t-il toujours une tension aux bornes d'un dipôle ? »

Activité 2

Existe-t-il toujours une tension aux bornes d'un dipôle dans un circuit ?

1. Dans un circuit ouvert

- Réalisons un circuit en série comprenant un générateur, un interrupteur et une lampe.
- Dans le circuit ouvert, mesurons la tension aux bornes du générateur et aux bornes de la lampe.

Fig. 1

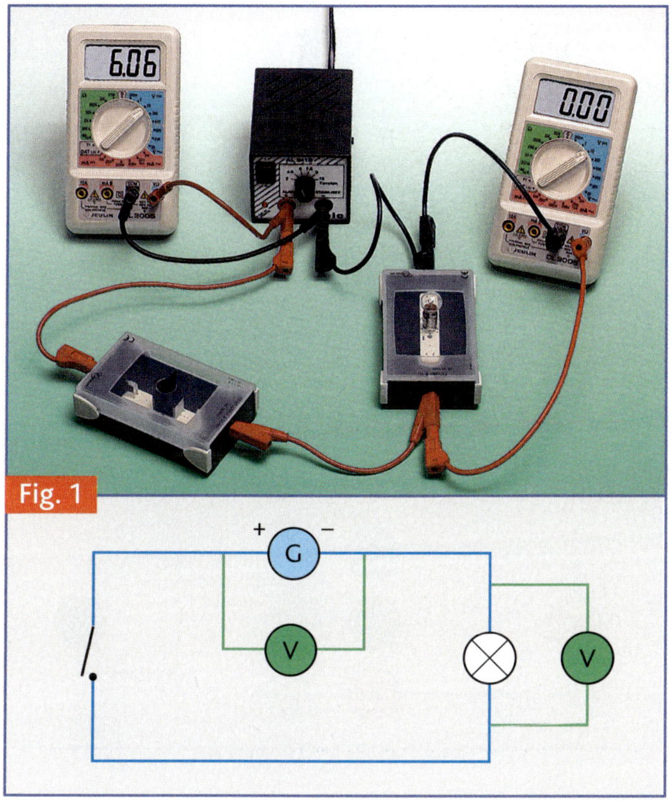

2. Dans un circuit fermé

- Utilisons le montage précédent, sans rien débrancher.
- Fermons le circuit et mesurons la tension aux bornes du générateur et aux bornes de la lampe.

Fig. 2

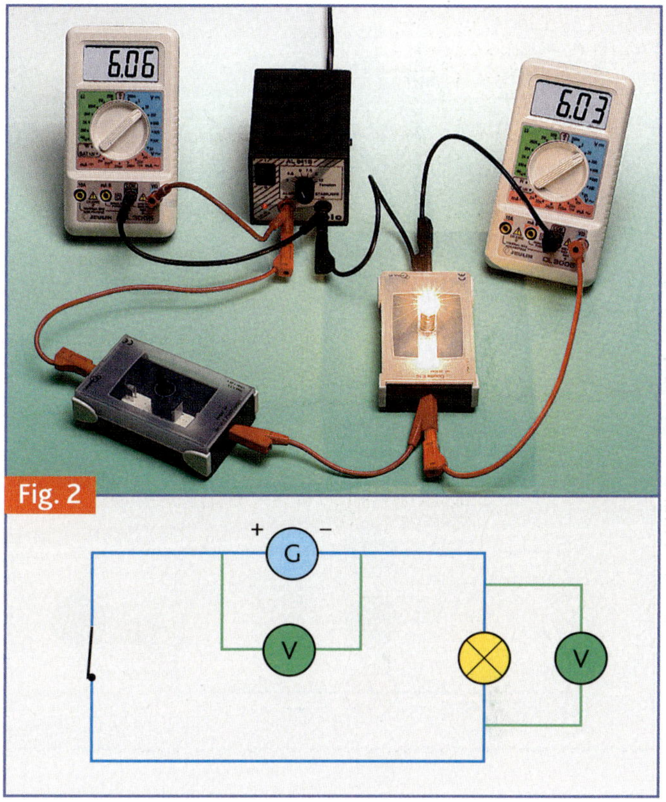

Fais attention !

Utilise des calibres identiques pour les deux voltmètres.

Observe

1. Note les valeurs des tensions dans le circuit ouvert **(Fig. 1)**.
2. Note les valeurs des tensions dans le circuit fermé **(Fig. 2)**.

Exploite tes observations

3. Compare les valeurs de la tension aux bornes du générateur en circuit ouvert et en circuit fermé.
4. Compare les valeurs de la tension aux bornes de la lampe en circuit ouvert et en circuit fermé.

Conclus

5. Rédige ta conclusion en répondant à la question : « Existe-t-il toujours une tension aux bornes d'un dipôle dans un circuit ? »

Activité 3

Existe-t-il une tension aux bornes d'un interrupteur ?

1. Mesures en circuit ouvert

- Réalisons le circuit comportant en série un générateur, une lampe, un ampèremètre et un interrupteur.
- Branchons un voltmètre aux bornes du générateur et un autre aux bornes de l'interrupteur ouvert.

2. Mesures en circuit fermé

- Utilisons le montage précédent, sans rien débrancher.
- Fermons le circuit et observons les modifications des indications de l'ampèremètre et des voltmètres.

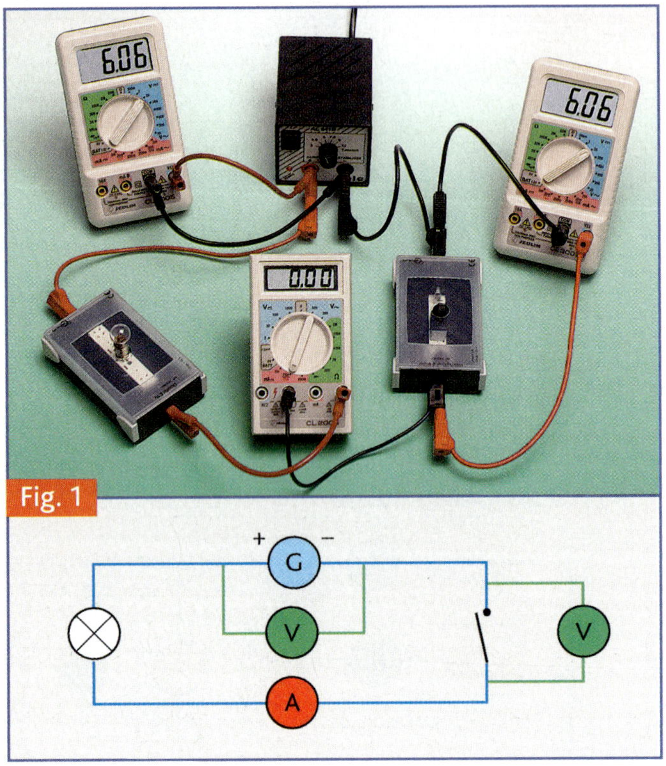

Fig. 1

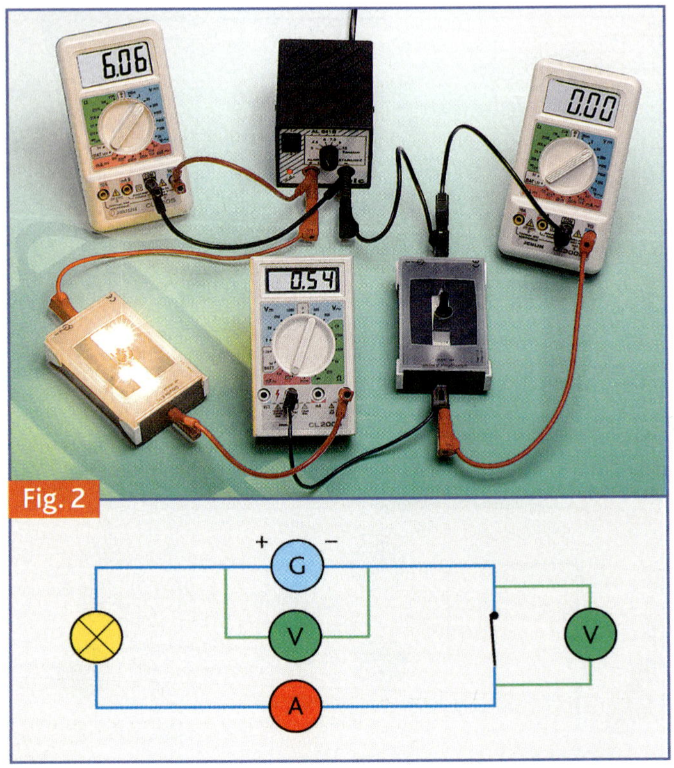

Fig. 2

Coup de pouce

La tension aux bornes de l'interrupteur fermé est très faible, mais pas nulle. Le voltmètre n'est pas assez sensible pour la mesurer.

Observe

1. Dans le circuit ouvert, relève les valeurs des tensions aux bornes du générateur et de l'interrupteur, ainsi que la valeur de l'intensité du courant **(Fig. 1)**.
2. Dans le circuit fermé, relève les valeurs des mêmes grandeurs **(Fig. 2)**.

Exploite tes observations

3. Existe-t-il une tension aux bornes de l'interrupteur quand l'intensité est nulle ?
4. Existe-t-il un courant dans le circuit quand la tension aux bornes de l'interrupteur est quasiment nulle (→ *Coup de pouce*) ?

Conclus

5. Rédige ta conclusion en répondant à la question : « Existe-t-il une tension aux bornes d'un interrupteur ? »

Activité 4

Pourquoi faut-il adapter une lampe à un générateur ?

1. Avec un générateur réglé sur 3,0 V

- Branchons une lampe marquée 6 V - 0,5 A aux bornes d'un générateur dont la tension est ajustée à 3,0 V. Mesurons la tension aux bornes de la lampe et l'intensité du courant.

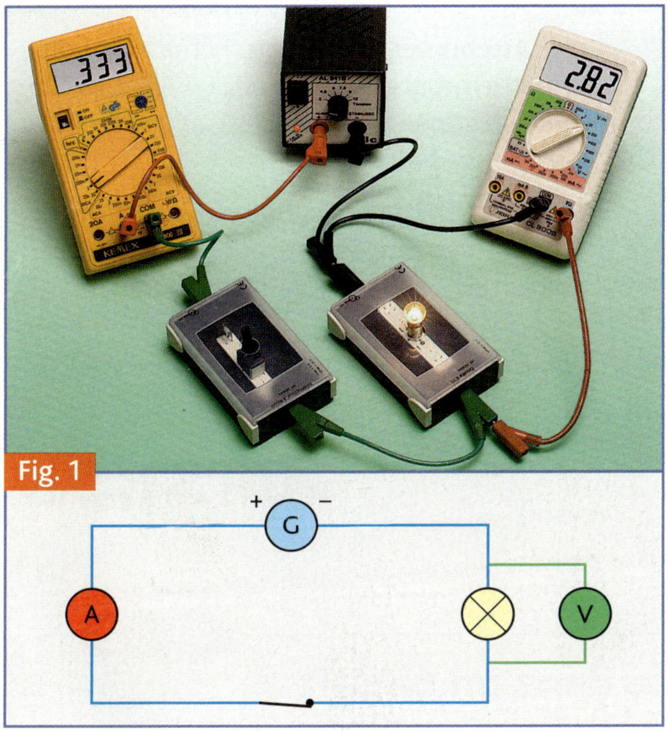

Fig. 1

2. Avec un générateur réglé sur 6,0 V

- Augmentons la tension du générateur jusqu'à la valeur 6,0 V.
- Mesurons la tension aux bornes de la lampe et l'intensité dans le circuit.

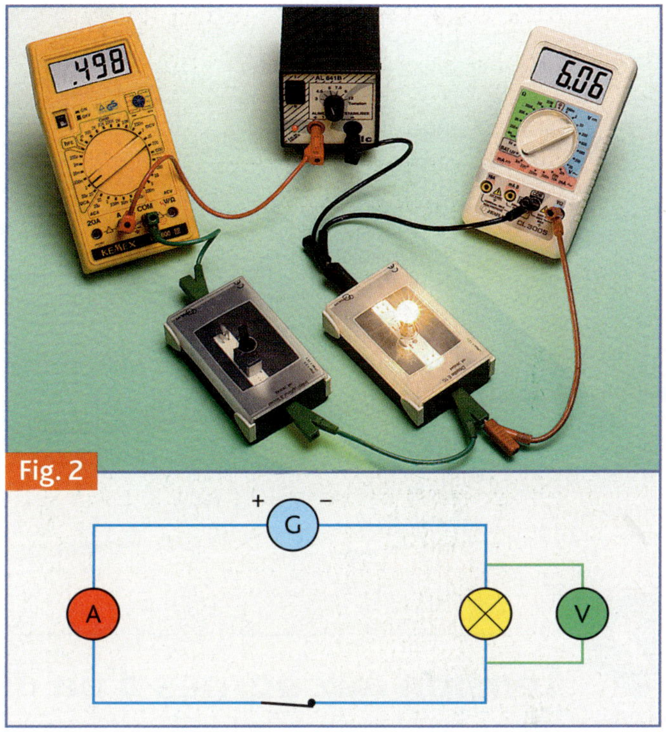

Fig. 2

Fais attention !

Ne dépasse pas les valeurs inscrites sur le culot de la lampe. Tu risques de la griller.

Observe

1. Comment brille la lampe (Fig. 1) ? Lis les valeurs de la tension à ses bornes et de l'intensité.
2. La lampe brille-t-elle normalement (Fig. 2) ? Lis les valeurs de la tension et de l'intensité.

Exploite tes observations

3. Quand la lampe brille normalement, compare les valeurs de la tension et de l'intensité aux valeurs inscrites sur le culot.
4. Fais la même comparaison quand la lampe brille faiblement.
5. Que se passerait-il si la tension à ses bornes était supérieure à la valeur inscrite sur le culot ?

Conclus

6. Rédige ta conclusion en répondant à la question : « Pourquoi faut-il adapter une lampe à un générateur ? »

L'essentiel par l'image et le texte

1 Mesure de la tension aux bornes d'un dipôle isolé

Activité 1

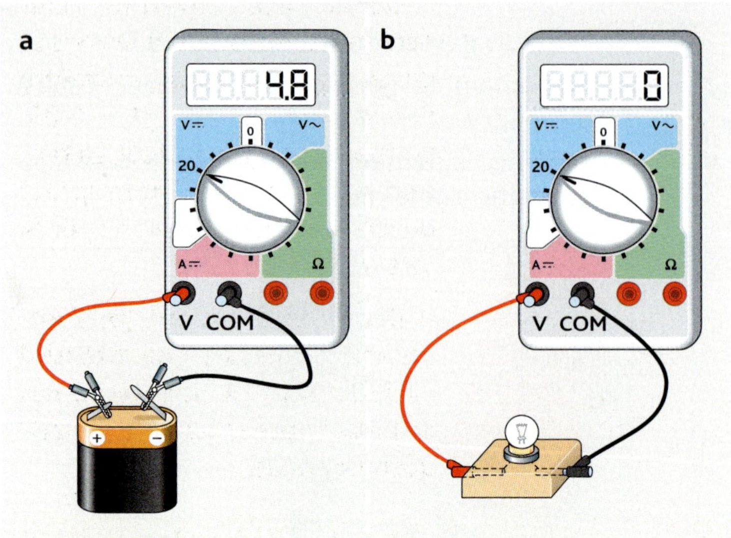

■ On mesure la tension existant entre deux points avec un **voltmètre** branché **en dérivation** (→ *Fiche p. 102*). L'unité de tension est le **volt** (symbole **V**). On utilise aussi le millivolt (mV) et le kilovolt (kV).

1 kV = 1 000 V.

1 V = 1 000 mV ; 1 mV = 0,001 V.

■ Aux bornes de la pile (schéma **a**), le voltmètre mesure une tension U = 4,8 V. La pile est un **générateur**, car il existe une tension entre ses bornes.

■ Aux bornes de la lampe seule (schéma **b**), le voltmètre ne détecte aucune tension, car la lampe est un dipôle **récepteur**.

À RETENIR **La valeur d'une tension s'exprime en volt (V). Elle est mesurée avec un voltmètre branché aux bornes du dipôle.**

→ **Tests 2, 4 et 5, page 103**

2 Tension aux bornes d'un dipôle dans un circuit

Activité 2

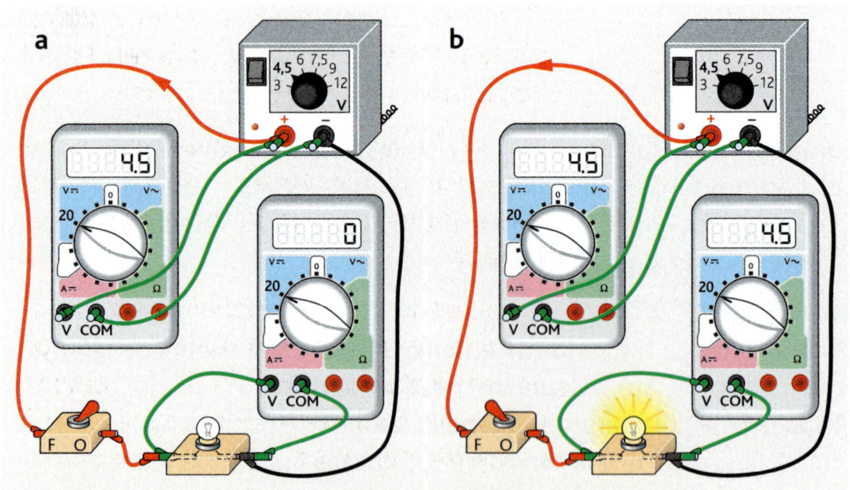

■ Dans le circuit ouvert (**a**), la tension aux bornes de la lampe est nulle. Elle ne brille pas, donc aucun courant ne la traverse. En revanche, il existe une tension aux bornes du générateur.

■ Dans le circuit fermé (**b**), le voltmètre mesure une tension aux bornes de la lampe, et celle-ci est parcourue par un courant électrique.

À RETENIR **Pour qu'un courant électrique passe dans un récepteur, il doit exister une tension entre ses bornes.**

3 Tension aux bornes d'un interrupteur

Activité 3

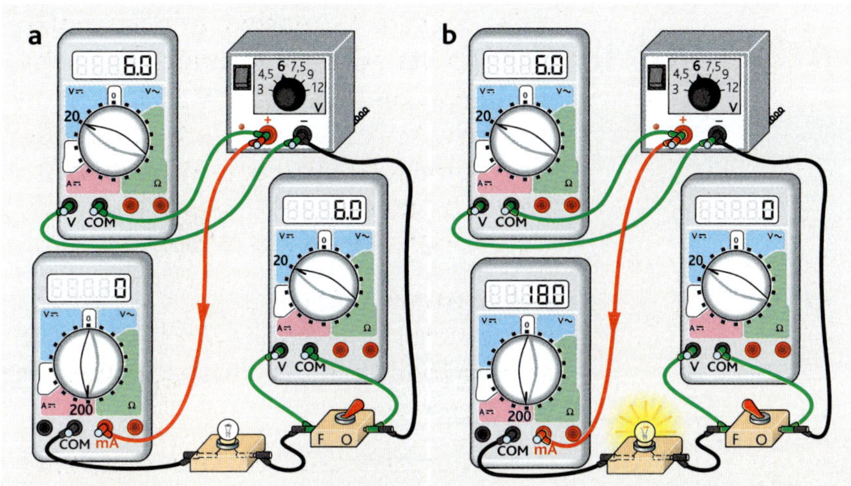

■ Dans le circuit ouvert (**a**), l'ampèremètre indique une intensité du courant nulle. Un voltmètre mesure une tension U = 6,0 V aux bornes du générateur. La tension aux bornes de l'interrupteur ouvert est égale à celle du générateur.

■ Dans le circuit fermé (**b**), l'ampèremètre mesure une intensité I = 180 mA. La tension aux bornes de l'interrupteur fermé est pratiquement nulle.

À RETENIR **Dans un circuit ouvert, la tension aux bornes de l'interrupteur est égale à celle du générateur. Il peut donc y avoir danger, même en l'absence de courant.**

→ **Test 3, page 103**

4 Adaptation d'une lampe à un générateur

Activité 4

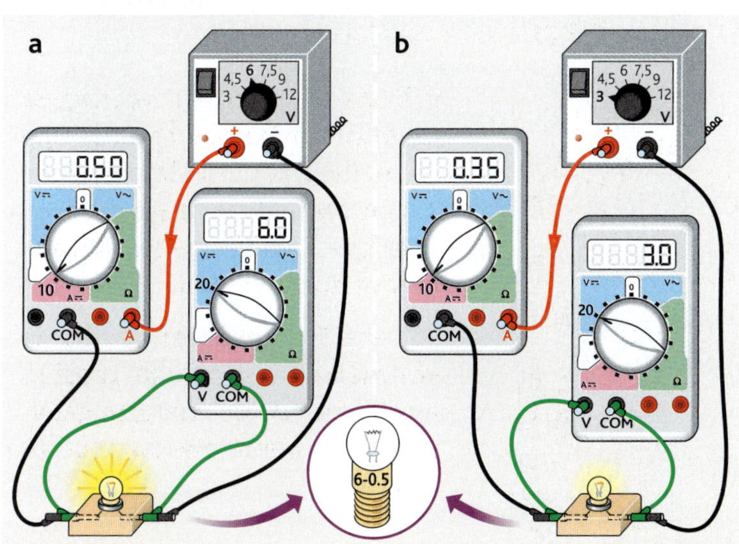

■ En **a**, la lampe brille normalement. Les valeurs de la tension à ses bornes et de l'intensité sont égales à celles inscrites sur le culot. Ces valeurs sont la **tension** et l'**intensité nominales** de la lampe.

■ En **b**, la lampe brille faiblement, car la tension et l'intensité sont inférieures aux valeurs nominales. La lampe est en **sous-tension**.

■ Quand la tension appliquée est supérieure à la tension nominale, la lampe est en **surtension**. Elle brille fortement, puis grille, car l'intensité est supérieure à l'intensité nominale.

À RETENIR **Une lampe est adaptée à un générateur quand sa tension nominale est égale à la tension appliquée. L'intensité est alors égale à l'intensité nominale.**

→ **Test 6, page 103**

B2i Pour en savoir plus : http://www.bordas-vento.fr/doc4e

Météorologie

Quand le ciel nous tombe sur la tête

Les orages sont des phénomènes météorologiques associés à des nuages appelés cumulonimbus. Ces nuages se développent entre des altitudes de 1 à 10 km et sont le siège de violents mouvements d'air verticaux, ce qui entraîne l'électrisation des particules d'eau qu'ils contiennent.
La formation de charges électriques positives au sommet du nuage s'accompagne de la création de tensions électriques pouvant atteindre plusieurs millions de volts entre le nuage et le sol. Ces très hautes tensions rendent l'air conducteur et provoquent une décharge électrique équivalant à un courant de plusieurs dizaines de milliers d'ampères : c'est la **foudre**.

▲ La foudre est le résultat d'une tension qui peut atteindre **plusieurs millions de volts** entre les nuages et le sol.

Reproduis un éclair en miniature !
Va voir l'exercice 23, page 106.

» ?
- Quelles sont l'origine et l'ordre de grandeur des tensions électriques apparaissant entre le nuage et le sol ?
- À quel phénomène électrique correspond la foudre ?
- Quels noms donne-t-on au phénomène lumineux et au phénomène sonore qui accompagnent la foudre ?

Métier

Conducteur de train, ce n'est pas « train-train »

Le conducteur de train assure le transport de voyageurs ou de marchandises sur un réseau ferré. Sa tâche essentielle consiste aussi à surveiller le bon fonctionnement des dispositifs de pilotage et de sécurité. Avant la mise en route, il effectue une visite de contrôle, afin de vérifier que tous les éléments de la machine fonctionnent suivant les normes préconisées.
Une fois en route, le conducteur respecte les procédures de pilotage et adapte la vitesse du train à la configuration du parcours.
Toujours vigilant et attentif, il doit respecter la signalisation extérieure et son comportement doit toujours répondre aux exigences de sécurité.

▲ Une conductrice de TGV dans son poste de pilotage.

» ?
- Quelles sont les qualités dont doit faire preuve un conducteur de train ?
- Ce métier te semble-t-il monotone ou soumis à des contraintes mécaniques, météorologiques, humaines ?
- Recherche dans quel domaine de formation il faut s'engager pour accéder à ce métier.

Médecine

Des tensions pour le **muscle**

En 1771, Galvani observe la contraction d'un muscle d'une grenouille morte, que Volta explique par un courant électrique. Aujourd'hui, nous savons que la contraction des muscles est commandée par les cellules nerveuses, par l'intermédiaire de tensions électriques appelées « potentiel d'action » ou PA. Le PA est de l'ordre de 80 mV et il se propage tout au long des fibres nerveuses.

Ces connaissances ont permis de développer des appareils utilisés pour l'entraînement des sportifs et la rééducation : c'est l'**électrostimulation** musculaire. Au contact de zones précises de la peau, les électrodes de l'appareil appliquent des tensions dont les valeurs et la durée sont programmées pour stimuler certains groupes musculaires.

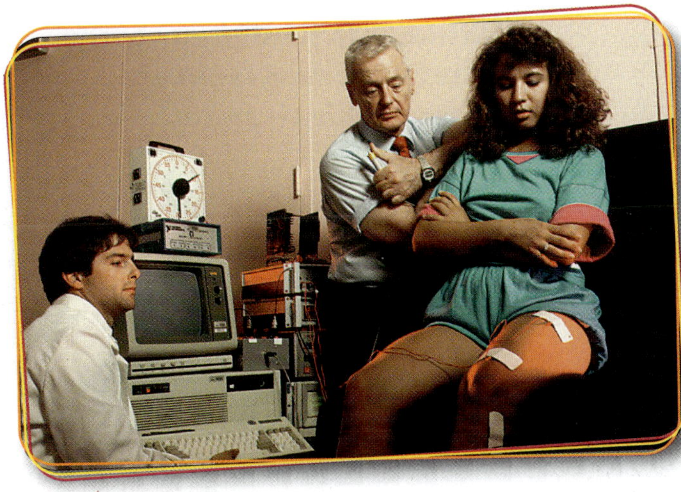

▲ L'électricité peut être utilisée pour stimuler les muscles des astronautes en apesanteur.

» ?

» Qu'est-ce qui provoque la contraction des muscles ?
» Quels sont les intérêts de l'électrostimulation ?
» Recherche une description et le principe des appareils d'électrostimulation.

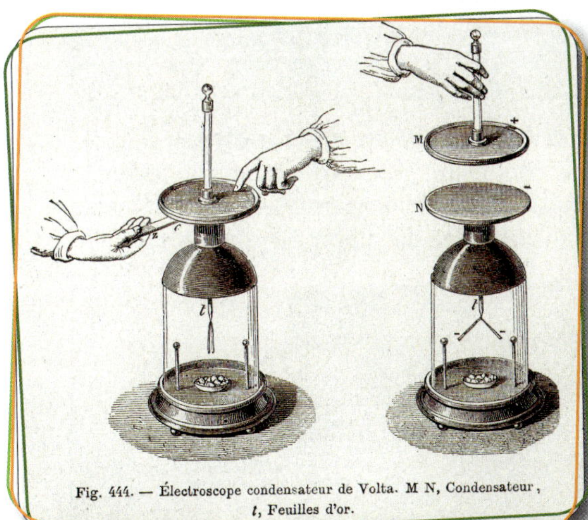

▲ Cet appareil, conçu par Volta, permet de mesurer des charges électriques.

Histoire des sciences

De **Volta** au volt

Né à Côme (Italie) en 1745, Alessandro Volta a consacré la plupart de ses études à l'électricité. Avant d'inventer en 1800 la pile électrique qui le rend célèbre, il conçoit des appareils permettant de mesurer les charges électriques (figure). En 1780, il est le premier à établir une unité de mesure de la tension.

En hommage à Volta, le Bureau international des poids et mesures (BIPM) a appelé **volt** l'unité de tension électrique définie lors de sa conférence de 1881.

▲ L'unité de tension électrique est un hommage à Alessandro Volta, célèbre physicien du XVIII-XIXe siècle.

» ?

» Les travaux de Volta sont-ils antérieurs ou postérieurs à ceux d'Ampère (-> document p. 84) ?
» À quelle invention Volta doit-il sa célébrité ? Quels sont les travaux qui ont suggéré d'associer le nom de Volta à l'unité de tension électrique ?
» Fais une recherche sur l'histoire du BIPM et des unités utilisées en électricité.

Compétence expérimentale

Mesurer une tension

Mesurons la tension aux bornes de la lampe dans le circuit photographié ci-contre.

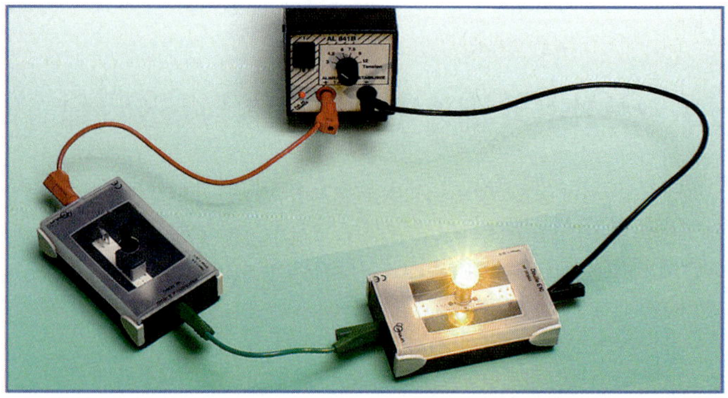

Comment faire ?

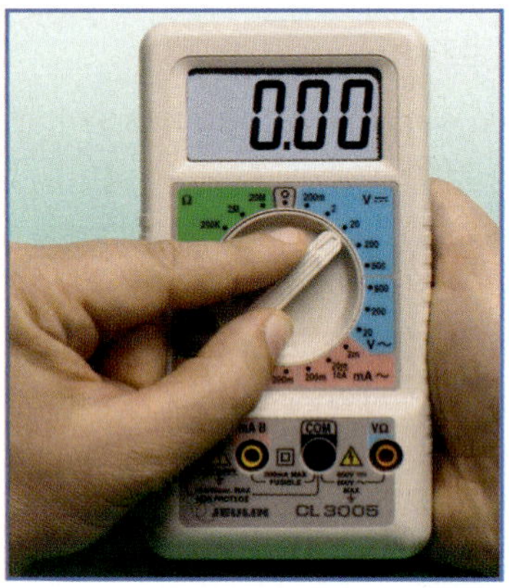

1. Sélectionner la fonction voltmètre du multimètre, en plaçant le sélecteur sur le calibre le plus grand (20 V au labo car la tension du générateur est limitée à 12 V), en courant continu (symbole =).

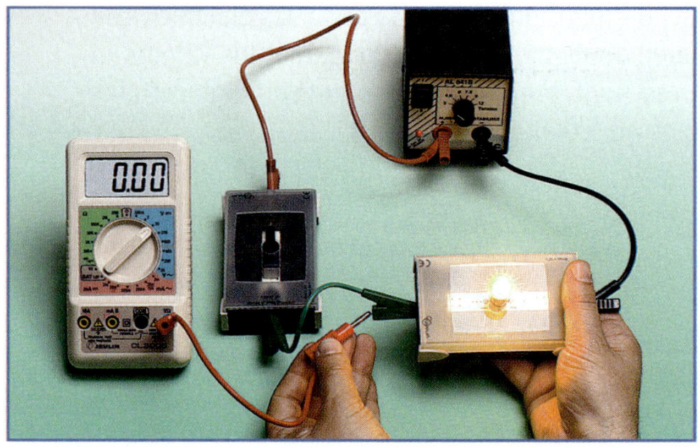

2. Connecter la borne V du multimètre.
Avec un fil de connexion supplémentaire, connecter la borne V du multimètre à la borne de la lampe par laquelle arrive le courant (du côté de la borne + du générateur).

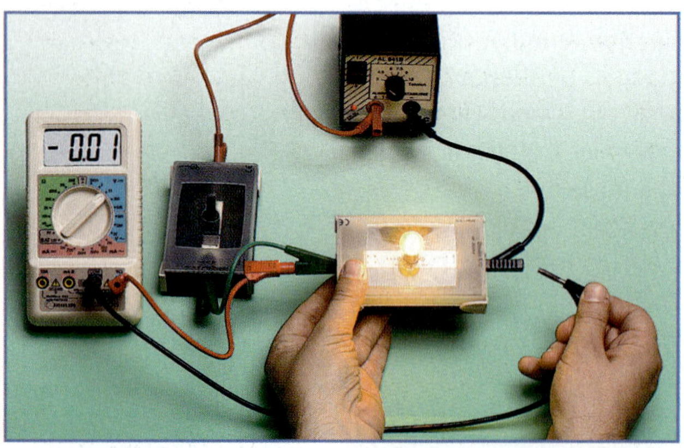

3. Connecter la borne COM du multimètre.
Avec un deuxième fil de connexion, connecter la borne COM du voltmètre à l'autre borne de la lampe, par laquelle sort le courant. Le voltmètre est alors branché en dérivation sur la lampe.

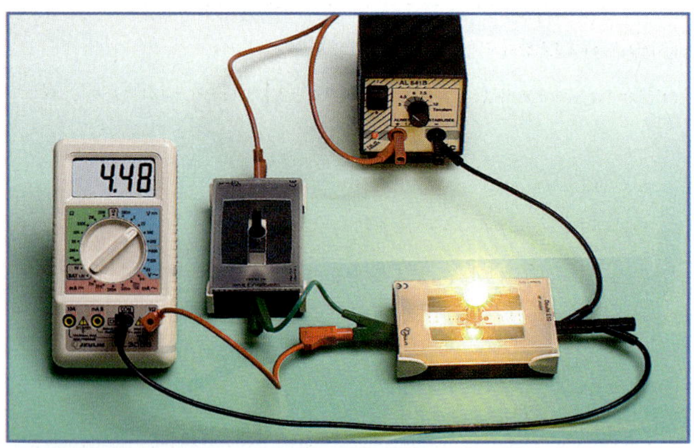

4. Rechercher le calibre le mieux adapté en tournant le sélecteur, afin d'obtenir la valeur la plus précise.
Noter la tension mesurée sans oublier l'unité ; ici : U = 4,48 V.

→ Entraîne-toi en page 107

Tests — Vérifie tes connaissances

1 Recopie et complète

a. Une tension est mesurée avec **...** branché en **...** ; sa valeur s'exprime en **...** .

b. Pour qu'un courant passe dans un récepteur, il doit exister **...** entre ses bornes.

c. Même en l'absence de courant, il existe une **...** aux bornes d'un interrupteur **...** .

d. Une lampe est adaptée au générateur quand sa tension **...** est égale à la **...** appliquée.

2 Choisis le bon schéma

Quel est le schéma du montage correct du voltmètre ? Critique les schémas incorrects.

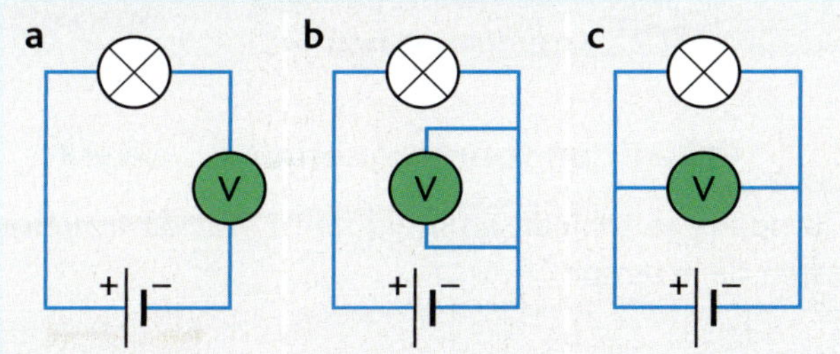

3 Vrai ou faux ?

Réponds par vrai ou par faux à chacune des affirmations suivantes.

a. L'unité de tension est le volt.

b. Le voltmètre se branche en série.

c. Pour qu'il existe une tension aux bornes d'un interrupteur, un courant doit passer.

d. Il ne peut exister de tension aux bornes d'un dipôle isolé.

4 Choisis les bonnes réponses

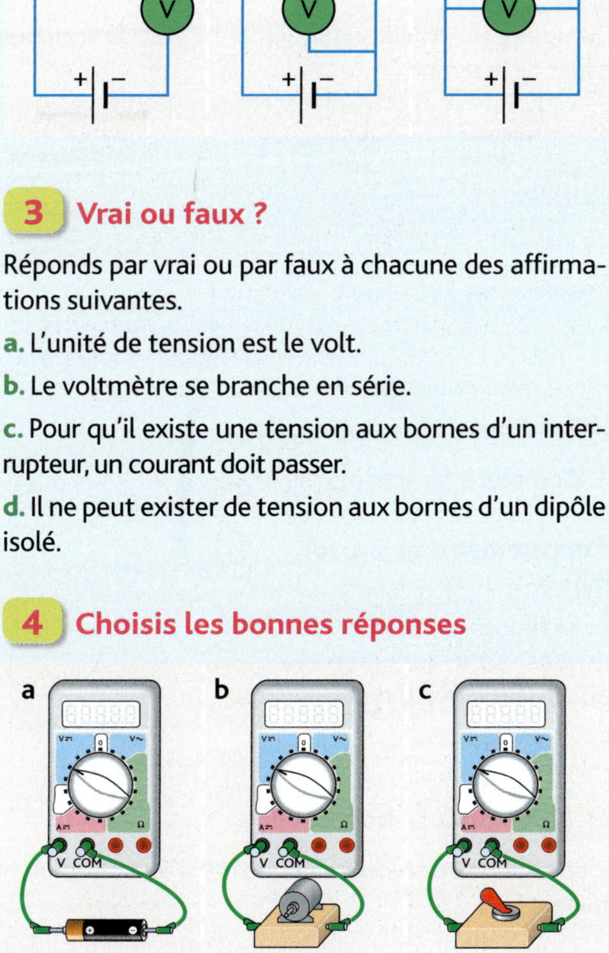

Indique dans chaque cas quelle est la valeur affichée par le voltmètre parmi les valeurs :

0 V ; 1,5 V ; 220 V.

5 Trouve l'erreur

Lucas utilise un multimètre pour mesurer une tension. Quelle erreur a-t-il commise ?

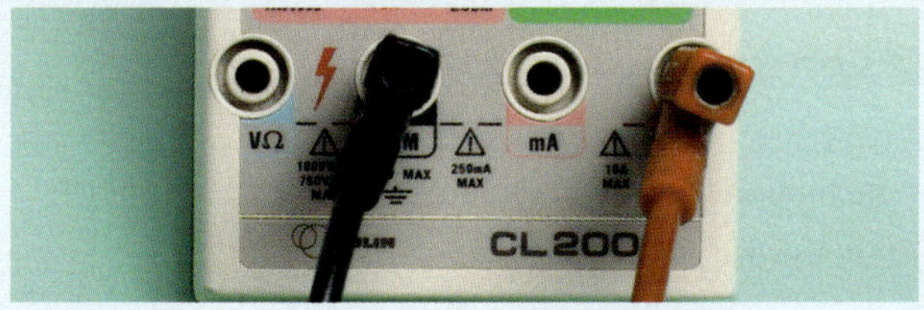

6 Associe les expressions

Associe chacune des propositions **a**, **b** et **c** à une proposition **1**, **2** ou **3**.

a. La lampe est en surtension

b. la lampe est sous tension nominale

c. la lampe est en sous-tension.

1. Elle brille normalement.

2. Elle grille rapidement.

3. Elle éclaire faiblement.

7 Trouve le mot caché

1. C'est ainsi que l'on doit brancher le voltmètre. **2.** Il ne peut pas exister sans tension. **3.** Phénomène lumineux accompagnant le passage d'un courant entre les nuages et la Terre. **4.** Elle peut exister sans courant. **5.** Elle est émise par le filament d'une lampe. **6.** Elles peuvent être rondes ou plates. **7.** Il en a inventée une qui n'était ni plate ni ronde. **8.** Phénomène sonore accompagnant le passage d'un courant entre les nuages et la Terre. **9.** Source de tension dans un circuit électrique.

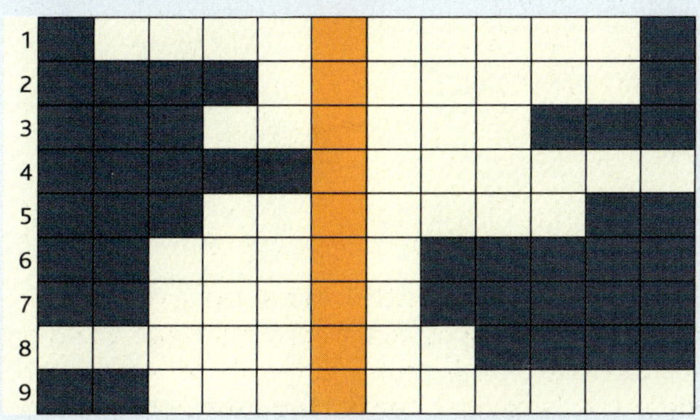

→ Solutions en page 220

8 Convertir les unités

Effectue les conversions suivantes :

a. 3,45 V = … mV ; 1 732 mV = … V ;
b. 0,23 V = … mV ; 654 mV = … V ;
c. 7,2 kV = … V ; 220 V = … kV ;
d. 25 mV = … V ; 0,087 V = … mV ;
e. 100 000 V = … kV ; 1,2 V = … mV.

9 Corriger une erreur

Pour mesurer une tension dont l'ordre de grandeur est inconnu, Marion n'a pas correctement réglé le multimètre.

1. Quelle erreur a-t-elle commise ?
2. Que risque d'indiquer le multimètre ?
3. Comment corriger cette erreur ?

10 Lire une tension

1. Quelle est la valeur de la tension mesurée par le voltmètre ?
2. Le calibre est-il bien choisi ?
3. Dessine le schéma normalisé du montage.

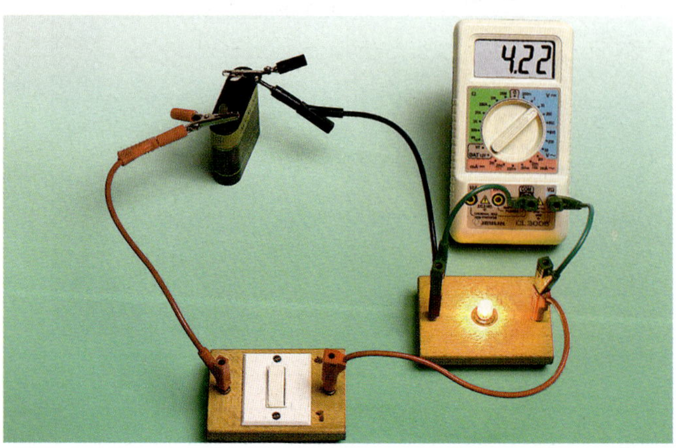

11 Trouver l'erreur

Bien que le voltmètre affiche une valeur, dans ce circuit la lampe ne fonctionne pas.

1. Quelle erreur le manipulateur a-t-il commise ?
2. Fais le schéma normalisé du montage corrigé.

12 Prévoir un fonctionnement

Complète le tableau en indiquant l'état de fonctionnement de la lampe

Tension nominale lampe / Tension de la pile	1,2 V	3,8 V	7,0 V
1,5 V			
4,5 V			
9,0 V			

13 Choisir les appareils

1. Complète le schéma du circuit avec les symboles de l'ampèremètre et du voltmètre.
2. Explique par une phrase quelles sont les mesures effectuées dans ce montage.

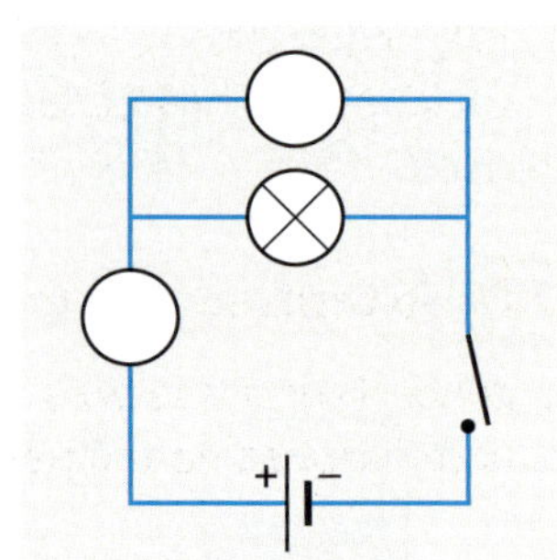

14 Choisir le bon calibre

Pierre souhaite contrôler la tension d'une pile plate marquée 4,5 V.

1. Quel calibre lui conseilles-tu d'utiliser pour effectuer la mesure la plus précise ?
2. Quels autres calibres peut-il utiliser ?

15 Un protocole strict

Lilas souhaite mesurer la tension aux bornes du moteur.

1. Fais la liste du matériel dont elle a besoin.
2. Remets les étapes du protocole dans l'ordre :

a. *Brancher l'appareil aux bornes du moteur.*
b. *Repérer le sens du courant dans le circuit.*
c. *Choisir le calibre le mieux adapté.*
d. *Régler le multimètre en voltmètre sur le calibre 200 V.*

3. Dessine le schéma normalisé du montage.

16 Où sont les bornes ?

- Trouve les bornes + et – du générateur.

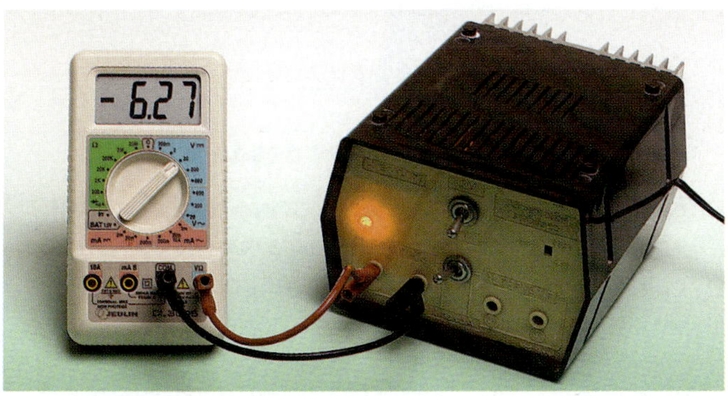

17 Attention à la tension !

Le générateur a une tension de 6,0 V et la lampe a pour caractéristiques nominales 6 V ; 0,2 A.

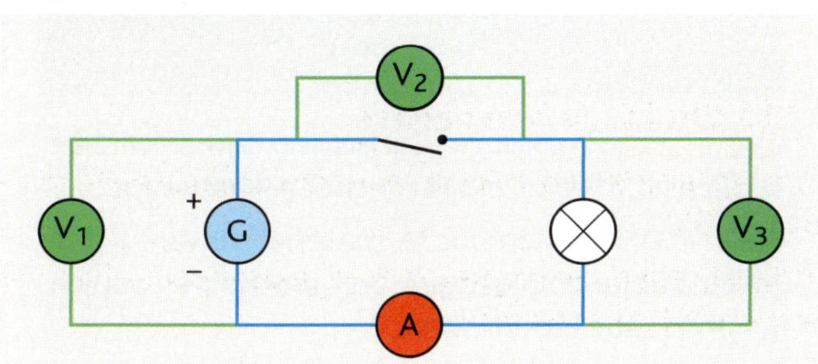

1. Quelles seront les indications des appareils de mesure :

a. en circuit ouvert ?
b. en circuit fermé ?

2. Déduis de ces résultats une consigne de sécurité.

18 Tension ou intensité ?

→ Solution en page 220

Le générateur est une pile de 4,5 V et la lampe a pour caractéristiques nominales 4,0 V ; 0,2 A.

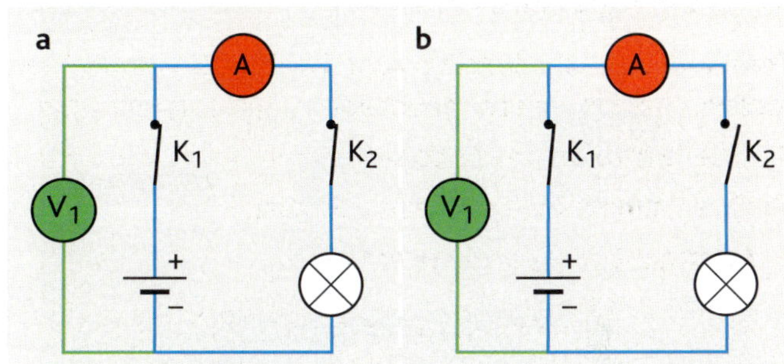

- Indique quelles sont les valeurs mesurées par le voltmètre et l'ampèremètre,

a. dans le circuit **a** ;
b. dans le circuit **b**.

Choisis parmi les valeurs suivantes :
6,0 V ; 4,5 V ; 4,0 V ; 0 V ;
0,45 A ; 0,40 A ; 0,2 A ; 0 A.

19 *Pour aller plus loin*

Le voltmètre indique la tension aux bornes de la DEL branchée dans le sens passant.

1. Fais le schéma normalisé du montage.
2. Quelle sera l'indication du voltmètre si on retourne la DEL ? Justifie ta réponse et fais un schéma.

Pour t'aider : La DEL branchée dans le sens inverse se comporte comme un interrupteur ouvert.

Le symbole du rhéostat est :

20 Pile, tu perds ta tension !

Tristan voudrait comprendre pourquoi les tensions nominales des petites lampes sont toujours inférieures aux tensions inscrites sur les piles qui les font fonctionner.

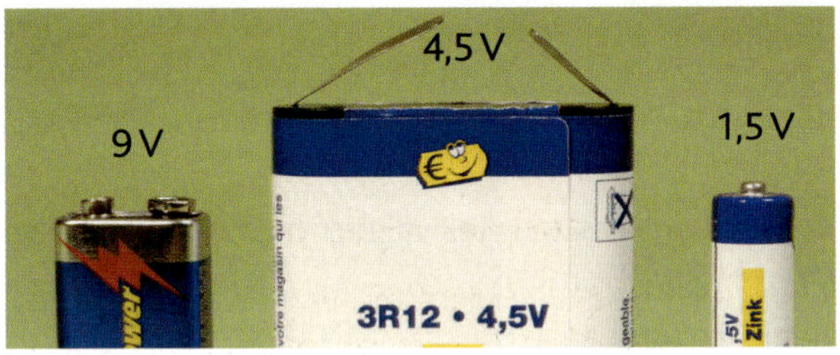

Ta mission Imagine une expérience qui te permettrait de comprendre pourquoi les lampes fonctionnent normalement dans ces conditions.

POUR T'AIDER Demande-toi si la tension mesurée aux bornes de la pile est égale à celle qui est inscrite.

Fais une expérience à la maison

21 Une pile plutôt ronde

Dans sa célèbre expérience, au cours de laquelle il a inventé la pile, Volta a pris deux plaques de métaux différents et les a pressées contre une étoffe imprégnée d'une solution acide.

Ta mission Réalise une pile artisanale et identifie ses bornes.

POUR T'AIDER Le citron est un fruit à la chair très acide.
– Il existe des clous en fer et des clous en cuivre.
– Tu peux utiliser un voltmètre ou une diode.

Fais une expérience à la maison

22 Grillée ou pas grillée ?

Le père de Charlotte vient d'acheter une lampe pour l'éclairage de sa chambre. Avant de l'installer, il la teste avec une pile plate et constate qu'elle ne fonctionne pas.

Ta mission Montre au père de Charlotte que la lampe n'est pas grillée.

Attention ! N'utilise pas le courant du secteur, mais des piles.

POUR T'AIDER Reproduis l'expérience et demande-toi pourquoi la lampe n'éclaire pas.

Fais une expérience à la maison

23 Des frottements et des tensions

Fabrice a lu que la foudre qui provoque l'éclair est une décharge électrique entre les nuages électrisés et le sol. Il se demande si on peut obtenir un éclair de lumière avec un objet électrisé.

Ta mission Provoque un éclair lumineux dans un petit tube luminescent, à l'aide d'un objet électrisé par frottement.

POUR T'AIDER Rassemble le matériel suivant : une paille à boire en plastique, un mouchoir en papier, un petit tube luminescent.

Investigation

Exerce tes compétences expérimentales

Le problème à résoudre

La lampe torche utilise 3 piles rondes, la lampe de poche une pile plate. Ces deux appareils utilisent la même lampe, de caractéristiques nominales 4 V-0,2 A.

Explique pourquoi cette « ampoule » est adaptée aux deux lampes.

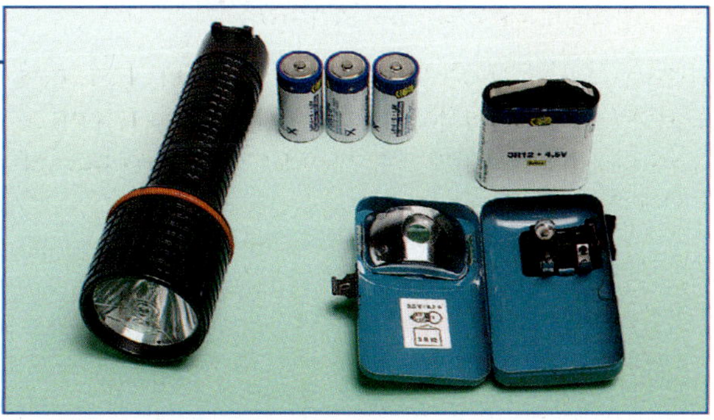

Réfléchis

Mobilise tes connaissances

- À quelles conditions une lampe est-elle adaptée à un générateur ?
- Quelle est la tension de la pile plate ? Quelle est la tension de la pile ronde ?

Formule des hypothèses

- Y a-t-il une relation simple entre la tension de la pile plate et le nombres de piles rondes utilisées ?
- La disposition des piles rondes a-t-elle une influence sur le fonctionnement de la lampe ?

Élabore un protocole

- Comment vérifier les tensions des piles ?
- Comment disposer les 3 piles rondes ?
- Le démontage de la pile plate te permettra-t-il de comprendre pourquoi la pile plate peut être équivalente à 3 piles rondes ?
- Quel résultat te permettrait de dire que l'ampoule est adaptée aux deux lampes ?

Propose des expériences

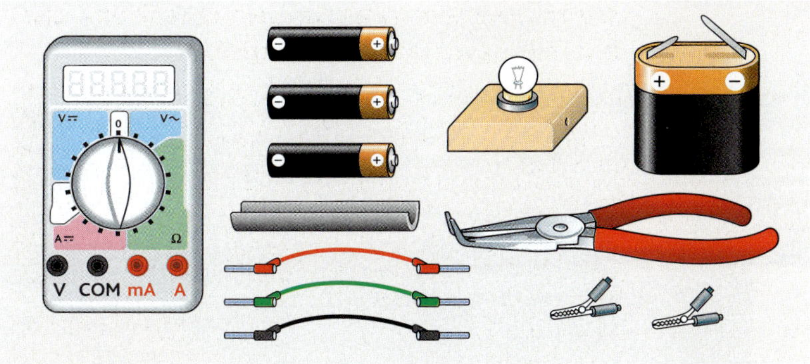

- Tu disposes du matériel ci-contre : choisis celui dont tu auras besoin pour résoudre ton problème.
- Schématise les expériences que tu devras réaliser dans l'ordre que tu auras choisi.

Passe à l'action

- Réalise les expériences.
- Communique tes résultats.
- Rédige ta conclusion.

Pour t'aider, reporte-toi à la fiche page 211.

Chapitre 7

Les lois des circuits

OBJECTIFS

- Vérifier les lois sur l'intensité et la tension dans un circuit en boucle simple.
- Vérifier les lois sur l'intensité et la tension dans un circuit comprenant des dérivations.

Situation 1 Le système d'éclairage de cette station moderne de métro est constitué de lampes spots à DEL. Ces DEL sont montées en série à l'intérieur des lampes.

? Quel est l'intérêt du montage en série des DEL ?

Situation 2 Un seul poste à très haute tension alimente les appareils électriques faisant fonctionner tous ces jeux, pour le plus grand plaisir des visiteurs. Les appareils sont montés en dérivation.

? Quel est l'intérêt du montage en dérivation des appareils ?

Situation 3 Toutes les lampes de ce camion sont branchées en dérivation aux bornes de la batterie.

? Comment varie l'intensité du courant débité par la batterie quand on augmente le nombre de lampes utilisées par le véhicule ?

Situation 4 Des élèves échangent leurs idées après avoir réalisé une expérience d'électricité au laboratoire.

? Les lois des circuits sont-elles toujours valables ?

Les ACTIVITÉS des pages suivantes vont t'aider à répondre

Activité 1

Pourquoi 2 lampes en série brillent-elles faiblement ?

1. Réalisation du montage

- Montons en série un générateur et 2 lampes L_1 et L_2 de tension nominale 6 V.
- Plaçons un voltmètre aux bornes du générateur, un autre aux bornes de L_1 et un dernier aux bornes de L_2.

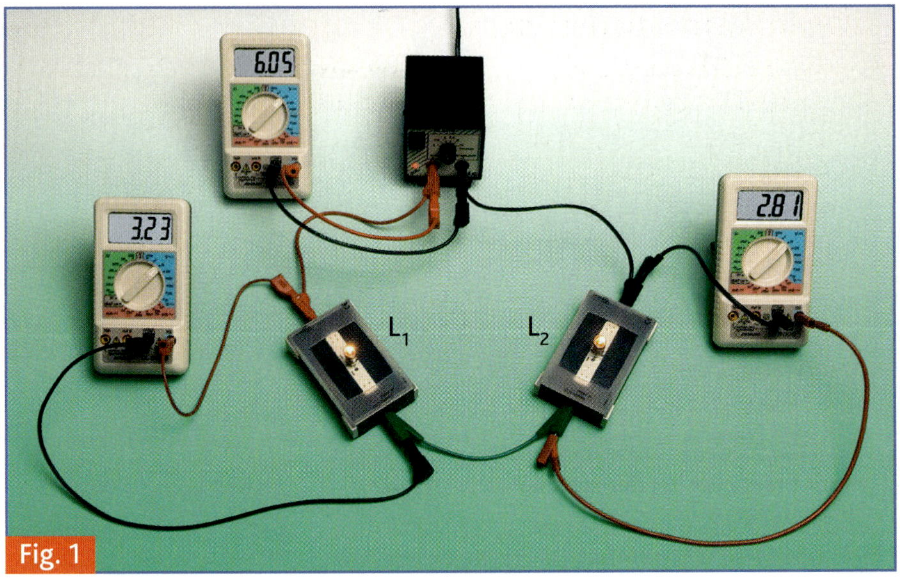

Fig. 1

2. Relevé des tensions

- Réalisons le schéma du montage et indiquons les valeurs des tensions relevées sur les voltmètres.

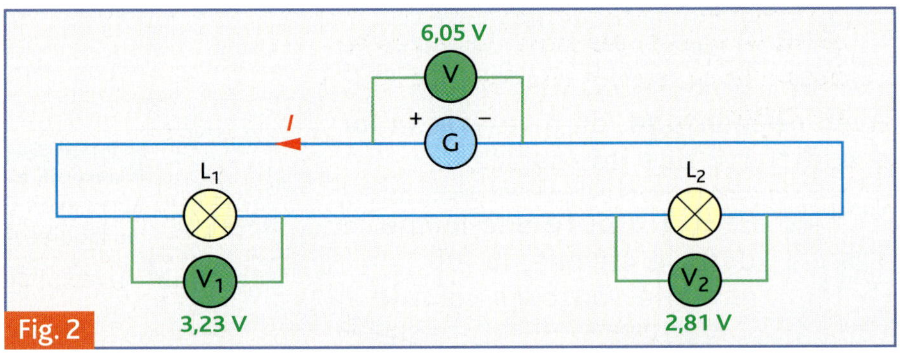

Fig. 2

Fais attention !

Vérifie que l'interrupteur incorporé au générateur soit bien ouvert lorsque tu réalises le montage.

Observe

1. Que peux-tu dire de l'éclat des lampes **(Fig. 1)** ?
2. Quelles tensions indiquent les voltmètres **(Fig. 1)** ?

Exploite tes observations

3. Compare la tension existant aux bornes de chaque lampe avec la tension nominale des lampes.
4. Quelle relation existe-t-il entre les 3 tensions indiquées par les voltmètres ?

Conclus

5. Rédige ta conclusion en répondant à la question : « Pourquoi deux lampes montées en série brillent-elles faiblement ? »

Activité 2

→ Fiche p. 118

Pourquoi 2 lampes montées en dérivation brillent-elles normalement ?

1. Réalisation du montage

- Montons 2 lampes L_1 et L_2 en dérivation aux bornes d'un générateur. L_1 et L_2 sont identiques (6 V – 0,1 A), chacune adaptée au générateur utilisé.
- Plaçons un voltmètre aux bornes de chaque lampe.
- Plaçons un ampèremètre dans la branche principale, un autre dans la branche dérivée comportant L_1 et un dernier dans la branche comportant L_2.

Fig. 1

2. Relevé des intensités et des tensions

- Réalisons le schéma du montage et indiquons les valeurs des intensités et des tensions relevées sur les ampèremètres et les voltmètres.

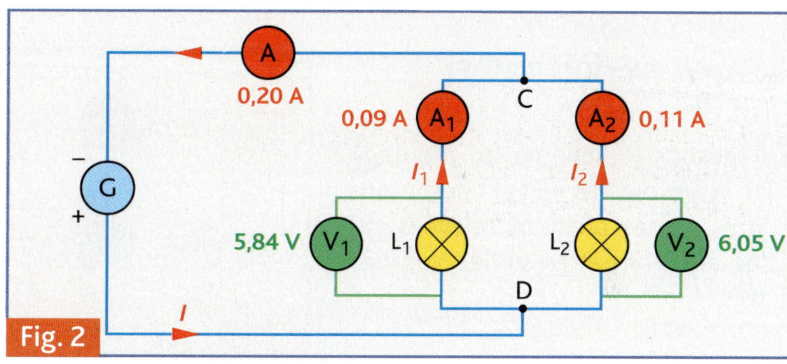

Fig. 2

Vocabulaire

- ***Nœud :*** point du circuit où se croisent au moins trois conducteurs (exemple : les points C et D sont des nœuds).
- ***Branche :*** portion de circuit comprise entre 2 nœuds.

Observe

1. Que peux-tu dire de l'éclat des lampes (Fig. 1) ?
2. Quelles tensions indiquent les voltmètres (Fig. 1) ?
3. Quelles intensités indiquent les ampèremètres (Fig. 1) ?

Exploite tes observations

4. Compare la tension existant aux bornes de chaque lampe avec la tension nominale des lampes.
5. Compare l'intensité du courant traversant chaque lampe avec l'intensité nominale des lampes.
6. Quelle relation existe-t-il entre les 3 intensités mesurées ?

Conclus

7. Rédige ta conclusion en répondant à la question : « Pourquoi 2 lampes montées en dérivation brillent-elles normalement ? »

Activité 3

→ Fiche p. 118

Que se passe-t-il si on ajoute une lampe en dérivation ?

1. Réalisation du montage

- Réalisons un circuit comprenant un générateur et 2 lampes identiques L_1 et L_2, montées en dérivation (→ *activité 2*).
- Ajoutons une lampe L_3 identique à L_1 et L_2, en dérivation aux bornes de L_2.
- Plaçons un voltmètre aux bornes du générateur et un ampèremètre dans chaque branche du circuit.

Fig. 1

2. Relevé des intensités et des tensions

- Réalisons le schéma du montage et indiquons les valeurs des intensités et des tensions relevées sur les ampèremètres et les voltmètres.

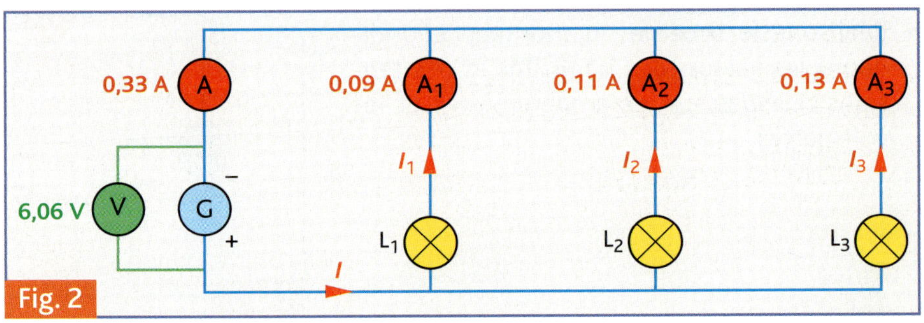

Fig. 2

Vocabulaire

- *Branche principale :* branche de circuit qui contient le générateur.
- *Branche dérivée :* branche de circuit qui ne contient pas le générateur.

Observe

1. Qu'a-t-on ajouté à ce circuit par rapport à celui de l'activité 2 **(Fig. 1)** ?
2. Quelle tension indique le voltmètre **(Fig. 1)** ?
3. Quelles intensités indiquent les ampèremètres **(Fig. 1)** ?

Exploite tes observations

4. Compare la tension mesurée avec celles obtenues à l'activité 2.
5. Compare les intensités des courants traversant L_1 et L_2 avec celles obtenues à l'activité 2.
6. Quelle relation existe-t-il entre les 4 intensités indiquées par les ampèremètres ?

Conclus

7. Rédige ta conclusion en répondant à la question : « Que se passe-t-il si on ajoute une lampe en dérivation ? »

Activité 4

→ Fiche p. 118

Que se passe-t-il si on ajoute une lampe dans la branche principale ?

1. Réalisation du montage

- Réalisons un circuit comprenant un générateur et 2 lampes L_1 et L_2 identiques montées en dérivation (→ *activité 2*).
- Ajoutons une troisième lampe L_3 en série avec le générateur.
- Plaçons un ampèremètre dans chaque branche du circuit.
- Plaçons un voltmètre aux bornes du générateur, un aux bornes des lampes en dérivation et un autre aux bornes de la lampe en série avec le générateur.

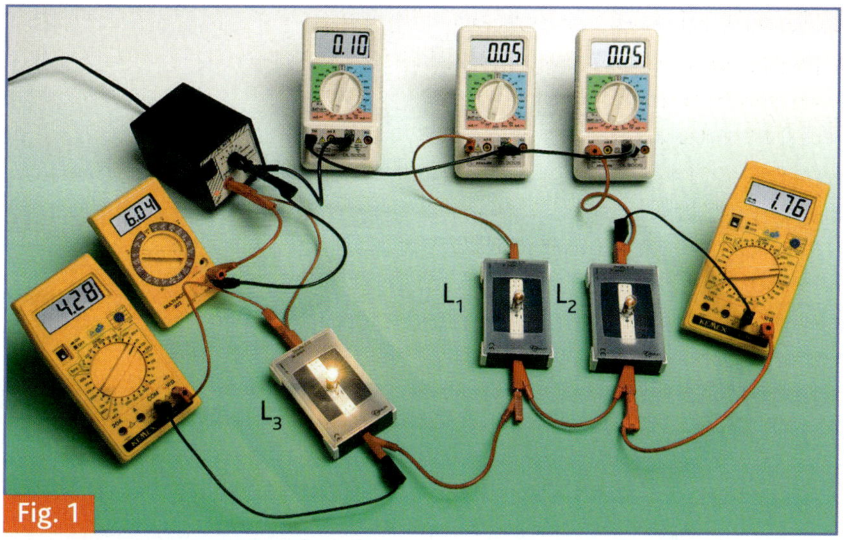

Fig. 1

2. Relevé des intensités et des tensions

- Réalisons le schéma du montage et indiquons les valeurs des intensités et des tensions relevées sur les ampèremètres et les voltmètres.

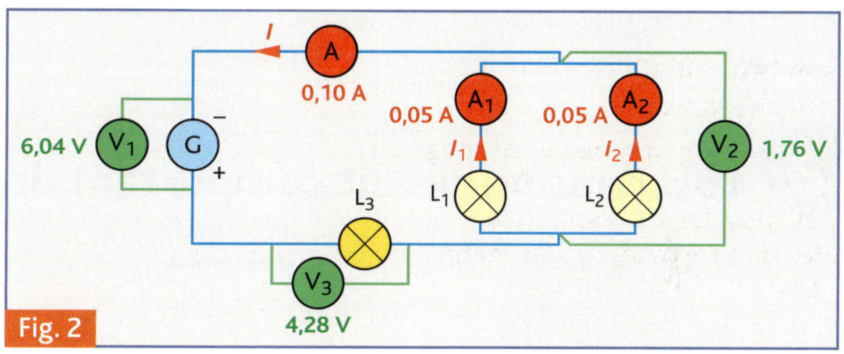

Fig. 2

Fais attention !

Repère bien les multimètres servant d'ampèremètre et ceux servant de voltmètre, afin de ne pas les confondre.

Observe

1. Qu'a-t-on ajouté dans ce circuit par rapport à celui de l'activité 2 (Fig. 1) ?
2. Quelles intensités indiquent les ampèremètres (Fig. 1) ?
3. Quelles tensions indiquent les voltmètres (Fig. 1) ?

Exploite tes observations

4. Compare chaque intensité avec celles obtenues à l'activité 2.
5. Compare la tension aux bornes de L_1 avec celle obtenue à l'activité 2.
6. Quelle relation existe-t-il entre les intensités ?
7. Quelle relation existe-t-il entre les tensions ?

Conclus

8. Rédige ta conclusion en répondant à la question : « Que se passe-t-il si on ajoute une lampe dans la branche principale ? »

L'essentiel par le texte et l'image

1 Lois dans un circuit série

Activité 1

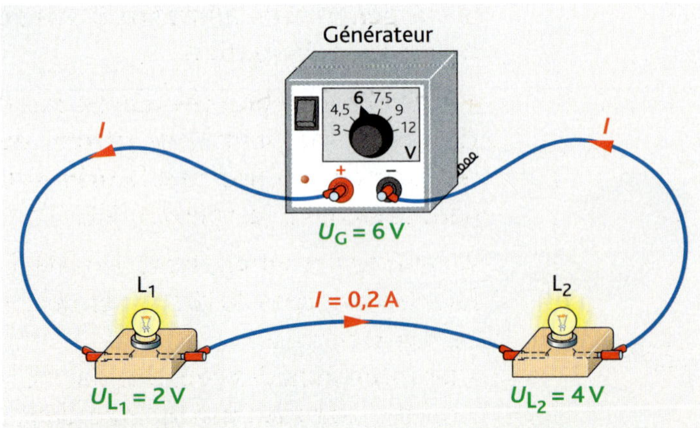

- Un générateur alimente 2 lampes en **série**.
- Les lampes sont parcourues par un courant de **même intensité,** qui dépend du nombre de dipôles dans le circuit. C'est la **loi d'unicité de l'intensité**.
- Les voltmètres placés aux bornes des différents dipôles du circuit permettent de vérifier la **loi d'additivité des tensions :**

$$U_G = U_{L_1} + U_{L_2}$$

avec U_G tension aux bornes du générateur ; U_{L_1} et U_{L_2}, tensions aux bornes des lampes.

À RETENIR **Dans un circuit en série, l'intensité du courant est la même en chaque point. La tension aux bornes du générateur est égale à la somme des tensions aux bornes des autres dipôles.**

→ Tests 2 et 3, page 119

2 Lois dans un circuit comportant deux dérivations

Activité 2

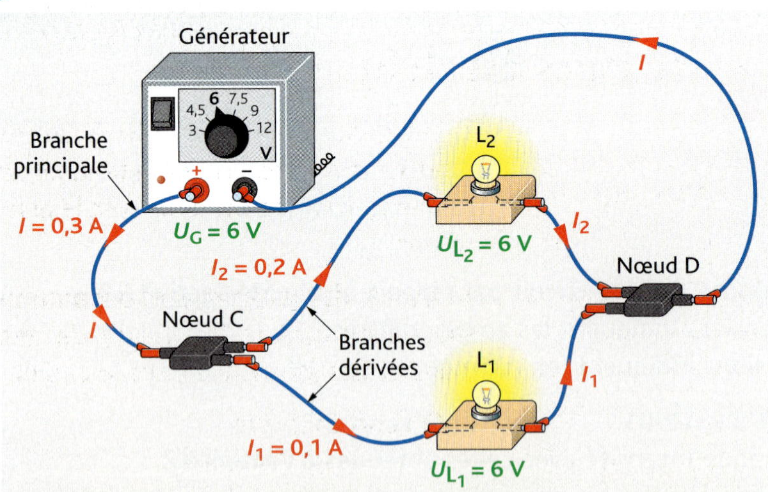

- Un générateur alimente 2 lampes montées en **dérivation**.
- Un voltmètre branché aux bornes de chaque lampe permet de vérifier la **loi d'égalité des tensions** : $U_{L_1} = U_{L_2}$
- Les ampèremètres placés dans les différentes branches du circuit permettent de vérifier la **loi d'additivité des intensités** (ou **loi des nœuds**) : $I = I_1 + I_2$ avec I, intensité dans la branche principale ;
I_1 et I_2, intensités dans les branches dérivées contenant L_1 et L_2.

À RETENIR **La tension aux bornes de dipôles montés en dérivation est la même. L'intensité du courant dans la branche principale est égale à la somme des intensités dans les branches dérivées.**

→ Tests 4 et 5, page 119

Activité 3

3 Cas d'un circuit comportant plusieurs dérivations

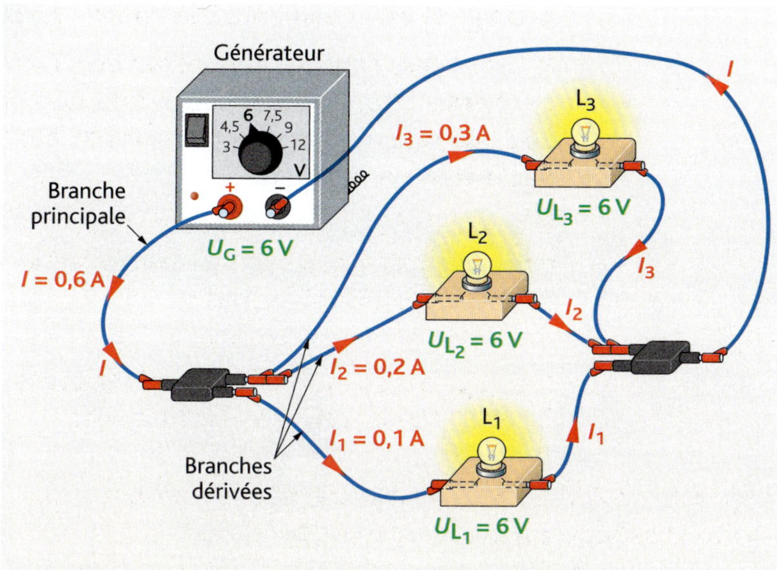

■ Un générateur alimente 3 lampes montées en **dérivation**.

■ Un voltmètre branché aux bornes de chaque lampe permet de vérifier que la valeur de la **tension est la même** que dans le cas de 2 lampes (→ *§ 2*).

■ Les ampèremètres placés dans les différentes branches du circuit permettent de constater que :
- les **intensités** des courants dans L_1 et dans L_2 sont **les mêmes** que dans le cas du *§ 2* ;
- l'intensité du courant a augmenté dans la branche principale : $I = I_1 + I_2 + I_3$

À RETENIR **Dans un circuit comportant des dérivations, les lois d'égalité des tensions et d'additivité des intensités restent valables quel que soit le nombre de branches dérivées.**

→ **Test 6, page 119**

Activité 4

4 Généralisation à tous les circuits électriques

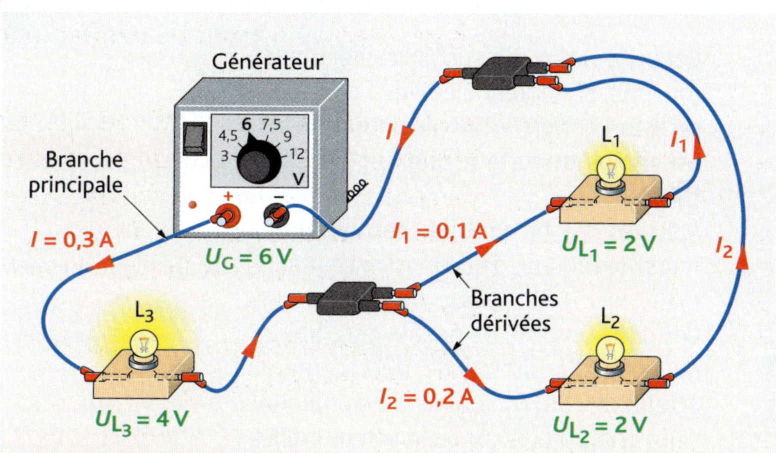

■ Un générateur alimente 2 lampes L_1 et L_2, montées en dérivation, et une lampe L_3, montée en série avec le générateur.

■ À l'aide des voltmètres et des ampèremètres, on mesure les valeurs des tensions et des intensités dans le circuit.

■ On constate que :

$$I = I_1 + I_2$$
$$U_G = U_{L_3} + U_{L_1}$$
$$U_{L_1} = U_{L_2}$$

À RETENIR **Les lois de l'intensité et de la tension sont valables dans tous les circuits électriques.**

→ **Tests 7 et 8, page 119**

Documents

B2i Pour en savoir plus : http://www.bordas-vento.fr/doc4e

Histoire des techniques

La **fée** électricité

En 1881, l'Exposition internationale d'électricité, à Paris, permet au monde entier de découvrir le téléphone de Bell et la lampe d'Edison. En 1900, toujours à Paris, les applications de l'électricité présentées à l'**Exposition universelle** émerveillent plus de 50 millions de visiteurs.
À cette époque, la fée électricité est une source d'inspiration et de recherche dans tous les domaines de la vie intellectuelle. Tous rêvent d'un monde idéal où le progrès et le confort seraient électriques : éclairage, chauffage, transport, électroménager, télécommunications… Mais les progrès réels se feront très lentement. Avant la première guerre mondiale, l'espace privé sera peu bouleversé par l'électricité. Les industriels devront tout d'abord parvenir à produire, à transporter et à distribuer cette nouvelle énergie.

▲ En 1900, le Palais de l'Électricité de l'Exposition universelle présente les dernières innovations en matière d'électricité.

» ?

- » Pourquoi a-t-on qualifié l'électricité de fée ?
- » Quels domaines ont été transformés par l'arrivée de l'électricité ?
- » Recherche ce qu'étaient les Expositions universelles.

Techniques

L'électricité **au secours** des **cyclistes**

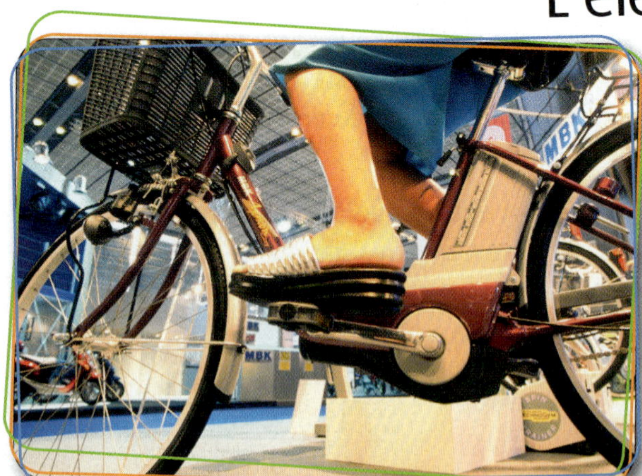

▲ Le VAE est un vélo un peu particulier, qui « aide » le cycliste à pédaler.

Dans les vélos à assistance électrique (ou VAE), un moteur électrique assiste le cycliste : l'effort à fournir pour pédaler est moins important que sur un vélo classique.
Mais les VAE ne sont pas des cyclomoteurs : le moteur, d'une puissance maximale de 250 W s'arrête de fonctionner dès que le cycliste ne pédale plus, freine ou quand la vitesse de déplacement atteint 25 km/h. L'aide au pédalage varie entre 0 et 50 % de la valeur totale de l'effort à fournir, ce pourcentage étant fonction des conditions d'utilisation.

» ?

- » Qu'est-ce qui différencie un VAE d'un vélo classique ?
- » Qu'est-ce qui différencie un VAE d'un cyclomoteur ?
- » Dans quels cas l'assistance au pédalage cesse-t-elle ?

Sécurité

Prudence à la maison !

La défaillance d'une installation ou d'un appareil électrique est à l'origine de 34 % des **incendies** d'habitation.
Pour réduire ce risque, l'installation électrique doit être saine, sans risque de court-circuit, avec des fusibles de calibre adapté et un disjoncteur à maximum d'intensité. Les appareils électriques doivent être en bon état et il faut éviter de brancher trop d'appareils sur une même prise. En effet, tous les appareils domestiques fonctionnent sous une tension de 230 V et sont montés en dérivation. Plus on met d'appareils en service, plus l'intensité du courant traversant le circuit principal augmente, ce qui crée un risque d'incendie.

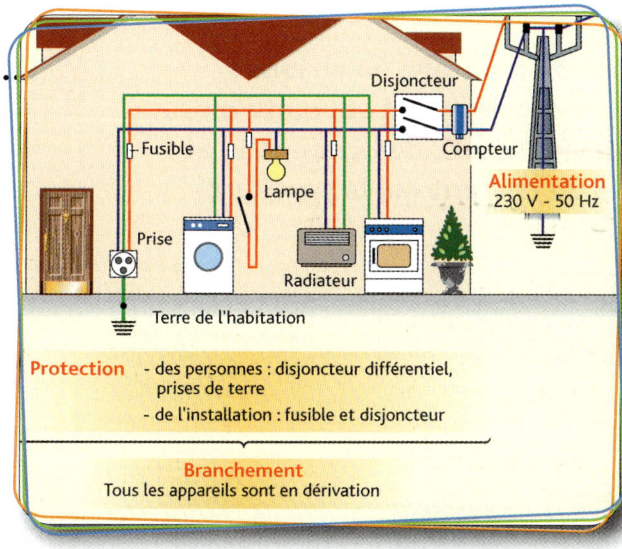

L'installation électrique dans une maison.

» ?
- Que faut-il faire pour disposer d'une installation électrique saine ?
- Que doit-on vérifier lors du branchement des appareils domestiques ?
- Recherche comment réagir en cas d'incendie d'origine électrique.

Métier

Lignard : un métier à la hauteur !

Les lignards sont des électriciens spécialisés dans les lignes à haute tension.

Le lignard est un technicien de lignes haute tension. Son métier est de surveiller et d'entretenir les installations électriques haute tension (les « autoroutes de l'énergie »), qui transportent l'électricité jusqu'à 400 000 V. Il lui arrive très fréquemment de grimper le long des pylônes, afin de vérifier ou de réparer les câbles, les isolateurs ou les supports. Il travaille quelquefois sous tension, avec un matériel adapté.
Ce métier réclame une santé solide et un grand sens des responsabilités. Le lignard doit faire preuve de sang-froid, de réflexion et connaître tous les effets et dangers du courant électrique.

» ?
- Que signifie le terme de lignard ?
- Quels travaux réalise-t-il ?
- Recherche les risques qu'encourt un lignard dans l'exercice de sa profession.

Compétence expérimentale

Utiliser simultanément voltmètre et ampèremètre

On dispose du montage électrique schématisé ci-contre. On souhaite mesurer la tension aux bornes de la lampe L_1 et l'intensité du courant qui la parcourt.

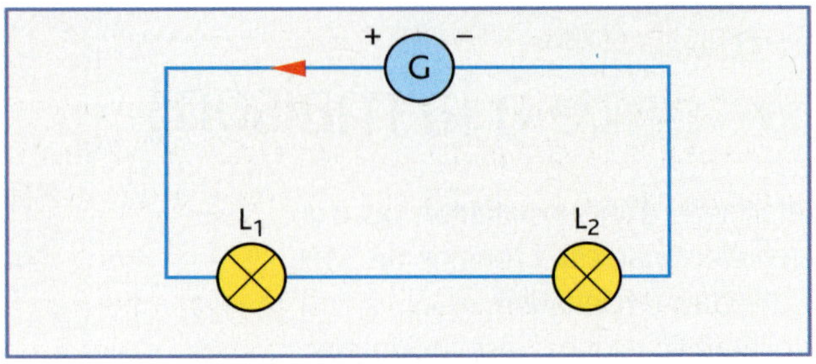

Comment faire ?

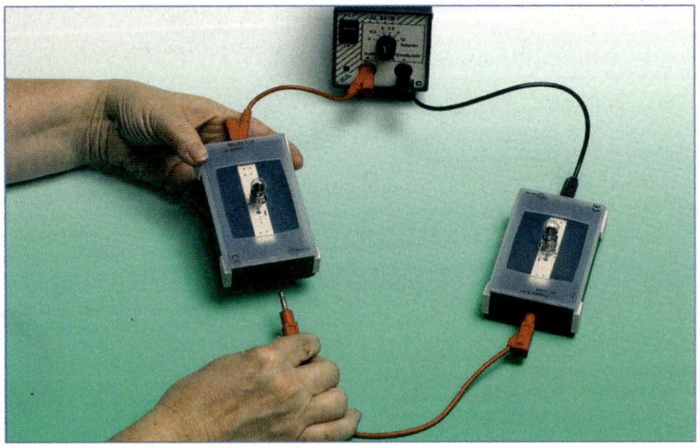

1. Réaliser le circuit.

- Rassembler le matériel nécessaire.
- Relier les différents dipôles en suivant l'ordre du schéma.

Attention ! Laisser l'interrupteur incorporé au générateur ouvert.

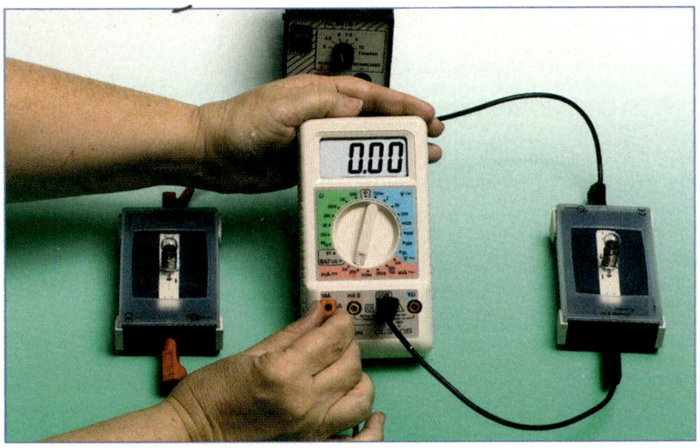

2. Placer l'ampèremètre.

- Placer l'ampèremètre en série avec la lampe L_1 (→ *Fiche p. 86*).

Attention ! Utiliser le plus grand calibre.

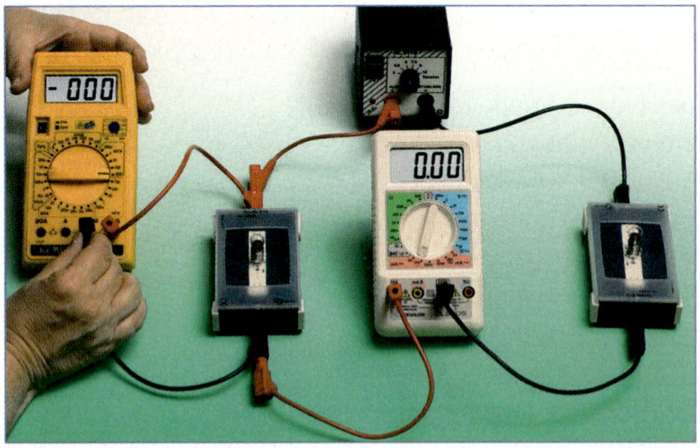

3. Placer le voltmètre.

- Placer le voltmètre en dérivation aux bornes de la lampe L_1 (→ *Fiche p. 102*).

Attention ! Utiliser le plus grand calibre.

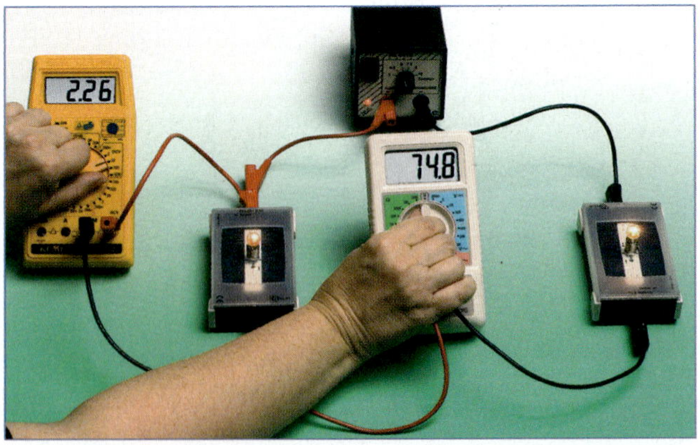

4. Effectuer les mesures.

- Fermer l'interrupteur. Choisir le calibre le plus adapté pour chaque appareil.
- Lire l'intensité du courant qui traverse la lampe L_1.
- Lire la tension aux bornes de la lampe L_1.

→ Entraîne-toi en page 123

Tests — Vérifie tes connaissances

1 Recopie et complète

a. Dans un circuit en série, l'**...** reste la même en chaque point du circuit. La **...** aux bornes du générateur est égale à la **...** des tensions aux bornes des dipôles en série.

b. Dans un circuit en dérivation, la **...** aux bornes des dipôles est la même, mais les intensités s'ajoutent.

c. Quand on ajoute une branche dérivée, l'intensité du courant dans la branche principale **...** mais la loi d'**...** des intensités reste valable.

d. Quand on ajoute un dipôle dans un circuit, les valeurs des **...** et des **...** changent, mais les lois qui les régissent restent valables.

2 Attribue les bonnes valeurs

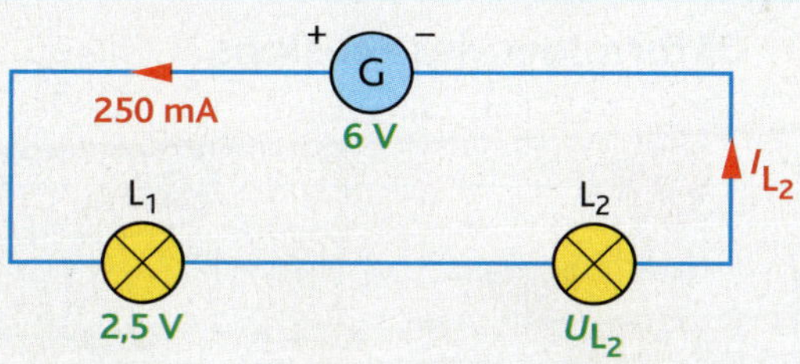

Parmi les propositions suivantes, attribue à la lampe L_2 une valeur U_{L_2} pour la tension et une valeur I_{L_2} pour l'intensité.

a. 6 V ; **b.** 3 V ; **c.** 3,5 V.

d. 250 mA ; **e.** 600 mA ; **f.** 350 mA.

3 Corrige les erreurs

Corrige si nécessaire les relations suivantes, relatives au montage du test 2 :

a. $I_G = I_{L_1} + I_{L_2}$; **b.** $U_G = U_{L_1} + U_{L_2}$.

4 Choisis la réponse exacte

Les intensités qui traversent 2 lampes en dérivation sont égales à 0,12 A et 0,22 A. La tension aux bornes de chaque lampe est de 3,5 V.

1. L'intensité du courant qui sort du générateur vaut :
a. 0,12 A ; **b.** 0,22 A ; **c.** 0,34 A ; **d.** 0,10 A.

2. La tension aux bornes du générateur vaut :
a. 3,5 V ; **b.** 7 V ; **c.** 10,5 V ; **d.** 2 V.

5 Trouve les relations justes

On réalise le montage ci-contre. Quelles sont les relations correctes ?

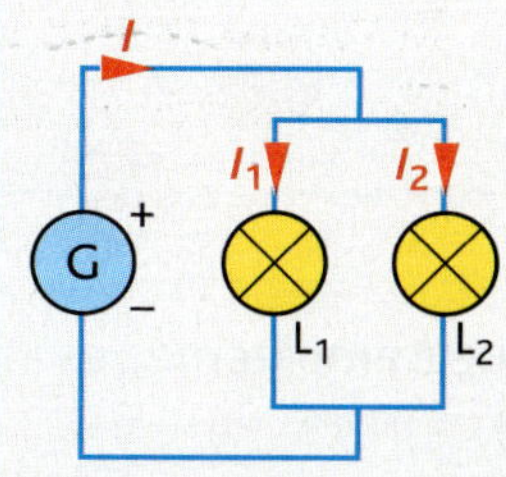

a. $I = I_1 + I_2$;
b. $I = I_1 = I_2$;
c. $U_G = U_{L_1} + U_{L_2}$;
d. $U_G = U_{L_1} = U_{L_2}$.

6 Cherche les erreurs

Dans le montage du test 5, on ajoute une troisième lampe en dérivation aux bornes du générateur. Cherche les expressions comportant des erreurs :

a. U_G diminue ; **b.** I augmente ;
c. $I = I_1 + I_2 + I_3$; **d.** $I = I_1 + I_2$.

7 Élimine les réponses erronées

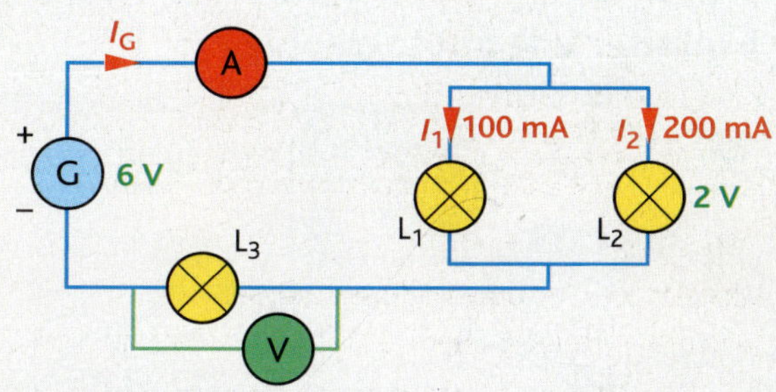

1. L'ampèremètre indique :
a. 300 mA ; **b.** 100 mA ; **c.** 200 mA.

2. Le voltmètre indique : **a.** 6 V ; **b.** 4 V ; **c.** 2 V.

8 Trouve les affirmations justes

On reprend le montage du test 5 et on ajoute une lampe L_3 en série avec un générateur. On obtient le circuit suivant.

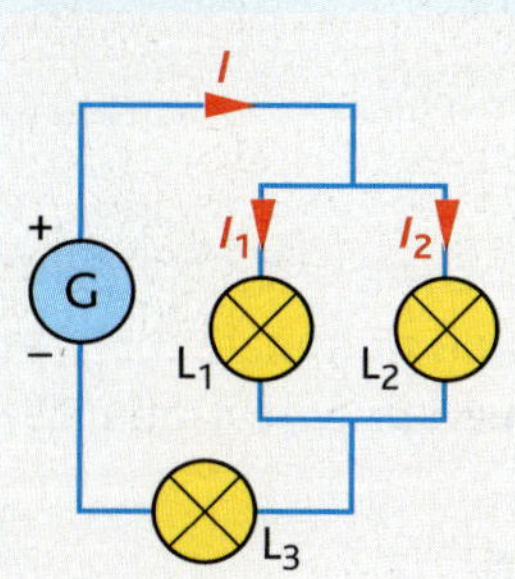

Quelles sont les affirmations correctes ?
a. $I = I_1 + I_2$.
b. U_{L_1} et U_{L_2} ne changent pas de valeur.
c. U_G reste la même.
d. $U_G = U_{L_3} + U_{L_1} + U_{L_2}$.
e. U_{L_1} et U_{L_2} restent égales.

→ Solutions en page 220

Exercices ★ Utilise ce que tu as appris

9 Trouver les intensités de même valeur

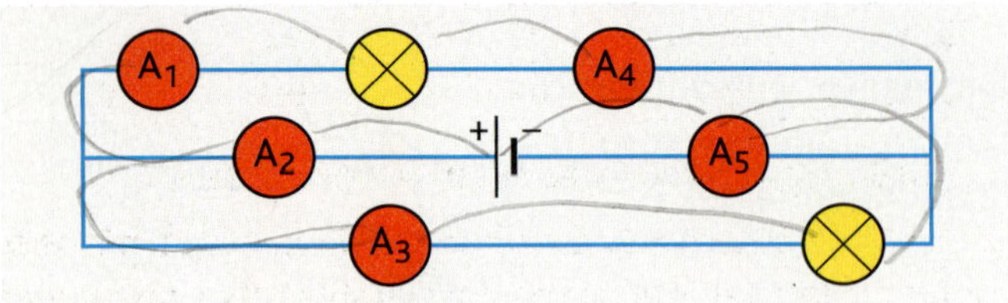

- Quels ampèremètres indiquent la même intensité ?

10 Comprendre le fonctionnement d'un appareil

Une guirlande électrique possède 10 lampes identiques associées en série. Chaque lampe porte les indications 1,2 V – 0,3 A.

1. Sous quelle tension doit-on alimenter l'ensemble pour que les lampes fonctionnent normalement ?

2. Quelle est alors l'intensité du courant qui circule dans la guirlande ?

11 Exploiter une photographie

1. Fais le schéma du circuit photographié.

2. Quelle relation existe-t-il entre les indications affichées par les voltmètres ?

3. Quelle loi a-t-on ainsi vérifiée ?

12 Comparer des circuits

Sur un même générateur, on branche en dérivation 2, 3 ou 4 lampes identiques, de tension nominale 3,5 V et d'intensité nominale 0,2 A. Chaque lampe est adaptée au générateur.

1. Fais le schéma de chaque circuit.

2. Calcule, pour chaque circuit, la valeur de l'intensité du courant débité par le générateur.

3. Compare ces valeurs avec celle que le générateur débiterait s'il n'alimentait qu'une seule lampe.

13 Trouver les valeurs des tensions

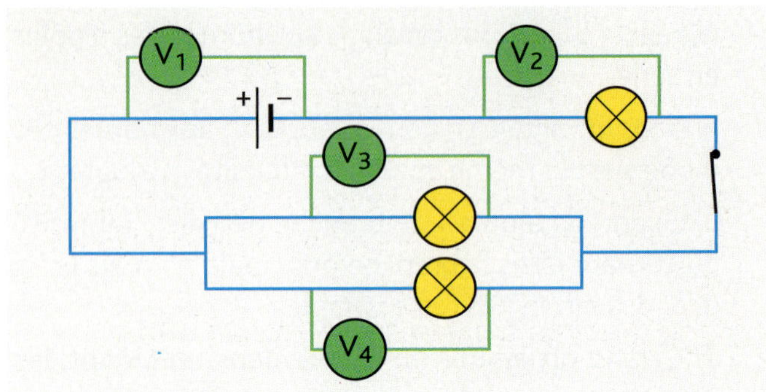

Les voltmètres 2 et 3 indiquent respectivement 4 V et 5 V.

- Quelles sont les tensions indiquées par les autres voltmètres ?

14 Déterminer des tensions

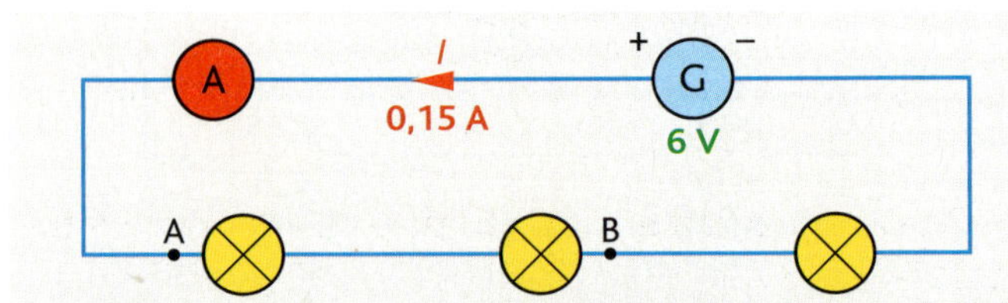

Les 3 lampes du circuit sont identiques.

1. Quelle est l'intensité qui circule dans chaque lampe ?

2. Quelle est la tension aux bornes de chaque lampe ?

3. Quelle est la tension qui existe entre A et B ?

15 Repérer une erreur

Tom a mesuré les tensions aux bornes des dipôles et a noté ses résultats dans le tableau ci-dessous. Une de ses mesures est inexacte.

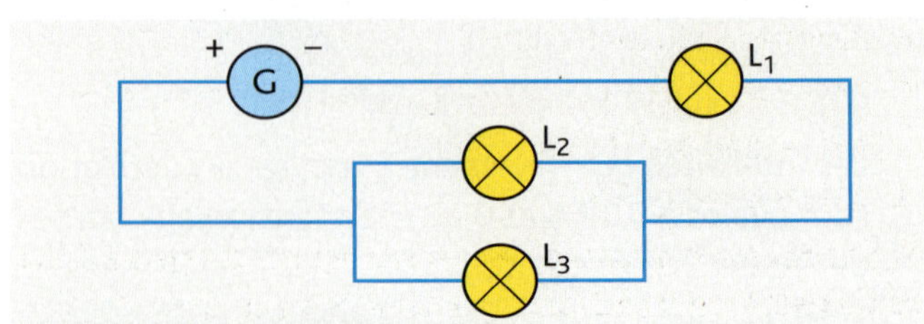

Dipôle	L_1	L_2	L_3	G
U (V)	3,9	1,6	2,1	6

- Sachant que les 3 lampes sont identiques, précise quelle est la mesure fausse.

16 Indication d'un ampèremètre

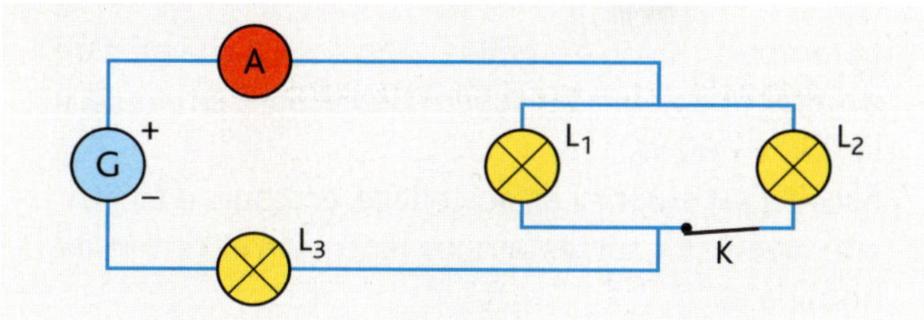

1. Quelles sont les lampes traversées par un courant de même intensité que celle qui est mesurée par l'ampèremètre ?
2. Même question si on ouvre l'interrupteur K.

17 Fonctionnement de dipôles

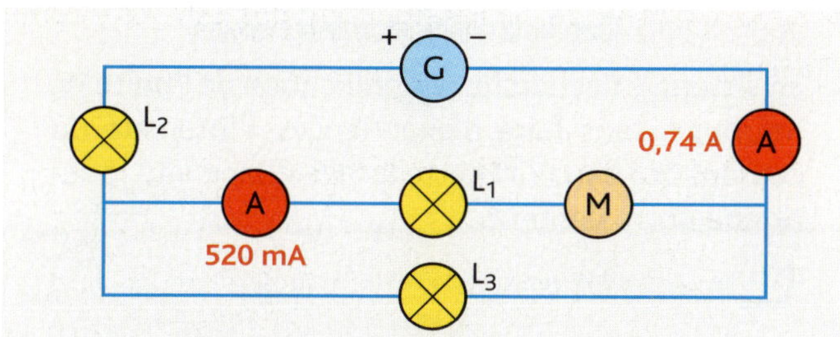

1. Quelle est la valeur de l'intensité du courant qui traverse le moteur ?
2. Même question pour la lampe L_3.

18 C'est Noël !

Une guirlande d'arbre de Noël alimentée par le secteur (220 V) comporte 3 groupes de 20 lampes identiques, montées selon le schéma ci-contre :

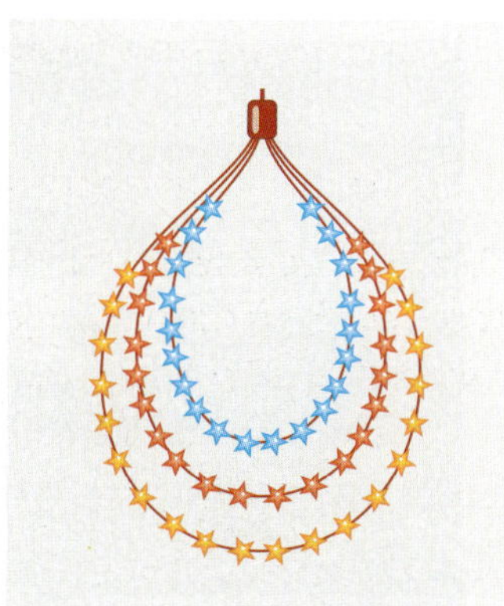

1. Sous quelle tension fonctionne chacune des lampes ?
2. Que se passe-t-il si une seule lampe est grillée ?
3. Chaque lampe est traversée par une intensité égale à 0,8 A. Quelle est l'intensité débitée par la prise de courant ?

19 Technique automobile

Le tableau suivant donne, pour quelques lampes d'automobile, la valeur de la tension d'usage *U* et l'intensité *I* du courant qui les parcourt quand elles fonctionnent.

Lampe	Phare	Plaque minéralogique	Veilleuse	Tableau de bord
U (V)	12	12	12	12
I (A)	3,8	0,4	0,6	0,1

1. Quelle est la tension de la batterie utilisée ?
2. Quelle est l'intensité du courant débitée par la batterie si toutes ces lampes fonctionnent ensemble ? (Ne pas oublier qu'une automobile possède 2 phares et 4 veilleuses.)

20 Un montage de vérification

→ Solution en page 220

Sur la photographie ci-dessous, le multimètre jaune est un voltmètre, les autres sont des ampèremètres.

1. Fais le schéma du montage.
2. Quelle est la loi vérifiée lors de cette expérience ?

21 Prévision de mesures

Damien a réalisé le circuit suivant :

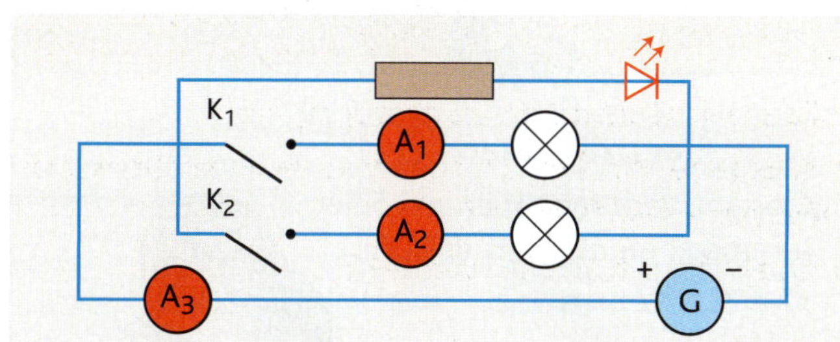

- Aide-le à compléter son tableau de mesures. Explique ton raisonnement pour chaque cas.

K_1	K_2	I_1	I_2	I_3
ouvert	ouvert			30 mA
fermé	ouvert	120 mA		
ouvert	fermé		80 mA	
fermé	fermé			

22 Attention : danger !

Dans la chambre de Thibaud, il n'y a qu'une seule prise électrique disponible, protégée par un fusible de calibre 16 A. Sur cette prise, il branche habituellement un chauffage d'appoint, qui fonctionne avec un courant d'intensité 10 A. Il utilise alors une multiprise quand il veut brancher d'autres appareils électriques en même temps.

Il dispose d'une lampe de bureau de 0,3 A, d'une chaîne hi-fi de 1 A, d'un ordinateur de 5 A, d'une télévision de 0,5 A et d'une console de jeux vidéo de 3 A. Quand il veut brancher tous les appareils en même temps, le fusible fond et plus rien ne peut fonctionner dans sa chambre.

Ta mission Cherche tous les branchements qui peuvent fonctionner.

POUR T'AIDER Le calibre du fusible correspond à l'intensité maximale qu'il peut supporter sans dégâts.

Fais une expérience à la maison

23 Électrowoman !

Floriane veut fabriquer un collier lumineux en utilisant des DEL et une pile.

Ta mission Cherche le montage à réaliser.

POUR T'AIDER Tu disposes d'un lot d'une dizaine de DEL de tension nominale égale à 1,2 V et d'une pile de 9 V. Schématise le montage et réalise-le si tu peux.

24 Au supermarché

La lampe du salon est grillée ! Nicolas est chargé d'en acheter une neuve au supermarché. Sur l'ampoule, il lit 230 V / 60 W.

Nicolas est surpris car, au collège, en cours d'électricité, il peut lire, sur les lampes, la tension et l'intensité nominales.

Ta mission Cherche la signification de ces valeurs.

POUR T'AIDER Recherche la signification de l'unité W. Retrouve, sans faire d'expériences, l'intensité du courant qui parcourt cette lampe quand elle fonctionne normalement.

B2i www.bordas-vento.fr/doc4e

25 Promenade en VTT

Marc et Raphaël participent à une course de nuit en VTT. Marc constate que son système d'éclairage est moins performant que celui de Raphaël.

Ta mission Cherche la ou les causes possibles de cet éclairage défectueux.

POUR T'AIDER Recherche des informations sur les piles et les lampes utilisées pour le système d'éclairage des VTT.

B2i www.bordas-vento.fr/doc4e

Investigation

Exerce tes compétences expérimentales

Le problème à résoudre

Le professeur a réalisé le montage ci-contre, sur sa paillasse, en l'absence des élèves. Il demande à la classe d'observer ce montage avec attention et cherche un volontaire pour le refaire.

Refais ce montage électrique.

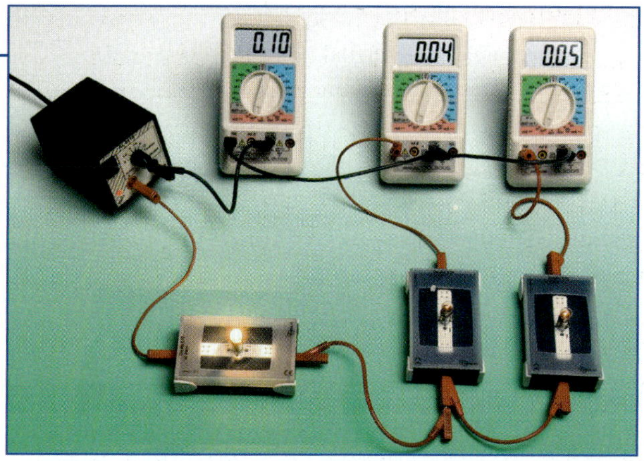

Réfléchis

Mobilise tes connaissances

▶ Que mesure-t-on avec chaque multimètre ?

▶ Quelle relation existe-t-il entre les indications des différents appareils ? À quelle loi cela te fait-il penser ?

Formule des hypothèses

▶ Confirme ou infirme les hypothèses (H) formulées.

H1 : les 3 lampes sont montées en série ;

H2 : les 3 lampes sont montées en dérivation ;

H3 : une lampe est placée dans la branche principale et les 2 autres dans des branches dérivées ;

H4 : 2 lampes sont montées en série et la 3e en dérivation avec les 2 autres.

Propose des expériences

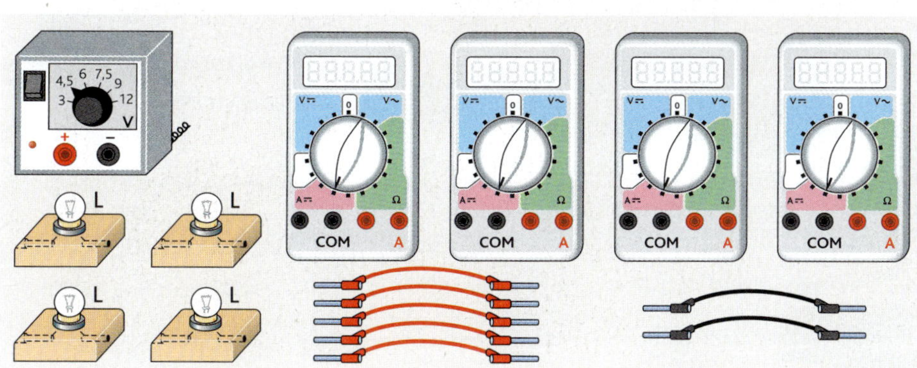

▶ Tu disposes du matériel ci-contre. Choisis celui dont tu auras besoin pour résoudre ton problème.

▶ Schématise le montage que tu devras réaliser.

Passe à l'action

- Réalise les expériences.
- Communique tes résultats.
- Rédige ta conclusion.

Pour t'aider, reporte-toi à la fiche page 211.

Chapitre

8 La résistance

OBJECTIFS

- Mesurer une résistance.
- Étudier l'influence d'une résistance sur l'intensité du courant dans un circuit.
- Savoir comment varie l'intensité dans une résistance quand on augmente la tension qui lui est appliquée.
- Savoir comment un fusible protège un circuit électrique.

Situation 1 Dans toute cuisine pourvue du confort moderne, il y a de nombreux appareils qui dégagent de la chaleur.

? Quel composant constitue l'élément chauffant de ces différents appareils électriques ?

Situation 2 À l'intérieur d'un écran d'ordinateur, on peut apercevoir de nombreux composants électroniques.

? À quoi servent les cylindres portant des anneaux colorés dans le circuit ?

Situation 3 Ces spots utilisés pour embellir l'environnement d'un espace public sont constitués de DEL. Les DEL ne supportent que des tensions faibles ; il faut donc les protéger à l'aide d'une résistance.

? Comment le constructeur choisit-il la valeur de la résistance de protection de ces lampes ?

Situation 4 Dans toute maison, il existe un tableau général de distribution d'électricité domestique, comportant des éléments de protection.

? Comment appelle-t-on le composant qui sert à protéger les appareils électriques d'une maison ?

Activité 1

Quelle est l'influence de l'introduction d'une résistance dans un circuit ?

1. Mesure de l'intensité initiale

Réalisons le montage comprenant un générateur, un ampèremètre et une lampe, montés en série.

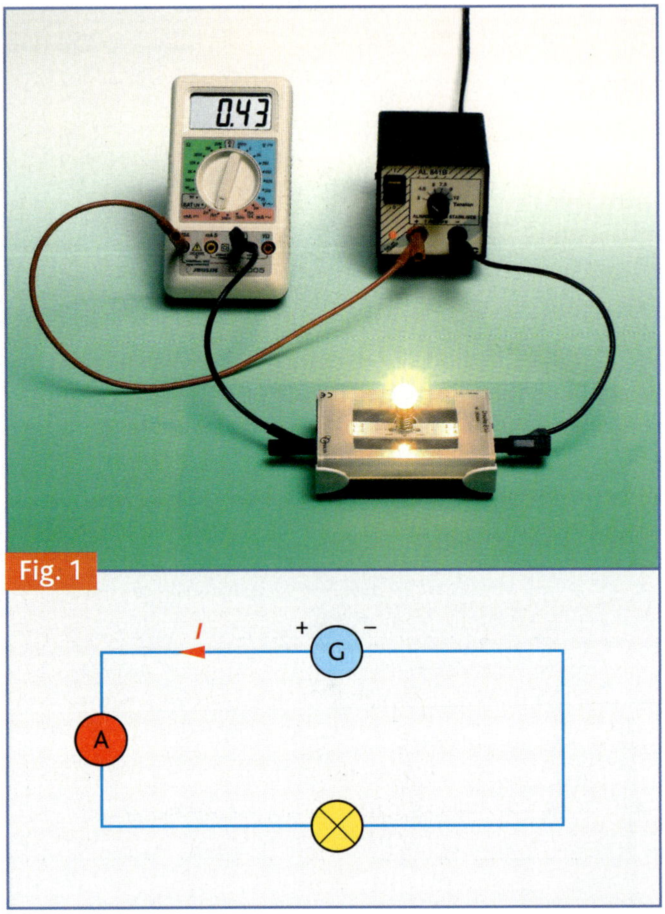

Fig. 1

2. Ajout d'une résistance

Ajoutons une résistance en série avec la lampe.

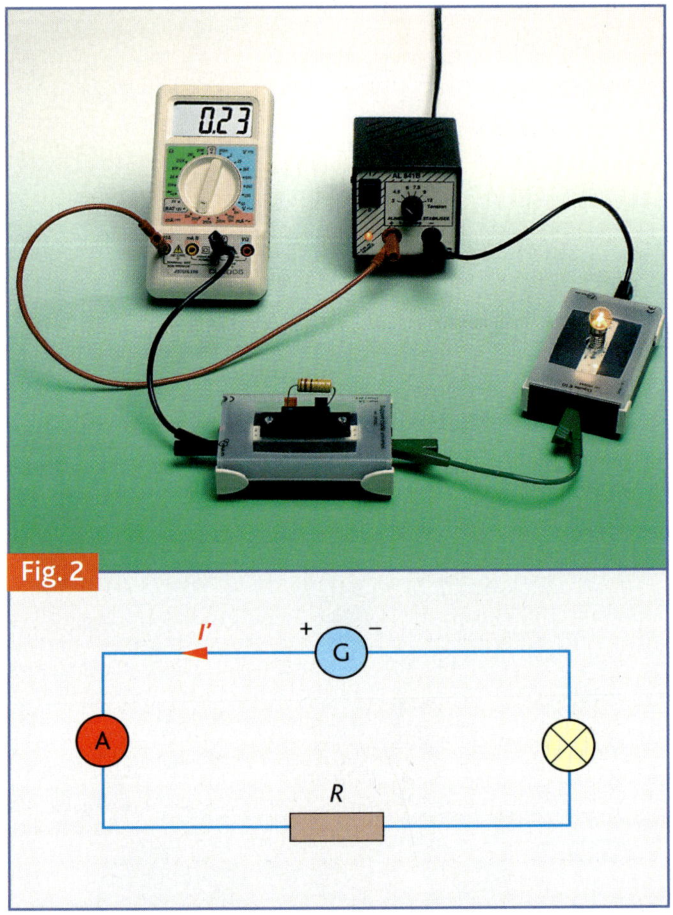

Fig. 2

Observe

1. Observe l'éclat de la lampe **(Fig. 1)**. Quelle intensité *I* indique l'ampèremètre ?
2. Observe l'éclat de la lampe **(Fig. 2)**. Quelle intensité *I'* indique l'ampèremètre ?

Exploite tes observations

3. Compare les éclats de la lampe entre les deux montages.
4. Compare les intensités *I* et *I'*.

Conclus

5. Rédige ta conclusion en répondant à la question : « Quelle est l'influence de l'introduction d'une résistance dans un circuit ? »

Activité 2

→ Fiche p. 134

Quelle est l'influence de la résistance sur l'intensité du courant ?

1. Cas d'une résistance de valeur R_1

- Mesurons la valeur d'une résistance R_1 à l'ohmmètre.
- Réalisons ensuite le montage en série comprenant un générateur, un ampèremètre, la résistance R_1 et un interrupteur.

2. Cas d'une résistance de valeur R_2

- Mesurons la valeur d'une résistance R_2 à l'ohmmètre.
- Dans le circuit, remplaçons la résistance de valeur R_1 par cette autre résistance de valeur R_2.

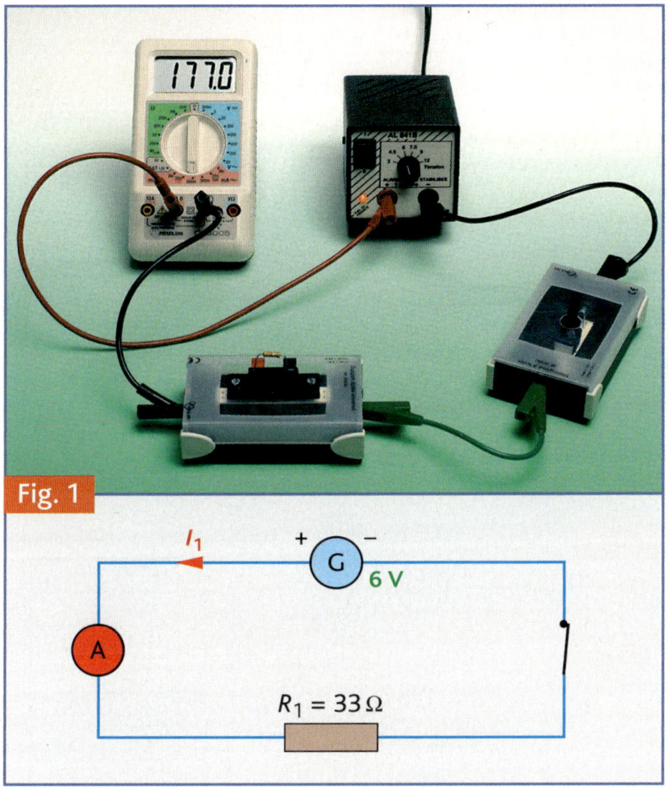

Fig. 1

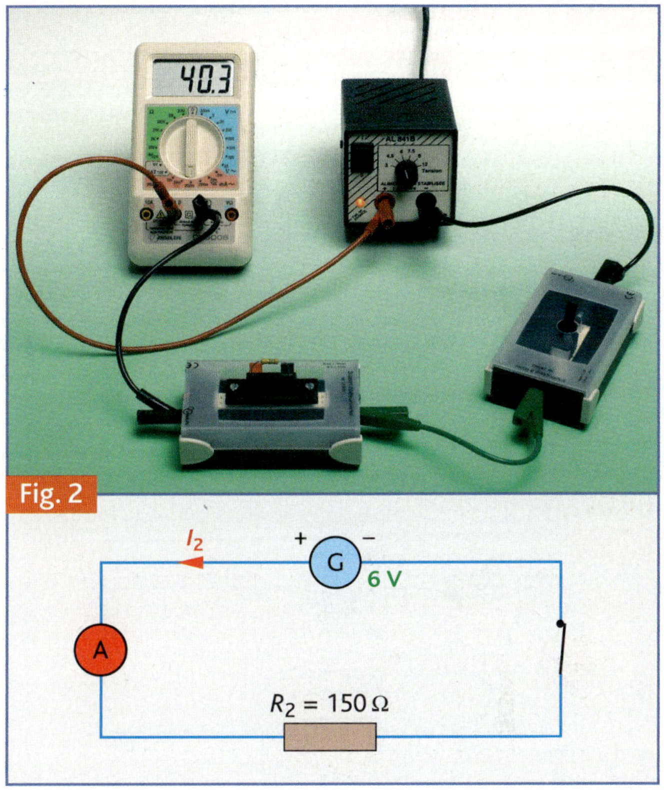

Fig. 2

Fais attention !

Avant de réaliser le montage, commence par mesurer la résistance avec le multimètre utilisé en ohmmètre.

Observe

1. Quelle est la valeur de la résistance R_1 (Fig. 1) ? Quelle intensité I_1 indique l'ampèremètre ?
2. Quelle est la valeur de la résistance R_2 (Fig. 2) ? Quelle intensité I_2 indique l'ampèremètre ?

Exploite tes observations

3. Compare les valeurs des résistances.
4. Compare les valeurs des intensités.
5. Que remarques-tu ?

Conclus

6. Rédige ta conclusion en répondant à la question : « Quelle est l'influence de la valeur de la résistance sur l'intensité du courant ? »

Activité 3

→ Fiche p. 134

Quelle relation existe-t-il entre la tension et l'intensité pour une résistance ?

1. Le montage

- Mesurons la valeur d'une résistance *R* à l'ohmmètre.
- Réalisons un circuit comprenant un générateur de tension continue réglable, la résistance *R* et un ampèremètre, montés en série.
- Plaçons un voltmètre aux bornes de la résistance.

2. Les mesures

- Fermons le circuit.
- Augmentons progressivement la tension du générateur.
- Pour chaque valeur de la tension, notons l'intensité correspondante.

Fig. 1

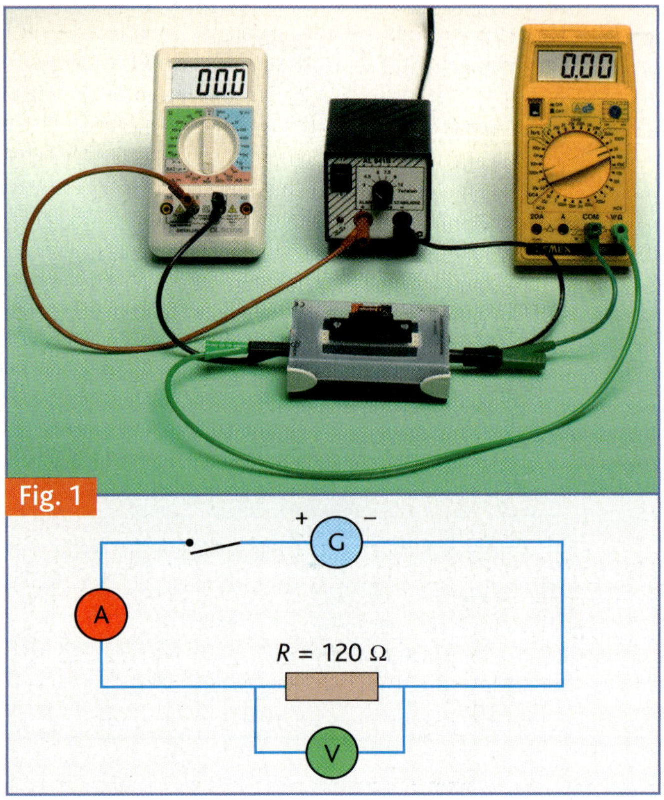

Fig. 2

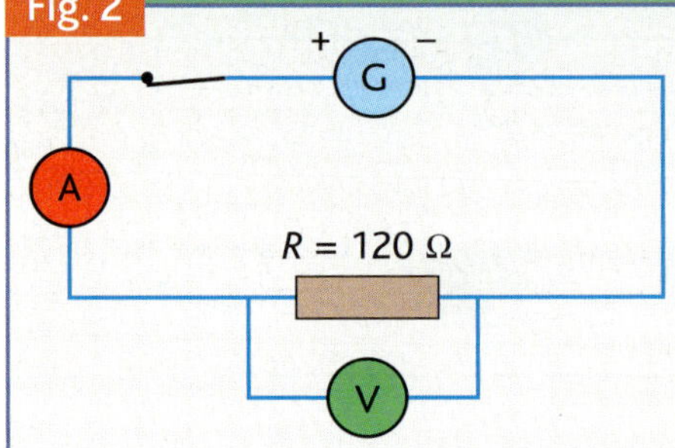

U (V)	*I* (mA)
0,5	4
1,0	8
2,0	17
3,0	25
4,0	33
5,0	42
6,0	50

Fais attention !

Ne dépasse pas la valeur maximale de l'intensité admissible dans la résistance.

Observe

1. Qu'indiquent le voltmètre et l'ampèremètre **(Fig. 1 et 2)** ?

Exploite tes observations

2. Calcule le quotient *U*/*I* dans le cas de la **Fig. 2**. Que remarques-tu ?
3. Fais de même avec les autres valeurs du tableau. Que remarques-tu ?
4. Construis le graphique représentant la tension en fonction de l'intensité (→ *fiches pages 209 et 210*). Que remarques-tu ? Détermine graphiquement le quotient *U*/*I*.

Conclus

5. Rédige ta conclusion en répondant à la question : « Quelle relation existe-t-il entre la tension et l'intensité pour une résistance ? »

Activité 4

Quel est le rôle d'un fusible ?

1. Tension inférieure à la valeur indiquée sur le fusible

- Réalisons un circuit comprenant un générateur de tension continue réglable, un ampèremètre, un fusible et une lampe montés en série.
- Augmentons la tension jusqu'à ce que l'intensité atteigne la valeur indiquée sur le fusible.

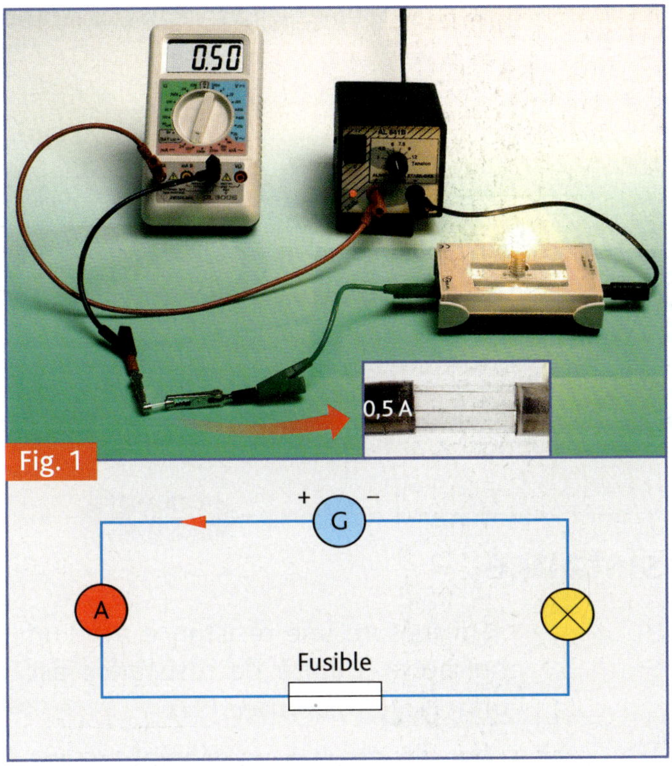

Fig. 1

2. Tension supérieure à la valeur indiquée sur le fusible

- Avec le même montage, augmentons encore la tension, jusqu'à ce que l'intensité dépasse la valeur indiquée sur le fusible.

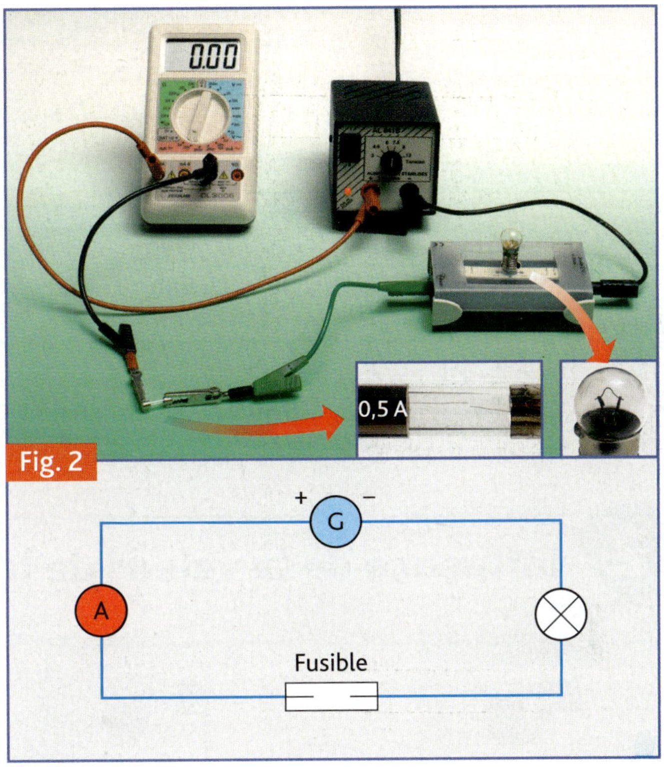

Fig. 2

Fais attention !

Ne dépasse pas la valeur maximale de l'intensité admise dans la lampe. Elle doit être supérieure à celle du fusible.

Observe

1. Quelle est l'intensité indiquée sur le fusible **(Fig. 1)** ? Observe l'éclat de la lampe. Quel est l'état du fusible ?
2. Quelle intensité indique l'ampèremètre **(Fig. 2)** ? Quel est l'état de la lampe ? Quel est l'état du fusible ?

Interprète

3. Pourquoi la lampe ne brille-t-elle plus **(Fig. 2)** ?

Conclus

4. Rédige ta conclusion en répondant à la question « Quel est le rôle d'un fusible ? »

L'essentiel par l'image et le texte

Activité 1

1 Introduction d'une résistance dans un circuit

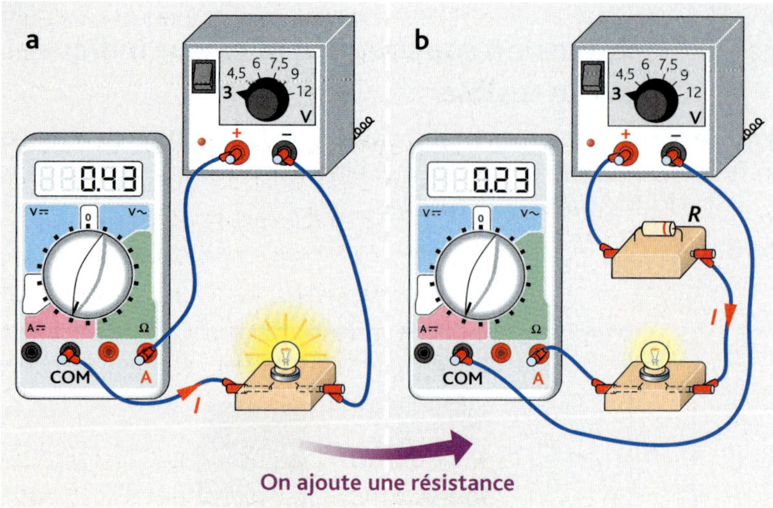

- Le circuit **a** est composé d'un générateur, d'une lampe et d'un ampèremètre. L'intensité I du courant qui parcourt le circuit est égale à 0,43 A.
- Dans le circuit **b**, une résistance a été ajoutée en série. L'intensité I' du courant est alors égale à 0,23 A.
- On constate que l'intensité I' **est inférieure** à l'intensité I.

À RETENIR **L'introduction d'une résistance en série dans un circuit provoque une diminution de l'intensité du courant.**

Activité 2

2 Influence de la valeur de la résistance

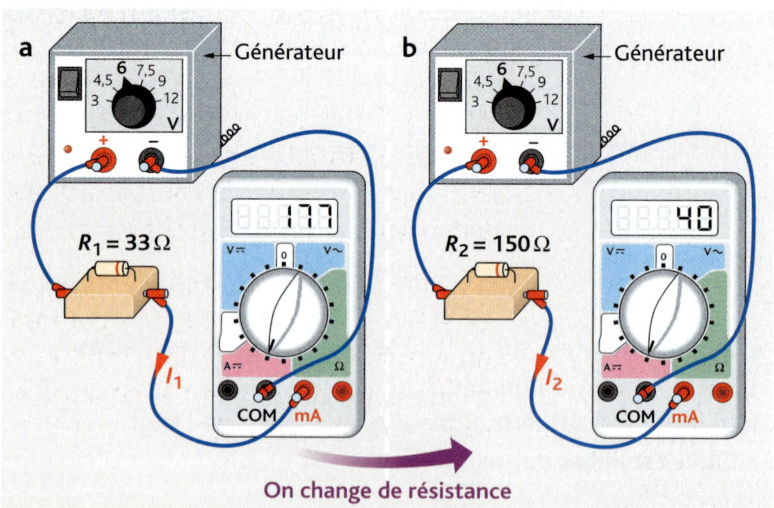

- On mesure une résistance avec un ohmmètre. L'unité de résistance est l'**ohm** (Ω) (→ *fiche page 134*).
- Dans le circuit **a**, un générateur, une résistance R_1 et un ampèremètre sont montés en série. L'intensité I_1 du courant est égale à 177 mA.
- Dans le circuit **b**, la résistance R_1 est remplacée par une résistance R_2. L'intensité I_2 du courant est égale à 40 mA.
- On constate que R_2 est plus grande que R_1, et que I_2 est inférieure à I_1.

À RETENIR **L'unité de résistance est l'ohm (Ω). Plus la résistance d'un dipôle est élevée, plus l'intensité du courant qui le parcourt est faible.**

→ **Tests 2 et 3, page 135**

Activité 3

3 Loi d'Ohm

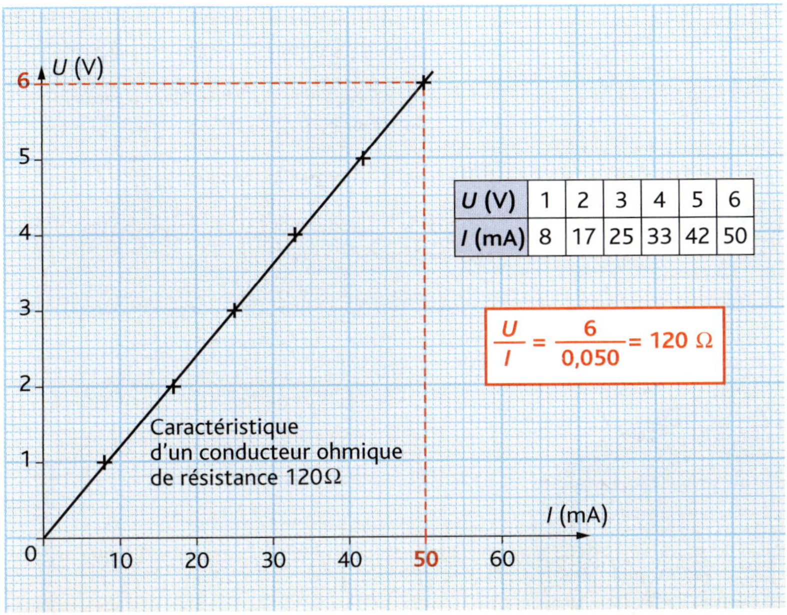

U (V)	1	2	3	4	5	6
I (mA)	8	17	25	33	42	50

$$\frac{U}{I} = \frac{6}{0{,}050} = 120\ \Omega$$

■ On a mesuré les couples de valeurs de la tension et de l'intensité pour une résistance R de 120 Ω.

■ Le graphique représentant les valeurs de la tension en fonction de l'intensité est appelé « **caractéristique du dipôle** ». Cette caractéristique étant une portion de droite passant par l'origine du repère, le dipôle est un **conducteur ohmique**. Elle montre que le quotient U/I est égal à R.

■ La tension U aux bornes d'un conducteur ohmique de résistance R est donc proportionnelle à l'intensité I du courant qui le traverse : c'est la **loi d'Ohm**.

À RETENIR

La loi d'Ohm s'exprime par la relation mathématique suivante : $U = RI$
avec U en volt (V), I en ampère (A) et R en ohm (Ω).

→ Tests 4, 5, 6, 7, page 135

Activité 4

4 Rôle et fonctionnement d'un fusible

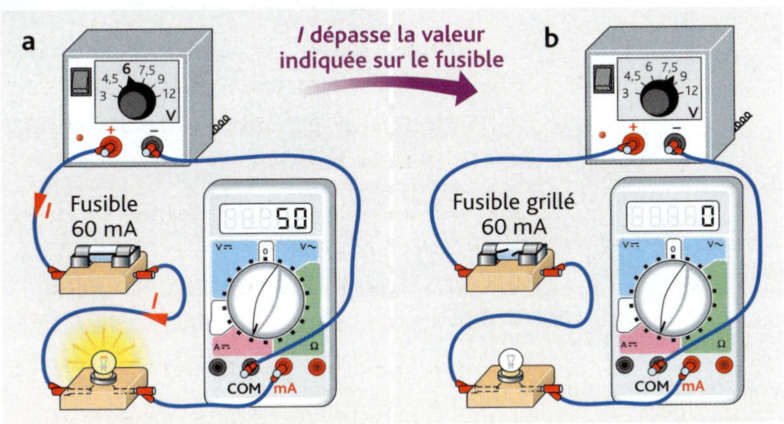

■ Sous l'effet du courant traversant le circuit, le fusible s'échauffe d'autant plus que l'intensité du courant est élevée : c'est l'effet Joule (schéma **a**).

■ Quand l'intensité du courant qui traverse un fusible dépasse la valeur indiquée sur celui-ci, le fusible fond et le circuit est alors ouvert : le courant ne passe plus (schéma **b**).

À RETENIR

Le filament d'un fusible fond quand l'intensité du courant dépasse une certaine valeur. Il protège ainsi le circuit en cas de surintensité ou de court-circuit.

→ Test 8, page 135

Documents

B2i Pour en savoir plus : http://www.bordas-vento.fr/doc4e

Histoire des sciences

Ohm, le Mozart de l'électricité

Georg Simon Ohm est un physicien allemand (1789-1854). Fils d'un maître serrurier, il apprend de son père les bases de la physique et des mathématiques. Ses premiers travaux en électricité datent de 1825. En 1827, il en publie les résultats dans son traité *Die galvanische Kette* («La chaîne galvanique»), où il énonce une loi qui porte aujourd'hui son nom. Cette loi permet de lier tension et intensité, tout en les distinguant.

La loi d'Ohm marque un des premiers pas vers une description théorique des phénomènes électriques. Les savants allemands de l'époque n'attachent aucune importance à sa découverte. La reconnaissance vient des autres pays d'Europe. En 1849, cinq ans avant sa mort, le rêve d'Ohm devient réalité quand on lui propose enfin un poste à l'université de Munich.

La loi d'Ohm a été établie par Georg Ohm en 1827. ▶

◀ Le galvanomètre utilisé par Ohm pour mesurer des courants faibles.

» ?

» Qui était Ohm ? À quelle époque vivait-il ?
» Quel est l'intérêt de la loi d'Ohm ?
» Recherche en quoi les travaux d'Ohm sont originaux et novateurs pour son époque.

Métier

Monteur de composants électroniques

Un monteur-câbleur construit ou répare du matériel électronique à partir de plans ou de schémas réalisés par des bureaux d'études. Il installe des composants électroniques sur un support et réalise les connexions électriques.

Il fabrique d'abord le circuit imprimé, puis implante les composants par collage ou soudage. Il effectue ensuite ou fait effectuer par un technicien des contrôles de qualité.

Il doit savoir interpréter un plan ou un schéma et bien connaître les lois fondamentales de l'électricité. Rigueur, méthode et habileté manuelle font partie des compétences de base de ce métier.

Des élèves électroniciens. ▶

» ?

» Quelles activités pratique un monteur-câbleur ?
» Quelles qualités doit-il posséder ?
» Recherche les débouchés qui existent pour ce métier.

Sécurité

Attention danger !

Le corps humain possède également une certaine résistance électrique. Cette résistance peut varier de 100 Ω à 1 MΩ en fonction de différents paramètres. Elle diminue de façon importante lorsque le corps est mouillé. C'est pourquoi les lieux humides (notamment les salles de bains) nécessitent des règles de sécurité accrues. Par application de la loi d'Ohm, la résistance du corps humain détermine l'intensité du courant qui le parcourt pour une tension donnée. Par exemple sous une tension de 220 V, l'intensité du courant peut varier de 0,22 mA à 2,2 A. Or un courant peut être mortel à partir de 50 mA ! Dans tous les cas, la vigilance est nécessaire.

▲ L'utilisation des appareils électriques dans la salle de bains peut être dangereuse, surtout si le corps est mouillé.

» ?

» Dans quel cas la résistance du corps humain est-elle la plus faible ?
» Avec les données du texte, vérifie que la loi d'Ohm s'applique aussi à l'homme.
» Recherche les autres paramètres dont dépend la résistance du corps humain.

Technique

Quand la résistance **s'annule**

◀ Un train à lévitation magnétique expérimental. Ce train peut atteindre 500 km/h.

» ?

» Quelles sont les applications possibles des supraconducteurs ?
» En quoi un train à lévitation magnétique diffère-t-il d'un TGV ?
» D'après toi, quels sont les avantages d'un train à lévitation magnétique ?

Un matériau **supraconducteur** a une résistance pratiquement nulle à basse température, ce qui permet d'éviter les pertes d'énergie électrique lors de la circulation des courants électriques.
Les scientifiques ont trouvé des applications à ces matériaux dans le domaine de l'environnement, de la médecine, de l'ingénierie. Une des plus spectaculaires est le train à lévitation magnétique. Alors que la vitesse de croisière du TGV est de 270 km/h, la vitesse maximale d'un train à lévitation magnétique est de plus de 500 km/h. Il peut s'élever à 10 cm au-dessus de la voie : il n'y a aucun contact entre la partie mobile (le train) et la partie immobile (les rails).
Il existe plusieurs lignes d'essai de ce type de train et des prototypes en Allemagne, au Japon et aux États-Unis.

Compétence expérimentale

Mesurer une résistance à l'ohmmètre

On souhaite mesurer la résistance d'un conducteur ohmique à l'aide d'un multimètre.

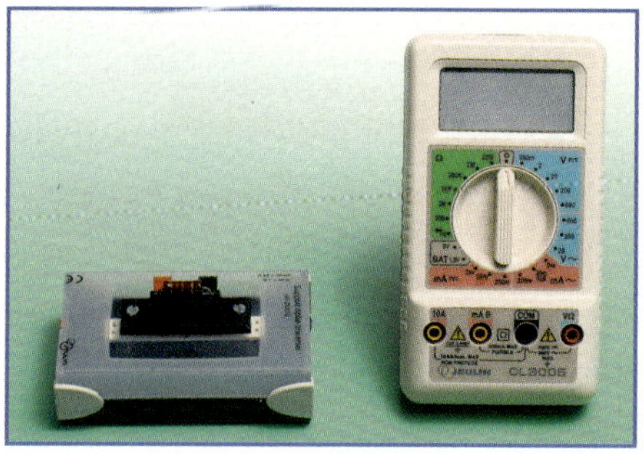

Comment faire ?

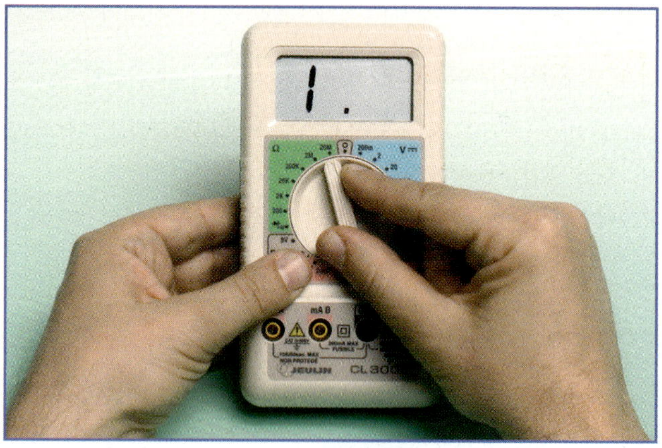

1. Choisir la fonction ohmmètre.
Appuyer sur la touche ON.
Placer le sélecteur dans la zone repérée par Ω, sur le plus grand calibre.

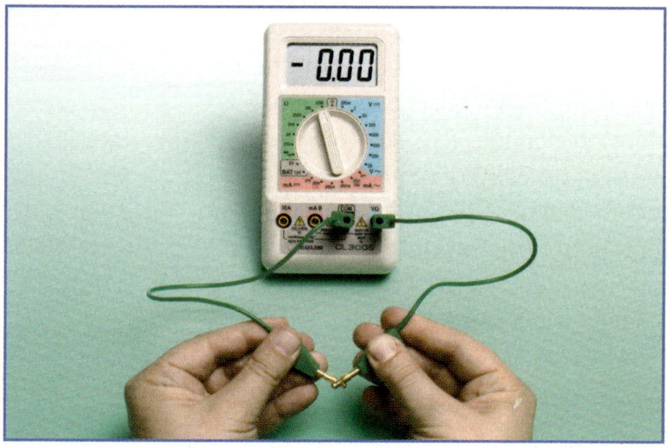

2. Vérifier la fonction ohmmètre.
Placer un fil sur la borne COM et un fil sur la borne Ω.
Faire toucher les parties métalliques des deux fils de connexion : le cadran de l'ohmmètre doit afficher 0.00 ou – 0.00.

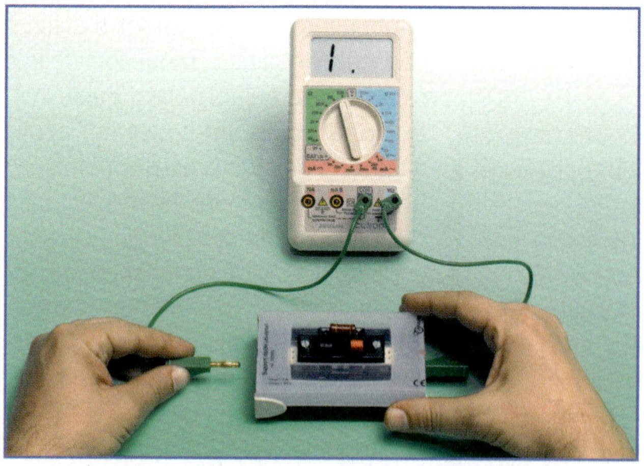

3. Brancher l'ohmmètre.
Relier une des bornes de la résistance sur COM et l'autre borne sur Ω.
Attention ! Ne pas oublier de retirer la résistance du circuit avant de la connecter à l'ohmmètre.

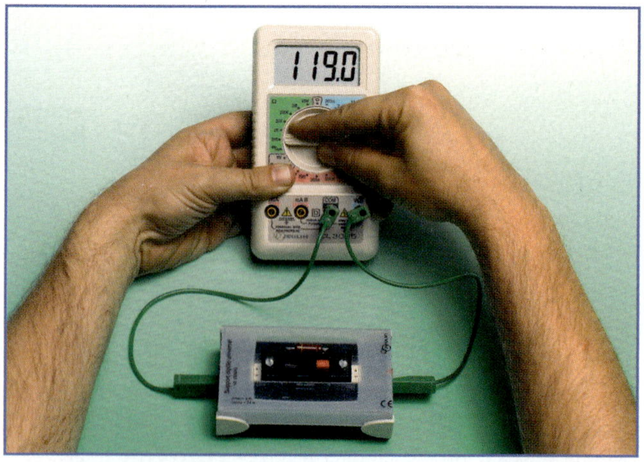

4. Choisir le calibre adapté.
Déplacer le sélecteur dans la zone Ω jusqu'à obtenir la mesure la plus précise.

→ Entraîne-toi en page 139

Tests — Vérifie tes connaissances

1 Recopie et complète

a. L'introduction en série d'une ... dans un circuit provoque une ... de l'intensité du courant.

b. L'unité de résistance est l'... , de symbole ... . L'... permet de mesurer des résistances.
Plus la résistance est élevée, plus l'... du courant qui la traverse est ... .

c. La tension aux bornes d'une résistance est ... à l'intensité du courant qui la traverse.

d. Un fusible sert à ... le circuit.

2 Attribue la bonne valeur

On réalise le montage suivant :

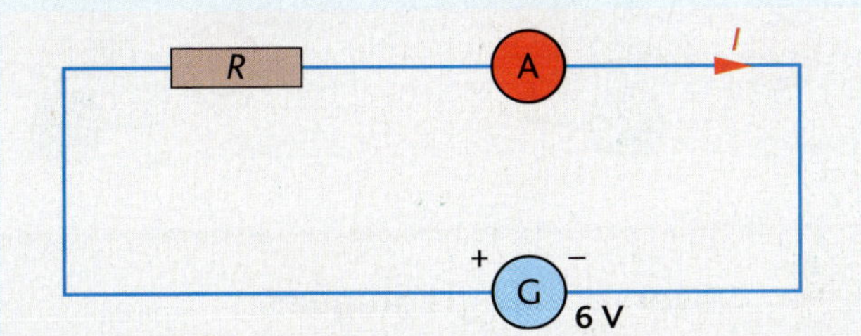

Attribue à chaque valeur de la résistance l'intensité qui lui correspond.

1. 27 Ω ; **2.** 62 Ω ; **3.** 120 Ω ; **4.** 280 Ω.

a. 50 mA ; **b.** 222 mA ; **c.** 21 mA ; **d.** 97 mA.

3 Corrige les erreurs

Trouve les conversions inexactes et corrige-les :

a. 2,7 kΩ = 2 700 Ω ; **b.** 0,3 MΩ = 3 kΩ.

c. 1 238 Ω = 12 kΩ ; **d.** 567 kΩ = 0,7 MΩ.

e. 0,004 52 MΩ = 452 Ω.

4 Trouve les relations justes

Quelles relations expriment la loi d'Ohm ?

a. $U = RI$; **b.** $R = UI$; **c.** $I = RU$.

d. $I = U/R$; **e.** $U = R/I$; **f.** $R = I/U$.

g. $I = R/U$; **h.** $U = I/R$; **i.** $R = U/I$.

5 Cherche les erreurs

On veut mesurer la tension aux bornes d'une résistance et l'intensité du courant qui la traverse.

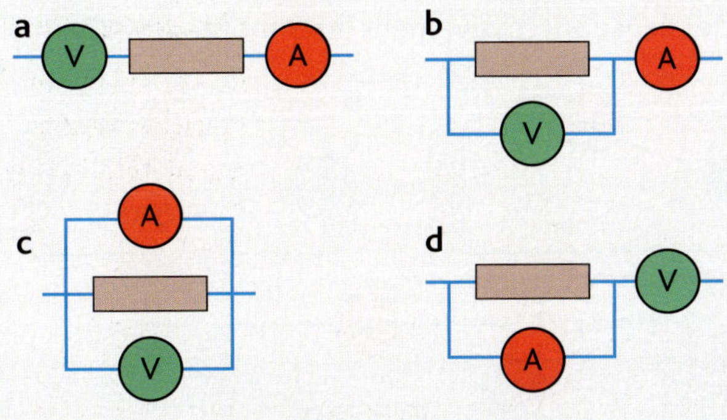

Trouve les erreurs de branchements.

6 Choisis la bonne réponse

Aux bornes d'un conducteur ohmique de résistance *R*, on applique une tension *U* égale à 12 V.

1. Dans une première expérience, on mesure une intensité *I* égale à 24 mA. Choisis la valeur correcte de *R* :

a. 0,5 Ω ; **b.** 2 kΩ ; **c.** 500 Ω.

2. Dans une deuxième expérience, on change la valeur de *U* et on mesure une intensité *I* égale à 0,12 A. Choisis la valeur correcte de *U* :

a. 60 V ; **b.** 24 V ; **c.** 42 V.

7 Élimine les réponses erronées

Trouve les schémas qui ne représentent pas la caractéristique d'un conducteur ohmique.

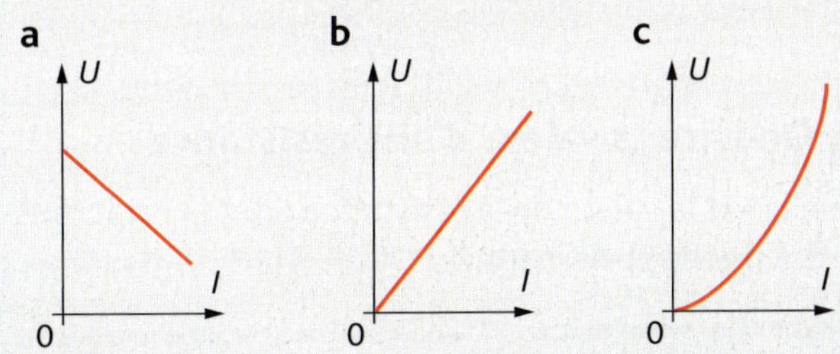

8 Choisis la bonne valeur

On réalise un circuit avec un générateur et une résistance. Quel fusible doit-on choisir pour protéger ce circuit quand la résistance vaut 100 Ω et la tension du générateur 48 V ?

On dispose des fusibles suivants : F_1 : 3 mA ; F_2 : 30 mA ; F_3 : 60 mA ; F_4 : 500 mA ; F_5 : 1 A.

→ Solutions en page 220

9 Retrouver les intensités

Perrine réalise successivement les 3 montages suivants.

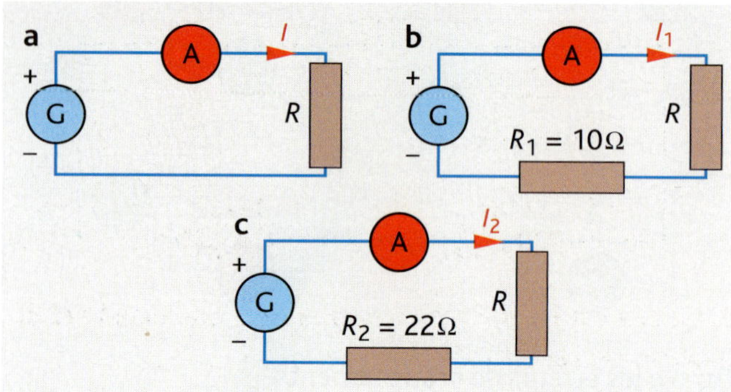

L'ampèremètre indique 160 mA, 300 mA et 220 mA.

- Attribue à chaque montage l'intensité qui lui correspond.

10 Exploiter une photographie

- Quelle est la valeur de la résistance utilisée sur la photographie ci-dessous ?

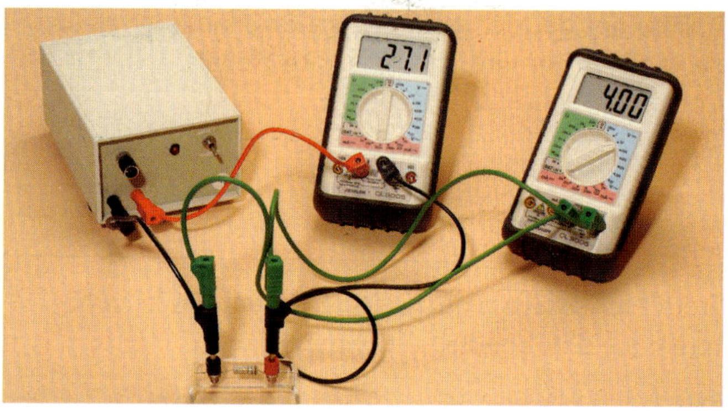

11 Déduire la valeur d'une résistance

- Quelle est la valeur de la résistance dont la caractéristique est tracée ci-dessous ?

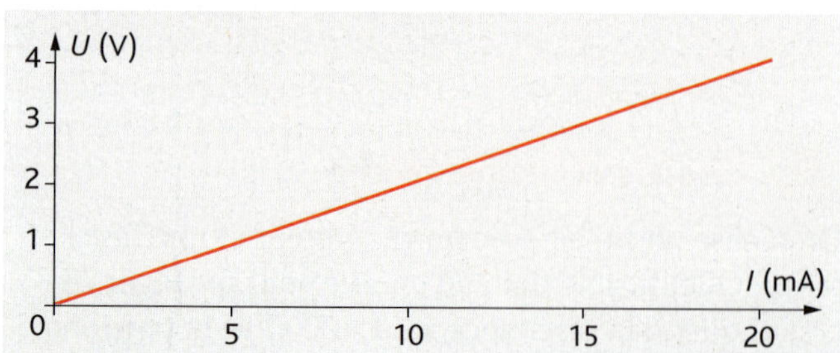

12 Appliquer la loi d'Ohm

- Sans utiliser la calculatrice, complète les valeurs manquantes du tableau suivant.

U	12 V		220 V
I	500 mA	20 mA	
R		3,5 kΩ	2 MΩ

Attention aux unités utilisées !

13 Exploiter des schémas d'expérience

Adrien a réalisé les expériences suivantes, mais il a oublié de noter certaines valeurs.

1. Calcule les valeurs manquantes des résistances :

2. Calcule les valeurs manquantes des intensités :

14 Observer des graphiques

Lise et Paul ont réalisé une série de mesures en commun aux bornes d'une résistance. Ils ont tracé chacun leur graphique.

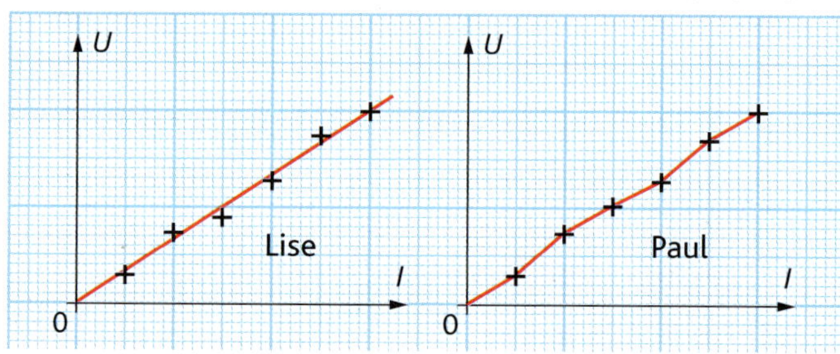

1. Pourquoi les points ne sont-ils pas alignés ?

2. Qui a tracé correctement la caractéristique ?

15 Tracer et exploiter une caractéristique

On a mesuré l'intensité *I* pour différentes tensions *U* aux bornes d'une résistance *R*. Les résultats expérimentaux sont donnés dans le tableau suivant :

U (V)	0	1	2	3	4	5	6
I (mA)	0	1,9	4	6	8,1	9,9	12,1

1. Trace la caractéristique de la résistance.

2. Détermine graphiquement la valeur de *I* quand *U* vaut 4,5 V et celle de *U* quand *I* vaut 5 mA.

3. Détermine la valeur de *R*.

Exercices ** Utilise ce que tu as appris

16 Du bon choix d'un fusible

Le circuit d'éclairage d'une voiture est alimenté par une batterie de 12 V. Il comprend les lampes suivantes : 4 veilleuses de 0,4 A ; lampe de 0,1 A pour le tableau de bord ; 2 phares de 5 A ; lampe de 0,4 A éclairant la plaque minéralogique arrière.

Les lampes sont montées en dérivation aux bornes de la batterie. Le circuit est protégé par un fusible monté en série avec la batterie.

- Quel est le calibre du fusible utilisé pour protéger efficacement le circuit d'éclairage ?

On a le choix entre des fusibles de calibres 5 A, 7,5 A, 10 A, 15 A, 20 A, 30 A et 60 A.

17 Méthodes différentes de mesures

→ Solution en page 220

Arnaud, Béatrice et Jessica doivent déterminer la valeur d'une même résistance R par 3 méthodes différentes.

Arnaud mesure l'intensité I qui parcourt la résistance et la tension U existant à ses bornes. Il trouve : $I = 49$ mA et $U = 6$ V. Béatrice choisit d'utiliser un ohmmètre. Il affiche 122 Ω. Jessica utilise le code des couleurs du cours de technologie.

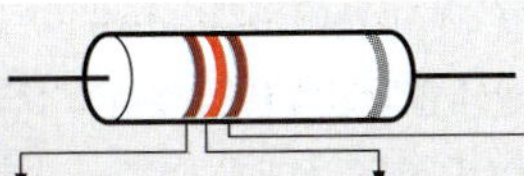

Couleur	1er chiffre	2e chiffre	Multiplicateur
Noir	0	0	$10^0 = 1$
Marron	1	1	$10^1 = 10$
Rouge	2	2	$10^2 = 100$
Orange	3	3	$10^3 = 1\,000$
Jaune	4	4	$10^4 = 10\,000$
Vert	5	5	$10^5 = 100\,000$
Bleu	6	6	$10^6 = 1\,000\,000$
Violet	7	7	
Gris	8	8	
Blanc	9	9	

- Les valeurs trouvées par les 3 méthodes sont-elles en accord ?

18 Applications des lois

On réalise le montage schématisé ci-dessous :

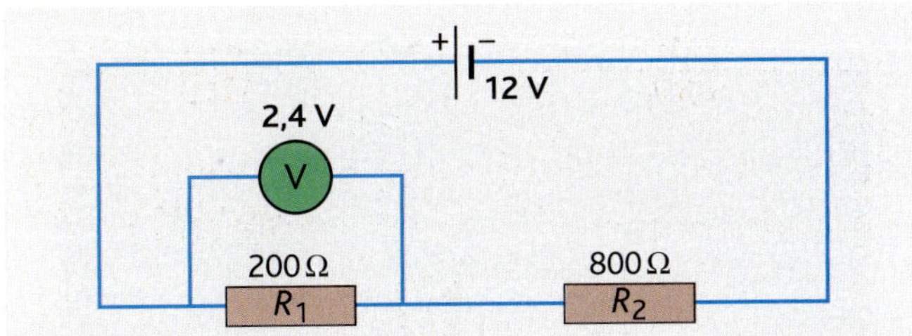

1. Quelle est l'intensité du courant qui traverse la résistance R_1 de valeur 200 Ω ?

2. Quelle est l'intensité du courant qui traverse la résistance R_2 de valeur 800 Ω ?

19 Encore des applications des lois

On réalise le montage schématisé ci-dessous :

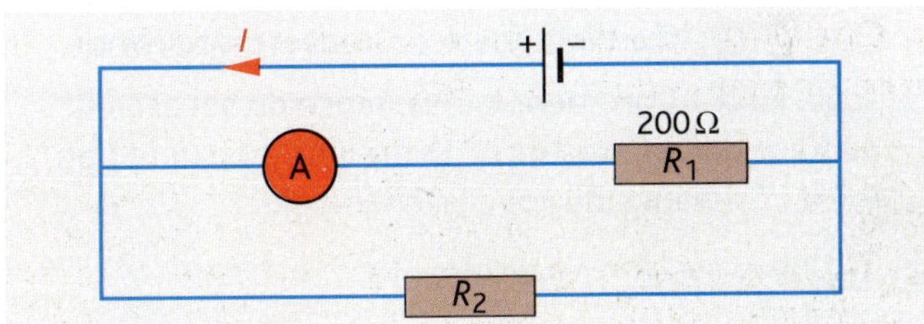

Le générateur débite un courant de 150 mA et l'ampèremètre indique 120 mA.

1. Quelle est la valeur de la tension existant aux bornes du générateur ?

2. Combien vaut R_2 ?

20 Pour aller plus loin

On a tracé la caractéristique d'une lampe à incandescence.

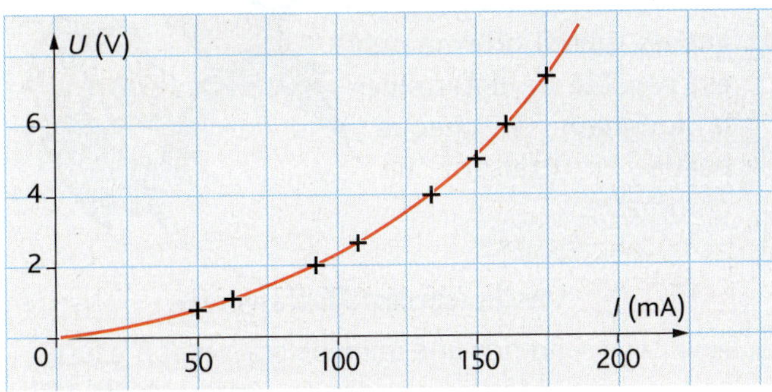

1. Ce dipôle est-il un conducteur ohmique ?

2. Calcule le quotient U/I pour des intensités de 50 mA, 100 mA et 150 mA. Que remarques-tu ?

21 Les secrets du sol

Des géophysiciens travaillent avec des archéologues. Ils plantent des électrodes dans le sol en lignes et à intervalles réguliers. Ils appliquent une tension de valeur connue et mesurent les intensités obtenues.

Ta mission Cherche l'utilité de ces mesures en archéologie.

POUR T'AIDER Comment la résistance du sol est-elle déduite de ces mesures ? Renseigne-toi sur le lien entre résistance du sol et archéologie.

B2i www.bordas-vento.fr/doc4e

Fais une expérience à la maison

22 Énigme électrique

Djibril demande à Jérôme de casser une mine de crayon en 2 parties d'inégales longueurs. Djibril affirme qu'il est capable de déterminer la longueur de chaque partie en utilisant un ohmmètre.

Ta mission Cherche comment Djibril a procédé.

POUR T'AIDER Prends une mine de crayon et mesure sa longueur. Mesure ensuite la résistance de la mine avec un ohmmètre, puis la résistance de la moitié de la mine.

23 Qui a tort ? Qui a raison ?

Rien ne va plus entre Alexane, Thibaud et Nicolas ! Ils ne sont pas d'accord sur le rôle du chargeur de la batterie de leur téléphone portable.

Nicolas affirme que ce n'est qu'une résistance, qui limite le passage du courant.

Alexane et Thibaud sont persuadés que leur chargeur a un rôle plus complexe.

Ta mission Cherche qui a raison.

POUR T'AIDER Relève les indications existant sur le chargeur de ton portable. Renseigne-toi sur leur signification.

24 Protection maximale !

Florent branche une DEL sur une alimentation de 4,5 V : la DEL est détruite ! Florent est très perplexe : il te demande de l'aide.

Ta mission Cherche une solution à proposer à Florent, afin que sa DEL soit protégée.

POUR T'AIDER Le constructeur recommande que la tension aux bornes de la DEL ne dépasse pas 2 V et que l'intensité qui la traverse soit au plus de 15 mA.
Tu disposes d'un lot de résistances de valeurs : 27 Ω, 68 Ω, 120 Ω, 180 Ω, 330 Ω et 3 kΩ.

Investigation

Exerce tes compétences expérimentales

Le problème à résoudre

Léa dispose d'une lampe sur laquelle est indiqué : 6 V / 300 mA.

Son professeur lui demande de la brancher sur un générateur réglé sur une tension de 6 V. Elle ferme l'interrupteur : la lampe grille !

Trouve la raison pour laquelle la lampe grille à l'allumage.

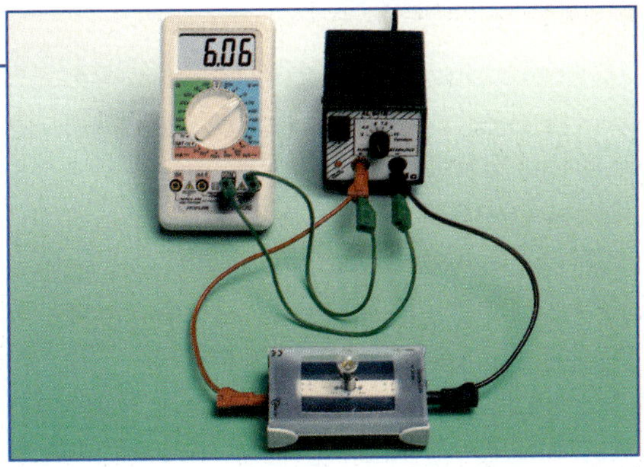

Réfléchis

Formule des hypothèses

- La lampe aurait-elle grillé parce que Léa a dépassé la tension imposée ?
- La lampe serait-elle trop vieille et son filament usé ?
- La résistance de la lampe est-elle la même à froid et à chaud ?
- L'intensité du courant qui a traversé le filament de la lampe serait-elle trop importante ?

Élabore un protocole expérimental

- Comment contrôler si la lampe est bien adaptée au générateur ?
- Comment faire pour mesurer la résistance de la lampe à froid ?
- Comment trouver la résistance de la lampe à chaud (quand elle fonctionne normalement) ?
- Comment connaître l'intensité dans la lampe au moment de l'allumage ?

Propose des expériences

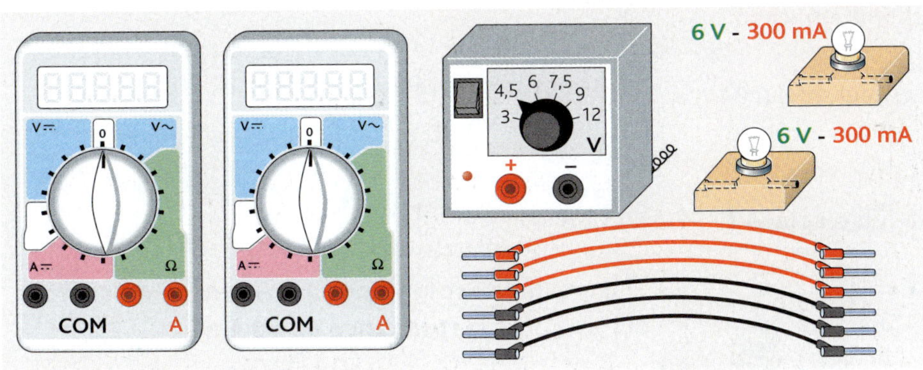

- Tu disposes du matériel ci-contre : choisis celui dont tu auras besoin pour résoudre ton problème.
- Schématise les expériences que tu devras réaliser dans l'ordre que tu auras choisi.

Passe à l'action

- Réalise les expériences.
- Communique tes résultats.
- Rédige ta conclusion.

Pour t'aider, reporte-toi à la fiche page 211.

Tests-bilans Les lois du courant continu

Pour chaque test, il y a une ou plusieurs réponses exactes. À toi de choisir.

1 Composition d'un circuit et intensité

a. Plus on branche de dipôles en série dans un circuit, plus l'intensité qui le traverse est forte.

b. Plus on branche de dipôles en série dans un circuit, plus l'intensité qui le traverse est faible.

c. En permutant deux dipôles différents placés en série dans un circuit, l'intensité reste la même.

d. En permutant deux dipôles différents placés en série dans un circuit, l'intensité augmente ou diminue suivant l'ordre des dipôles.

2 Dans quel cas l'ampèremètre est-il bien placé ?

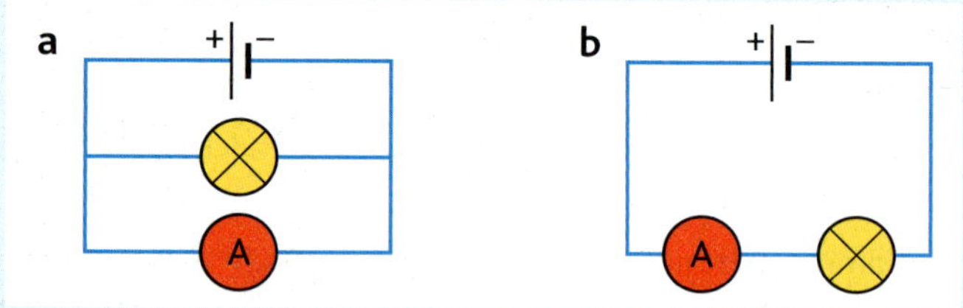

3 La tension :

a. peut se mesurer avec un voltmètre branché en dérivation aux bornes du dipôle ;

b. est nulle aux bornes d'un générateur en circuit ouvert ;

c. est nulle aux bornes d'un interrupteur en circuit ouvert ;

d. est nulle aux bornes d'un dipôle récepteur en circuit ouvert.

4 Dans quels cas le voltmètre est-il bien placé ?

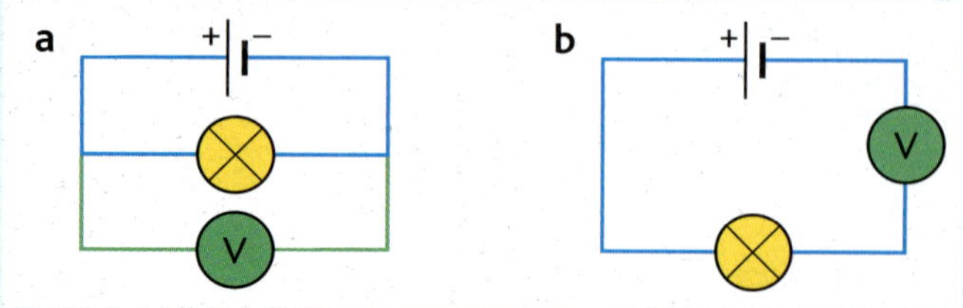

5 Dans un circuit comportant deux lampes L_1 et L_2 en série avec un générateur, on mesure, à l'aide d'un voltmètre, les tensions aux bornes des deux lampes. On trouve : $U_{L1} = 2,4$ V et $U_{L2} = 3,6$ V.

La tension aux bornes du générateur est de :

a. 6 V ; b. 9 V ; c. 12 V ; d. 24 V.

6 Dans un circuit comportant trois lampes identiques montées en dérivation aux bornes d'un générateur, on mesure, à l'aide d'un ampèremètre, l'intensité I débitée par le générateur. On trouve $I = 0,33$ A. Que vaut l'intensité qui traverse une des lampes ?

a. 0,33 A ; b. 0,22 A ; c. 110 mA ; d. 90 mA.

7 Dans le circuit représenté sur le schéma, on mesure, à l'aide d'un ampèremètre, les intensités $I_1 = 40$ mA et $I_2 = 50$ mA.

Que vaut l'intensité qui traverse la lampe L_3 ?

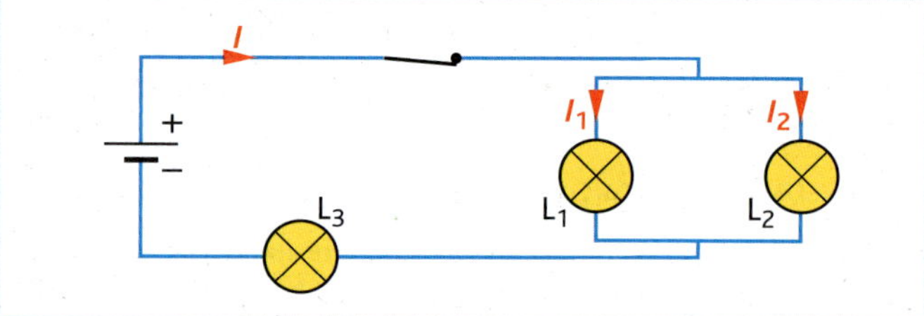

a. 0,04 A ; b. 0,05 A ; c. 0,09 A ; d. 0,18 A.

8 Quelle est la valeur d'une résistance qui, parcourue par un courant de 80 mA, est soumise à une tension de 12 V ?

a. 960 Ω ; b. 150 Ω ; c. 6,7 Ω ; d. 5 Ω.

9 Quelle est la valeur de la tension à laquelle est soumise une résistance de 0,12 kΩ parcourue par un courant de 200 mA ?

a. 0,6 V ; b. 2 V ;
c. 24 V ; d. 80 V.

10 Quelle est la valeur de l'intensité du courant qui parcourt la résistance du schéma ?

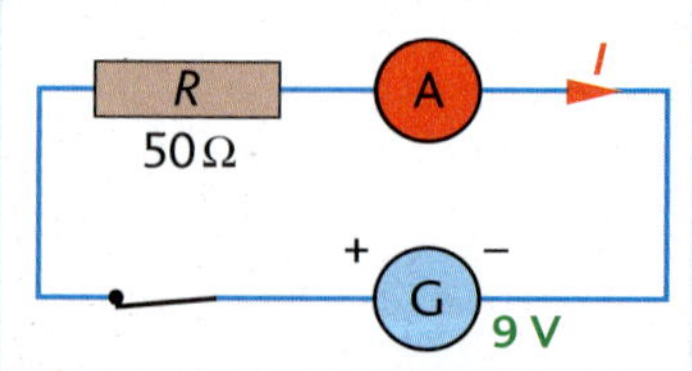

a. 0,18 A ; b. 5,5 A
c. 450 ma ; d. 2,2 A.

Réponses p. 224

La lumière : couleurs et images

Chapitre

9 Lumières et couleurs

OBJECTIFS

- Décomposer la lumière blanche.
- Obtenir des lumières colorées par superposition.
- Expliquer l'action d'un filtre sur la lumière.
- Expliquer la couleur d'un objet.

Situation 1 La nature nous offre souvent des spectacles colorés.

? D'où proviennent ces lumières colorées ?

Situation 2 Les écrans de télévision ou d'ordinateur présentent de nombreuses couleurs.

? Comment sont obtenues les couleurs sur ces écrans ?

Situation 3 Pour éclairer une scène, les éclairagistes utilisent de nombreuses lumières colorées.

? Comment obtenir ces lumières colorées avec des projecteurs ?

Situation 4 Un groupe de jeunes photographiés à la lumière du Soleil.

? La couleur de ces T-shirts serait-elle la même à la lumière rouge d'un projecteur?

Les **ACTIVITÉS** des pages suivantes vont t'aider à répondre

Activité 1

De quoi est constituée la lumière blanche ?

1. Décomposition de la lumière blanche à l'aide d'un prisme

- Plaçons une diapositive noire munie d'une fente à l'intérieur d'un projecteur de diapositives.
- Réglons l'objectif du projecteur de manière à ce que l'image de la fente soit nette sur l'écran.
- Interposons un prisme sur le trajet de la lumière et observons l'écran.

Fig. 1

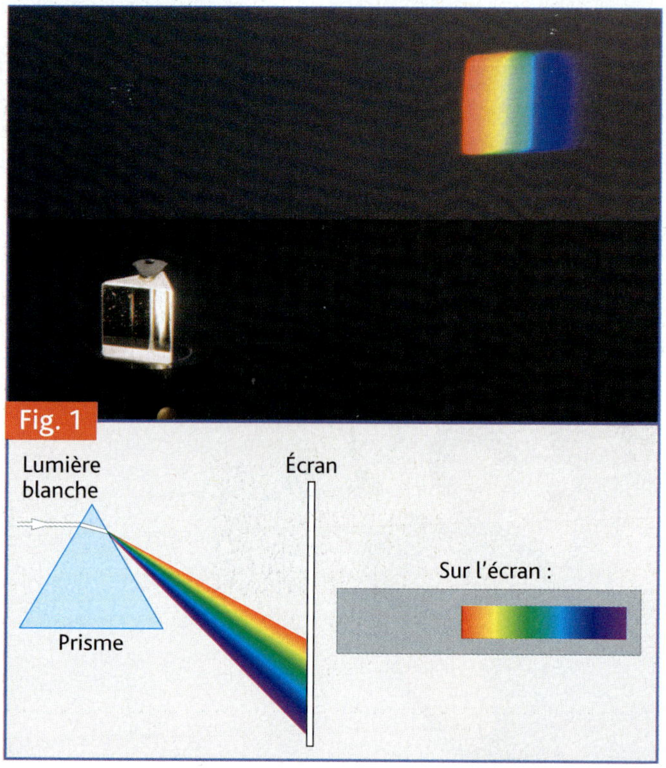

2. Décomposition de la lumière blanche à l'aide d'un réseau

- Plaçons une diapositive noire munie d'une fente à l'intérieur d'un projecteur de diapositives.
- Réglons l'objectif du projecteur de manière à ce que l'image de la fente soit nette sur l'écran.
- Interposons un réseau sur le trajet de la lumière et observons l'écran.

Fig. 2

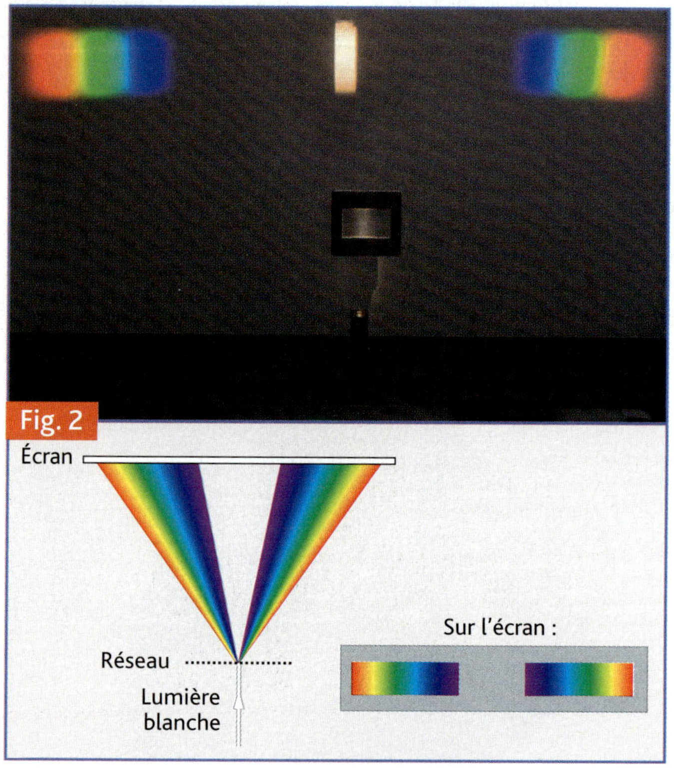

Vocabulaire

- Le *prisme* est un solide en verre de forme triangulaire.
- Le *réseau* est constitué d'une feuille en matière plastique transparente striée de traits parallèles très rapprochés.

Observe

1. Qu'observe-t-on sur l'écran lorsqu'on interpose le prisme sur le trajet de la lumière blanche émise par la lampe **(Fig. 1)** ?
2. Qu'observe-t-on sur l'écran lorsqu'on interpose le réseau sur le trajet de la lumière blanche émise par la lampe **(Fig. 2)** ?

Interprète

3. D'où proviennent les lumières colorées qui apparaissent sur l'écran ?

Conclus

4. Rédige ta conclusion en répondant à la question : « De quoi est constituée la lumière blanche ? »

Activité 2

Qu'obtient-on en superposant des lumières colorées ?

1. Préparation de l'expérience

- Disposons trois diapositives colorées (rouge, verte, bleue) dans trois projecteurs.
- Allumons les lampes des projecteurs et dirigeons leurs faisceaux de lumière vers un écran blanc.

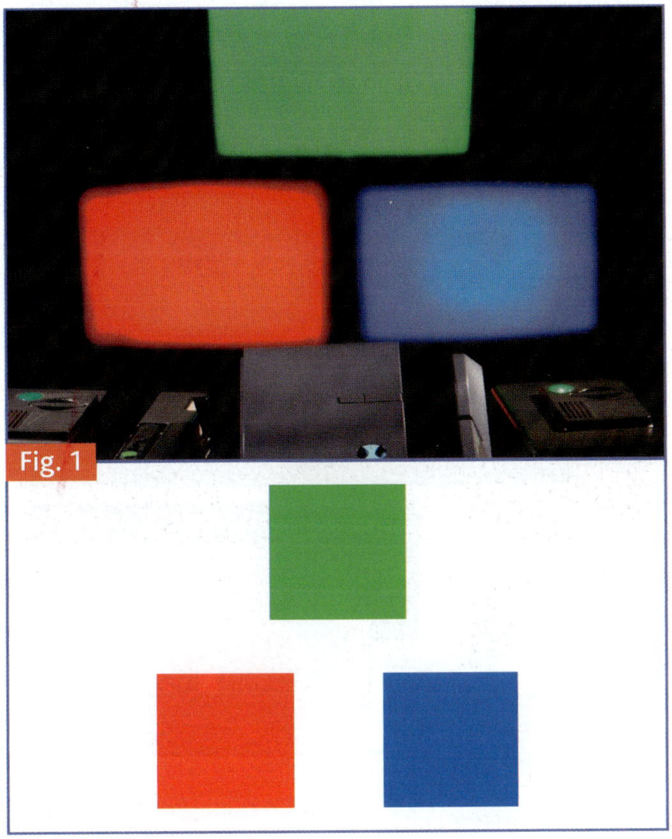

Fig. 1

2. Superposition des couleurs

- Modifions la position des projecteurs de diapositives de telle sorte que les faisceaux se superposent deux à deux sur l'écran.

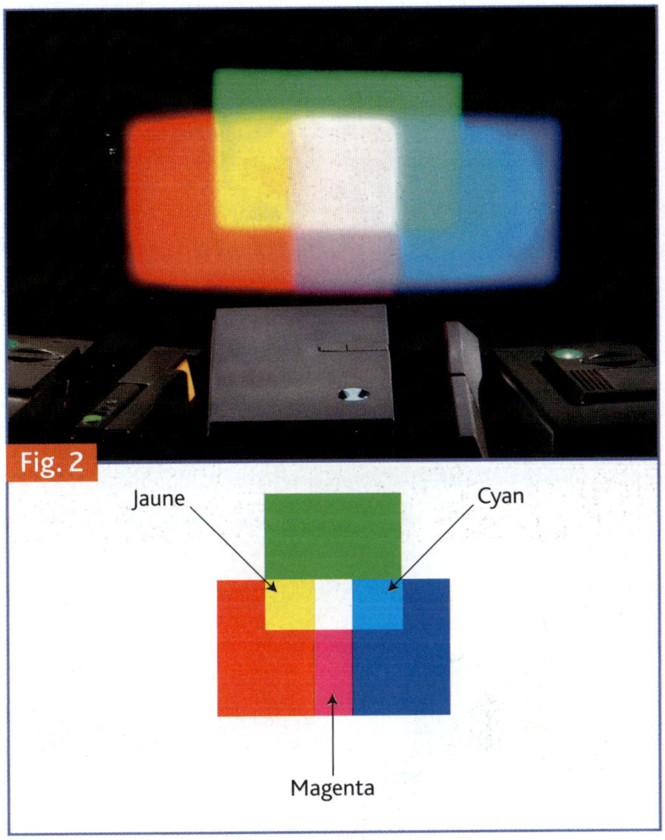

Fig. 2

Vocabulaire

Par superposition de lumières colorées, on réalise la synthèse d'autres couleurs. Cette synthèse est dite *additive*.

Observe

1. Quelle est la couleur obtenue sur l'écran par superposition **(Fig. 2)** :
   – d'un faisceau de lumière rouge et d'un faisceau de lumière verte ?
   – d'un faisceau de lumière rouge et d'un faisceau de lumière bleue ?
   – d'un faisceau de lumière verte et d'un faisceau de lumière bleue ?
2. Qu'obtient-on par superposition des trois faisceaux ?

Interprète

3. L'œil distingue-t-il séparément les lumières colorées qu'il reçoit ?

Conclus

4. Rédige ta conclusion en répondant à la question : « Qu'obtient-on en superposant des lumières colorées ? »

Activité 3

Comment agit un filtre coloré sur la lumière ?

1. Préparation de l'expérience

- Disposons une diapositive noire munie d'une fente à l'intérieur d'un projecteur de diapositives. La fente est à moitié recouverte par un filtre rouge.
- Réalisons l'image de la fente sur un écran blanc et observons.

2. Observation du spectre de la lumière

- Plaçons un réseau sur le trajet de la lumière à la sortie du projecteur.
- Observons les spectres obtenus sur l'écran blanc.

Fig. 1

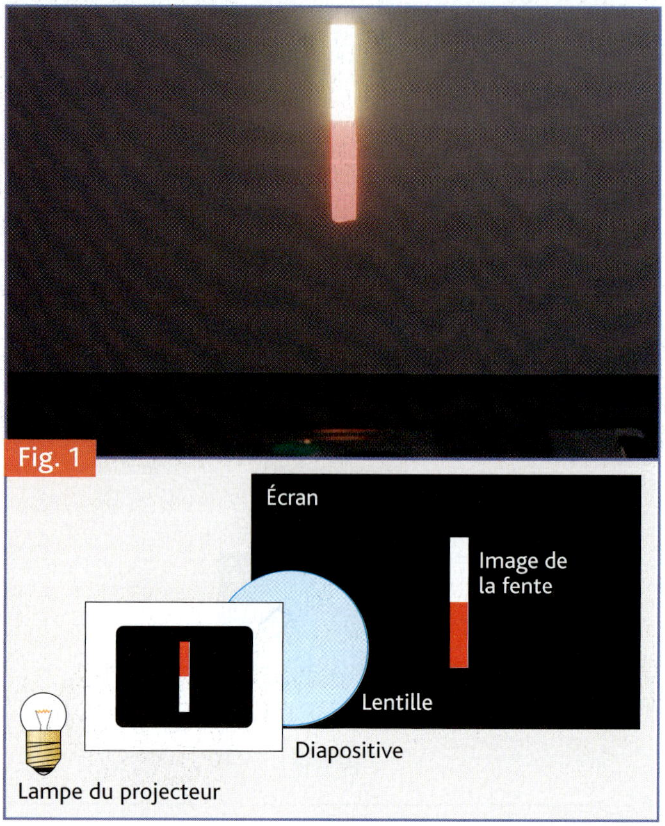

Fig. 2

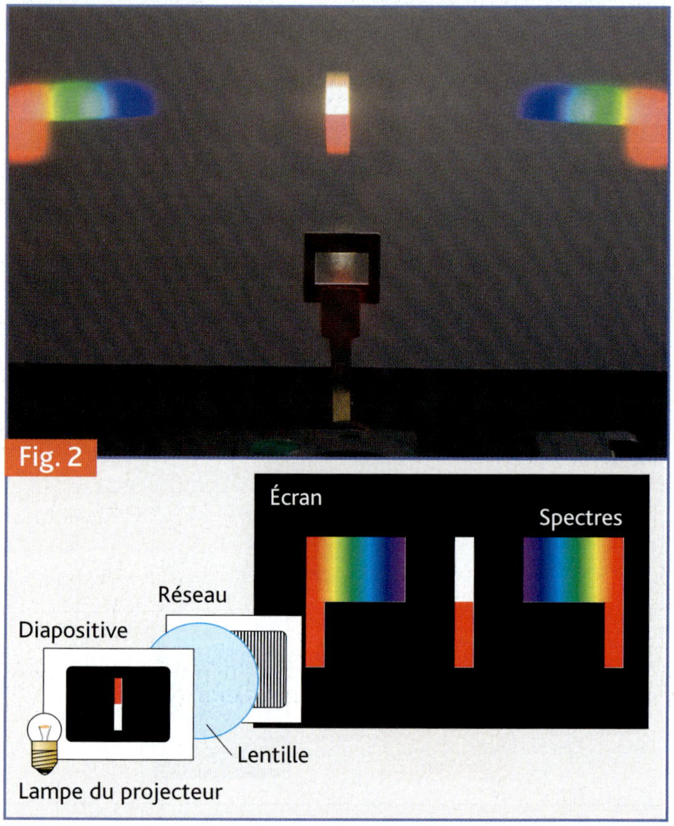

Vocabulaire

L'ensemble des lumières colorées qui résultent de la décomposition de la lumière blanche par le réseau constitue le *spectre* de la lumière blanche.

Observe

1. Décris ce que l'on voit sur l'écran en observant (Fig. 2) :
   – la partie de la fente non recouverte par le filtre ;
   – la partie de la fente recouverte par le filtre rouge.

Interprète

2. Quelle est la différence entre la lumière colorée transmise par le filtre et la lumière blanche ?

Conclus

3. Rédige ta conclusion en répondant à la question : « Comment agit un filtre coloré sur la lumière ? »

Activité 4

D'où provient la couleur d'un objet ?

1. Premier éclairage

Dans une pièce obscure, éclairons un citron avec une lumière blanche.

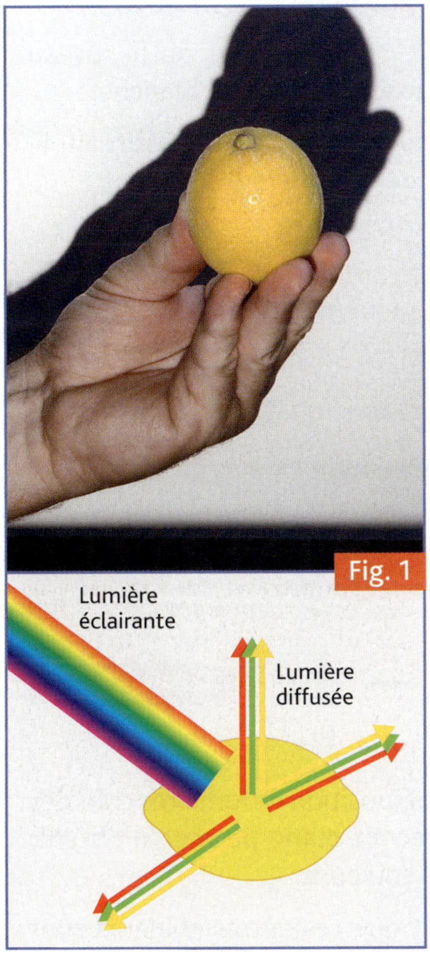

Fig. 1

2. Deuxième d'éclairage

Éclairons maintenant le citron avec une lumière verte.

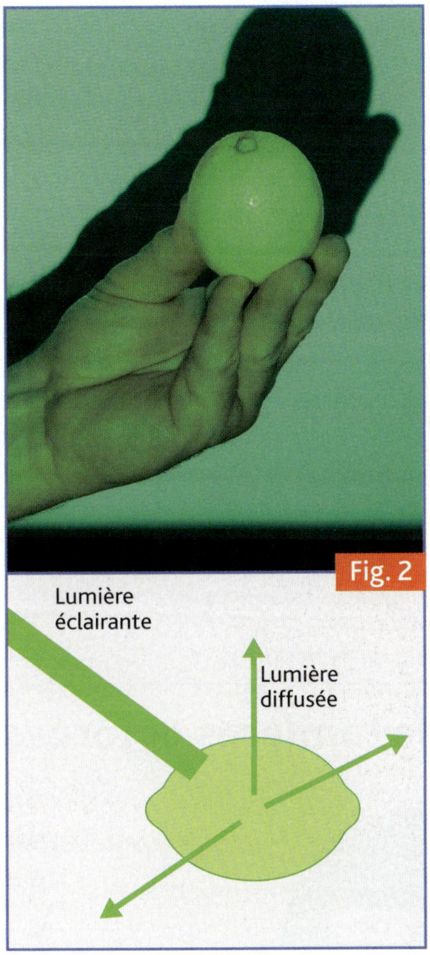

Fig. 2

3. Troisième éclairage

Éclairons le citron avec une lumière bleue.

Fig. 3

Coup de pouce

Dans l'œil, la superposition de lumières colorées rouge et verte donne une impression de jaune.

Observe

1. Quelle est la couleur du citron lorsqu'il est éclairé par :
   – une lumière blanche **(Fig. 1)** ?
   – une lumière verte **(Fig. 2)** ?
   – une lumière bleue **(Fig. 3)** ?

Interprète

2. Le citron diffuse-t-il la lumière verte ? la lumière bleue ? la lumière rouge ?

Conclus

3. Rédige ta conclusion en répondant à la question : « De quoi dépend la couleur d'un objet ? »

1 La décomposition de la lumière blanche

Activité 1

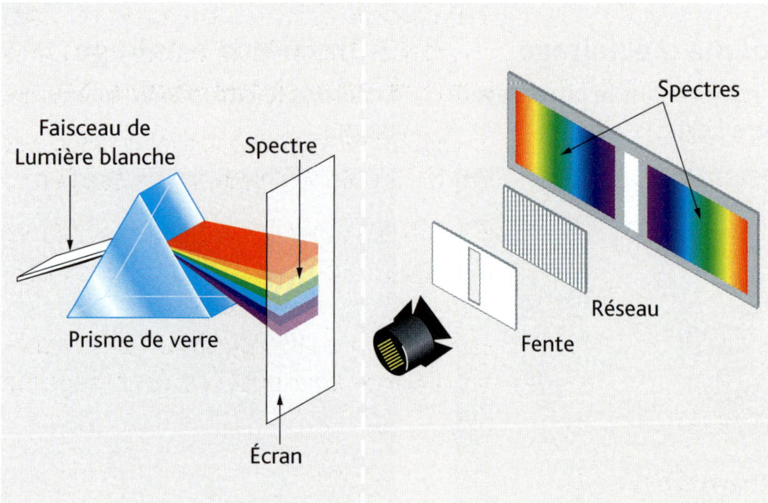

- Lorsqu'un faisceau de lumière blanche traverse un **prisme**, on observe un faisceau de lumières colorées à la sortie. Lorsqu'il traverse un **réseau**, on en observe plusieurs.
- On dit que le prisme ou le réseau **décomposent** la lumière blanche.
- Les couleurs obtenues constituent le **spectre** de la lumière blanche.

À RETENIR **La lumière blanche est composée d'une infinité de couleurs, qui constituent son spectre.**

→ Test 2, page 153

2 La superposition de lumières colorées

Activité 2

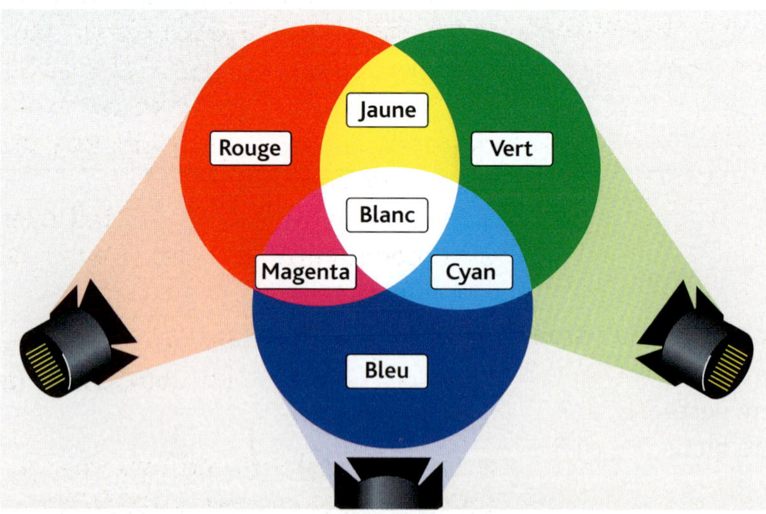

- La superposition de lumières colorées sur un écran blanc permet d'obtenir d'autres couleurs.
- On dit que ces autres couleurs sont obtenues par **synthèse additive**.
Par exemple :

rouge + vert → jaune
rouge + bleu → magenta
bleu + vert → cyan
rouge + vert + bleu → blanc

À RETENIR **Par superposition de lumières rouge, verte et bleue, on réalise la synthèse additive de la lumière blanche : rouge + vert + bleu → blanc**

→ Test 3, page 153

3 L'action d'un filtre sur la lumière

Activité 3

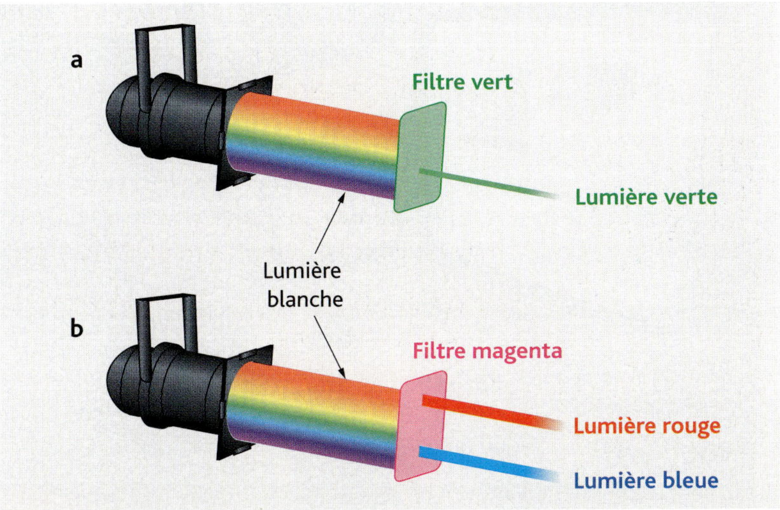

■ Lorsqu'un faisceau de lumière blanche rencontre un **filtre** coloré, certaines lumières colorées sont **absorbées**.

■ Un filtre vert absorbe toutes les lumières colorées sauf les vertes (**a**).

■ Un filtre magenta absorbe toutes les lumières colorées sauf les bleues et les rouges.
En se superposant dans l'œil, ces lumières colorées donnent la couleur magenta (**b**).

À RETENIR **Un filtre coloré absorbe certaines lumières colorées et en transmet d'autres. Sa couleur est due à la superposition des lumières colorées qu'il transmet.**

→ **Test 4, page 153**

4 La couleur des objets

Activité 4

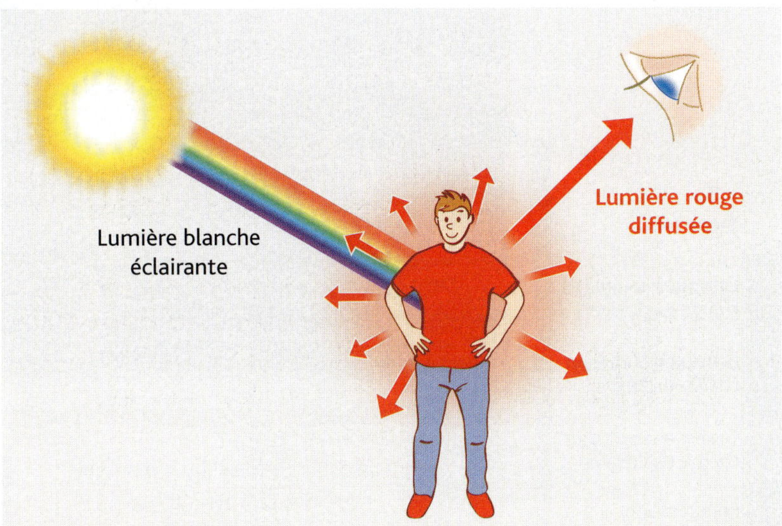

■ Éclairé en lumière blanche, le pull-over **absorbe** certaines lumières colorées et en diffuse d'autres. Il **diffuse** les lumières colorées rouges, ce qui explique sa couleur rouge. Il absorbe les autres lumières colorés.
Éclairé en lumière bleue, le pull-over absorberait cette lumière : il apparaîtrait noir.

■ Un objet blanc diffuse toutes les lumières colorées qui composent la lumière blanche.

■ Un objet est noir quand il absorbe toutes les lumières colorées qui l'éclairent.

À RETENIR **La couleur d'un objet dépend de la lumière qui l'éclaire. Il a la couleur de la lumière qu'il diffuse.**

→ **Test 5, page 153**

B2i Pour en savoir plus : http://www.bordas-vento.fr/doc4e

Métier

Un métier **à la page** !

Le graphiste est un créateur d'images. Il intervient dans la conception des livres, journaux, pages Internet, dépliants publicitaires, mais aussi dans la réalisation de films d'animation ou même de panneaux de signalisation.
Il peut se servir aussi bien d'un crayon que d'un ordinateur. Si son travail s'effectue essentiellement sur informatique, on l'appelle infographiste. S'il consiste à mettre en place des illustrations et des textes, on l'appelle plutôt maquettiste. Il doit être créatif et savoir utiliser les outils infor-matiques actuels. On le trouve dans des agences de publicité, des maisons d'édi-tion ou travaillant à son compte.

▲ La mise en page des livres est réalisée par des graphistes.

» ?
- » Dans quels domaines fait-on appel à un graphiste et pour quoi faire ?
- » Qu'est-ce qu'un infographiste ?
- » Que signifie « travailler à son compte » ?

Techniques

Illuminer la nuit

Les feux d'artifice constituent un spectacle éblouissant. Les fusées sont propulsées dans le ciel grâce à la combustion d'un mélange de poudre noire situé à leur base. Un dispositif d'allumage à retardement provoque l'explosion du corps de la fusée lorsqu'elle arrive à une certaine altitude. Les granules responsables des lumières colorées sont dispersées dans le ciel et créent des traînées lumineuses lors de leur combustion. Suivant les substances chimiques qu'elles renferment, leur couleur est différente : le cuivre donne une lumière bleue ; le baryum, une lumière verte ; le sodium, une lumière jaune ; le strontium, une lumière rouge et le magnésium une lumière blanche.

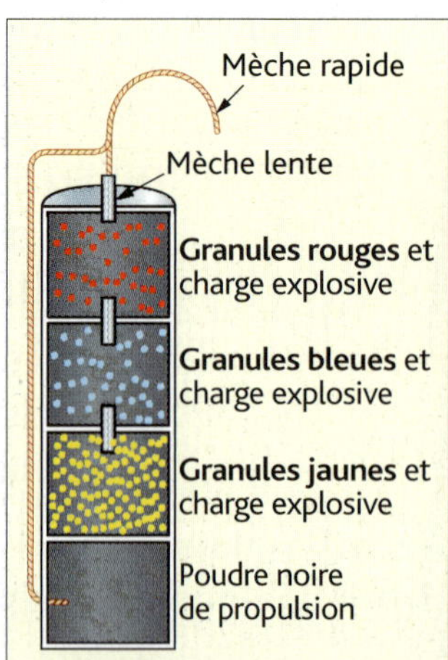

▲ La constitution d'une fusée de plusieurs couleurs.

» ?
- » Quelle est la combustion qui propulse les fusées des feux d'artifice ?
- » Qu'est-ce qui provoque les traînées lumineuses dans le ciel ?
- » Pour la fusée représentée ci-contre, quel est l'ordre des couleurs qui apparaîtront successivement dans le ciel ?

▲ Cette image du satellite Spot utilise des fausses couleurs pour montrer les zones forestières incendiées (ici, dans le Var en 2003).

Imagerie

Des images **artificielles**

Certaines images sont dites en fausses couleurs, car elles ne correspondent pas à ce que l'œil percevrait lors d'une observation directe. C'est le cas par exemple pour les images en provenance de satellites d'observation terrestres ou météorologiques.
L'utilisation de la couleur permet d'accentuer un phénomène pour le rendre plus visible ou mettre en évidence une grandeur physique comme la température par exemple.

» ?

» Pourquoi utilise-t-on des fausses couleurs?
» Recherche dans quels autres domaines les fausses couleurs sont utilisées.

Histoire des techniques

Des couleurs **plein les yeux**

La couleur a toujours été présente dans l'histoire de l'humanité : décoration des habitations, ornement du corps, teinture des tissus, réalisation de fresques ou de tableaux...
Les substances colorantes se répartissent en deux catégories, les pigments et les colorants. Elles peuvent être d'origine naturelle (minérale, végétale, animale) ou synthétique. Les pigments sont constitués de poudres colorées insolubles que l'on disperse dans une substance appelée liant (jaune d'œuf, huile de lin, gomme arabique...) ; le tout est dilué par la suite. Les colorants sont à l'inverse des substances solubles dans le milieu où elles sont mélangées (encres, colorants alimentaires...).
À partir du milieu du XIXe siècle, l'essor de la chimie entraîne le déclin de la production de substances colorantes naturelles, au profit de substances synthétiques, plus nombreuses, plus variées et plus économiques. Certains producteurs, comme ceux de la garance (une plante donnant un colorant rouge), sont alors contraints d'arrêter leur activité.

◄ ▲ L'utilisation de la couleur pour orner le corps est universelle.

» ?

» Quelles sont les substances utilisées pour colorer? Qu'est-ce qui les différencie?
» Pourquoi faut-il attendre le XIXe siècle pour voir apparaître les colorants synthétiques?
» En 1856, le chimiste anglais William Henry Perkin met au point un colorant qui entraîne la perte de la pourpre française. Recherche des informations sur ce colorant et la pourpre.

Compétence expérimentale

Utiliser les filtres colorés

On souhaite obtenir des lumières colorées rouge, verte et bleue à partir de filtres magenta, cyan et jaune. Comment associer ces filtres ?

Comprendre

1. Examiner l'action d'un filtre cyan.
Le filtre cyan ne transmet que les lumières colorées bleues et vertes. Il absorbe les autres, notamment les rouges.
La superposition sur la rétine de l'œil des lumières bleues et vertes transmises donne l'impression de cyan.

2. Examiner l'action d'un filtre jaune.
Le filtre jaune ne transmet que les lumières colorées rouges, vertes et jaunes. Il absorbe les autres, notamment les bleues.
La superposition sur la rétine de l'œil des lumières rouges, vertes et jaunes transmises donne l'impression de jaune.

3. Examiner l'action d'un filtre magenta.
Le filtre magenta ne transmet que les lumières colorées rouges et bleues. Il absorbe les autres, notamment les vertes.
La superposition sur la rétine de l'œil des lumières rouges et bleues transmises donne l'impression de magenta.

Associer les filtres

1. Obtenir une lumière verte.
On interpose un filtre cyan suivi d'un filtre jaune sur le trajet de la lumière.
La seule lumière colorée qui est transmise par les deux filtres est la lumière verte.

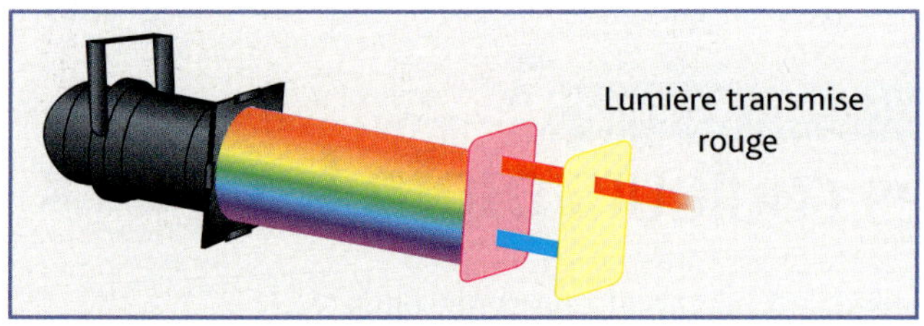

2. Obtenir une lumière rouge.
On interpose un filtre magenta suivi d'un filtre jaune sur le trajet de la lumière.
La seule lumière colorée qui est transmise par les deux filtres est la lumière rouge.

3. Obtenir une lumière bleue.
On interpose un filtre cyan suivi d'un filtre magenta sur le trajet de la lumière.
La seule lumière colorée qui est transmise par les deux filtres est la lumière bleue.

→ Entraîne-toi en page 157

Tests Vérifie tes connaissances

1 Recopie et complète

a. Un prisme, comme un réseau, **...** la lumière blanche.

b. Les lumières colorées obtenues à la sortie d'un prisme dont l'une des faces est éclairée par de la lumière blanche constituent le **...** de la lumière blanche.

c. La superposition de lumières colorées rouge, verte et bleue constitue la **......** de la lumière blanche.

d. Un filtre transmet les lumières colorées qu'il **...** pas.

e. Un objet **...** les lumières colorées qu'il n'absorbe pas.

2 Trouve les bonnes couleurs

Associe aux numéros les couleurs obtenues sur l'écran lors de la décomposition de la lumière blanche.

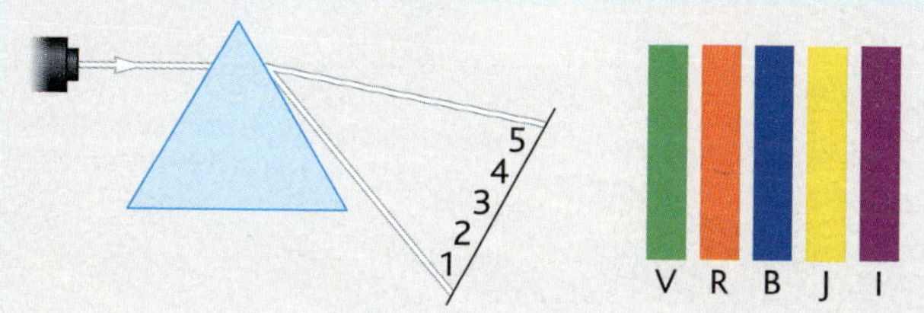

3 Réponds par vrai ou faux

Trois faisceaux de lumières colorées rouge, verte et bleue sont projetés sur un écran blanc placé dans l'obscurité. Réponds par vrai ou faux aux propositions suivantes.

Si l'on superpose sur l'écran les taches colorées placées côte à côte, on obtient :

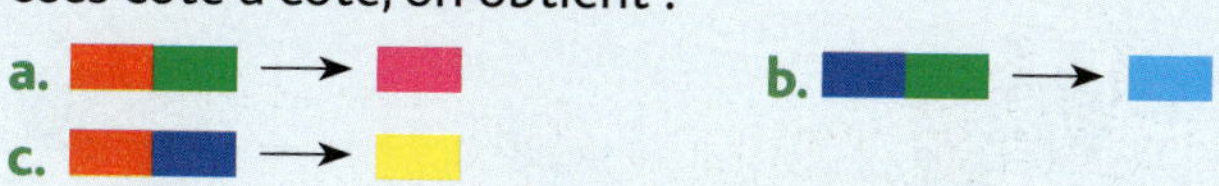

4 Trouve la bonne réponse

À travers quel filtre observe-t-on la figure de gauche pour obtenir celle de droite ?

a. Un filtre bleu. **b.** Un filtre jaune.

c. Un filtre vert. **d.** Un filtre rouge.

5 Choisis les bonnes réponses

On place les fruits photographiés dans l'obscurité.

1. Si on les éclaire en lumière rouge, les pommes apparaissent : rouges ? vertes ? noires ?
Les tomates apparaissent : vertes ? rouges ? noires ?

2. Si on les éclaire en lumière verte, les pommes apparaissent : rouges ? vertes ? noires ?
Les tomates apparaissent : vertes ? rouges ? noires ?

3. Si on les éclaire en lumière bleue, les pommes apparaissent : bleues ? vertes ? noires ?
Les tomates apparaissent : bleues ? rouges ? noires ?

6 Mots croisés

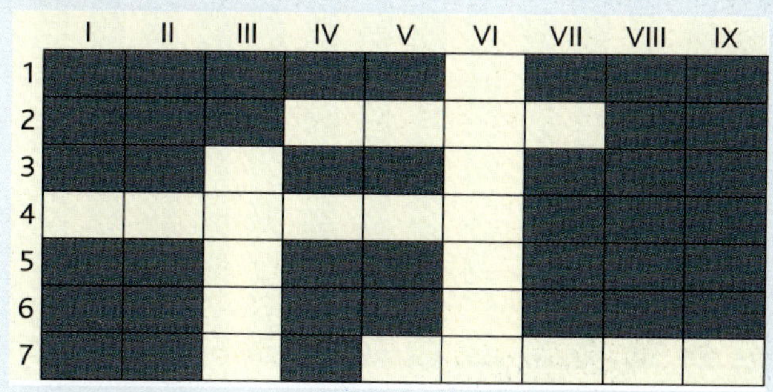

HORIZONTALEMENT

2. Couleur qui résulte de la superposition des lumières colorées verte et bleue. **4.** Transmet les lumières colorées qu'il n'absorbe pas. **7.** Couleur qui résulte de la superposition des lumières colorées verte et rouge.

VERTICALEMENT

III. Couleur qui résulte de la superposition des lumières colorées rouge, verte et bleue. **VI.** Couleur qui résulte de la superposition des lumières colorées rouge et bleue.

→ Solutions en page 220

Exercices

Utilise ce que tu as appris

7 Reconstituer la lumière décomposée

On interpose un prisme sur le trajet d'une lumière colorée. On observe alors la figure suivante sur un écran placé derrière le prisme.

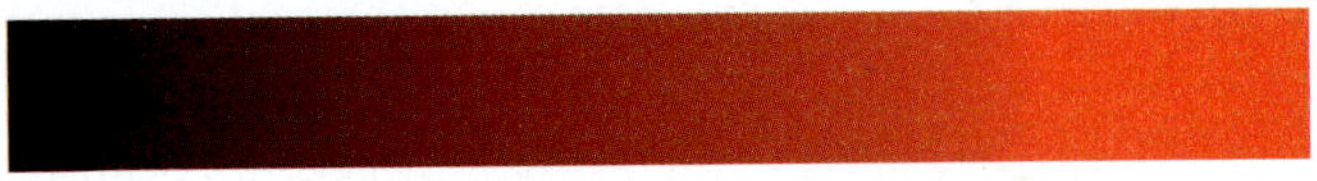

Toufik, qui n'a pas vu l'expérience, indique que la lumière colorée ne peut être que rouge.

- A-t-il raison ? Pourquoi ?

8 Reconnaître une lumière décomposée

Ana regarde à travers un réseau la lumière provenant d'un phare de voiture. Elle observe la décomposition suivante.

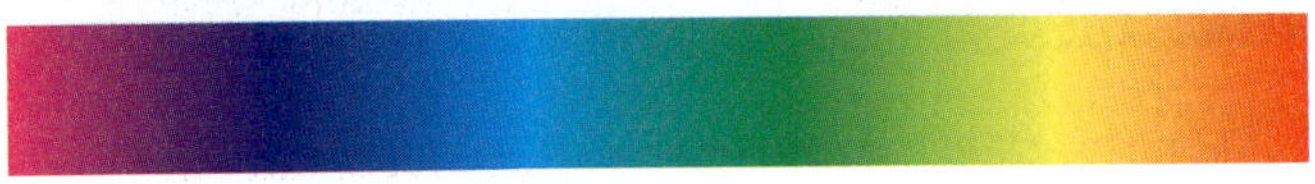

- Choisis, parmi les sources de lumières suivantes, celle qui te paraît convenir en expliquant pourquoi :

a. la lampe du feu arrière ; **b.** la lampe du clignotant ; **c.** la lampe du phare avant.

9 Comprendre la couleur d'un écran de télévision

On a agrandi une portion d'écran de télévision.

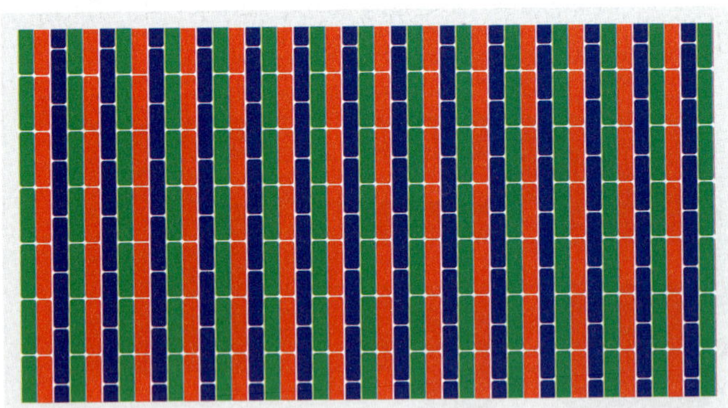

En lumière du jour, éloigne-toi d'environ 15 mètres de cette image jusqu'à ce que tu ne distingues plus chaque petit rectangle coloré.

1. Quelle impression colorée ressens-tu ?

2. Quelle est la couleur de cette portion d'écran ?

10 Expliquer le rôle d'un filtre

Une tomate est observée à travers un verre rempli de sirop de menthe.

- Explique pourquoi la tomate rouge apparaît noire lorsqu'on l'observe à travers le verre de sirop.

11 Utiliser des projecteurs

Trois amis souhaitent éclairer une petite scène avec les trois projecteurs (rouge, vert et bleu) ci-dessous.

Chacun des projecteurs peut être commandé séparément.

- Quels projecteurs éclairerais-tu pour avoir sur scène :

a. un éclairage jaune ;

b. un éclairage cyan ;

c. un éclairage magenta ?

12 Trouver la couleur du perroquet

→ Solution en page 220

- Quelles seraient les couleurs du perroquet dans l'obscurité :

a. si le spot rouge était seul allumé ?

b. si le spot vert était seul allumé ?

c. si le spot bleu était seul allumé ?

d. si les trois spots étaient allumés ?

Exercices ** Utilise ce que tu as appris

13 Le pointillisme en peinture

Georges Seurat, peintre français (1859-1891), bouleversa la technique des peintres de son époque. On dit de lui que c'est un pointilliste, car ses tableaux sont réalisés par la juxtaposition de petites touches colorées de peintures.

Dans l'exemple, *Un dimanche après-midi à la Grande Jatte* (1884-86), on distingue nettement, sur la partie agrandie, les touches de couleurs différentes.

1. Distingue-t-on les touches colorées si on observe le tableau à quelques mètres de distance ?

2. Comment expliques-tu l'impression colorée que l'œil perçoit lorsqu'il observe une zone du tableau ?

14 La couleur d'une solution

Une solution de permanganate de potassium est violette lorsqu'elle est éclairée par de la lumière blanche.

On suppose que cette solution se comporte comme un filtre.

À l'aide d'un prisme, on décompose la lumière ayant traversé la solution. On obtient les spectres suivants :

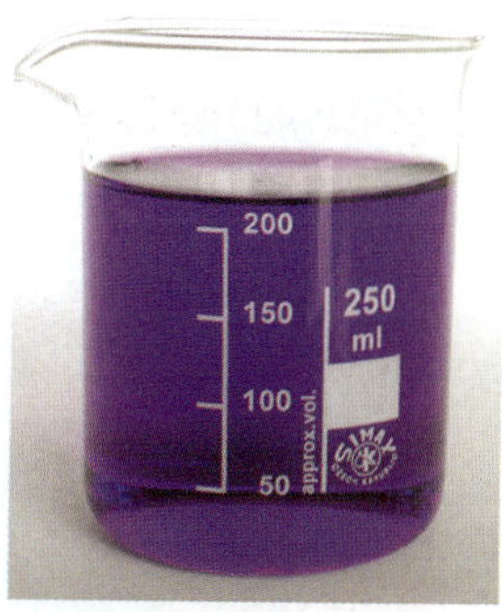

a
b
c

● Choisis, en justifiant, celui qui correspond à la lumière ayant traversé la solution de permanganate de potassium.

15 Des drapeaux identiques

● Dans chacun des cas suivants, avec quelle lumière colorée éclairerais-tu les deux drapeaux, afin que :

a. les drapeaux du Groenland (Danemark) et du Japon apparaissent identiques ?

Groenland

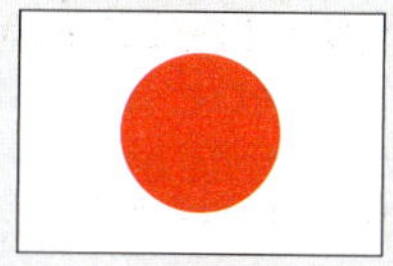

Japon

b. les drapeaux du Yémen et des Pays-Bas apparaissent identiques ?

Yémen

Pays-Bas

16 *Pour aller plus loin*

Le daltonisme se manifeste par une incapacité à percevoir les couleurs ou à distinguer certaines d'entre elles à cause d'anomalies de l'œil. Le tableau suivant représente quelques formes de daltonisme.

Type de daltonisme	Récepteur de l'œil déficient	Spectre des lumières colorées perçues
Vision protanope	rouge	
Vision deutéranope	vert	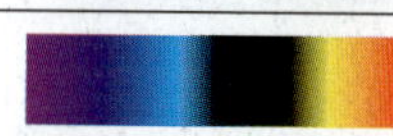
Vision tritanope	bleu	

● De quel type de daltonisme pourrait être atteinte une personne qui verrait l'image **b** à la place de la réalité (**a**) ?

17 Explique l'arc-en-ciel

Sarah à lu dans une bande dessinée que l'arc-en-ciel ne pouvait exister que s'il y avait du Soleil et de la pluie. Cette information est-elle exacte ?

Ta mission Vérifie sur Internet cette information et précise comment l'arc-en-ciel se forme.

B2i www.bordas-vento.fr/doc4e

Fais une expérience à la maison

18 Et si je fabriquais de la lumière blanche ?

Thierry et Fouad viennent de décomposer la lumière blanche à l'aide d'un prisme. Pourraient-ils, inversement, fabriquer de la lumière blanche ?

Ta mission Cherche comment fabriquer de la lumière blanche.

POUR T'AIDER Dans une feuille cartonnée blanche, trace un cercle de 20 cm de diamètre.

– Découpe le disque obtenu en sept secteurs angulaires. Peins ces secteurs avec les couleurs de l'arc-en-ciel.

– Perce le disque en son centre à l'aide d'une aiguille à tricoter. Mets le disque en rotation autour de l'aiguille.

19 Trouve les couleurs du clown

Un clown a été photographié à travers trois filtres : rouge, vert et bleu. On obtient les images suivantes :

Ta mission Reproduis approximativement la figure ci-contre et reconstitue l'image réelle du clown en couleur.

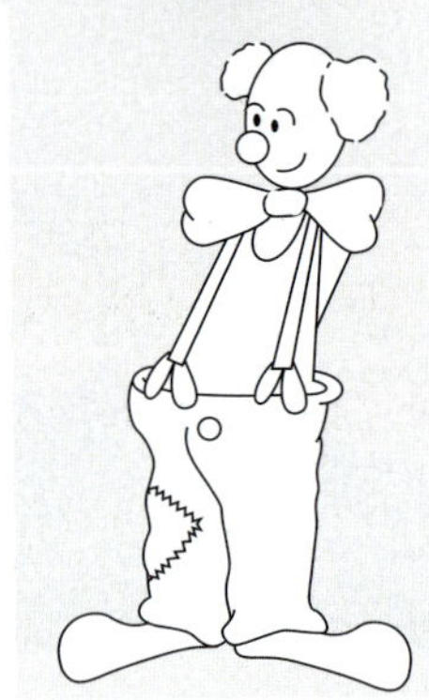

POUR T'AIDER Lorsque plusieurs lumières colorées pénètrent dans l'œil, elles s'additionnent et l'impression colorée qui en résulte est due à leur addition.

20 Les ombres chinoises

Gabrielle et Chloé sont passionnées par les ombres chinoises.

Ayant l'habitude d'obtenir des ombres noires, Chloé propose à Gabrielle de réaliser des ombres colorées. Elles disposent pour cela de lampes de poche et de filtres colorés.

Ta mission Quelle expérience proposerais-tu pour que Chloé et Gabrielle obtiennent à la fois une ombre rouge et une ombre bleue de leur main sur un écran blanc ?

Exerce tes compétences expérimentales

Le problème à résoudre

Tu disposes des tubes de peinture de la figure 1.

Tu dois peindre le dessin de la figure 2, pour obtenir celui de la figure 3.

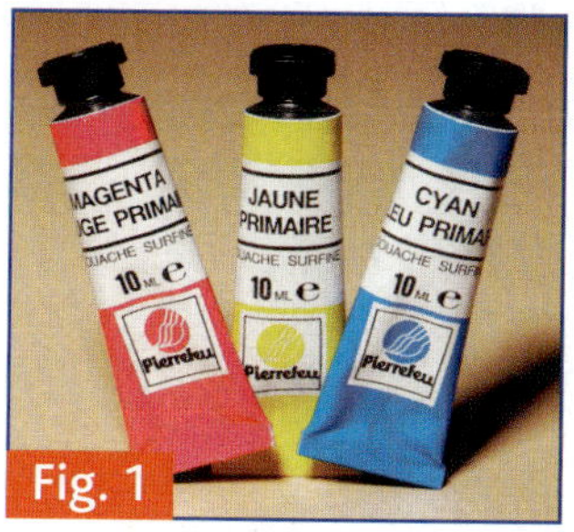

Fig. 1

Fig. 2

Fig. 3

Réfléchis

Mobilise tes connaissances

▶ Quelles lumières colorées laisse passer un filtre magenta ?

▶ Quelles lumières colorées laisse passer un filtre jaune ?

▶ Quelles lumières colorées laisse passer un filtre cyan ?

▶ Que se passe-t-il lorsqu'une lumière colorée traverse successivement deux filtres colorés ?

Élabore un protocole expérimental

Une peinture se comporte comme un filtre de la même couleur.

▶ Quelles peintures dois-tu mélanger pour obtenir la couleur rouge ?

▶ Quelles peintures dois-tu mélanger pour obtenir la couleur verte ?

▶ Quelles peintures dois-tu mélanger pour obtenir la couleur bleue ?

Propose des expériences

▶ Tu disposes du matériel ci-contre : choisis celui dont tu auras besoin pour résoudre ton problème.

▶ Schématise les expériences que tu devras réaliser dans l'ordre que tu auras choisi.

Passe à l'action

- Réalise les expériences.
- Communique tes résultats.
- Rédige ta conclusion.

Pour t'aider, reporte-toi à la fiche page 211.

Chapitre

10 Les lentilles

OBJECTIFS

- Distinguer une lentille convergente d'une lentille divergente.
- Trouver le foyer d'une lentille convergente et estimer sa distance focale.
- Savoir positionner une lentille par rapport à un objet pour obtenir une image nette sur un écran.
- Connaître le principe de la formation de l'image par une lentille.

Situation 1 Un instrument bien pratique pour mieux lire : la loupe.

? Pourquoi voit-on plus gros à travers certaines lentilles et plus petit à travers d'autres ?

Situation 2 Archimède, savant grec (287-212 av. J.-C.), tenant en échec la flotte romaine à l'aide d'une de ses inventions.

? Comment les lentilles ont-elles pu mettre le feu à la flotte ennemie ?

Situation 3 C'est grâce aux lentilles du projecteur que l'on obtient une grande image sur l'écran de cinéma.

? Comment obtenir une image nette sur un écran ?

Situation 4 Depuis l'invention de la photographie, l'élément principal de l'appareil est une lentille.

? Pourquoi l'image est-elle à l'envers ?

Les ACTIVITÉS des pages suivantes vont t'aider à répondre

Activité 1

Comment classer les lentilles en deux catégories ?

1. Distinction par le toucher

- Prenons une lentille L_1 entre deux doigts en la plaçant de profil.
- Déplaçons deux doigts de son bord vers sa partie centrale.
- Faisons de même avec une seconde lentille L_2.

2. Distinction par observation d'un texte

- Plaçons la lentille L_1 sur un texte imprimé et éloignons-la lentement en regardant le texte à travers elle.
- Faisons de même avec la lentille L_2.

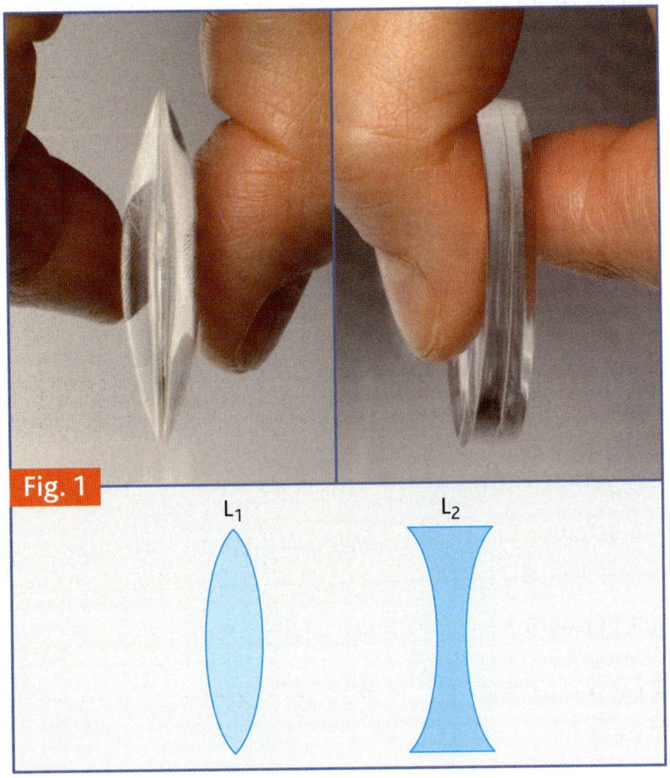

Fig. 1

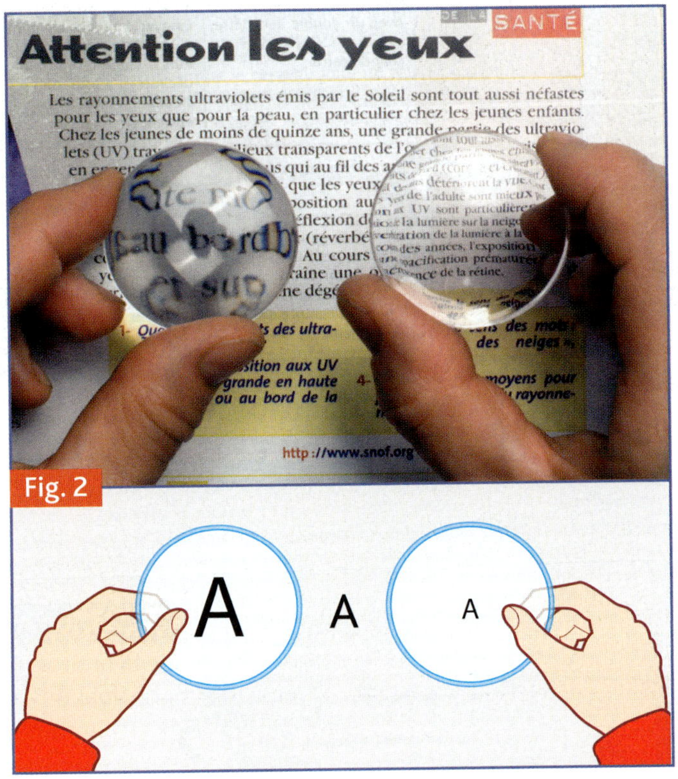

Fig. 2

Vocabulaire

- Une lentille est *convergente* quand son bord est plus mince que sa partie centrale.
- Une lentille est *divergente* si son bord est plus épais que sa partie centrale.

Observe

1. Qu'est-ce qui distingue les deux catégories de lentilles au toucher (Fig. 1) ?
2. Quelles différences observes-tu en éloignant les lentilles du texte (Fig. 2) ?

Exploite tes observations

3. L_1 est-elle convergente ou divergente ?
4. Même question pour L_2.
5. Qu'observes-tu quand tu éloignes la lentille convergente du texte ?
6. Même question pour la lentille divergente.

Conclus

7. Rédige ta conclusion en répondant à la question : « Comment classer les lentilles en deux catégories ? »

Activité 2

Qu'est-ce que le foyer d'une lentille convergente ?

1. Orientation de la lentille vers une source lumineuse

- Prenons une lentille convergente (une loupe par exemple) et orientons-la de façon à ce que son axe optique soit dirigé vers le Soleil.
- Plaçons un écran près de la lentille.

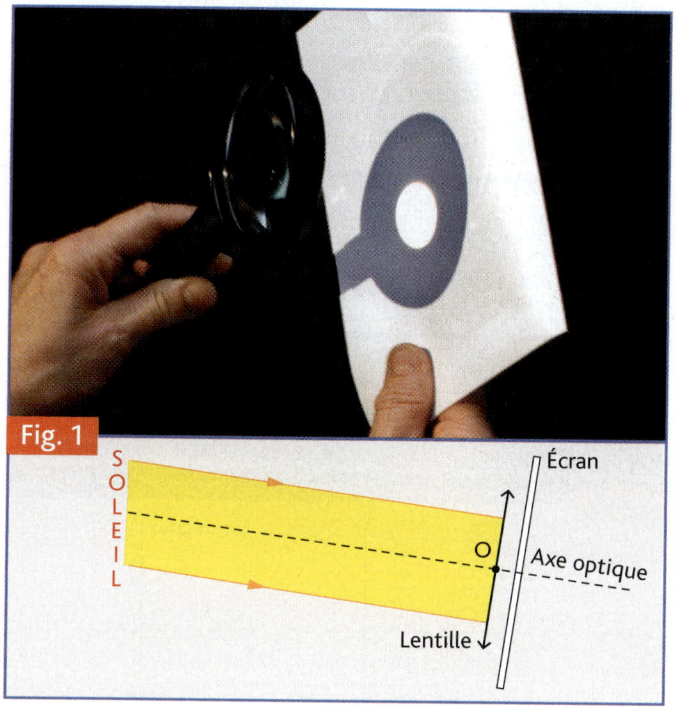

Fig. 1

2. Déplacement de l'écran derrière la lentille

- Éloignons l'écran de la lentille, tout en le maintenant perpendiculaire à l'axe optique. Arrêtons-nous lorsque nous obtenons un point très lumineux.
- Mesurons alors la distance entre la lentille et l'écran.

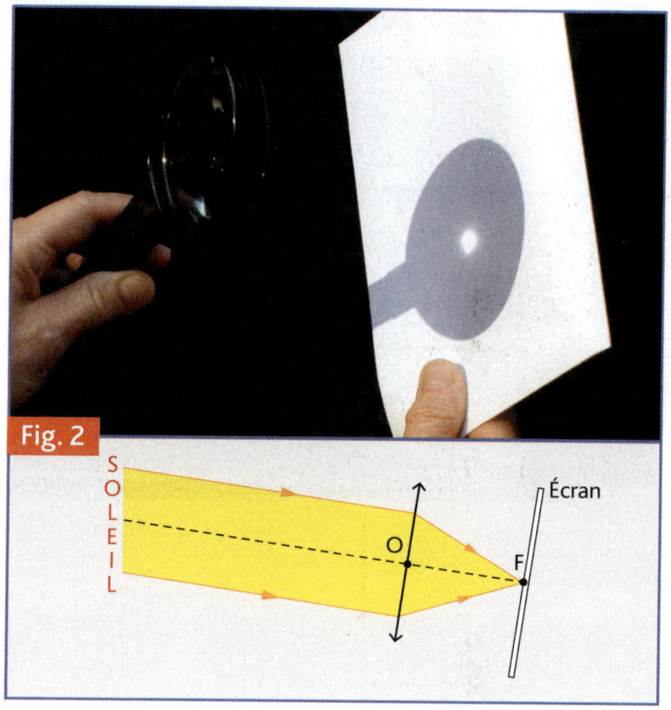

Fig. 2

Fais attention !

Ne regarde jamais directement le Soleil à travers une lentille : tu risques de graves brûlures de la rétine, pouvant conduire à la perte de la vue.

Observe

1. Comment est orienté l'axe optique de la lentille par rapport aux rayons lumineux provenant de la source (Fig. 1) ?
2. Que fait le faisceau de lumière après traversée de la lentille (Fig. 2) ?
3. Comment varie la taille de la zone lumineuse sur l'écran lorsqu'on l'éloigne de la lentille (Fig. 2) ?

Exploite tes observations

4. Le point F est appelé foyer de la lentille. La distance OF est appelée distance focale de la lentille. Quelle est la distance focale de la lentille utilisée ?
5. Explique pourquoi on a donné au point F le nom de foyer.

Conclus

6. Rédige ta conclusion en répondant à la question : « Qu'est-ce que le foyer d'une lentille convergente ? »

Activité 3

Comment placer une lentille pour obtenir une image nette ?

1. La distance objet-lentille est supérieure à la distance focale

- Prenons une lentille convergente de distance focale 12,5 cm, un objet lumineux et un écran.
- Plaçons l'objet à 15 cm de la lentille et déplaçons l'écran jusqu'à y obtenir une image nette.

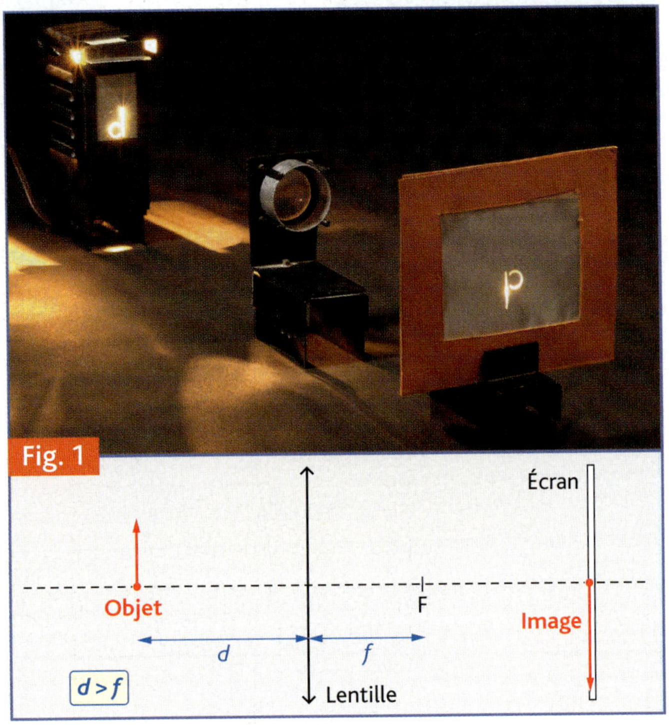

Fig. 1

2. La distance objet-lentille est inférieure à la distance focale

- Plaçons l'objet à 8 cm de la lentille et déplaçons l'écran en cherchant à y obtenir une image nette.
- Regardons l'objet à travers la lentille.
- Rapprochons l'objet de la lentille et déplaçons l'écran en essayant d'y obtenir une image nette.

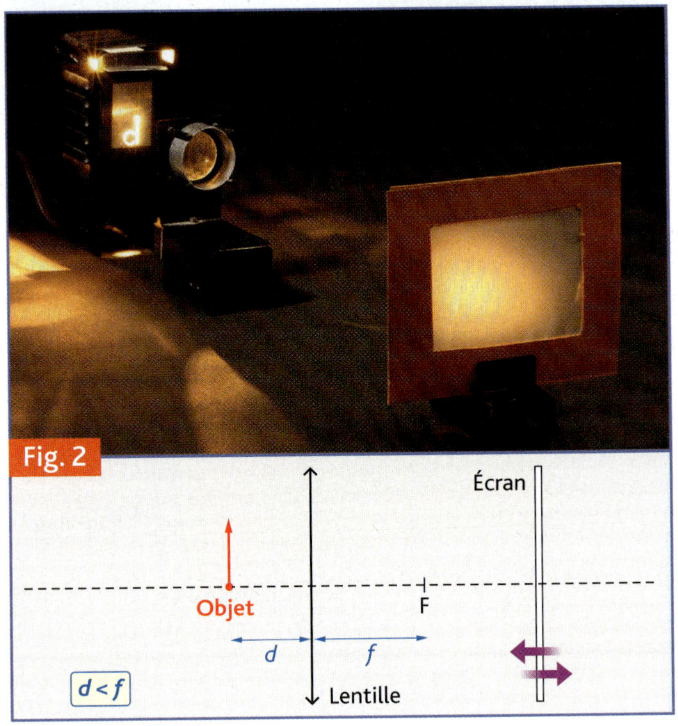

Fig. 2

Coup de pouce

On obtient une image nette pour plusieurs positions voisines de l'écran. Il faut alors choisir la position du milieu.

Observe

1. Que peux-tu dire de l'image si tu la compares à l'objet **(Fig. 1)** ?
2. Peux-tu obtenir une image sur l'écran dans le cas de la **figure 2** ?
3. Que vois-tu à travers la lentille quand elle est à 8 cm de l'objet ?

Interprète

4. Quelle serait la distance entre la lentille et l'image si l'objet était très éloigné (Soleil, paysage) ?
5. Quelle est la distance entre l'objet et la lentille qui marque le passage du cas de la **figure 1** à celui de la **figure 2** ?

Conclus

6. Rédige ta conclusion en répondant à la question : « Comment placer une lentille pour obtenir une image nette ? »

Activité 4

→ Fiche p. 168

Comment l'image se forme-t-elle ?

1. Formation de l'image

- Prenons un objet lumineux rectiligne AB, une lentille convergente et un écran.
- Plaçons-les convenablement pour obtenir une image nette A'B' de l'objet sur l'écran.
- Sur l'écran, traçons un trait au crayon sur toute la longueur de l'image.

2. Exploration de l'image

- À l'aide d'un cache, obturons tout l'objet, sauf son extrémité supérieure.
- Observons l'image obtenue sur l'écran.

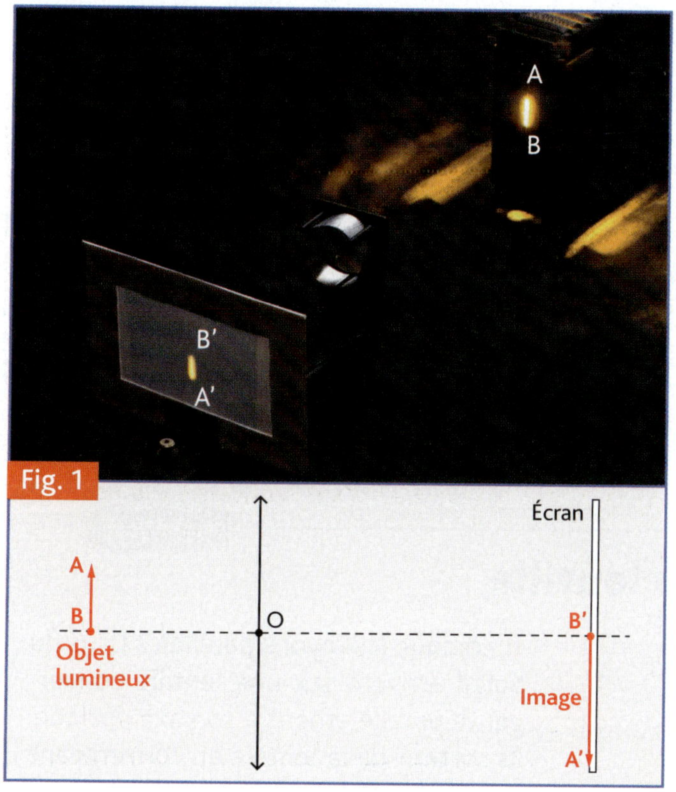

Fig. 1

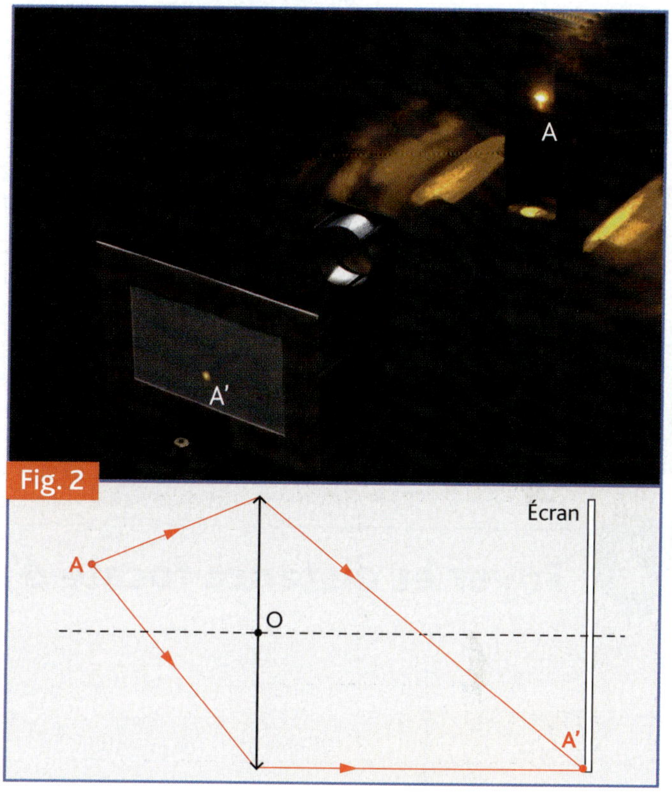

Fig. 2

Coup de pouce

Pour une meilleure qualité de l'image, tu peux limiter le diamètre du faisceau à l'aide d'une ouverture circulaire, appelée diaphragme.

Observe

1. Observe l'image sur l'écran et compare-la à l'objet (sens, taille, distance à la lentille) **(Fig. 1)**.
2. Où se situe l'image de l'extrémité supérieure de l'objet **(Fig. 2)** ?

Interprète

3. Que font tous les rayons lumineux issus de l'extrémité A de l'objet après avoir traversé la lentille ?
4. Si on avait caché tout l'objet, sauf son extrémité inférieure B, qu'aurait-on observé sur l'écran ? Justifie ta réponse à l'aide d'un schéma.

Conclus

5. Rédige ta conclusion en répondant à la question : « Comment l'image se forme-t-elle ? »

L'essentiel par l'image et le texte

Activité 1

1 Les deux sortes de lentilles

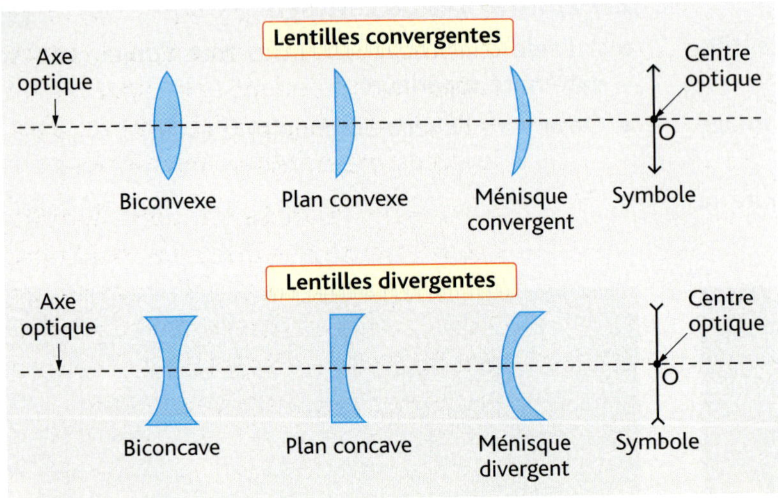

■ Une lentille est un bloc transparent limité par 2 faces planes ou sphériques.

■ Il existe deux sortes de lentilles :
– les lentilles à bord mince, appelées lentilles **convergentes** ;
– les lentilles à bord épais, appelées lentilles **divergentes**.

■ À chaque sorte de lentille correspond un **symbole,** utilisé pour les schémas.

■ Toute lentille possède un axe de symétrie appelé **axe optique**, qui passe par le **centre optique** O de la lentille.

À RETENIR **Il existe deux sortes de lentilles : les lentilles convergentes, à bord mince, et les lentilles divergentes, à bord épais.**

→ Tests 2 et 3, page 169

Activité 2

2 Foyer et distance focale d'une lentille

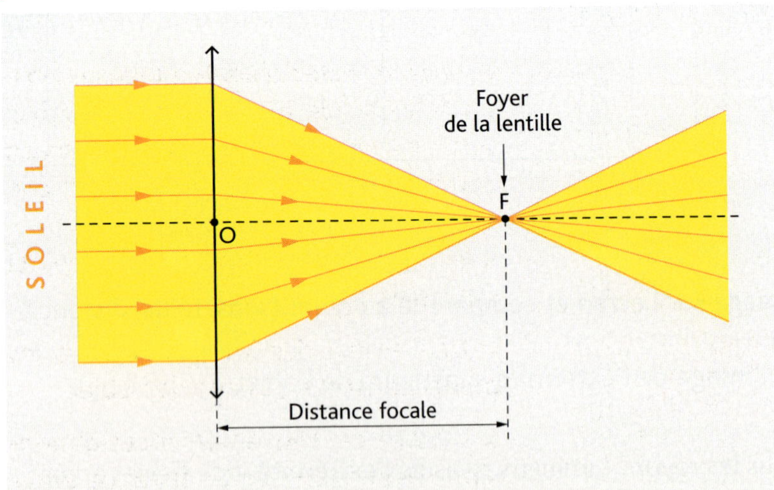

■ Lorsque les rayons parallèles issus du Soleil arrivent sur une lentille convergente parallèlement à son axe optique, ils sortent de la lentille en convergeant vers une petite tache très brillante, pratiquement réduite à un point. L'énergie lumineuse se concentre en ce point : c'est **le foyer** de la lentille.

■ La distance OF séparant le centre optique O d'une lentille de son foyer F est appelée **distance focale.** Elle dépend de la forme de la lentille.

À RETENIR **Le foyer d'une lentille convergente est le point où la lentille fait converger un faisceau de rayons parallèles à l'axe. La distance entre le foyer et le centre optique de la lentille est la distance focale.**

→ Test 4, page 169

3 Image donnée par une lentille convergente

Activité 3

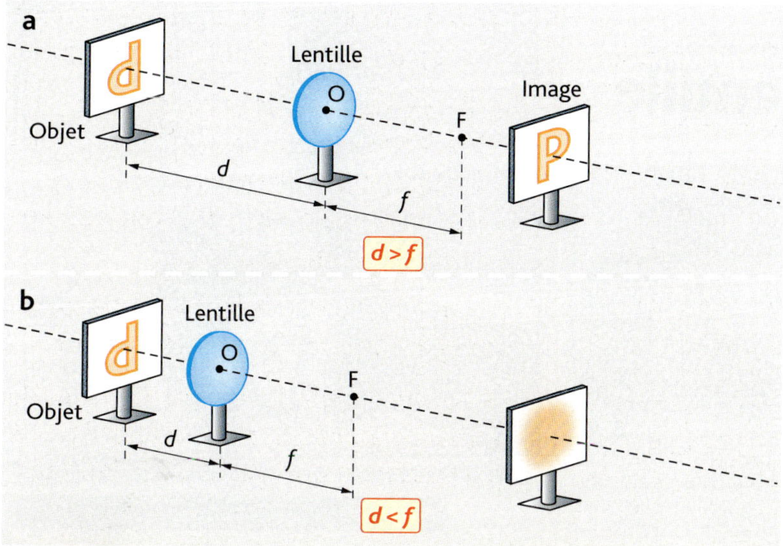

■ Lorsque la distance entre l'objet et la lentille est **supérieure à la distance focale (a)**, on obtient une image sur un écran. Cette image est **renversée.** C'est le cas du projecteur de diapositives.

■ Lorsque la distance objet-lentille est **inférieure à la distance focale (b)**, on ne peut pas obtenir d'image sur un écran : l'image s'observe directement en plaçant l'œil derrière la lentille. Elle est à **l'endroit**. C'est le cas de la loupe.

À RETENIR **Une lentille convergente donne d'un objet lumineux une image sur un écran si la distance objet-lentille est supérieure à la distance focale.**

→ Tests 5 et 6, page 169

4 Principe de formation de l'image

Activité 4

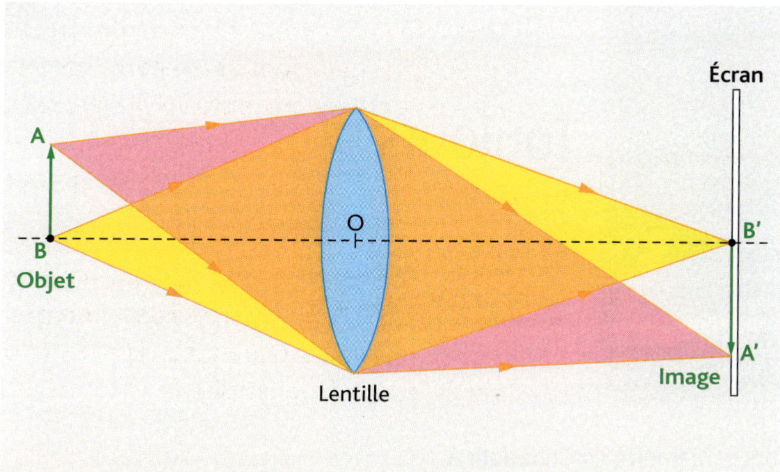

■ Le point A de l'objet lumineux envoie un faisceau de lumière sur la lentille. Après traversée de la lentille, ce faisceau converge en un point A', qui est l'image de A donnée par la lentille.
Il en est de même pour tous les points de l'objet.

■ L'ensemble des images de tous les points constitue l'image de l'objet.

■ L'image est **renversée** et ses dimensions dépendent de la distance entre l'objet et la lentille.

À RETENIR **Une lentille convergente donne de tout point d'un objet lumineux une image ponctuelle. L'ensemble de ces points-images constitue l'image de l'objet lumineux.**

→ Test 7, page 169

Documents

B2i Pour en savoir plus : http://www.bordas-vento.fr/doc4e

Histoire des sciences

Et l'homme **inventa** la **lentille**...

En 4000 avant J-C., déjà, on savait utiliser des pierres transparentes en cristal de roche pour brûler une surface en concentrant sur elle la lumière du Soleil. Cependant, la première véritable lentille, taillée et polie, découverte à Ninive, date de 700 ans avant J-C.
Au premier siècle de notre ère, à Rome, l'empereur Néron, qui est myope, regarde les combats de gladiateurs à travers une émeraude et les médecins cautérisent les plaies en y concentrant la lumière solaire avec une lentille.
En 1590, l'opticien hollandais Hans Jansen met au point le premier **microscope**. En 1609, le savant italien Galilée fabrique la **lunette** qui porte son nom. Il ouvre ainsi la voie aux observations astronomiques.

Les premiers microscopes et les premières lunettes astronomiques sont inventés au XVIIe siècle.

Es-tu curieux ?

Quelle analogie existe-t-il entre une lentille en optique et le légume du même nom ?

» ?

» Où faut il placer une surface à brûler par rapport à une lentille si on utilise la lumière du Soleil ?
» Recherche la signification du terme « cautériser » et comment une lentille peut servir à cautériser une plaie.

L'Europe a construit dans les Andes du Chili quatre télescopes géants de 8 mètres de diamètre (le VLT), mis en service entre 1998 et 2001.

Astronomie

Toujours **plus grand** !

Les **lunettes astronomiques** comportent deux lentilles : l'objectif et l'oculaire. L'objectif est dirigé vers l'astre à étudier. Pour collecter le maximum de lumière en provenance de cet astre, il doit avoir le plus grand diamètre possible. C'est ainsi que les lunettes les plus récentes ont des objectifs dont le diamètre est supérieur à un mètre. De si grosses lentilles sont difficiles à fabriquer et présentent de nombreux défauts. Aujourd'hui, on remplace la lentille de l'objectif par un miroir concave et l'instrument obtenu est alors un **télescope**.

» ?

» Pourquoi l'objectif d'une lunette ou d'un télescope doit-il avoir le plus grand diamètre possible ?
» Pourquoi remplace-t-on les lunettes astronomiques par des télescopes ?
» D'après toi, pourquoi l'Europe a-t-elle choisi les Andes pour y construire ses télescopes géants ?

Histoire des techniques

Des **guides** pour les **marins**

▲ Les phares sont équipés de lentilles spécifiques pour concentrer la lumière.

Dès l'Antiquité, les marins cherchent à créer des repères pour connaître leur position ou éviter des dangers. Le phare est l'un de ces repères. Le premier phare est construit en face de la ville d'Alexandrie pour le roi d'Égypte Ptolémée, en 300 avant J-C. La source de lumière est un feu de bois. Par la suite, les phares utilisent des feux de charbon, puis des lampes à huile. Au XVIIIe siècle, on améliore le système en cherchant à concentrer la lumière. La lentille à échelons, inventée par Fresnel au XIXe siècle, permet d'obtenir un faisceau de lumière parfait (photo).
Aujourd'hui, les lampes des phares sont électriques et chaque phare possède sa «signature», afin de pouvoir être identifié : couleur de la lumière, nombre d'éclats lumineux longs ou courts, période de la séquence d'éclats émis.

» ?

» Quelles furent les sources de lumière utilisées successivement pour les phares ?
» Comment les marins peuvent-ils savoir à proximité de quel phare ils se trouvent ?
» Recherche l'avantage que présente une lentille de Fresnel par rapport à une lentille classique.

Métier

La photographie, **tout un art** !

Le photographe travaille à des fins journalistiques, publicitaires ou artistiques, pour la presse, une agence de publicité ou pour des particuliers qui veulent immortaliser un moment heureux de leur vie (mariage, baptême...).
Son matériel est délicat, coûteux et de plus en plus sophistiqué, mais ce n'est pas uniquement le matériel qui fait la bonne photo. Le photographe doit aussi être créatif et posséder un sens artistique, doublé de bonnes connaissance techniques.

» ?

» Dans quels domaines un photographe peut-il exercer son activité ?
» Quelles sont les qualités requises pour faire un bon photographe ?
» Recherche ce que les appareils photo argentique et numérique ont en commun et en quoi ils diffèrent.

▲ Le photographe Yann Arthus-Bertrand est photographe-reporter. Il est surtout connu du grand public pour ses photos aériennes.

Compétence expérimentale

Obtenir une image nette avec une lentille

On veut obtenir sur un écran, avec une lentille convergente, une image agrandie et nette du filament d'une lampe.

Comment faire ?

1. Choisir une lentille adaptée à la longueur de la table.

Placer une lampe sur un support de hauteur variable et la positionner à l'une des extrémités de la table.
Placer l'écran sur son support à l'autre extrémité de la table.
Prendre une lentille sur support et la déplacer entre la lampe et l'écran. La lentille convient si l'on peut obtenir une image agrandie du filament de la lampe sur l'écran.

2. Former l'image du filament avec la lentille choisie.

Calculer la distance focale de la lentille à partir de l'indication en dioptrie inscrite sur sa monture. Exemple : si on lit 3 δ, la distance focale est égale à 1/3 = 0,333 m = 33,3 cm.
Placer la lentille à une distance de la lampe comprise entre une et deux fois la distance focale, puis déplacer l'écran de manière à obtenir une image agrandie.

3. Centrer le montage.

Régler le support de la lampe pour que le filament soit au niveau de l'axe optique de la lentille (cette opération permet de centrer le montage).
Vérifier que l'écran est bien perpendiculaire à l'axe optique de la lentille.

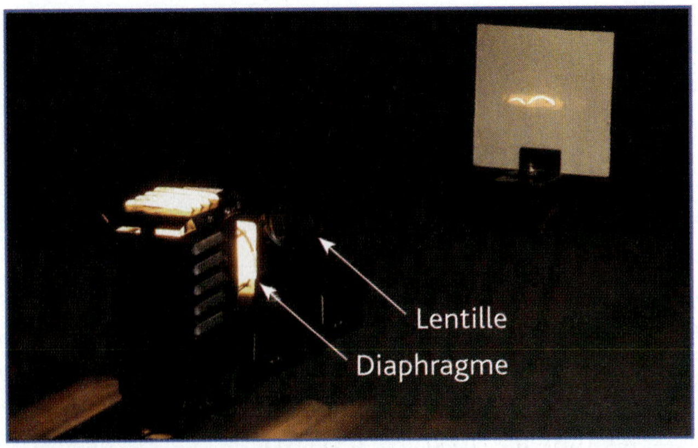

4. Diaphragmer la lentille.

Placer un diaphragme d'ouverture réglable entre la lampe et la lentille.
Diminuer le diamètre de l'ouverture jusqu'à ce que l'image atteigne son maximum de netteté.

→ Entraîne-toi en page 173

Tests
Vérifie tes connaissances

1 Recopie et complète

a. Les lentilles à bord mince sont des lentilles **...** . Les lentilles à bord épais sont **...** .

b. La distance focale d'une lentille est la distance comprise entre son **...** et son **...** .

c. Pour obtenir l'image d'un objet sur un écran, il faut une lentille **...** . La distance entre l'objet et la lentille doit être **...** à la distance focale.

d. À chaque point de l'objet, la lentille fait correspondre un point **...** .

2 Classe les lentilles

Parmi les lentilles représentées, lesquelles sont convergentes ? divergentes ?

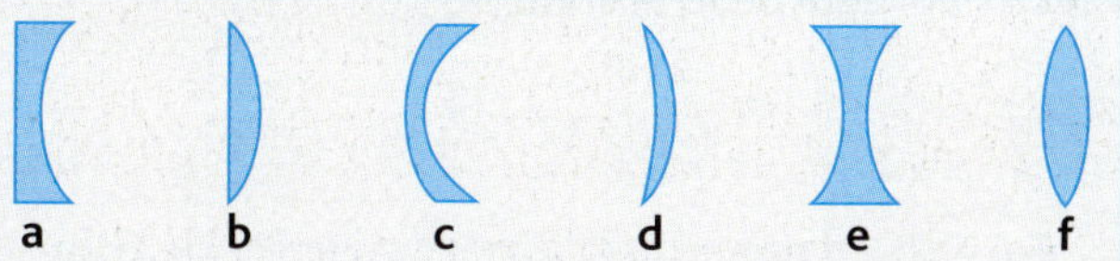

3 Associe les chiffres et les lettres

Attribue à chaque type de lentilles les caractéristiques qui lui correspondent.

1. Lentille convergente
2. Lentille divergente

a. Bord épais
b. Centre épais
c. Bord mince
d. Centre mince
e. Épaisseur constante

4 Vrai ou faux ?

Réponds par vrai ou faux à chacune des affirmations suivantes.

a. L'image donnée par une lentille convergente est toujours à l'endroit.

b. Avec une lentille convergente, on peut toujours obtenir une image sur un écran.

c. En utilisant un objet très éloigné, on peut évaluer la distance focale d'une lentille convergente avec une simple règle.

d. La distance focale d'une lentille est la distance comprise entre l'objet et la lentille.

5 Choisis le bon schéma

Trouve la bonne disposition des éléments pour que l'on obtienne l'image de l'objet sur l'écran.

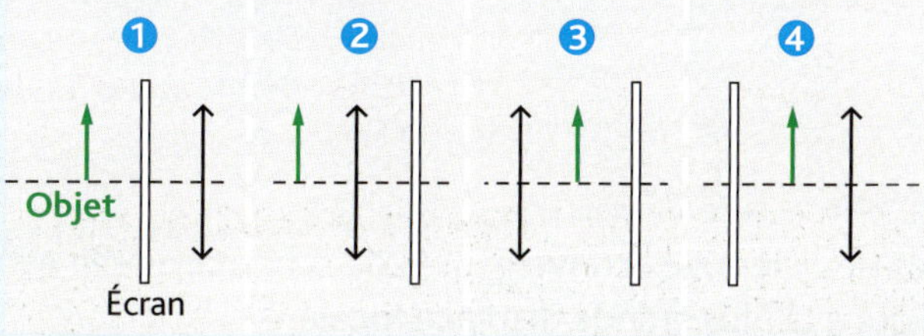

6 Trouve les erreurs

Sur chaque schéma, trouve l'erreur et fais le schéma correct.

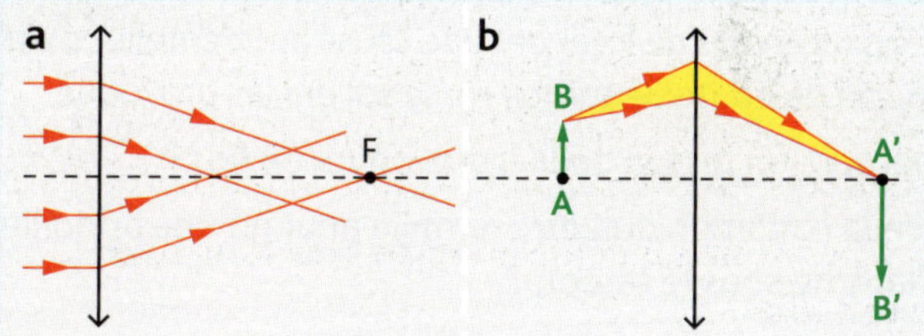

7 Trouve le mot caché

Recopie et complète la grille pour trouver le mot caché.

1. Qualifie la distance entre le centre optique et le foyer. **2.** Mince pour les lentilles convergentes. **3.** Elle est convergente ou divergente. **4.** Lentille à bord épais. **5.** La lentille en donne une image. **6.** C'est sur lui que l'on peut observer l'image. **7.** On peut en obtenir une sur l'écran. **8.** Les rayons qui viennent de l'infini le sont. **9.** Comme le bord des lentilles convergentes. **10.** Qualifie l'axe d'une lentille. **11.** Endroit où la lentille fait converger des rayons parallèles à l'axe.

→ Solutions en page 220

Exercices* Utilise ce que tu as appris

8 Comparer des distances focales

Plus les faces d'une lentille convergente sont bombées, plus sa distance focale est petite.

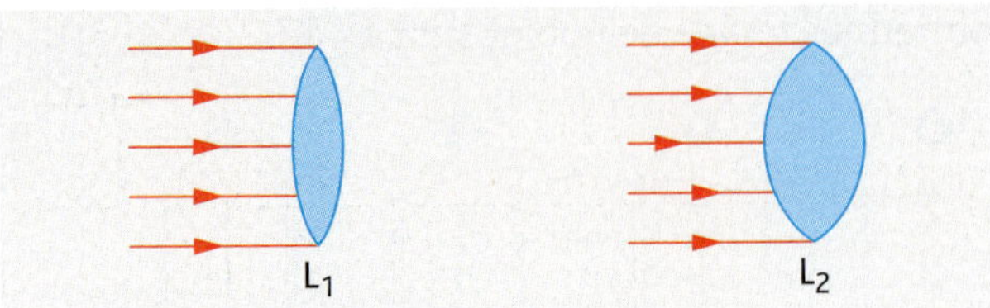

1. Des deux lentilles convergentes du schéma, quelle est celle qui a la plus grande distance focale ?

2. Recopie les schémas et dessine la marche des rayons lumineux après traversée de la lentille.

9 Évaluer un risque d'incendie

Certains incendies de forêt ont une cause accidentelle : c'est un tesson de bouteille tombé sur le sol qui les provoque.

1. Pourquoi un tesson peut-il provoquer un feu ?

2. Quelle condition doit être remplie pour qu'une brindille s'enflamme sous le tesson ?

10 Exploiter un tableau de mesures

→ Solution en page 220

Lucas place un objet de 2 cm de hauteur devant une lentille convergente de distance focale égale à 10 cm.

Il déplace l'objet par rapport à la lentille et note, pour chaque valeur *d* de la distance qui les sépare, la hauteur *h* de l'image obtenue sur un écran. Les valeurs qu'il obtient figurent dans le tableau suivant :

d (cm)	12	13	15	20	30	50	80	100
h (cm)	10	6,6	4	2	1	0,5	0,3	0,2

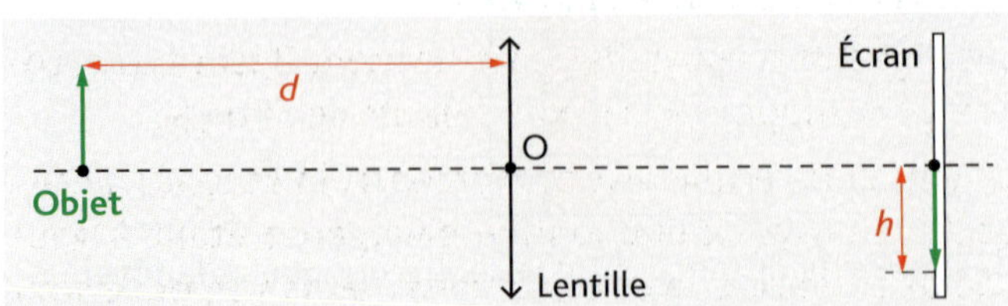

1. Pour quelle valeur d_1 de *d* l'image a-t-elle la même hauteur que l'objet ? Compare cette valeur à celle de la distance focale. Que remarques-tu ?

2. Compare la taille de l'image à celle de l'objet quand *d* est inférieure à d_1. Cite un instrument d'optique qui correspond à ce cas.

3. Compare la taille de l'image à celle de l'objet quand *d* est supérieure à d_1.

11 Mesurer la largeur d'un faisceau

Une lentille convergente de diamètre 4 cm et de distance focale 10 cm reçoit d'une source lointaine un faisceau de lumière parallèle à son axe optique.

1. Schématise à l'échelle 1/2 la lentille et le faisceau de lumière avant et après la lentille.

2. Quel sera le diamètre du faisceau :
– à 5 cm de la lentille ?
– à 12 cm de la lentille ?

3. À quelle distance de la lentille le faisceau aura-t-il le même diamètre qu'avant la lentille ?

12 Dessiner la marche des rayons lumineux

La lentille donne du point objet A l'image ponctuelle A'.

- Recopie les schémas suivants et complète le tracé des rayons au-delà de la lentille.

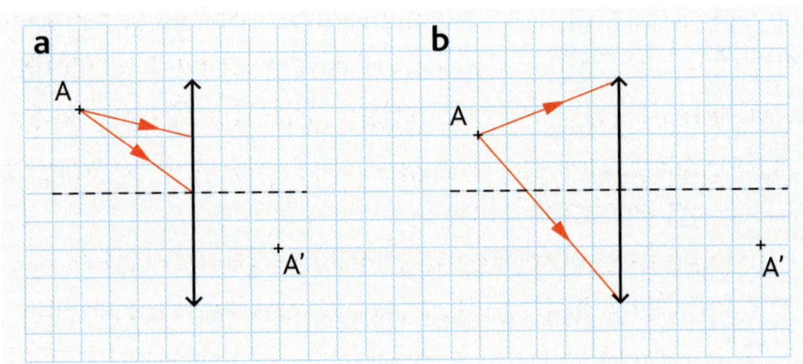

13 Exploiter un schéma

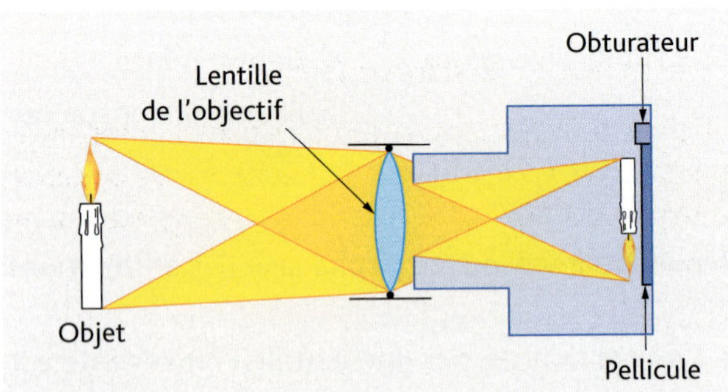

Le schéma représente la marche d'un faisceau lumineux à travers un appareil photo argentique.

1. Quelle que soit la position de l'objet, où doit toujours se former son image ?

2. On photographie une étoile avec un objectif de distance focale 50 mm. Quelle sera la distance entre l'objectif et la pellicule pour que l'image soit nette ?

3. On photographie ensuite un sujet rapproché. Que faut-il faire pour que l'image soit encore nette ?

14 Nature du faisceau émergent

Observe les 3 schémas et déduis-en la condition pour que le faisceau sortant de la lentille soit :

a. convergent ; b. parallèle ; c. divergent.

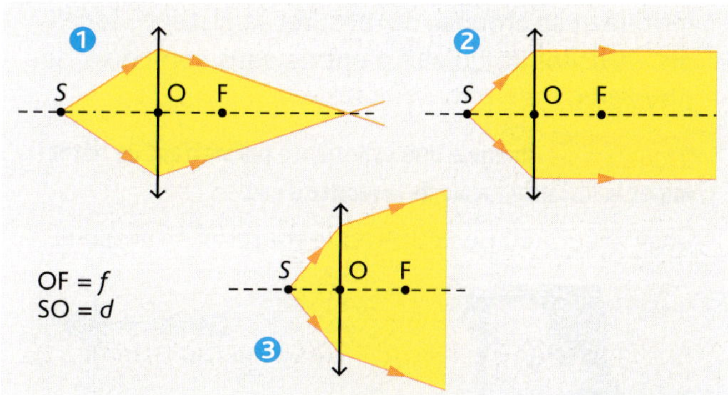

15 L'entonnoir à lumière

La quantité de lumière que capte une lentille est proportionnelle à la surface de la lentille exposée à la lumière.

1. Exprime la surface d'un cercle en fonction de son rayon.
2. Quand le rayon est multiplié par 2, par quel nombre la surface est-elle multipliée ?
3. Quel est le rapport des quantités de lumière pénétrant dans deux lunettes dont les diamètres valent respectivement 5 et 20 cm ?
4. Pour une lunette astronomique, vaut-il mieux choisir un diamètre de 5 cm ou un diamètre de 20 cm pour la première lentille ? Pourquoi ?

16 Vergence et distance focale

Les opticiens caractérisent les lentilles par leur vergence : la vergence d'une lentille est l'inverse de sa distance focale exprimée en mètre. L'unité de vergence est la dioptrie, de symbole δ.

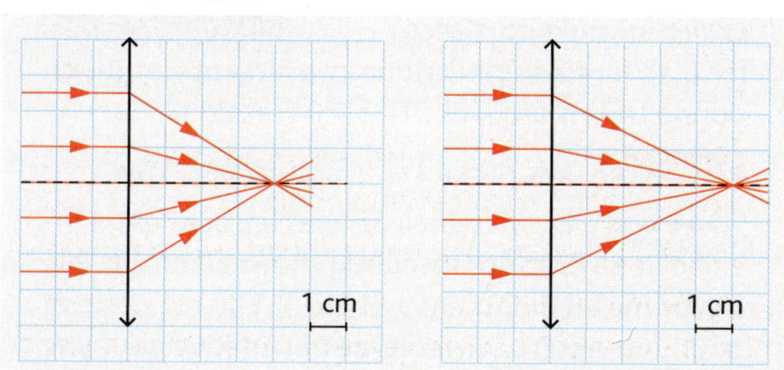

1. Exprime en cm, puis en m, la distance focale des lentilles représentées sur le schéma.
2. Calcule la vergence de chacune.

17 Des rayons lumineux très spéciaux

La lentille donne de l'objet AB l'image A'B'.

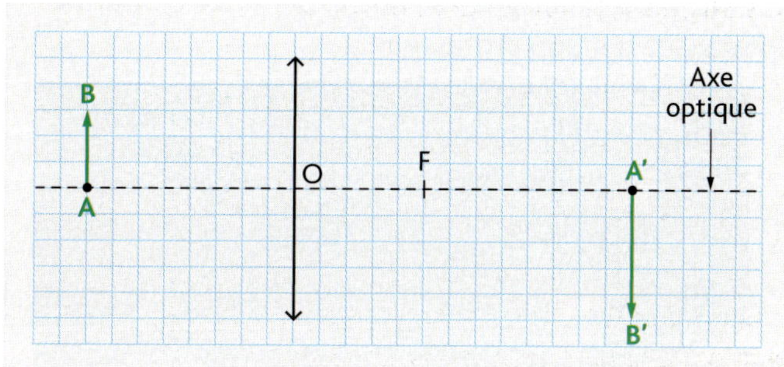

1. Reproduis le schéma et trace à partir du point B la marche du rayon parallèle à l'axe optique de la lentille. Que remarques-tu ?
2. Trace la marche du rayon issu de B et passant par le centre optique O de la lentille. Que remarques tu ?

18 Et les lentilles divergentes ?

La photo montre la marche, à travers une lentille divergente, de rayons parallèles à l'axe optique.

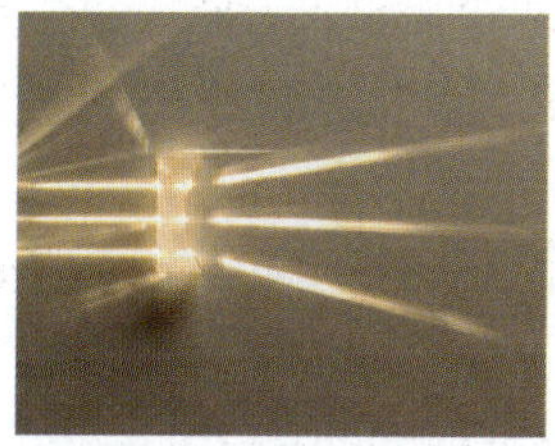

1. À quoi voit-on que la lentille est divergente ?
2. Décalque les rayons sortant de la lentille et vérifie que leurs prolongements se coupent en un point. Ce point est le foyer F de la lentille divergente.
3. Peut-on, comme avec une lentille convergente, enflammer un morceau de papier placé en F ? Justifie ta réponse.

19 *Pour aller plus loin*

Les objectifs d'appareils photo utilisent 2 lentilles accolées pour supprimer certains défauts de l'image.

La première lentille est convergente, la seconde divergente. Le foyer d'une lentille divergente étant à gauche de la lentille, la distance focale et la vergence sont comptées négativement.

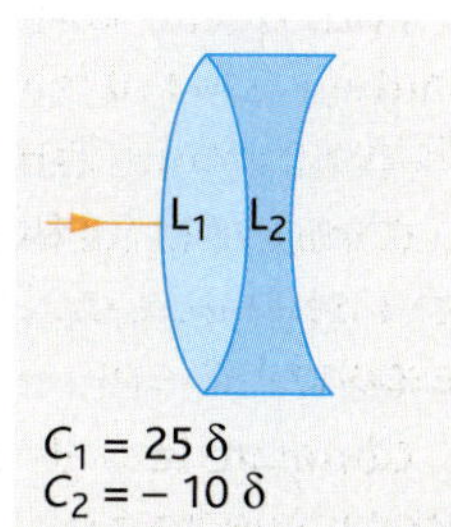

1. Quand on accole deux lentilles, la vergence C de l'ensemble est la somme de leurs vergences C_1 et C_2. Quelle est la vergence de cet oculaire ?
2. Quelle est sa distance focale ? Est-il convergent ou divergent ?

20 Une photo pour preuve

Antoine a photographié une expérience d'optique réalisée par son professeur.

Ta mission **Prouve à Antoine que les rayons lumineux qui passent par le centre optique d'une lentille ne sont pas déviés.**

POUR T'AIDER > Place un papier calque sur la photo et joints un point-objet au point-image correspondant.

Fais une expérience à la maison

21 La brûlure du Soleil

Leïla prétend devant Alexis qu'avec une sphère en verre et une feuille de papier, elle peut connaître la durée de l'ensoleillement d'une journée.

Ta mission **Imagine la méthode utilisée par Leïla.**

POUR T'AIDER > Une sphère en verre se comporte comme une lentille, quelle que soit la direction des rayons lumineux qui l'éclairent.

– Repère sur le papier la longueur qui correspond au déplacement du Soleil pendant une durée déterminée.

Fais une expérience à la maison

22 Le foyer de la goutte

Manon pense qu'une goutte d'eau constitue une lentille et se propose de mesurer sa distance focale en utilisant ce qu'elle a appris dans son cours de physique.

Ta mission **Imagine une expérience permettant de déterminer la distance focale de la goutte d'eau.**

POUR T'AIDER > Tu peux utiliser le matériel ci-dessous.

23 La lentille inconnue

Le professeur de physique a demandé aux élèves de prendre une lentille convergente et de déterminer sa distance focale. Florent s'est trompé de boîte et a pris une lentille divergente portant l'inscription : – 10 δ.

Il ne trouve pas son foyer. Claire lui suggère d'accoler à sa lentille une lentille convergente et lui en donne trois marquées : 15 δ, 20 δ et 25 δ.

Ta mission **Aide Florent à faire réapparaître le foyer.**

POUR T'AIDER > La vergence d'une lentille est l'inverse de sa distance focale exprimée en mètre. Elle s'exprime en dioptrie (symbole δ). Elle est positive pour une lentille convergente et négative pour une lentille divergente.

– La vergence d'un ensemble de deux lentilles accolées est la somme des vergences.

Investigation

Exerce tes compétences expérimentales

Le problème à résoudre

Sur l'une des lentilles de la boîte, l'indication de la distance focale n'est plus lisible. On ne peut pas utiliser les rayons du Soleil, car dehors il pleut.

Retrouve la distance focale de la lentille.

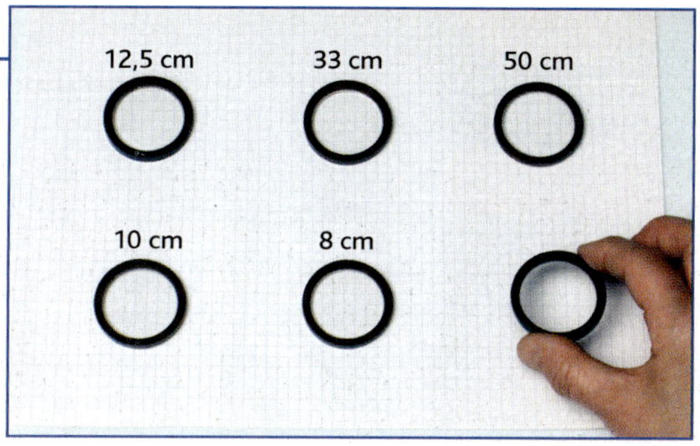

Réfléchis

Mobilise tes connaissances

- Comment doivent être les rayons lumineux pour converger au foyer ?
- Comment peux-tu obtenir des rayons parallèles ?
- Comment faire s'il n'y a pas de soleil ?
- Si les rayons sont parallèles, comment peux-tu trouver la position du foyer ? Que peux-tu en déduire ?

Élabore un protocole expérimental

- Que se passerait-il si tu mettais la source de lumière à une distance d'une lentille égale à sa distance focale ?
- Comment peux-tu vérifier que le faisceau qui émerge d'une lentille est bien constitué de rayons parallèles ?

Propose des expériences

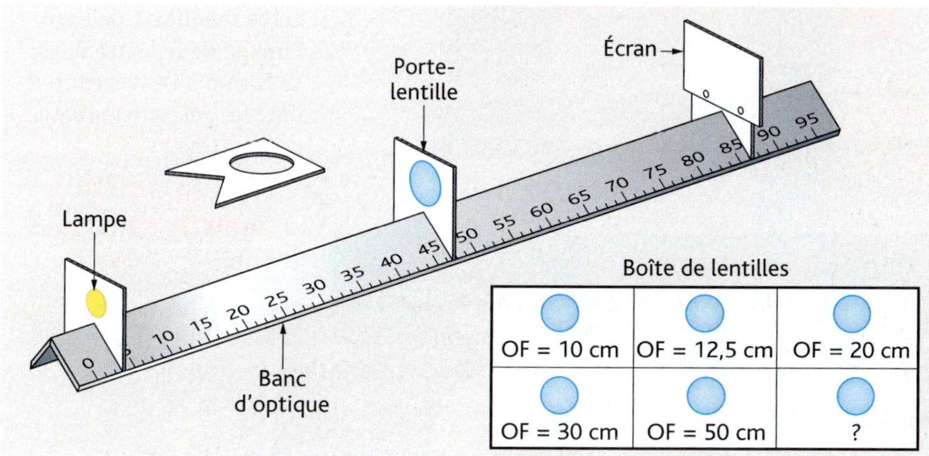

- Tu disposes du matériel ci-contre. Choisis celui dont tu auras besoin pour résoudre ton problème.
- Schématise les expériences que tu devras réaliser dans l'ordre que tu auras choisi.

Passe à l'action

- Réalise les expériences.
- Communique tes résultats.
- Rédige ta conclusion.

Pour t'aider, reporte-toi à la fiche page 211.

Chapitre

11 L'œil

OBJECTIFS

- Modéliser l'œil.
- Préciser le rôle de l'œil dans la vision.
- Expliquer la myopie et retenir le moyen de la corriger.
- Expliquer l'hypermétropie et retenir le moyen de la corriger.

Situation 1 L'appareil photo, comme l'œil, réalisent l'image d'un objet.

? En quoi l'œil et l'appareil photo se ressemblent-ils ?

Situation 2 Dans cette maquette de l'œil, l'image de la lettre Y se forme à l'envers sur l'écran, qui joue le rôle de la rétine.

? Pourquoi, dans la réalité, ne voit-on pas les objets à l'envers ?

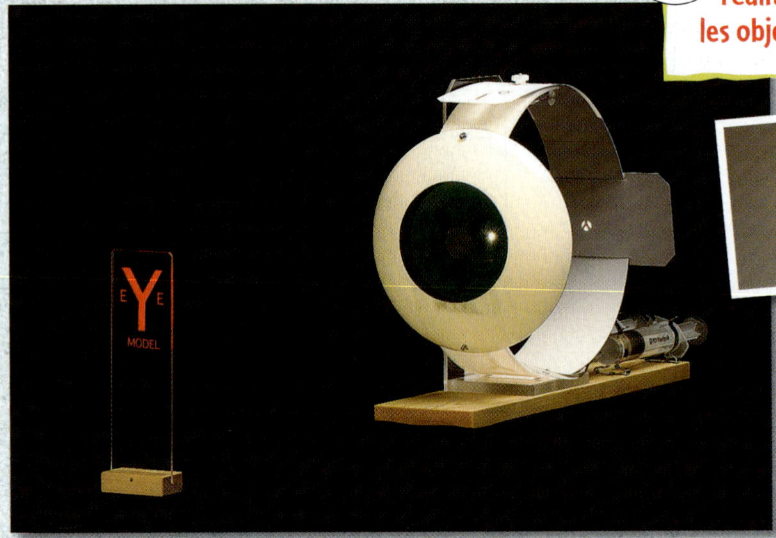

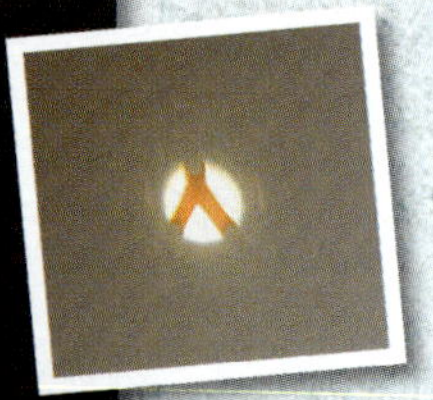

Situation 3 Sans lunettes, cette enfant est obligée de lire de très près.

? Quel défaut de l'œil a cette enfant ?

Situation 4 Les verres de contact (lentilles cornéennes), comme les lunettes, permettent de corriger certains défauts de l'œil.

? Quel défaut de l'œil peut-on corriger avec des verres de contact convergents ?

Les ACTIVITÉS des pages suivantes vont t'aider à répondre

Activité 1

Comment réaliser un modèle de l'œil ?

1. Description de l'œil

- La lumière pénètre dans l'œil par un ensemble de milieux transparents contenus dans une enveloppe indéformable.
- Elle vient frapper la rétine située au fond de l'œil, qui transmet des signaux au cerveau par l'intermédiaire du nerf optique.

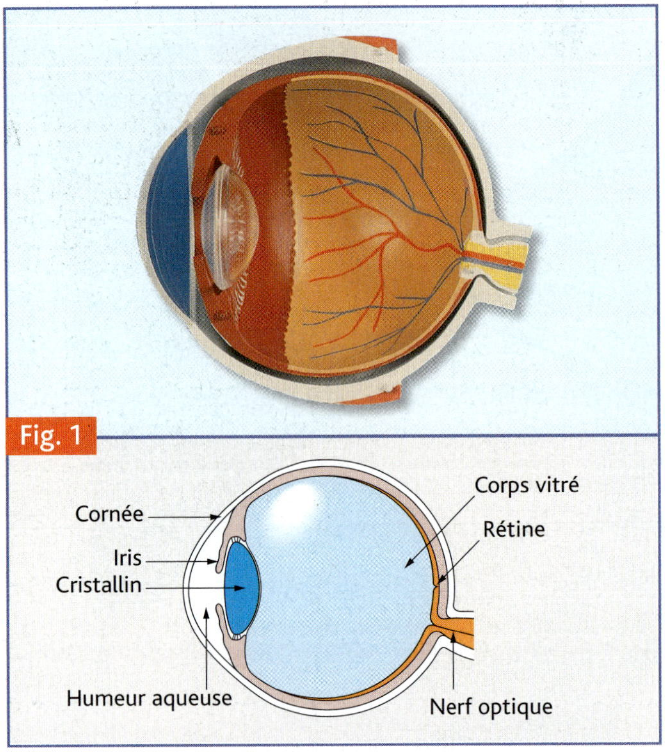

Fig. 1

2. Modélisation de l'œil

- Utilisons une lentille convergente de distance focale 12,5 cm, modélisant les milieux transparents.
- Plaçons la lentille dans son support et disposons celui-ci sur un rail. Disposons un diaphragme jouant le rôle de l'iris devant la lentille.
- Plaçons un écran à 21,4 cm de la lentille.

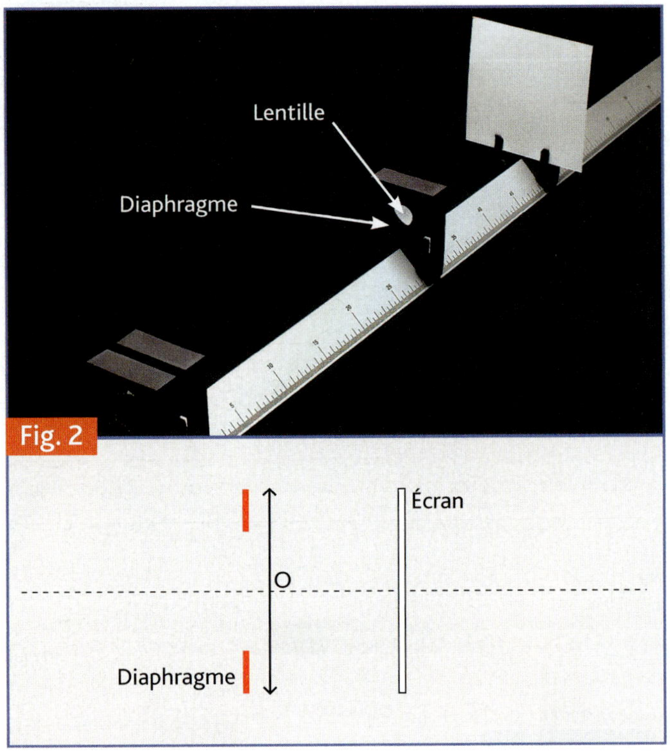

Fig. 2

Fais attention !

Pour réaliser une maquette convenable, il faut que le plan de la lentille et celui de l'écran soient parallèles.

Observe

1. Quels sont les milieux transparents traversés par la lumière pénétrant dans l'œil (Fig. 1) ?
2. Vers quelle région de l'œil la lumière se dirige-t-elle (Fig. 1) ?

Interprète

3. Par quoi représente-t-on l'ensemble des milieux transparents de l'œil (Fig. 2) ?
4. Quel rôle joue l'écran (Fig. 2) ?

Conclus

5. Rédige ta conclusion en répondant à la question : « Comment modéliser l'œil ? »

Activité 2

Comment l'œil assure-t-il la vision ?

1. Simulation à l'aide d'une maquette

- Prenons comme objet la lettre lumineuse F.
- Disposons l'objet devant la lentille de la maquette (activité 1), à 30 cm de celle-ci.

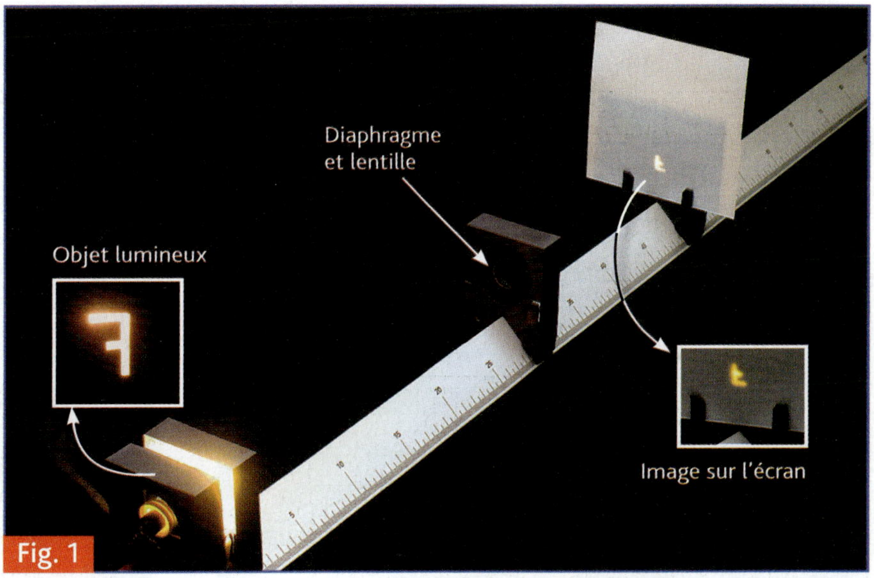

Fig. 1

2. Schématisation à l'aide d'un modèle

- Construisons la marche d'un faisceau lumineux issu de B et pénétrant dans l'œil.
- Représentons l'image A'B' de AB.

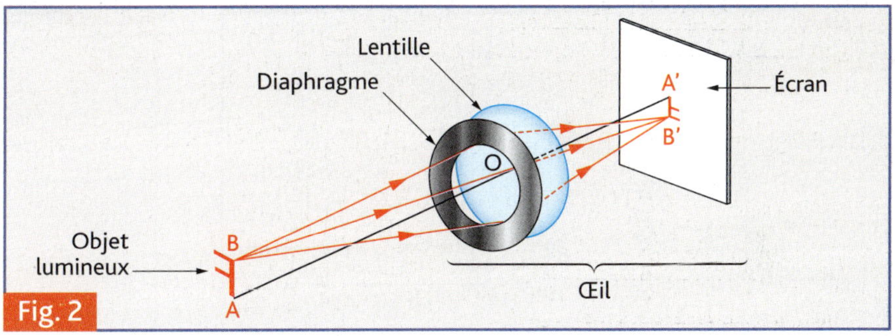

Fig. 2

Fais attention !

N'observe jamais une source lumineuse puissante directement. Tu risques de détériorer ta rétine.

Observe

1. L'image obtenue est-elle nette **(Fig. 1)** ?
2. Comment est orientée l'image de l'objet lumineux F **(Fig. 1)** ?
3. Compare la dimension de l'image avec celle de l'objet **(Fig. 1)**.

Interprète

4. Sur quelle partie de l'œil se forme l'image ?
5. Les objets que tu observes avec tes yeux sont-ils à l'envers ?
6. Quel rôle joue donc le cerveau, auquel l'œil est relié par le nerf optique ?

Conclus

7. Rédige ta conclusion en répondant à la question : « Comment l'œil assure-t-il la vision ? »

Activité 3

Qu'est-ce que la myopie ? Comment la corriger ?

1. Mise en évidence de la myopie

- Utilisons la maquette de l'œil avec une lentille convergente de distance focale 5,0 cm.
- Plaçons l'écran à 15 cm de la lentille convergente.
- Disposons un objet lumineux à 30 cm devant la maquette de l'œil.

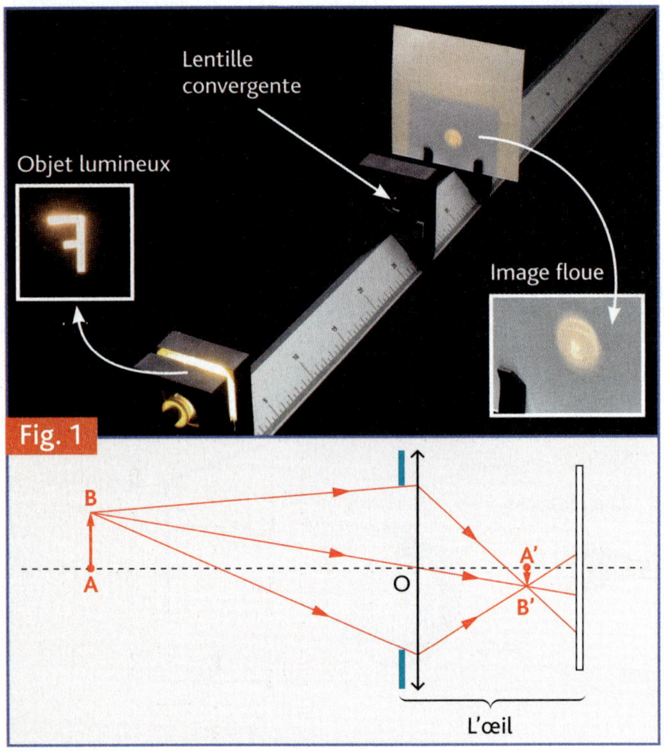

Fig. 1

2. Correction de la myopie

- Utilisons la même maquette de l'œil, sans modifier les distances entre l'objet, la lentille et l'écran.
- Plaçons une lentille divergente de 10 cm de distance focale contre la lentille convergente.

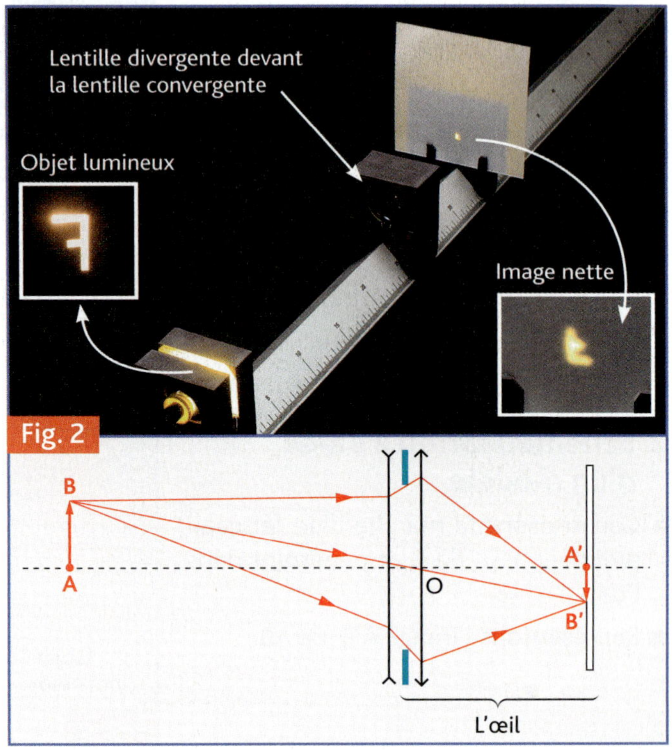

Fig. 2

Fais attention !

Ne modifie pas la distance lentille-écran lorsque tu utilises la maquette.

Observe

1. Par rapport à la rétine, où se forme l'image d'un objet observé dans un œil myope (Fig. 1) ?
2. Que fait-on pour qu'un œil myope puisse observer nettement un objet (Fig. 2) ?

Interprète

3. Pour un œil myope, tout se passe comme si l'œil était :
   – trop court ? – trop long ?
   – trop convergent ? – pas assez convergent ?

Conclus

4. Rédige ta conclusion en répondant à la question : « Qu'est-ce que la myopie ? Comment la corriger ? »

Activité 4

Qu'est-ce que l'hypermétropie ? Comment la corriger ?

1. Mise en évidence de l'hypermétropie

- Utilisons la maquette de l'œil avec une lentille convergente de distance focale 12,5 cm.
- Plaçons l'écran à 11,5 cm de la lentille convergente.
- Disposons un objet lumineux à 30 cm devant la maquette de l'œil.

2. Correction de l'hypermétropie

- Utilisons la même maquette de l'œil, sans modifier les distances entre l'objet, la lentille et l'écran.
- Plaçons une lentille convergente de 25 cm de distance focale contre la lentille convergente de la maquette de l'œil.

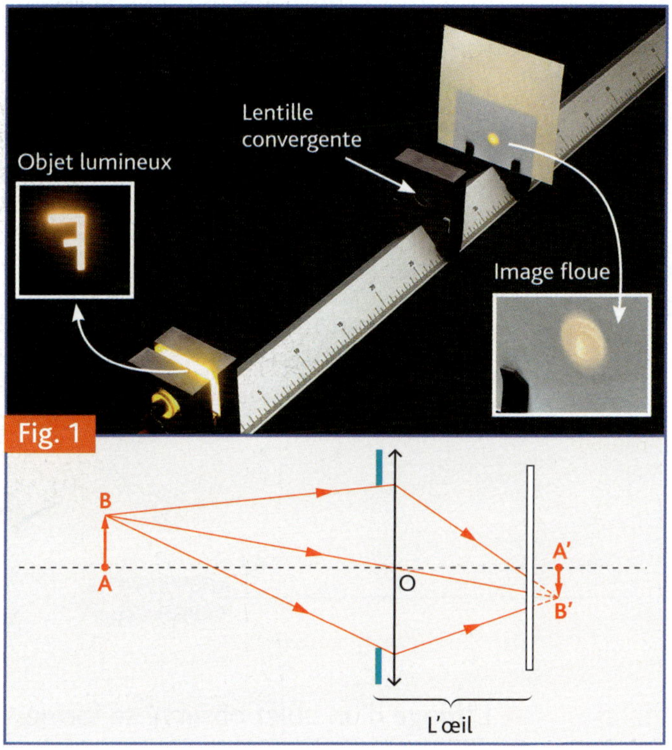

Fig. 1

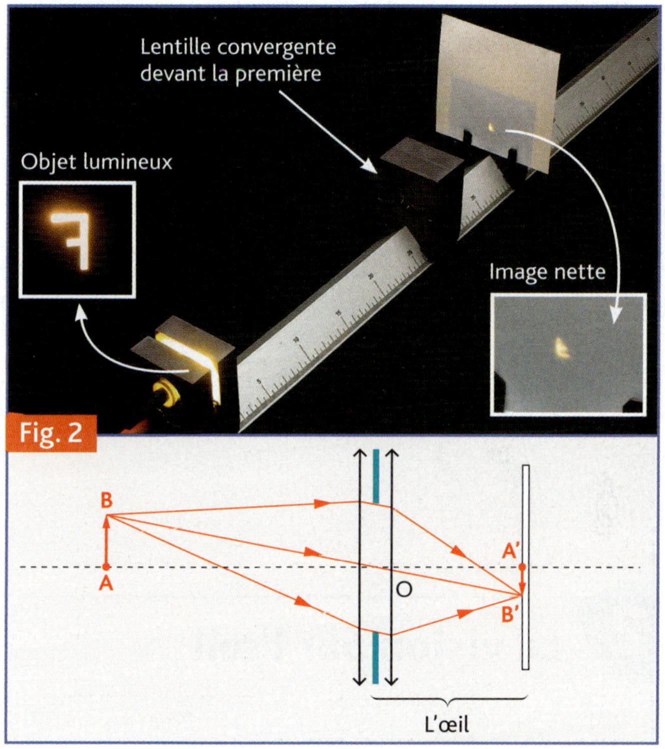

Fig. 2

Fais attention !

Ne modifie pas la distance lentille-écran lorsque tu utilises la maquette.

Observe

1. Par rapport à la rétine, où se forme l'image d'un objet observé par un œil hypermétrope **(Fig. 1)** ?
2. Que fait-on pour qu'un œil hypermétrope puisse observer nettement un objet **(Fig. 2)** ?

Interprète

3. Pour un œil hypermétrope, tout se passe comme si l'œil était :
   – trop court ? – trop long ?
   – trop convergent ? – pas assez convergent ?

Conclus

4. Rédige ta conclusion en répondant à la question : « Qu'est-ce que l'hypermétropie ? Comment la corriger ? »

L'essentiel par le texte et l'image

1 Un modèle simplifié de l'œil

Activité 1

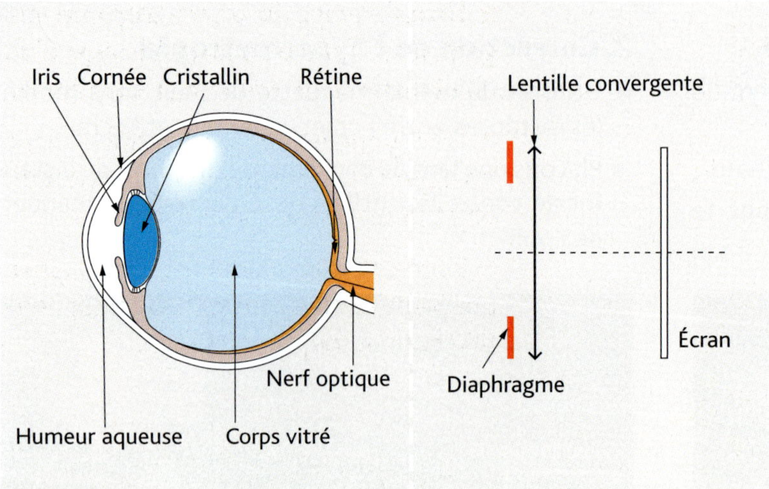

- La lumière pénètre dans l'œil par un ensemble de milieux transparents successifs : la cornée, l'humeur aqueuse, le cristallin, le corps vitré.
- Ces **milieux transparents** sont assimilés à une lentille convergente, qui donne d'un objet éclairé une image sur la rétine. La rétine joue le rôle d'écran.
- L'iris limite la quantité de lumière qui pénètre dans l'œil par la pupille. Il est assimilable à un diaphragme placé devant la lentille.

À RETENIR **Une lentille convergente, un diaphragme et un écran fixe par rapport à la lentille constituent un modèle simplifié de l'œil.**

→ Tests 2 et 3, page 185

2 La vision par l'œil

Activité 2

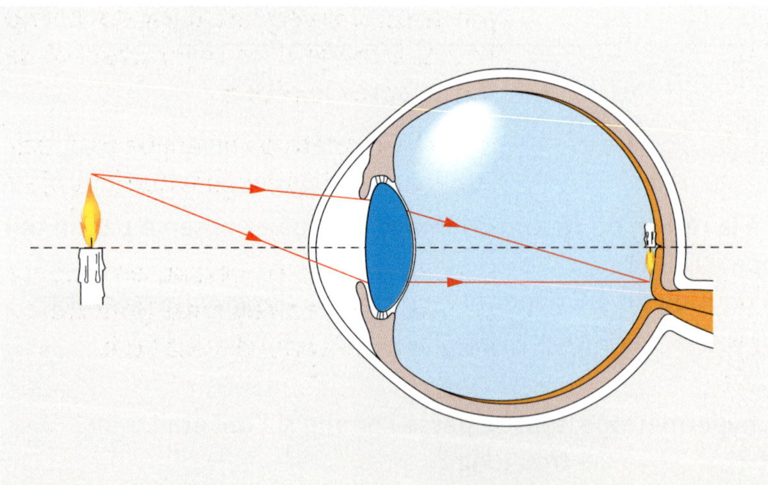

- L'**image** d'un objet observé se forme sur la rétine. Cette image est **renversée** par rapport à l'objet.
- La rétine envoie des signaux au cerveau par l'intermédiaire du nerf optique. Le cerveau reconstitue alors l'image à l'endroit.

À RETENIR **L'image d'un objet observé par l'œil se forme sur la rétine. Elle est renversée.**

→ Test 4, page 185

Activité 3

3 La myopie et sa correction

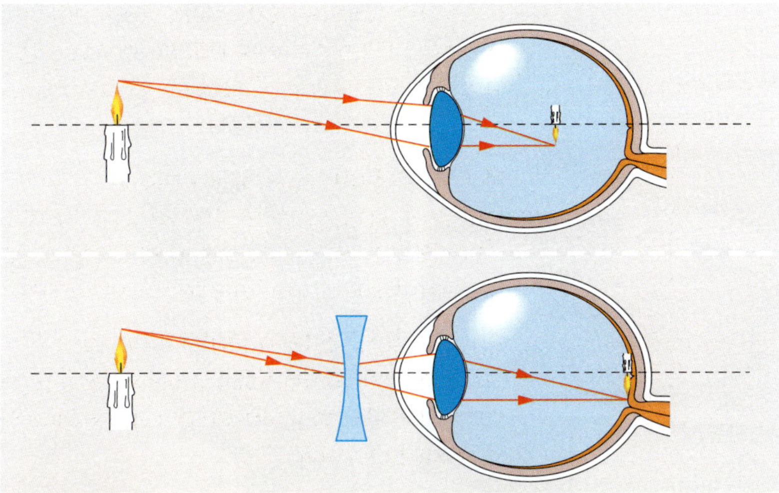

■ Un œil myope est un œil **trop convergent**. Il est donc **trop long**. L'**image** d'un objet observé se forme **avant la rétine**.

■ Un myope ne voit pas distinctement les objets éloignés. Il doit rapprocher un objet pour le voir correctement.

■ Pour corriger ce défaut, on dispose une **lentille divergente** (lunette ou lentille cornéenne) devant l'œil.

À RETENIR **Dans un œil myope, l'image se forme avant la rétine. Pour corriger ce défaut, on dispose une lentille divergente devant l'œil.**

→ Tests 5 et 6, page 185

Activité 4

4 L'hypermétropie et sa correction

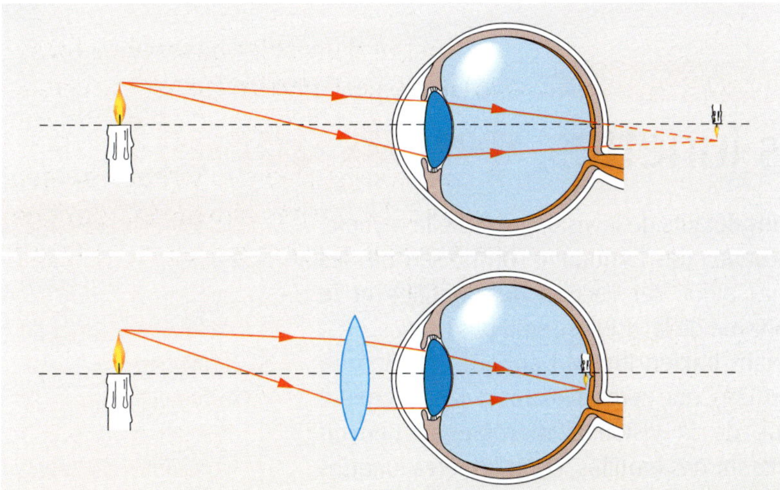

■ Un œil hypermétrope est un œil **pas assez convergent**. Il est donc **trop court**. L'**image** d'un objet observé se forme **après la rétine**.

■ Un hypermétrope distingue plus facilement les objets éloignés que les objets rapprochés.

■ Pour corriger ce défaut, on dispose une **lentille convergente** (lunette ou lentille cornéenne) devant l'œil.

À RETENIR **Dans un œil hypermétrope, l'image se forme après la rétine. Pour corriger ce défaut, on dispose une lentille convergente devant l'œil.**

→ Tests 5 et 6, page 185

B2i Pour en savoir plus : http://www.bordas-vento.fr/doc4e

Métier

Mon opticien-lunetier

Lorsqu'un ophtalmologiste prescrit le port de lunettes ou de lentilles de contact à quelqu'un, celui-ci se rend chez l'opticien-lunetier. L'opticien examine la prescription et conseille l'utilisateur sur le choix de lunettes ou de lentilles. Il procède à des examens complémentaires de vue, puis réalise les lunettes.
L'opticien doit se tenir constamment informé des évolutions techniques et des goûts de la clientèle. Ce métier réclame de bonnes connaissances en mathématiques et en physique, de l'aisance dans les rapports humains, de l'adresse manuelle et un certain goût pour l'esthétisme.

» ?

- » Qu'est-ce qu'un ophtalmologiste ?
- » Le métier d'opticien te conviendrait-il ?
- » Recherche d'autres métiers et formations en relation avec les lunettes de vue.

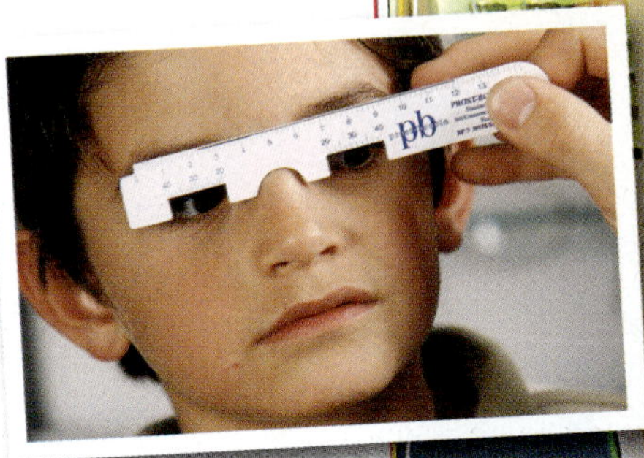

▲ Pour réaliser les lunettes, il faut effectuer quelques mesures.

L'opticien conseille également les clients sur le choix d'une monture. ▶

▲ Chez l'opticien au XVIIIe siècle.

Histoire des sciences

Les lunettes, depuis quand ?

Certains défauts de la vision, comme la myopie, sont connus dès l'Antiquité. On ne sait pas les corriger alors, car l'action des lentilles et le mécanisme de la vision se sont pas connus. C'est le savant irakien Ibn Al-Haitham, dit Alhazen (965-1039), qui, après avoir formulé la première théorie de la vision, s'intéresse au pouvoir grossissant des lentilles. Les premières lunettes correctrices de la vue font leur apparition en Italie à la fin du XIIIe siècle et sont peu à peu perfectionnées. Ce n'est qu'au XVIIIe siècle qu'on imagine de les fixer derrière les oreilles.

» ?

- » Pourquoi ne pouvait-on pas corriger les défauts de la vision connus dans l'Antiquité ?
- » Comment tenait-on les lunettes avant de les fixer derrière les oreilles ?
- » Recherche quel défaut de la vue les premières lunettes corrigeaient et en quoi ce défaut consiste.

Sciences de la vie et de la terre

L'œil, comment ça marche ?

L'œil est un organe très complexe, qui doit pouvoir s'adapter à de nombreuses conditions de vision.
Pour voir de près comme de loin, l'œil doit « accommoder ». C'est le cristallin qui s'adapte en se déformant, grâce à l'action de petits muscles. Devant le cristallin, la pupille – qui est l'espace au centre de l'iris – se comporte comme un diaphragme. En se contractant ou se dilatant, elle règle la quantité de lumière qui pénètre dans l'œil, assurant ainsi la netteté de l'image.
Au niveau de la rétine, l'image est transformée en signaux électriques, que le nerf optique transmet au cerveau. Celui-ci traduit ces signaux en l'image que nous percevons.

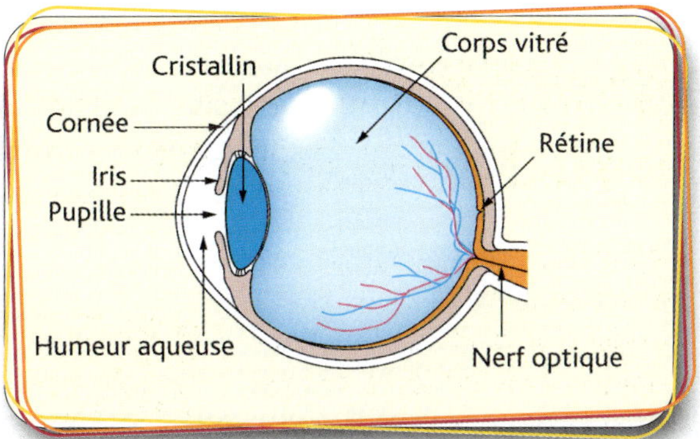

▲ Les principaux éléments de l'œil permettant la vision.

» ?

» Pourquoi l'œil doit-il accommoder selon la distance de l'objet regardé ?
» D'où partent les informations transmises au cerveau ?
» D'après toi, l'image formée par le cerveau correspond-elle toujours à la réalité ? Cite un exemple.

Santé

Quand l'œil confond les couleurs

▲ Beaucoup de daltoniens distinguent mal le vert. Leur vision du paysage du haut ressemble alors à la photo du bas.

La rétine de l'œil comporte des millions de cellules sensibles à la lumière : les cônes et les bâtonnets. Les cônes assurent la vision en couleur. Il en existe de trois types, sensibles au bleu, au rouge ou au vert. Les bâtonnets sont très sensibles et permettent de voir la nuit, mais ne distinguent pas les couleurs. Le cerveau élabore la couleur que nous percevons en additionnant les signaux envoyés par les cônes. Lorsque les cônes fonctionnent mal, nous avons une mauvaise perception des couleurs : c'est le **daltonisme**, du nom du physicien anglais John Dalton, qui décrivit cette anomalie à la fin du XVIIIe siècle.

» ?

» Quelles sont les cellules qui permettent la vision des couleurs ?
» Une dicton dit que "la nuit, tous les chats sont gris ". **Donne une explication scientifique.**
» Cite les métiers qui peuvent poser problème aux daltoniens.

Es-tu daltonien ?

Si tu distingues deux nombres sur ces figures, alors tu ne l'es pas.

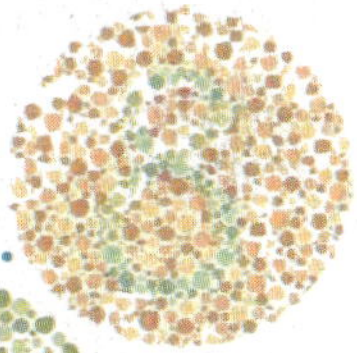

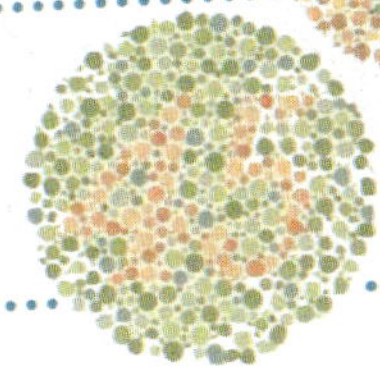

Compétence expérimentale

Utiliser une maquette de l'œil

Dans cette maquette de l'œil, le cristallin est modélisé par une poche remplie d'eau. Grâce à un système de seringues, le cristallin change de forme, ce qui le rend plus ou moins convergent.

On souhaite mettre en évidence la myopie et l'hypermétropie et corriger ces défauts avec la maquette.

Comment faire ?

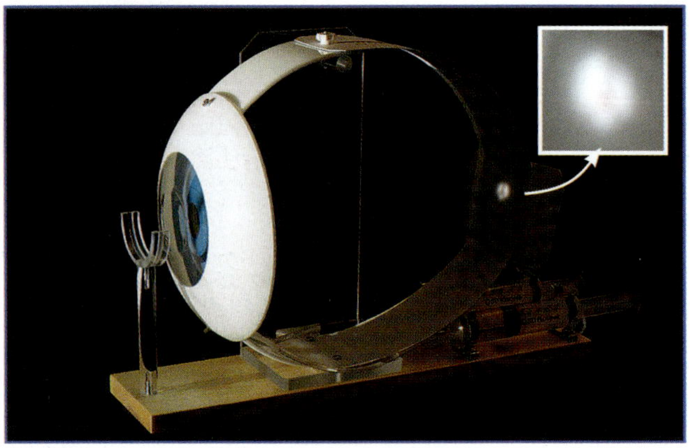

1. Mettre en évidence la myopie.

- Disposer la lampe devant l'objet observé et placer le tout à 1 m de l'œil. Ajuster la forme du cristallin en lui injectant plus ou moins d'eau, de telle sorte que l'image se forme nette sur la rétine.
- Allonger la forme de l'œil : l'image devient floue. À l'aide d'un petit écran blanc, vérifier que l'image nette se forme avant la rétine.

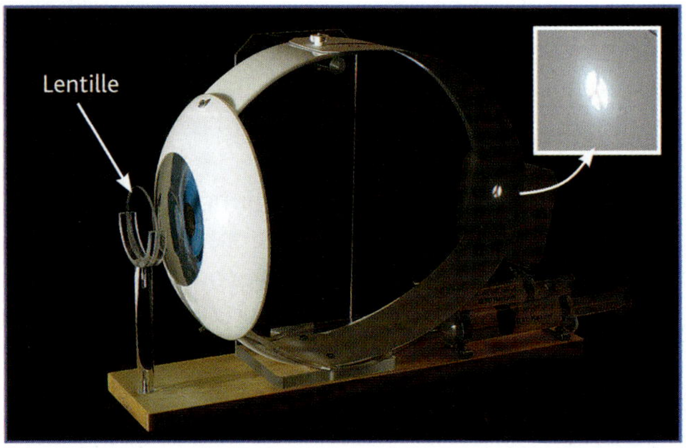

2. Corriger la myopie.

- Placer la lentille divergente devant l'œil. Vérifier que l'image est à nouveau nette sur la rétine : la myopie est corrigée.
- Vérifier qu'en l'absence de lentille divergente, on peut à nouveau former l'image nette sur la rétine en rapprochant l'objet de l'œil, comme le font les myopes.

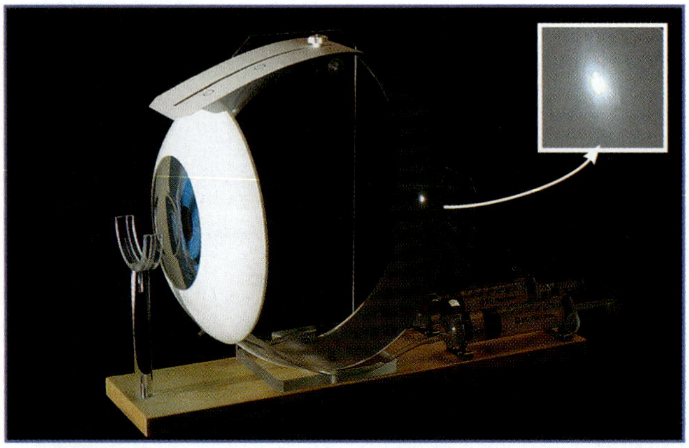

3. Mettre en évidence l'hypermétropie.

- Disposer la lampe devant l'objet observé et placer le tout à 20 cm de l'œil. Ajuster la forme du cristallin en lui injectant plus ou moins d'eau, de telle sorte que l'image se forme nette sur la rétine.
- Raccourcir la forme de l'œil : l'image devient floue. Elle se formerait nette, derrière la rétine.

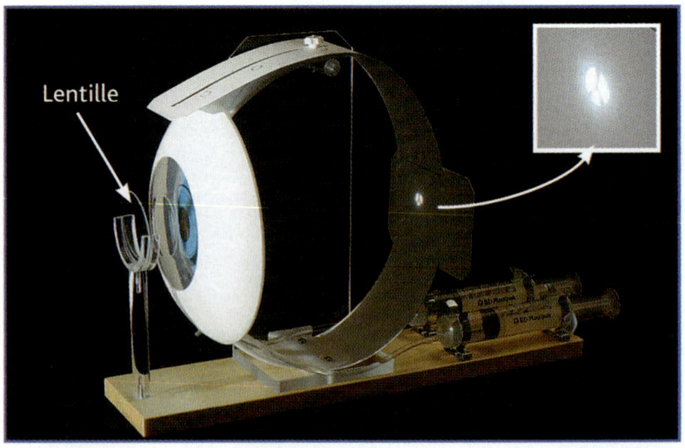

4. Corriger l'hypermétropie.

- Déposer la lentille convergente devant l'œil. Vérifier que l'image est à nouveau nette sur la rétine : l'hypermétropie est corrigée.
- Vérifier qu'en l'absence de lentille convergente, on ne peut pas former une image nette sur la rétine en éloignant l'objet de l'œil.

→ Entraîne-toi en page 189

Vérifie tes connaissances

1 Recopie et complète

a. L'image d'un objet observé se forme sur la ... , qui joue le rôle d'écran.

b. Le ... transporte au cerveau les signaux en provenance de la rétine.

c. La ... est un défaut de la vision qui oblige à placer l'objet observé près de l'œil pour le distinguer. On le corrige en utilisant une lentille ... .

d. L'... est un défaut de la vision que l'on corrige avec une lentille convergente.

2 Remets les mots à leur place

Indique quelle est la position occupée par :

a. le cristallin ;

b. l'iris ;

c. le nerf optique ;

d. la cornée ;

e. la rétine.

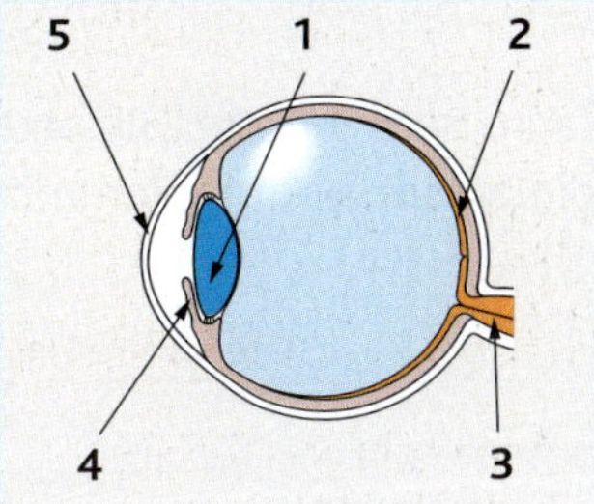

3 Trouve le bon mot

Dans chacune des deux représentations suivantes, désigne la partie de l'œil correspondant à chaque élément.

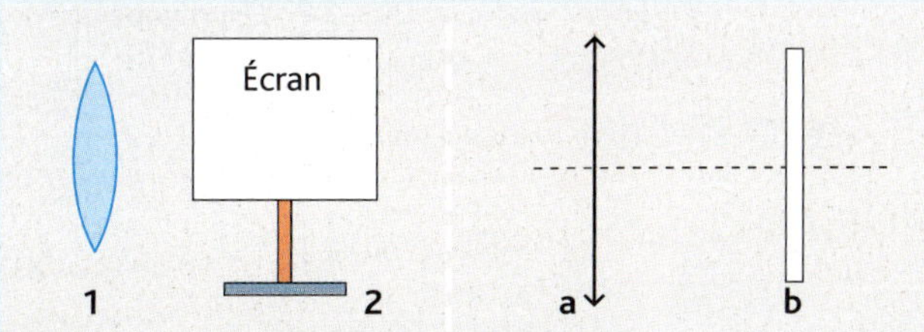

4 Vrai ou faux ?

Pour chaque proposition, indique si l'affirmation est vraie ou fausse.

a. Lorsque la lumière pénètre dans l'œil, elle traverse dans l'ordre : la cornée, la rétine et le cristallin.

b. Les milieux transparents forment l'image d'un objet observé sur la rétine.

c. Le nerf optique transporte des signaux en provenance du cerveau et à destination de la rétine.

5 Reconnais un défaut de vision

1. Amélie est en train de lire (ci-contre). De quel défaut de vision pourrait-elle souffrir ?

2. Leonora, sans lunettes, ne peut voir distinctement les objets rapprochés. De quel défaut de vision pourrait-elle souffrir ?

6 Nomme un défaut de vision

Chacun de ces yeux est atteint d'un défaut de vision. Lequel ?

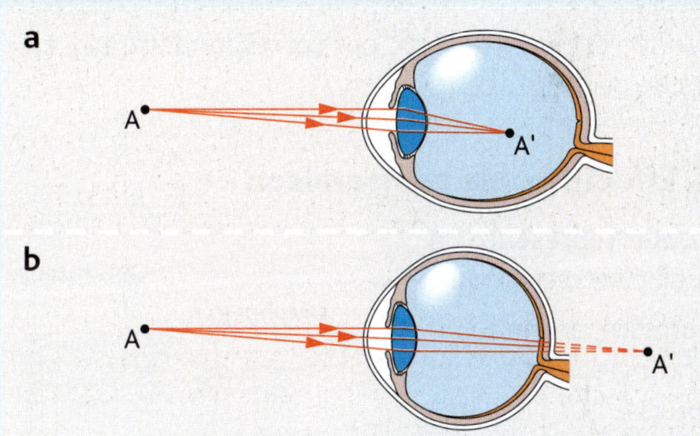

7 Mots croisés

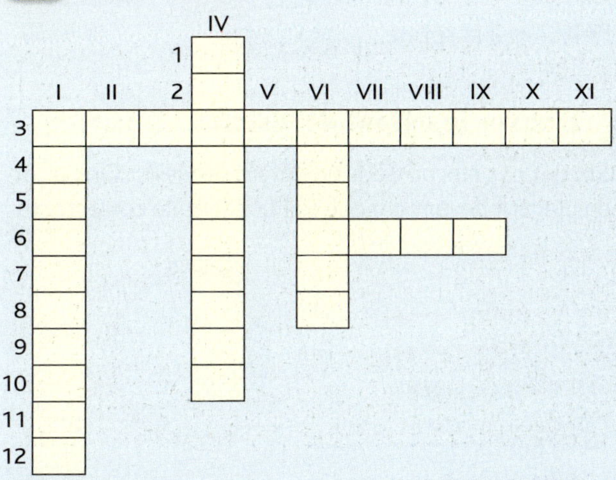

Horizontalement : **3.** Type de lentille utilisée pour corriger l'hypermétropie. **6.** Partie qui limite la quantité de lumière qui rentre dans l'œil et qui lui donne sa couleur.

Verticalement : **I.** Partie de l'œil située derrière l'iris. **IV.** Type de lentille utilisée pour corriger la myopie. **VI.** Paroi où se forme l'image d'un objet observé.

→ Solutions en page 220

Exercices* Utilise ce que tu as appris

8 Trouver les correspondances

Sur cette photographie, on distingue : un objet lumineux, un diaphragme, une lentille et un écran, sur lequel se forme l'image de la source lumineuse.

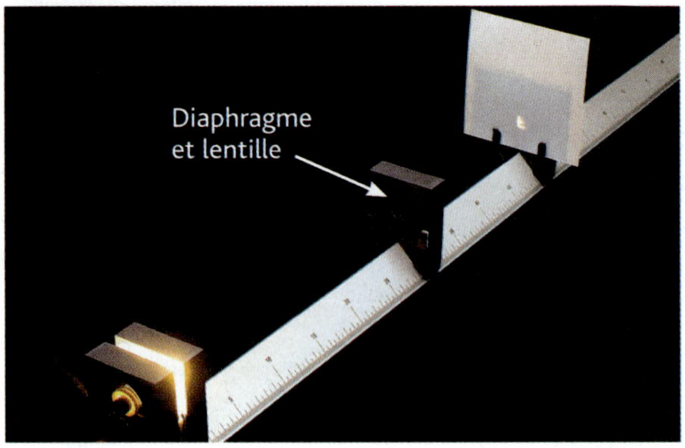

● Cite les organes de l'œil qui correspondent aux éléments de ce montage.

9 Effectuer une comparaison

Ce croquis représente un appareil photo classique.

● Si on compare un appareil photographique à un œil, précise sur l'appareil ce qui correspond :

a. aux milieux transparents de l'œil ;

b. à l'iris ; **c.** à la rétine.

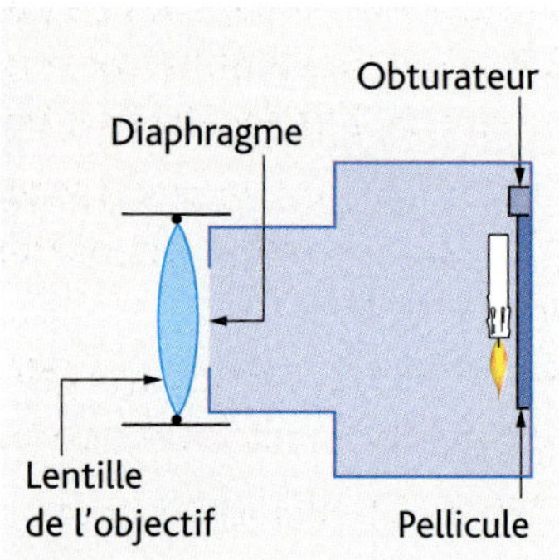

10 Trouver le défaut de vision

Chacun de ces yeux possède un défaut de vision. On l'a corrigé en plaçant devant chaque œil une lentille correctrice.

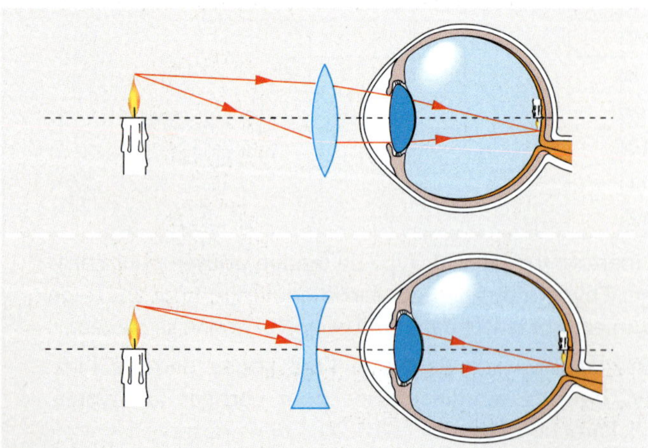

● Indique pour chaque œil quel est le défaut de vision.

11 Reconnaître des lunettes

Les lunettes ci-contre sont des lunettes d'enfant.

● Indique, en justifiant, s'il s'agit de lunettes de myope ou d'hypermétrope.

12 Nommer un défaut de vision

Julie, sans lunettes, ne peut pas lire un texte à moins de 50 cm.

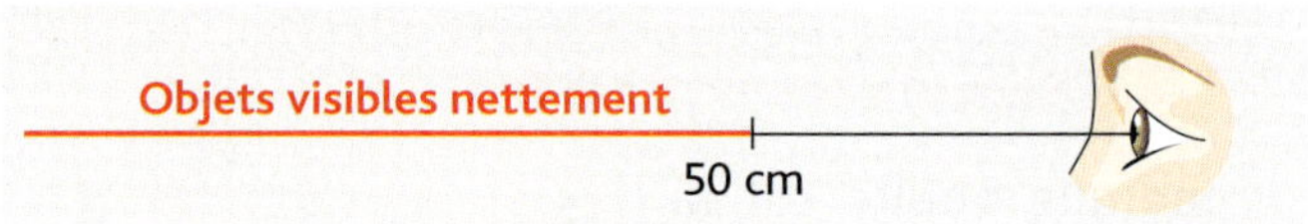

Karim, sans lunettes, ne peut pas voir nettement les objets lointains, mais lit facilement un texte à 10 cm de ses yeux.

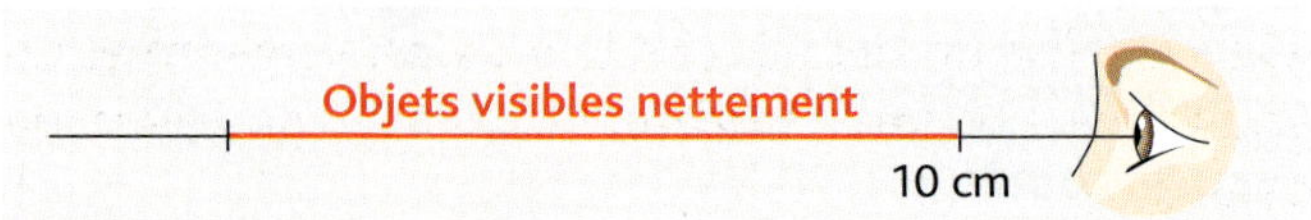

● Quels sont les défauts de vision dont pourraient être atteints Julie et Karim ?

13 Corriger un défaut de vision

1. Une source de lumière ponctuelle *S* donne une image *S'*.

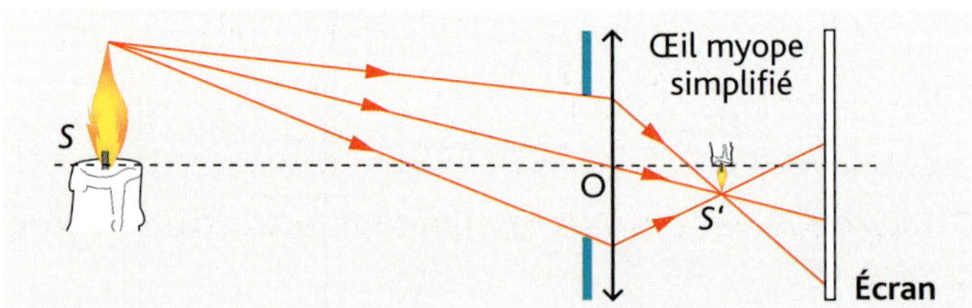

On place devant l'œil une lentille divergente pour corriger le défaut. Fais un schéma représentant le trajet des rayons lumineux pour cet œil corrigé.

2. On a corrigé le défaut d'un autre œil en plaçant une lentille convergente devant lui :

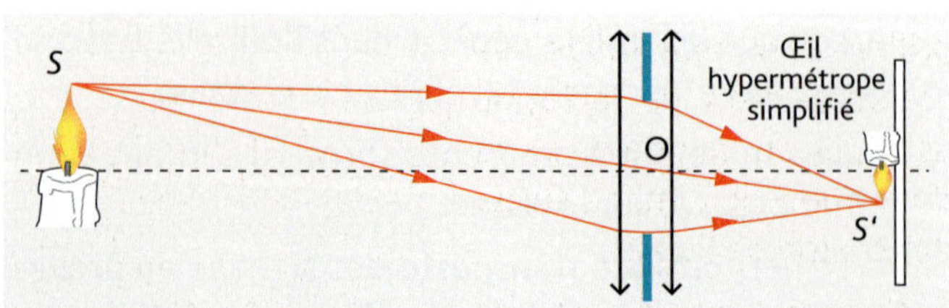

Fais un schéma représentant le trajet des rayons lumineux avant que l'on ne corrige le défaut.

Exercices ** Utilise ce que tu as appris

14 Punctum proximum et punctum remotum

Le point le plus proche de l'œil observable nettement est appelé le punctum proximum (P.P.).

Le point le plus éloigné de l'œil observable nettement est appelé le punctum remotum (P.R.).

● Recopie et complète le dessin suivant en indiquant approximativement où se trouvent les P.P. et P.R. dans le cas d'un œil myope.

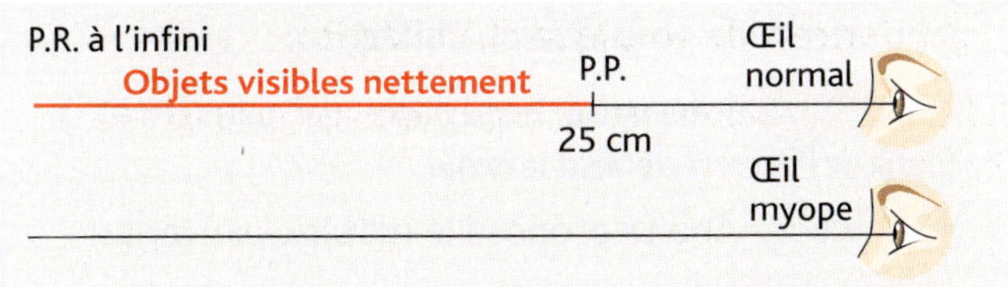

15 Net ou flou

→ Solution en page 220

On modélise un œil par une lentille convergente et un écran situé à 10 cm de la lentille. Un diaphragme précède celle-ci.

L'œil observe un objet lumineux AB situé à 40 cm devant lui. L'image se forme à 18,2 cm de la lentille en l'absence de l'écran et a une hauteur de 3 cm.

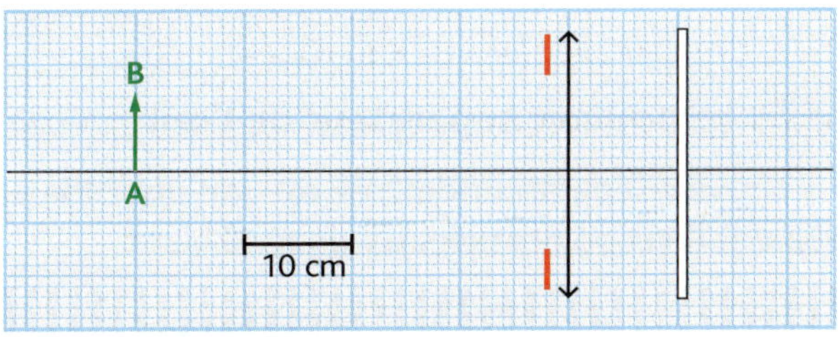

1. Reproduis le dessin en complétant le tracé des rayons lumineux.
2. L'œil voit-il l'image floue ou nette ?
3. Est-il atteint d'un défaut de vision ? Si oui, lequel ?

16 Une loupe

On observe une feuille quadrillée avec une loupe. Le grandissement de la loupe est égal au quotient de la dimension de l'image sur la dimension de l'objet.

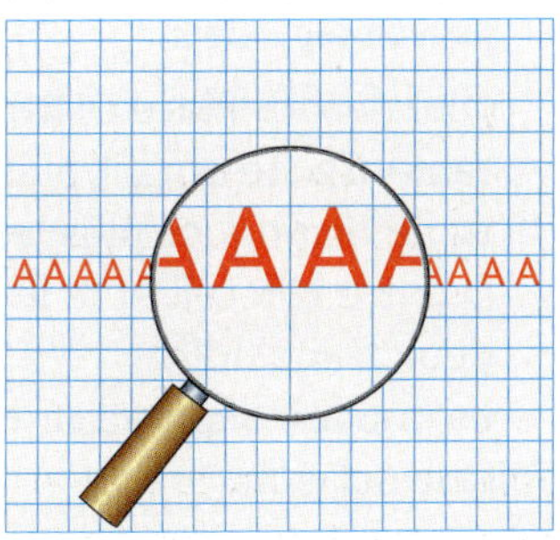

1. L'image observée est-elle de même sens ou de sens opposé à celui de l'objet ?
2. La distance de l'objet à la loupe est-elle plus petite ou plus grande que la distance focale de la lentille ?
3. Calcule le grandissement de la loupe.

17 Comprendre une ordonnance

Lorsque l'on se rend chez l'ophtalmologiste, il délivre une ordonnance destinée à l'opticien-lunetier.

Il indique sur celle-ci la vergence des verres correcteurs à fabriquer. La vergence est l'inverse de la distance focale exprimée en mètre : elle s'exprime en dioptrie, de symbole δ. Si elle est positive, le verre correcteur est convergent. Si elle est négative, le verre correcteur est divergent.

	Œil droit	Œil gauche
Patient 1	+ 3	– 2
Patient 2	+ 2,5	+ 3

● De quels défauts souffrent les yeux de ces deux patients ?

18 Reconnaître un fonctionnement de l'œil

Après avoir formé l'image nette d'un objet sur un écran à l'aide d'une lentille convergente, on rapproche l'objet lumineux. L'image devient floue.

En remplaçant la lentille précédente par une lentille plus convergente, on obtient à nouveau une image nette sur l'écran.

● Recherche comment l'œil peut distinguer nettement des objets situés à différentes distances.

B2i www.bordas-vento.fr/doc4e

19 *Pour aller plus loin*

Un œil presbyte est un œil dont le cristallin perd de son élasticité : il ne se déforme que très peu. L'œil n'accommode plus pour assurer la vision des objets proches.

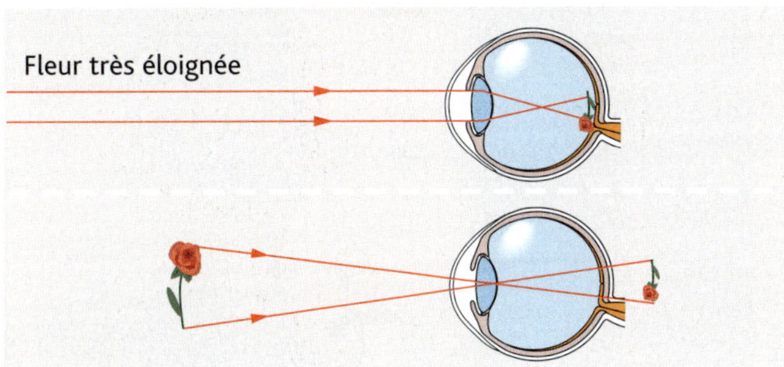

1. Cet œil voit-il les objets lointains ?
2. Voit-il les objets proches ?
3. Quel type de lentille doit-on placer devant l'œil pour corriger ce défaut ?

20 Vrai ou pas ?

Sur la figure 1, Sarah prétend que les traits parallèles n'ont pas la même longueur, sur la figure 2, que les traits sont parallèles et enfin, sur la figure 3, que les cercles centraux ne sont pas identiques.

Fig. 1

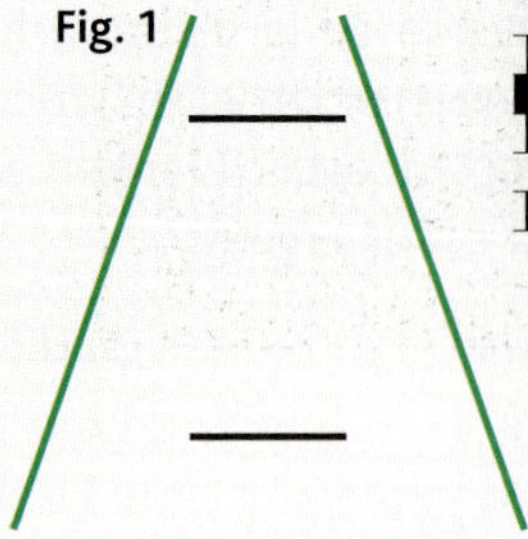

Fig. 2

Fig. 3

Ta mission Détermine si Sarah a raison.

22 Le coin du philatéliste

Toufik souhaiterait lire facilement le texte inscrit sur le timbre-poste, mais il ne sait pas trop comment s'y prendre. Ana lui dit qu'il devrait y arriver avec le matériel qui se trouve dans le laboratoire de physique du collège.

Ta mission Schématise l'expérience qui permettrait à Toufik de lire correctement le texte.

POUR T'AIDER Ana te propose le matériel suivant :

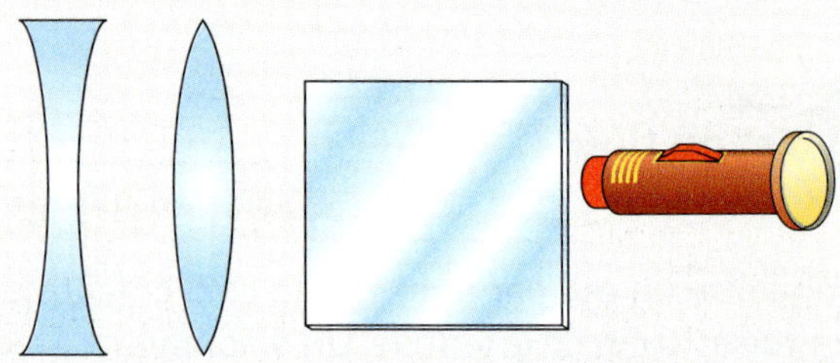

Fais une expérience à la maison

21 Trouble de la vision ?

On dessine un papillon sur une face d'un petit disque en carton et une fleur sur l'autre face. Deux élastiques sont fixés sur le carton.

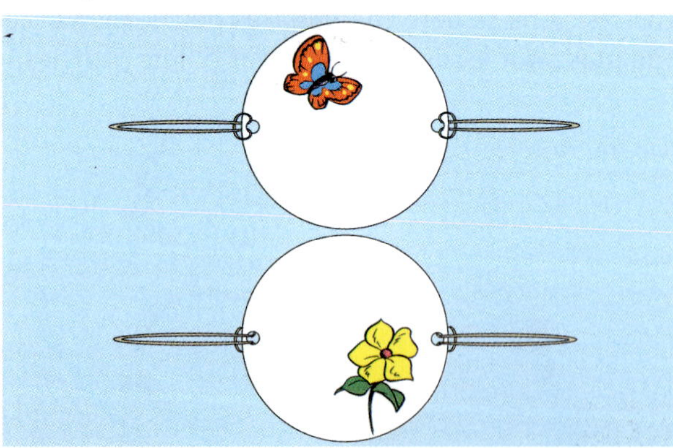

Ta mission Fais voler le papillon au-dessus de la fleur.

POUR T'AIDER La sensation produite par une image sur la rétine persiste environ 0,1 s.

Fais une expérience à la maison

23 Le pouvoir séparateur de l'œil

Le pouvoir séparateur de l'œil est son aptitude à séparer deux points noirs sur un fond blanc.

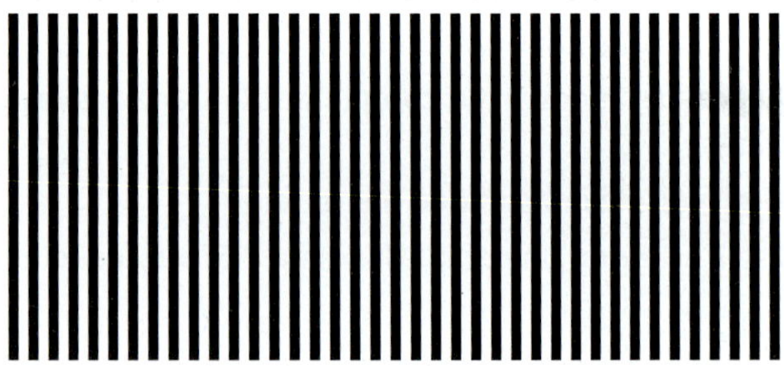

Ta mission Trouve lequel de tes deux yeux a le meilleur pouvoir séparateur.

POUR T'AIDER Place ce livre bien éclairé, droit sur une table. Cache un œil, puis éloigne-toi jusqu'à ce que tu ne distingues plus les traits. Mesure la distance *D* entre ton œil et le livre, puis la distance *d* entre deux traits noirs.
Le pouvoir séparateur de ton œil est donné par le rapport *d*/*D*.

Investigation

Exerce tes compétences expérimentales

Le problème à résoudre

Un élève étourdi n'a pas bien écouté les consignes de son professeur pour utiliser la maquette de l'œil (*activité 2*). Il a bien pris une lentille convergente de 12,5 cm de distance focale, placé l'écran à 21,4 cm de celle-ci, mais il a disposé l'objet lumineux à 19 cm de la maquette, au lieu des 30 cm réclamés par son professeur.

L'image obtenue sur l'écran est floue.

Obtiens une image nette sur l'écran sans modifier la distance entre la lentille et l'écran.

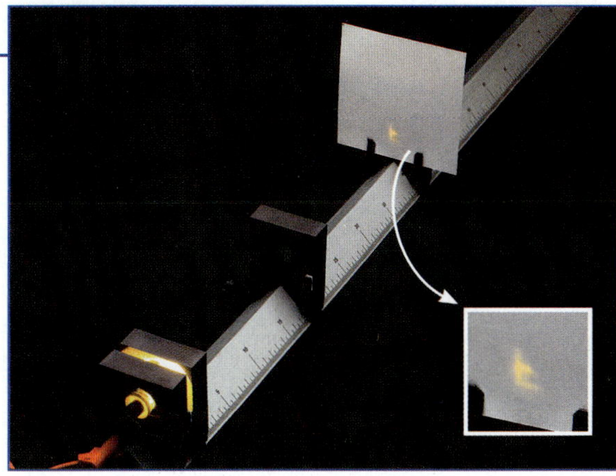

Réfléchis

Mobilise tes connaissances

- Peut-on obtenir une image nette pour plusieurs positions de l'objet sans modifier les réglages ?
- Que doit-on modifier pour obtenir une image nette sur l'écran ?
- La distance de la rétine à la cornée peut-elle varier dans l'œil humain ?

Élabore un protocole expérimental

- La distance de l'écran à la lentille est fixe. Que doit-on changer dans la maquette pour obtenir une image nette de l'objet, lorsque la distance de celui-ci à l'œil varie ?
- Schématise l'expérience que tu ferais en représentant un faisceau de lumière issu d'un point de l'objet.

Propose des expériences

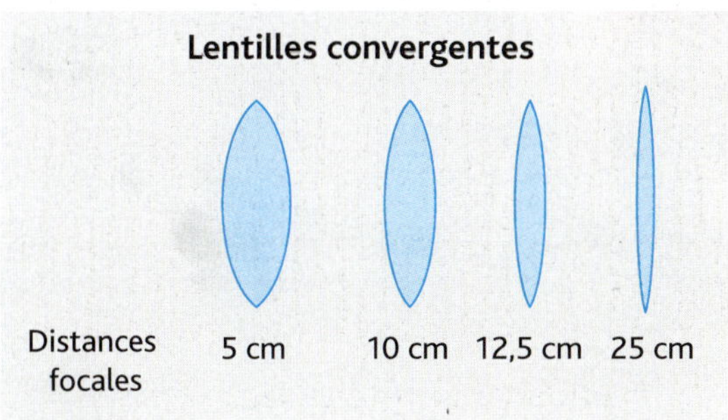

- Choisis les lentilles dont tu auras besoin parmi celles du schéma ci-contre et effectue des essais sur le banc d'optique.
- Schématise le montage que tu devras réaliser.

Passe à l'action

- Réalise les expériences.
- Communique tes résultats.
- Rédige ta conclusion.

Pour t'aider, reporte-toi à la fiche page 211.

Chapitre 12

La vitesse de la lumière

OBJECTIFS

- Savoir que la lumière peut se propager dans le vide et dans certains milieux.
- Savoir que la lumière a une vitesse dont la valeur dépend du milieu traversé.
- Connaître la valeur de la vitesse de la lumière dans le vide et dans l'air.
- Utiliser la vitesse de la lumière dans les calculs en astronomie.

Situation 1 Lorsqu'ils atteignent de grandes profondeurs, les plongeurs sous-marins doivent utiliser de puissantes torches pour voir ce qui les entoure.

? La lumière peut-elle se propager dans tous les milieux ?

Situation 2 En regardant un feu d'artifice, on remarque que la lumière se propage beaucoup plus vite que le son, presque instantanément.

? Peut-on mesurer la vitesse de la lumière ?

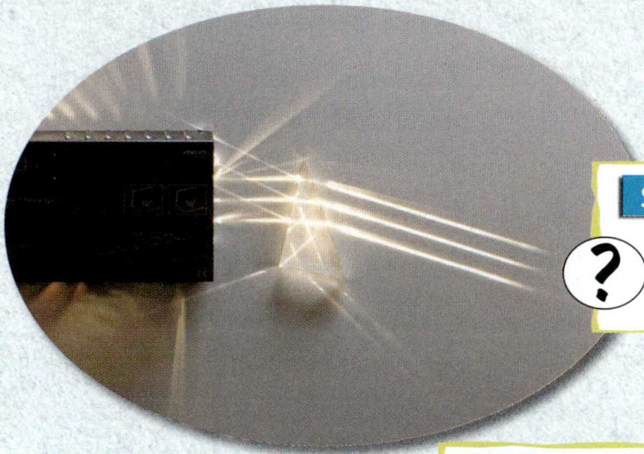

Situation 3 La lumière traverse l'air et le verre.

? La vitesse de la lumière est-elle la même dans ces deux milieux ?

Situation 4 En novembre 1572, l'astronome Tycho Brahe observa dans la constellation de Cassiopée l'explosion d'une étoile et sa transformation en supernova. En fait, cette explosion avait eu lieu très loin, 10 000 années plus tôt.

? Comment la vitesse de la lumière peut-elle servir à exprimer des distances astronomiques ?

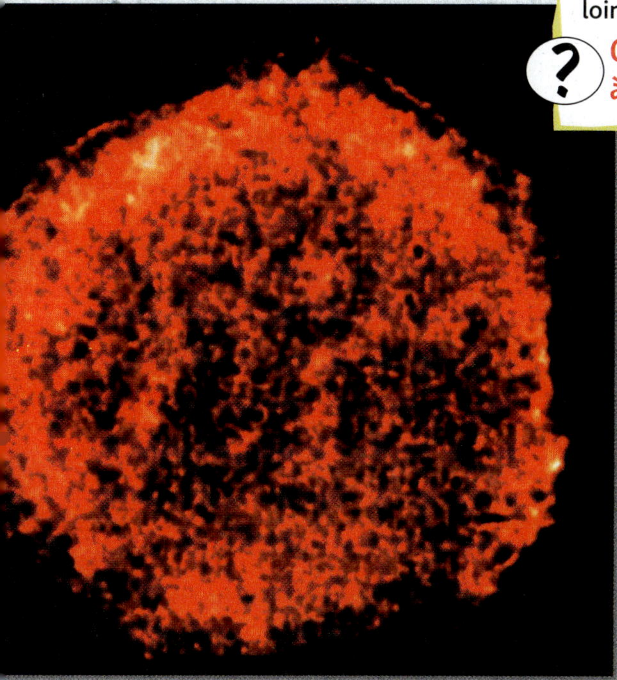

Les ACTIVITÉS des pages suivantes vont t'aider à répondre

Activité 1

Quels milieux la lumière peut-elle traverser ?

1. Observation à travers le verre

Observons ce qui se passe lorsqu'on interpose une plaque de verre entre l'œil et une lampe allumée.

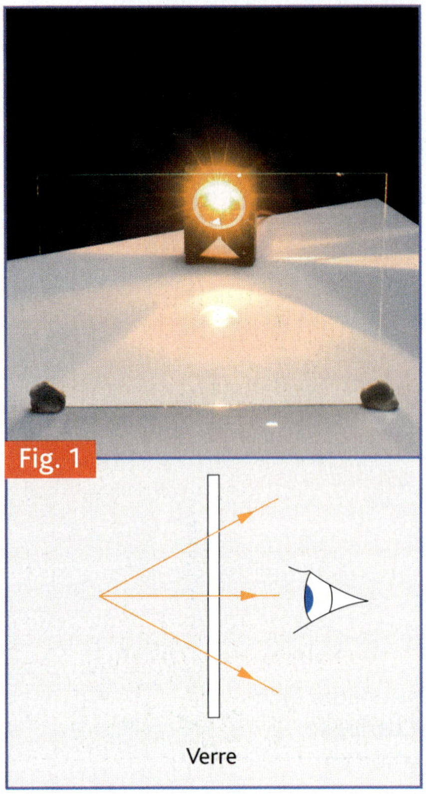

Fig. 1

2. Observation à travers le papier calque

Ajoutons un papier calque derrière la plaque de verre. Observons.

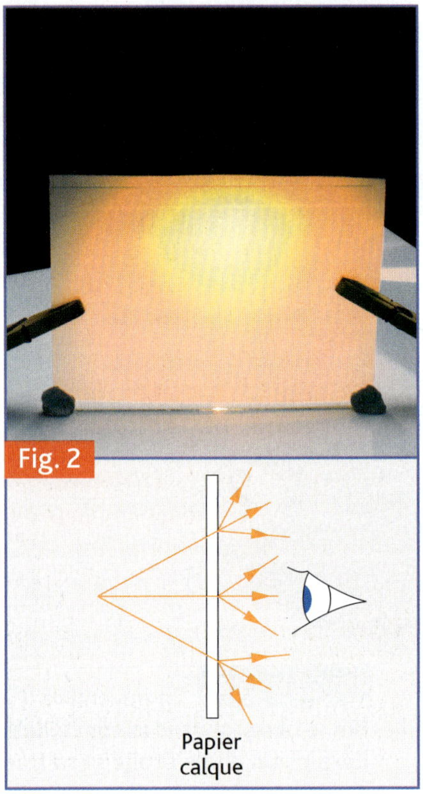

Fig. 2

3. Observation à travers le carton

Remplaçons le verre et le calque par une plaque de carton. Observons.

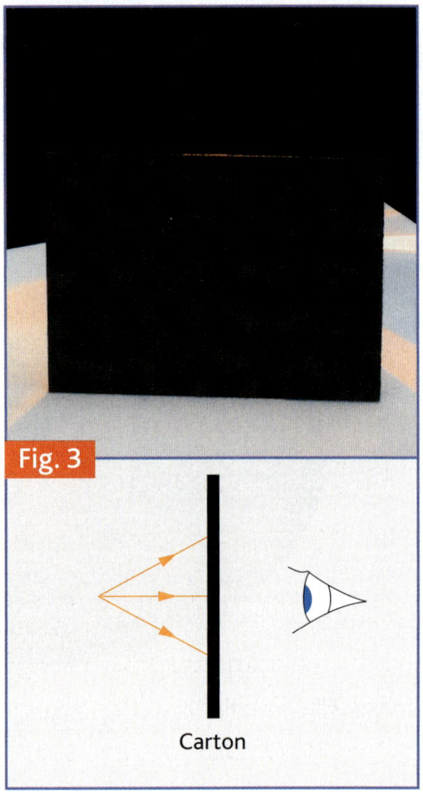

Fig. 3

Coup de pouce

Le verre est généralement transparent. Il devient translucide quand il se recouvre de buée.

Observe

1. L'œil reçoit-il de la lumière derrière le verre (Fig. 1) ? Voit-il nettement la lampe ?
2. L'œil reçoit-il de la lumière derrière le papier calque (Fig. 2) ? Voit-il nettement la lampe ?
3. L'œil reçoit-il de la lumière derrière le carton (Fig. 3) ?

Interprète

4. Attribue à chacun des trois milieux un des adjectifs suivants : *transparent*, *opaque* et *translucide*.
5. Pourquoi ne voit-on pas la lampe dans le cas de la figure 2 ?

Conclus

6. Rédige ta conclusion en répondant à la question : « Quels milieux la lumière peut-elle traverser ? »

Activité 2

Comment a-t-on calculé la vitesse de la lumière ?

La roue dentée de Fizeau

En 1849, Hippolyte Fizeau (1819-1896 ; Fig. 1) effectua une mesure de la vitesse de la lumière entre sa maison de Suresnes et une maison de Montmartre distante de 8,633 km.
Le montage utilisé est représenté sur la Fig. 2 ci-dessous.
Un faisceau de lumière issu de la source lumineuse passait entre les dents d'une roue dentée en rotation, se réfléchissait sur un miroir et revenait à l'œil de l'observateur s'il n'était pas arrêté par une dent de la roue. Quand la roue tournait lentement, la lumière passait à l'aller et au retour par le même creux entre deux dents de la roue. Fizeau augmenta alors progressivement la vitesse, jusqu'à ce que la lumière frappe au retour la dent qui suivait le creux qui l'avait laissée passer à l'aller. Dans ce cas, l'œil ne recevait pas de lumière.
Le temps mis par la lumière pour effectuer un aller-retour Suresnes-Montmartre était alors égal au temps mis par une dent pour prendre la place du creux voisin.
Connaissant la vitesse de rotation et le nombre de dents de la roue, Fizeau calcula ce temps : il trouva 55 millionièmes de seconde.

Fig. 1

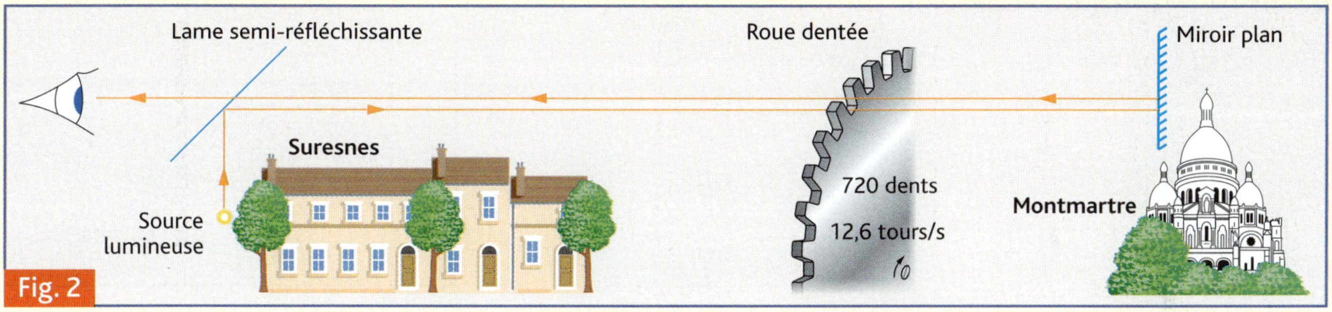

Fig. 2

Coup de pouce

On calcule la vitesse *v* en divisant la distance parcourue *d* par le temps *t* mis à la parcourir : $v = d / t$.
Si la distance est en km et le temps en s, la vitesse est obtenue en km/s.

Extrais des informations

1. Quelle distance sépare l'œil du miroir ?
2. Quelle distance parcourt la lumière en 55 millionièmes de seconde ?

Utilise ces informations

3. Calcule la distance parcourue par la lumière entre la source lumineuse et l'œil.
4. Calcule, en km/s, la valeur de la vitesse de la lumière trouvée par Fizeau.
5. À l'époque de Fizeau, pouvait-on mesurer la distance et le temps avec une grande précision ?

Conclus

6. Rédige ta conclusion en répondant à la question : « Comment a-t-on calculé la vitesse de la lumière ? »

Activité 3

La lumière va-t-elle toujours à la même vitesse ?

1. Quand la lumière va de l'air dans l'eau

Un rayon laser passe de l'air dans l'eau d'une cuve contenant de la fluorescéine.

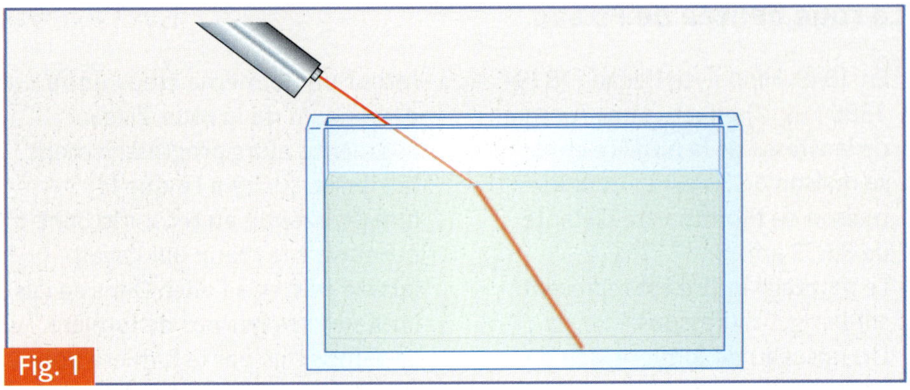

Fig. 1

2. Une analogie

Un maître-nageur doit secourir un baigneur, victime d'une crampe. Parmi les 3 trajets possibles, il choisit le numéro 2.

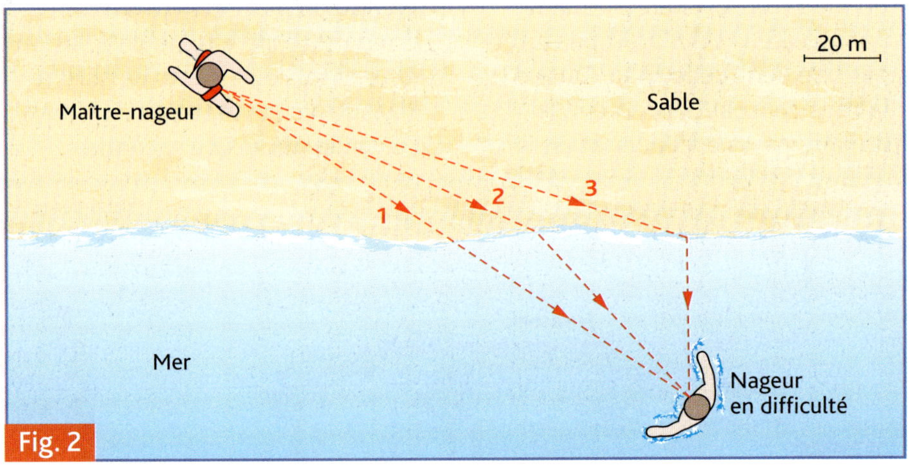

Fig. 2

Coup de pouce

Pour aller d'un point à un autre, la lumière emprunte toujours le trajet lui demandant le moins de temps.

Observe

1. Qu'est-ce qui se déplace sur la **figure 1** ? sur la **figure 2** ?
2. Quelle analogie y a-t-il entre ces deux figures ?

Interprète

3. Sachant que le maître-nageur se déplace à 10 km/h quand il court sur le sable et à 5 km/h quand il nage, calcule le temps qu'il mettra à parcourir chacun des itinéraires. Pourquoi choisit-il celui du milieu ?
4. Par analogie avec le cas précédent, explique pourquoi la lumière change de direction quand elle passe de l'air dans l'eau.
5. La lumière se déplace-t-elle plus vite dans l'air ou dans l'eau ? Justifie ta réponse.

Conclus

6. Rédige ta conclusion en répondant à la question : « La lumière va-t-elle toujours à la même vitesse ? »

Activité 4

→ Fiche p. 200

Peut-on calculer une distance astronomique à l'aide de la lumière ?

1. Le système solaire

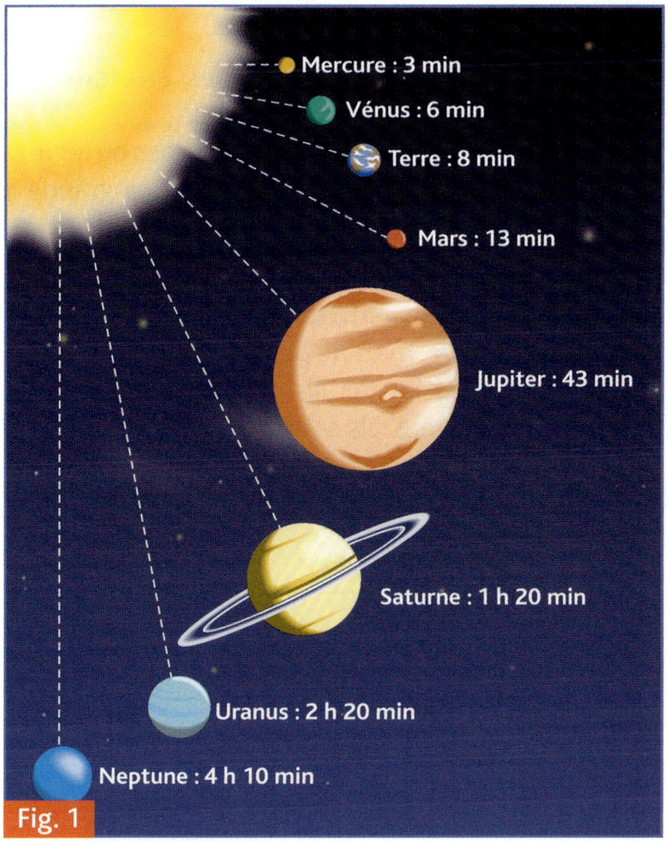

Fig. 1

2. À l'extérieur du système solaire

Fig. 2

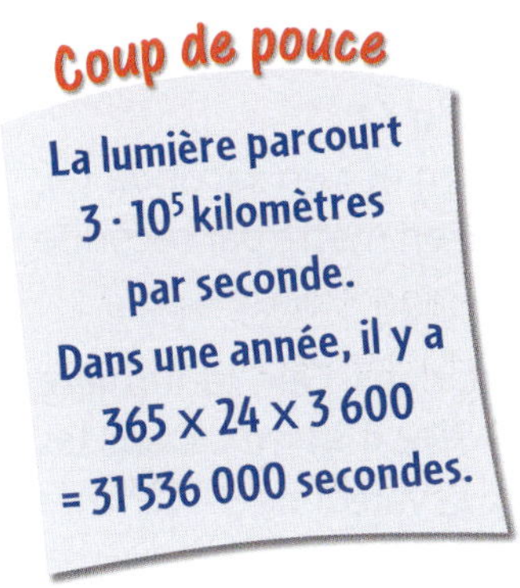

Extrais des informations

1. Que représentent les temps indiqués sur les **figures 1 et 2** ?
2. Comment varient-ils de Mercure à Jupiter **(Fig. 1)** ?
3. Hormis le Soleil, quelle est l'étoile la plus proche de la Terre **(Fig. 2)** ?

Utilise ces informations

4. Calcule la distance entre le Soleil et la Terre.
5. Calcule la distance entre l'étoile Proxima du Centaure et la Terre.
6. Calcule la distance entre le nuage de Magellan et la Terre.
7. En quoi le fait de remplacer les distances par des temps est-il intéressant ?

Conclus

8. Rédige ta conclusion en répondant à la question : « Peut-on calculer une distance astronomique à l'aide de la lumière ? » Justifie ta réponse.

L'essentiel par l'image et le texte

Activité 1

1 Propagation de la lumière

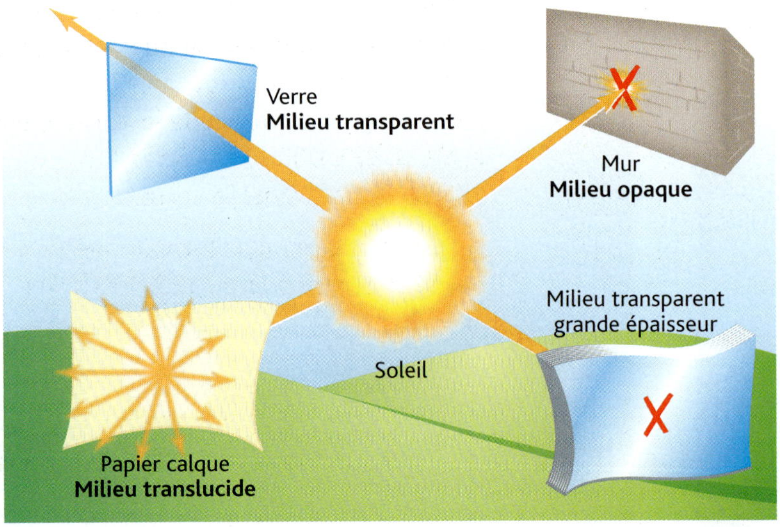

■ L'air et les gaz, l'eau et la plupart des liquides, le verre et quelques solides se laissent traverser par la lumière. Ces corps sont **transparents.**

■ La plupart des solides arrêtent la lumière : ils sont **opaques**.
Les milieux transparents solides ou liquides deviennent opaques à très grande épaisseur.

■ Certains corps, comme le papier calque ou le verre dépoli laissent passer la lumière, mais ne permettent pas de distinguer les détails des objets émettant la lumière : ils sont **translucides.**

À RETENIR **La lumière traverse les milieux transparents et translucides (air, vide, eau, verre). Elle est arrêtée par les milieux opaques (la plupart des solides).**

→ Test 2, page 201

Activité 2

2 La lumière a une vitesse

■ La lumière ne se propage pas instantanément. Sa vitesse *v* est la distance *d* qu'elle parcourt divisée par le temps *t* mis à la parcourir :

$$v = d / t$$

Si *d* est en mètre (m) et *t* en seconde (s), la vitesse s'exprime en mètre par seconde (m/s).

■ Dans le vide et dans l'air, la lumière se propage à 299 792 458 m/s. Dans les calculs, on adopte la valeur de $\mathbf{3 \cdot 10^8}$ **m/s** soit $\mathbf{3 \cdot 10^5}$ **km/s.**

À RETENIR **Dans le vide et dans l'air, la lumière se propage à la vitesse de 300 000 km/s.**

→ Test 3, page 201

3 Vitesse de la lumière dans les différents milieux

Activité 3

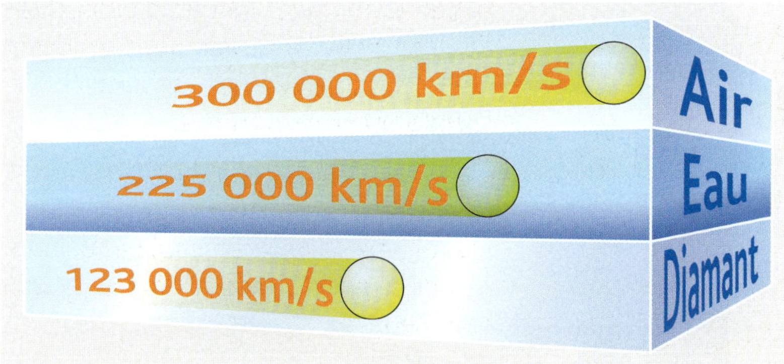

■ Dans les milieux transparents solides et liquides, la lumière se déplace moins vite que dans le vide ou dans l'air.
Par exemple, la vitesse de la lumière est égale à 225 000 km/s dans l'eau et à 200 000 km/s dans le verre.

■ Dans le diamant, la lumière va encore beaucoup moins vite : 123 000 km/s.

À RETENIR

La vitesse de la lumière est plus grande dans le vide et dans l'air que dans tous les autres milieux transparents.

→ Tests 5 et 6, page 201

4 Distances dans l'Univers

Activité 4

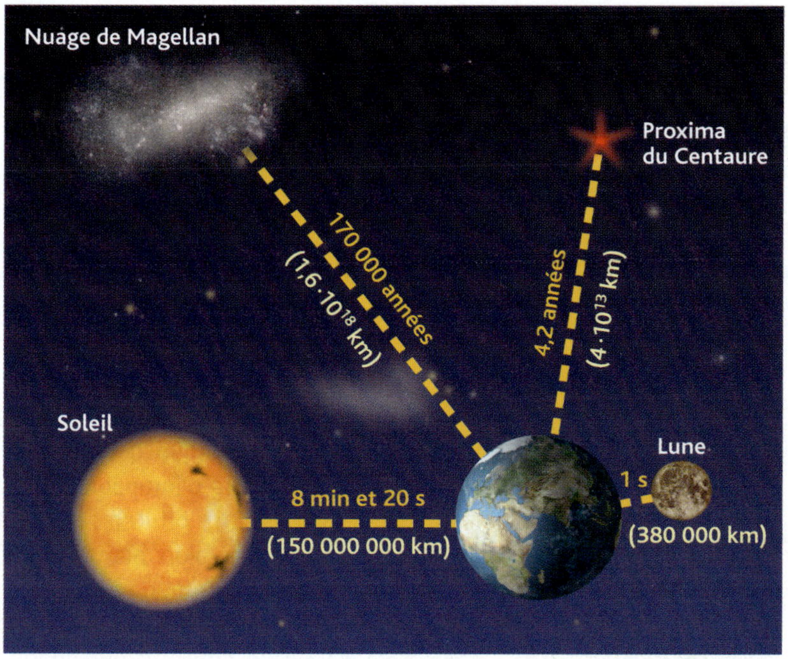

■ La Lune est à 380 000 km de la Terre. La lumière met un peu plus d'une seconde pour parcourir cette distance.

■ Le Soleil est à 150 millions de kilomètres de la Terre. Sa lumière met 8 minutes et 20 secondes pour arriver à nous.

■ L'étoile la plus proche de notre Soleil, Proxima du Centaure, est à quarante mille milliards de kilomètres, soit à $4 \cdot 10^{13}$ km ou $4 \cdot 10^{16}$ m de la Terre.
La lumière met 4,2 années pour parcourir cette distance.

■ Le nuage de Magellan (une galaxie) est situé à $1{,}6 \cdot 10^{18}$ km de la Terre. La lumière met 170 000 ans pour parcourir cette distance.

À RETENIR

Les distances dans l'Univers sont énormes. Pour simplifier, on indique le temps que met la lumière pour les parcourir.

→ Test 4, page 201

Documents

B2i Pour en savoir plus : http://www.bordas-vento.fr/doc4e

Théories scientifiques

Plus vite que la lumière ?

La lumière se déplace un million de fois plus vite qu'un avion de ligne et 900 000 fois plus vite que le son dans l'air. Sa vitesse est donc extraordinairement élevée à notre échelle. Mais elle ne l'est pas à l'échelle de l'Univers, puisqu'il faut à la lumière de nombreuses années pour nous parvenir des étoiles et des galaxies.

Dans l'état actuel de nos connaissances, la vitesse de la lumière est considérée comme une **limite** indépassable, que seules les petites particules dans les accélérateurs comme les cyclotrons peuvent approcher de très près, sans toutefois l'atteindre.

▲ Cet avion, qui vient d'être lâché dans les airs, peut atteindre des vitesses supérieures à 5 fois la vitesse du son.

» ?

» Qu'est-ce qui se déplace presque aussi vite que la lumière ?

» Explique pourquoi on peut dire que la vitesse de la lumière est à la fois grande et petite.

» Recherche ce qu'est un cyclotron et à quoi il sert.

Histoire des sciences

Römer et les satellites de Jupiter

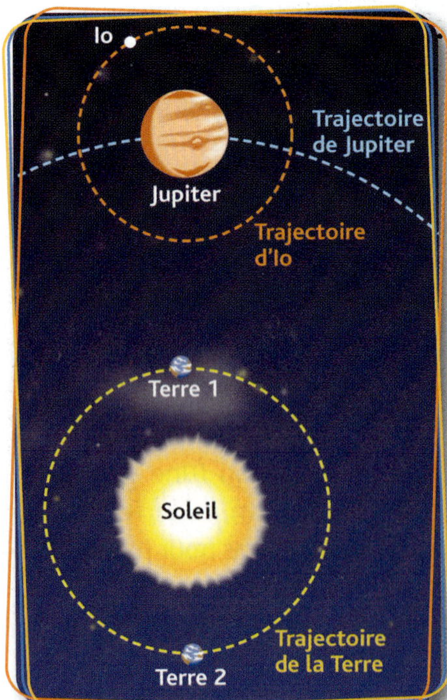

▲ Selon la position de la Terre, la lumière d'Io met plus ou moins de temps à nous parvenir.

▶ Olaüs Römer (1644 - 1710) est le premier à mesurer la vitesse de la lumière.

Au début du XVIIe siècle, Galilée essaie, sans succès, de mesurer la vitesse de la lumière émise par la lampe d'un observateur et reçue par un autre observateur placé à un kilomètre.

En 1676, l'astronome danois Olaüs Römer observe l'un des quatre satellites de Jupiter, **Io**. Il remarque que suivant la position de la Terre par rapport à Jupiter, Io est « en avance » ou « en retard » de plusieurs minutes, alors que sa rotation est régulière. Ceci l'amène à penser que la lumière met moins de temps pour arriver à l'œil de l'observateur quand la Terre est proche de Jupiter que quand elle en est plus éloignée (schéma).

Grâce à cette observation, Römer calcule la vitesse de la lumière. Il trouve une valeur de 212 000 km/s.

» ?

» Qui était Olaüs Römer ? À quelle époque vivait-il ?

» Quelle observation fait penser à Römer que la lumière ne se propage pas instantanément ?

» Explique pourquoi la tentative de Galilée était vouée à l'échec.

▲ Les astrophysiciens sont amenés à se déplacer dans les observatoires du monde entier.

Métier

La tête dans les étoiles

Grâce à de puissants télescopes, l'astrophysicien observe les étoiles et les galaxies. Il effectue des mesures nombreuses et très variées, dont l'interprétation permettra une meilleure connaissance des astres qui peuplent notre ciel et l'établissement des grandes lois qui régissent l'Univers.

L'astrophysicien travaille en équipe avec d'autres chercheurs, des ingénieurs et des techniciens. Son travail s'effectue souvent de nuit et nécessite de nombreux déplacements.

» ?

- » En quoi consiste le métier d'astrophysicien ?
- » Ce métier ressemble-t-il à un travail de bureau ?
- » Recherche la différence entre un astronome et un astrophysicien.

Technologie

On a **tiré** sur la Lune !

Dans les années 70, les astronautes des missions Apollo et les sondes soviétiques Lunakhod ont déposé sur la Lune des panneaux réfléchissants.

Grâce à ces panneaux, on peut mesurer avec précision la distance Terre-Lune. La technique employée consiste à envoyer un bref éclair émis par un laser vers un panneau réfléchissant placé sur la Lune et à mesurer avec une grande précision le temps qui s'écoule entre l'émission de l'éclair et son retour sur Terre (entre 2,38 s et 2,71 s).

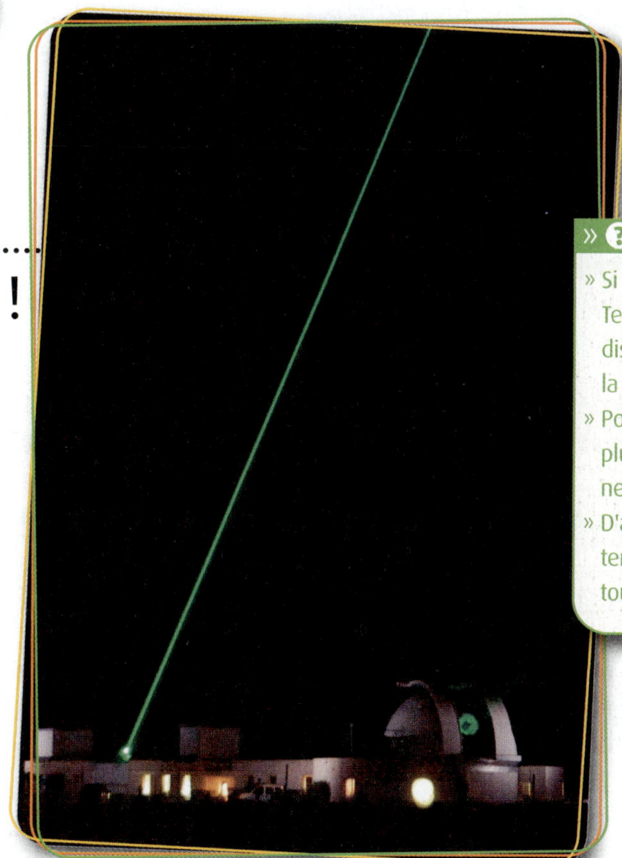

◀ Grâce au laser, les scientifiques peuvent mesurer la distance Terre-Lune.

» ?

- » Si on note *d* la distance Terre-Lune, quelle est la distance parcourue par la lumière du laser ?
- » Pourquoi utilise-t-on un laser plutôt qu'une source lumineuse classique ?
- » D'après toi, pourquoi le temps mesuré n'est-il pas toujours le même ?

Compétence mathématique

Calculer une distance astronomique

Raphaël a recopié des indications d'un livre d'astronomie concernant quatre étoiles. Il a trouvé que a.l. signifie « année-lumière » et que c'est la distance que parcourt la lumière en une année.

Il se demande à quelle distance de la Terre se trouvent ces étoiles.

Comment faire ?

1. Exprimer la vitesse de la lumière en mètre par seconde en utilisant les puissances de dix.

La vitesse de la lumière dans le vide est :

$v = 300\ 000$ km/s.

Je sais que 1 km = 1 000 m, donc :

$v = 300\ 000\ 000$ m/s.

Si j'utilise les puissances de 10, j'obtiens :

$v = 3 \cdot 10^8$ m/s.

2. Déterminer combien il y a de secondes dans une année.

Dans une heure, il y a 3 600 secondes.
Dans un jour, il y a 24 heures.
Dans une année, il y a 365 jours, donc dans une année, il y a :

$3\ 600 \times 24 \times 365 = 31\ 536\ 000$ s.

Si j'utilise les puissances de 10, j'obtiens :

$3{,}15 \cdot 10^7$ s.

3. Calculer en mètre la distance correspondant à une année-lumière.

Je sais que la lumière parcourt $3 \cdot 10^8$ m en 1 s, donc en $3{,}15 \cdot 10^7$ s, elle va parcourir :

$3 \cdot 10^8 \times 3{,}15 \cdot 10^7 = 9{,}45 \cdot 10^{15}$ m.

1 a.l. $= 9{,}45 \cdot 10^{15}$ m

4. Exprimer les distances du tableau en mètre en utilisant les puissances de dix.

Distance Terre-Sirius :

$8{,}5 \times 9{,}45 \cdot 10^{15} = 8{,}03 \cdot 10^{16}$ m.

Distance Terre-Véga :

$26 \times 9{,}45 \cdot 10^{15} = 2{,}46 \cdot 10^{17}$ m.

Distance Terre-Antarès :

$420 \times 9{,}45 \cdot 10^{15} = 3{,}97 \cdot 10^{18}$ m.

Distance Terre-Deneb :

$1\ 600 \times 9{,}45 \cdot 10^{15} = 1{,}51 \cdot 10^{19}$ m.

→ Entraîne-toi en page 205

Tests Vérifie tes connaissances

1 Recopie et complète

a. La lumière ne se propage pas dans les milieux **...**, elle se propage dans les milieux **...** et **...**.

b. La vitesse de la lumière dans le vide et dans l'air est égale à **...**.

c. Dans les autres milieux transparents, elle se déplace **...** vite.

d. La lumière met un peu plus d'une seconde pour nous parvenir de **...** et environ 8 minutes pour nous parvenir **...**.

2 Trouve les intrus

Dans chacune des colonnes de ce tableau s'est glissé un intrus. Identifie-le et indique dans quelle colonne il devrait se trouver.

Opaque	Transparent	Translucide
Verre	Diamant	Papier gras
Bois	Eau en faible épaisseur	Verre dépoli
Porcelaine	Papier cellophane	Carton
Eau en grande épaisseur	Plaque en fer	Papier calque

3 Trouve les bonnes valeurs

Quelles sont les valeurs qui correspondent à la vitesse de la lumière dans le vide et dans l'air ?

a. $3 \cdot 10^8$ km/s ; **b.** $3 \cdot 10^8$ m/s ; **c.** 300 000 m/s ; **d.** $3 \cdot 10^5$ km/s ; **e.** 300 000 km/s ; **f.** $3 \cdot 10^5$ m/s.

4 Attribue les distances

En utilisant le schéma, rends à chaque planète sa distance au Soleil.

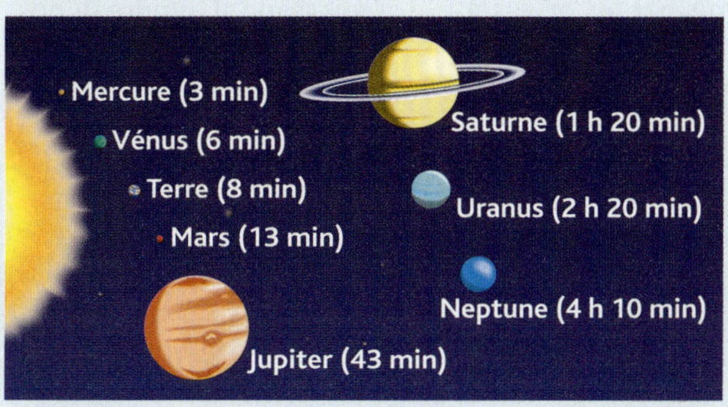

a. $1{,}43 \cdot 10^9$ km ; **b.** $4{,}5 \cdot 10^9$ km ; **c.** $108 \cdot 10^6$ km ; **d.** $150 \cdot 10^6$ km ; **e.** $2{,}9 \cdot 10^9$ km ; **f.** $0{,}778 \cdot 10^9$ km ; **g.** $57 \cdot 10^6$ km ; **h.** $227 \cdot 10^6$ km.

5 Vrai ou faux ?

Réponds par vrai ou faux aux affirmations suivantes.

a. La lumière ne se propage pas dans le vide.

b. La lumière se propage moins vite que le son.

c. La vitesse de la lumière est la même dans le vide et dans l'air.

d. Dans les solides et les liquides, la vitesse de la lumière est plus grande que dans l'air.

e. La lumière met une seconde pour nous parvenir du Soleil.

6 Rends à chaque milieu sa vitesse

Attribue à chaque milieu la vitesse de la lumière qui lui correspond en associant les schémas et les chiffres.

a. 0 km/s
b. $2 \cdot 10^5$ km/s
c. $3 \cdot 10^5$ km/s
d. $1{,}23 \cdot 10^5$ km/s
e. $2{,}25 \cdot 10^5$ km/s

7 Mots croisés

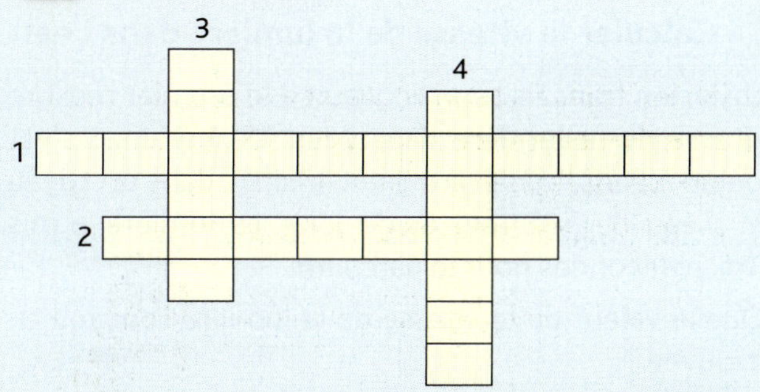

1. Ni transparent ni opaque. **2.** Planète qui permit à Römer d'effectuer la première mesure de la vitesse de la lumière. **3.** Ne se laisse pas traverser par la lumière. **4.** Quand elle est astronomique, elle permet d'observer les étoiles.

→ Solutions en page 220

8 Distinguer transparent et translucide

1. Quelle ressemblance y a-t-il entre un milieu transparent et un milieu translucide ?
2. Quelle différence y a-t-il entre ces deux milieux ?
3. Cite deux milieux transparents et deux milieux translucides.

9 Utiliser la vitesse de la lumière

Quelle distance parcourt la lumière en :

a. une seconde ? b. une minute ? c. une heure?

10 Calculer la distance Terre-Lune

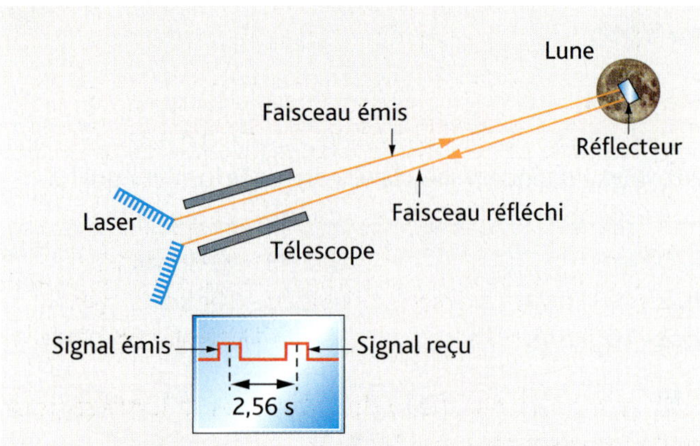

Lors d'un tir laser sur la Lune, on enregistre les signaux émis lors du départ du faisceau et lors de son retour sur Terre.

1. Que représente le temps qui sépare ces deux signaux ?
2. Quelle est la distance entre la Terre et la Lune ?

11 Calculer la vitesse de la lumière dans l'eau

Le physicien français Léon Foucault a le premier mesuré la vitesse de la lumière dans l'eau. L'expérience s'est déroulée à Paris, boulevard Saint-Michel, dans un tuyau plein d'eau de 562 mètres de long. La lumière a mis 2,5 microsecondes pour le parcourir.

- Quelle valeur de la vitesse de la lumière Foucault a-t-il trouvée ?

12 Comparer la lumière et le son

Le sonar utilisé par les pêcheurs envoie un faisceau d'ultrasons sur un banc de poissons et mesure le temps qu'il met pour revenir au bateau. Le temps mesuré est égal à 0,2 s.

1. La vitesse du son dans l'eau étant de 1 500 m/s, calcule à quelle distance est le banc de poissons.
2. Combien de temps mettrait la lumière pour parcourir cette distance si dans l'eau sa vitesse est égale à $2 \cdot 10^8$ m/s ?
3. Pourquoi n'utilise-t-on pas la lumière pour ce type de mesure ?

13 Remonter le temps

En Chine, on observa en 1054 après J.-C. la naissance de la nébuleuse du Crabe, dont la lumière met 6 500 ans à nous parvenir.

1. Recherche ce qu'est une nébuleuse.
2. Quelle est la distance qui nous sépare de la nébuleuse du Crabe ?
3. En quelle année s'est-elle formée ?

14 Calculer une durée

François allume son poste de télévision avec une télécommande à infrarouges. Les ondes infrarouges se déplacent dans l'air à la même vitesse que la lumière.

- Le poste étant à 3 mètres de François, calcule le temps mis par les ondes infrarouges pour atteindre le poste de télévision.

Exercices ** Utilise ce que tu as appris

15 La distance Terre-Jupiter

Le Soleil, la Terre et Jupiter sont placés comme l'indique le schéma.

1. Calcule le temps mis par la lumière pour aller de la Terre à Jupiter.

2. Déduis-en la distance en kilomètre entre la Terre et Jupiter.

3. Cette distance est-elle constante ? Pourquoi ?

16 Un indice pour calculer la vitesse de la lumière

Pour déterminer la vitesse de la lumière dans un milieu transparent, on divise sa vitesse dans le vide par un nombre appelé indice de réfraction.

1. Pourquoi ce nombre est-il toujours supérieur ou égal à 1 ?

2. Complète le tableau suivant après l'avoir recopié.

Milieu transparent	Indice de réfraction	Vitesse de la lumière (km/s)
air		300 000
verre	1,50	
diamant	2,42	
eau		225 000

17 Le feu d'artifice

Vincent et Lisa assistent au feu d'artifice du 14 juillet et remarquent qu'on entend le bruit d'explosion des fusées deux secondes après les avoir vues illuminer le ciel.

1. Sachant que le son se déplace à la vitesse de 340 m/s dans l'air, détermine à quelle distance de Vincent et Lisa a lieu l'explosion des fusées.

2. Combien de temps met la lumière pour parcourir cette distance ?

3. Compare ce temps au temps mis par le son pour effectuer le même trajet.

18 L'année-lumière

Dans les livres d'astronomie, les distances entre les astres sont exprimées en année-lumière (a.l.) : l'année-lumière est la distance parcourue par la lumière en une année.

1. Combien y a-t-il de jours dans une année ?

2. Combien y a-t-il de secondes dans une heure ? dans une journée ? dans une année ?

3. À quelle distance correspond une année-lumière ?

4. Calcule, en kilomètre, la distance entre la Terre et l'étoile la plus proche du Soleil : Proxima du Centaure, qui est à 4,2 a.l.

19 L'eau est-elle transparente ou opaque ?

→ Solution en page 220

La mesure du pourcentage de lumière transmis par l'eau quand son épaisseur varie conduit à la courbe suivante :

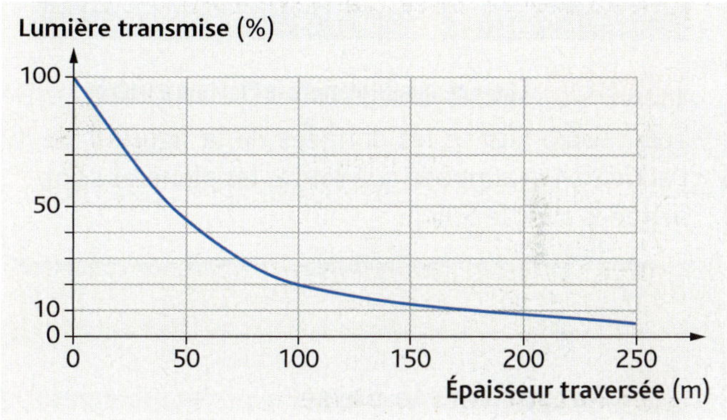

1. Quelle épaisseur d'eau doit traverser la lumière pour qu'il n'en reste plus que 50 % ?

2. Quel pourcentage de la lumière reste-t-il après traversée de 100 mètres d'eau ?

3. Explique pourquoi les plongeurs sous-marins en eaux profondes ont besoin de torches pour voir ce qui les entoure.

4. L'eau est-elle un milieu transparent ?

20 *Pour aller plus loin*

Pour résoudre cet exercice, consulte le document de l'activité 2.

1. Combien de tours effectue la roue dentée en 1 seconde ? Par conséquent, combien de temps dure un tour ?

2. Combien de dents a la roue ? Puisqu'il y a autant de creux que de dents, quel est le nombre total de creux et de dents ?

3. Combien de temps faut-il pour qu'un creux remplace une dent ?

4. Déduis-en le temps que met la lumière pour parcourir la distance comprise entre la source et l'œil.

5. Calcule la vitesse de la lumière trouvée par Fizeau.

21 Un peu de science-fiction

Un Martien, qui vient d'acquérir une nouvelle navette se déplaçant à la vitesse de la lumière, décide d'aller visiter une planète du système solaire.

À son retour sur Mars, son compteur kilométrique affiche 4,572 milliards de kilomètres.

Ta mission Cherche quelle planète le Martien a visitée.

POUR T'AIDER Utilise les données de la figure 1 de l'activité 4 et suppose que toutes les planètes sont alignées avec le Soleil.

22 Retour vers le passé

Le tableau suivant donne la distance en année-lumière entre la Terre et quelques étoiles qui sont particulièrement brillantes dans le ciel.

Sirius	8,5
Canopus	300
Capella	42
Rigel	800
Achernar	140

Bételgeuse	400
Agena	500
Antarès	420
Deneb	1600

Ta mission Cherche le personnage qui dirigeait la France au moment où ces étoiles ont émis la lumière que nous recevons aujourd'hui.

POUR T'AIDER Recherche des informations dans un dictionnaire.

23 Quel âge a-t-on vraiment ?

Ta mission Commente la réflexion de l'élève en montrant qu'il a à la fois tort et raison.

24 Ou un ou deux ou trois ?

Leur père explique à Nicolas et Pauline que le GPS de la voiture reçoit d'un satellite un signal qui se propage à la vitesse de la lumière. La durée du trajet entre le satellite et la voiture permet de savoir où se trouve la voiture sur Terre. Nicolas pense qu'un satellite est suffisant, mais Pauline pense qu'il en faut au moins trois.

Ta mission Trouve qui a raison.

POUR T'AIDER L'ensemble des points qui se trouvent sur Terre à la même distance d'un satellite constitue un cercle. Cherche combien de cercles sont nécessaires pour déterminer un point.

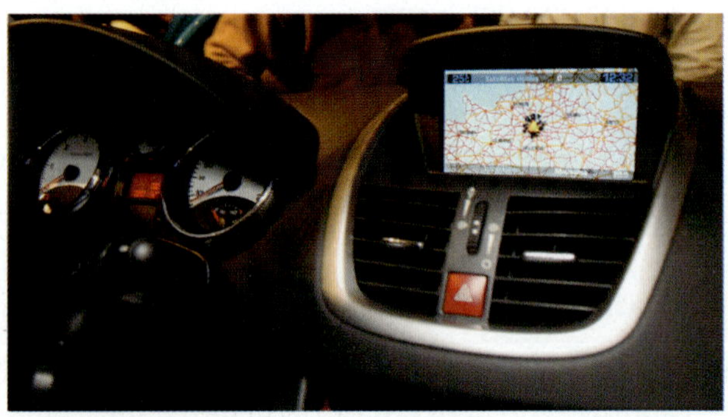

Le problème à résoudre

Clara a trouvé sur un site Internet d'astronomie une série de photos. Elle te demande de l'aider à classer les corps célestes représentés sur ces photos par ordre de distance croissante à la Terre.

Tu dois produire un document présentant le classement demandé par Clara.

Recherche

Recherche des informations

- Combien de temps met la lumière de l'étoile Polaire pour parvenir jusqu'à la Terre ?
- Combien de temps met la lumière de la galaxie d'Andromède, de l'étoile Proxima du Centaure et du nuage de Magellan pour parvenir jusqu'à la Terre ?

Exploite ces informations

- En utilisant les puissances de 10, exprime la distance entre l'étoile Polaire et la Terre en mètre.
- En utilisant les puissances de 10, exprime en mètre la distance entre la galaxie d'Andromède, Proxima du Centaure, le nuage de Magellan et la Terre.

Prépare une échelle des distances

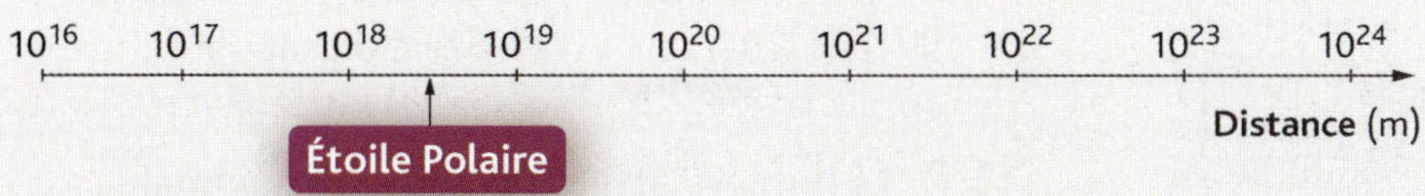

Chaque graduation correspond à une distance dix fois plus grande que la précédente.

- Sur une feuille, reproduis à l'échelle 2 l'axe ci-contre.
- Pour t'aider, on a placé le premier corps céleste. Il ne te reste plus qu'à le compléter.

Passe à l'action

- Produis un document.
- Commente-le.
- Justifie son intérêt.

Pour t'aider, reporte-toi à la fiche page 219.

Tests-bilans La lumière : couleurs et images

Pour chaque test, il y a une ou plusieurs réponses exactes. À toi de choisir.

1 Les radiations colorées qui émergent du prisme :
a. sont dues à l'action du prisme sur la lumière blanche ;
b. sont contenues dans la lumière blanche ;
c. ne sont pas contenues dans la lumière blanche, mais sont créées par le prisme ;
d. sont au nombre de sept dans la lumière blanche.

2 La synthèse additive de la lumière blanche peut être obtenue en superposant dans l'œil les radiations colorées :
a. rouge, jaune et verte ; b. magenta, cyan et bleue ;
c. rouge, verte et bleue ; d. jaune, verte et rouge.

3 Un tee-shirt jaune en lumière blanche sera :
a. vert éclairé en lumière verte ;
b. bleu éclairé en lumière magenta ;
c. noir éclairé en lumière bleu ;
d. bleu éclairé en lumière cyan.

4 On fait parvenir sur une lentille convergente un faisceau de lumière parallèle à l'axe de la lentille.
Pour déterminer la distance focale, on mesure :
a. la distance qui sépare la source de la lentille ;
b. la distance entre la source et le point où convergent les rayons ;
c. la distance entre la lentille et le point où convergent les rayons ;
d. le diamètre de la lentille.

5 Une lentille convergente donne d'un objet une image que l'on peut recueillir sur un écran si la distance objet-lentille est :
a. égale à la distance focale ; b. nulle ;
c. supérieure à la distance focale ;
d. inférieure à la distance focale

6 La lentille L donne de l'objet AB l'image A'B'.
Parmi les schémas suivants, lesquels sont corrects ?

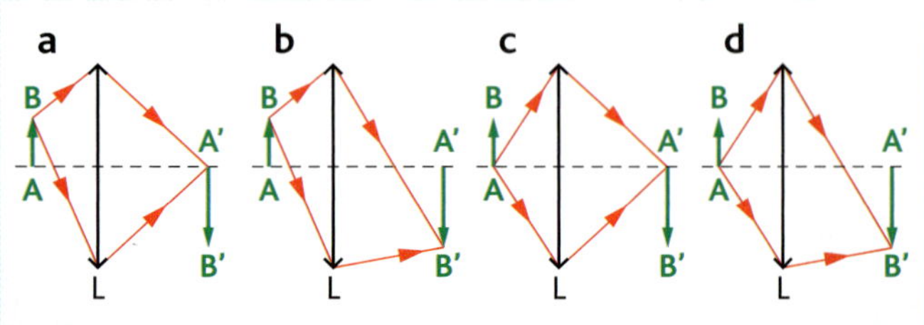

7 L'image d'un objet observé par l'œil se forme sur la rétine. Cette image est :
a. plus petite que l'objet ;
b. plus grande que l'objet ;
c. de même sens que l'objet ;
d. renversée par rapport à l'objet.

8 Dans l'œil, les milieux transparents équivalents à une lentille convergente sont les milieux :

a. 1-2-4-5 ;
b. 3-4-1-2 ;
c. 5-6-2-3 ;
d. 4-6-2-1.

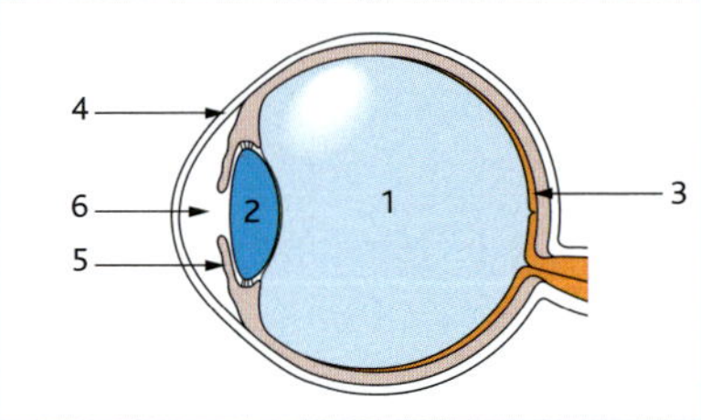

9 Myopie et hypermétropie
L'image d'un objet situé à 1 m d'un œil myope se forme :
a. avant la rétine ;
b. sur elle ;
c. derrière elle.
L'image d'un objet situé à 1 m d'un œil hypermétrope se forme :
d. avant la rétine ;
e. sur elle ;
f. derrière elle.

10 En une seconde, la lumière parcourt dans le vide :
a. 300 000 m ; b. 300 m ;
c. 300 000 km ; d. 300 km.

11 La lumière atteint sa vitesse maximale :
a. dans le vide ; b. dans l'eau ;
c. dans le verre ; d. dans le diamant.

12 La lumière met 8 minutes pour nous parvenir de :
a. Jupiter ; b. La Lune ; c. Le Soleil ; d. Saturne.

Réponses p. 224

Des méthodes et des outils pour t'aider

Méthode 1

Écrire et équilibrer une équation de réaction

La combustion complète du méthane produit du dioxyde de carbone et de l'eau.

Écrivons l'équation de la réaction.

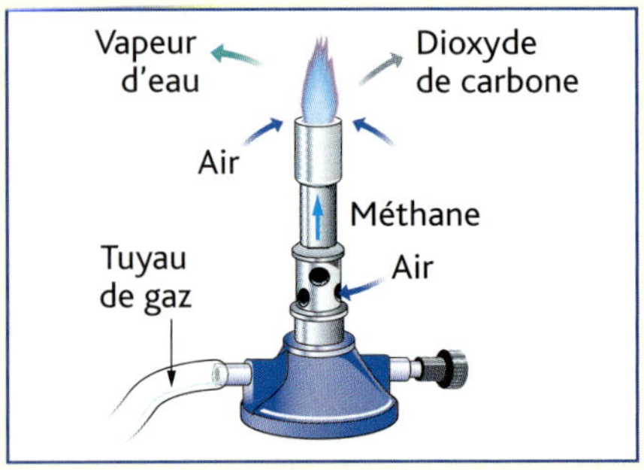

Comment faire ?

méthane + dioxygène → dioxyde de carbone + eau

$CH_4 + O_2 \rightarrow CO_2 + H_2O$

1. Écrire le bilan littéral de la combustion complète du méthane en plaçant les réactifs à gauche de la flèche et les produits à droite.

- Remplacer le nom de chaque molécule par sa formule.

$CH_4 + O_2 \rightarrow CO_2 + H_2O$

Avant	Après
1 atome de carbone	1 atome de carbone
4 atomes d'hydrogène	2 atomes d'hydrogène
2 atomes d'oxygène	3 atomes d'oxygène

2. Compter les atomes de chaque sorte avant et après la réaction.

$CH_4 + O_2 \rightarrow CO_2 + 2\,H_2O$

Avant	Après
1 atome de carbone	1 atome de carbone
4 atomes d'hydrogène	2 x 2 = 4 atomes d'hydrogène
2 atomes d'oxygène	2 + 2 = 4 atomes d'oxygène

3. Choisir un type d'atomes. Chercher le nombre de molécules que l'on doit avoir pour que la conservation de cet atome soit respectée (ici, l'hydrogène).

- Recompter les atomes.

$CH_4 + 2\,O_2 \rightarrow CO_2 + 2\,H_2O$

Avant	Après
1 atome de carbone	1 atome de carbone
4 atomes d'hydrogène	4 atomes d'hydrogène
2 x 2 = 4 atomes d'oxygène	4 atomes d'oxygène

4. Recommencer l'étape 3 pour les autres atomes (ici, l'atome d'oxygène).

- Recompter les atomes.
- L'équation est équilibrée.

Méthode 2

Tracer et exploiter un graphique

On a relevé les valeurs de la tension aux bornes d'un dipôle et les valeurs correspondantes de l'intensité qui le parcourt.

U (V)	0	1,0	2,0	3,0	4,0
I (mA)	0	18	35	54	71

Traçons la caractéristique du dipôle et déterminons la valeur de sa résistance.

Comment faire ?

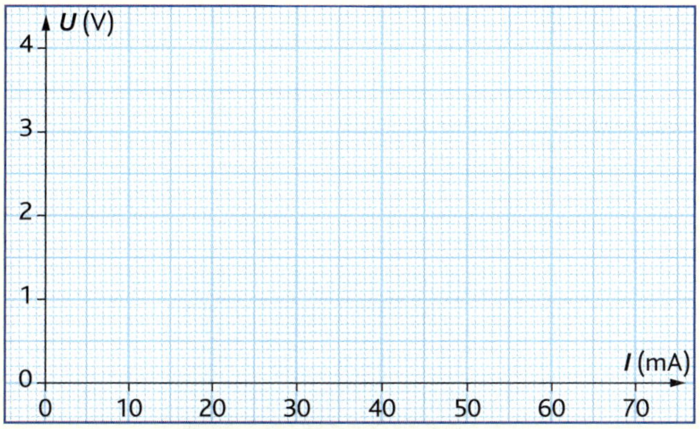

1. Tracer et graduer les axes.

- Tracer 2 axes orthogonaux sur une feuille de papier millimétré.
- Sur chaque axe, choisir une échelle adaptée. Indiquer la grandeur représentée et son unité.

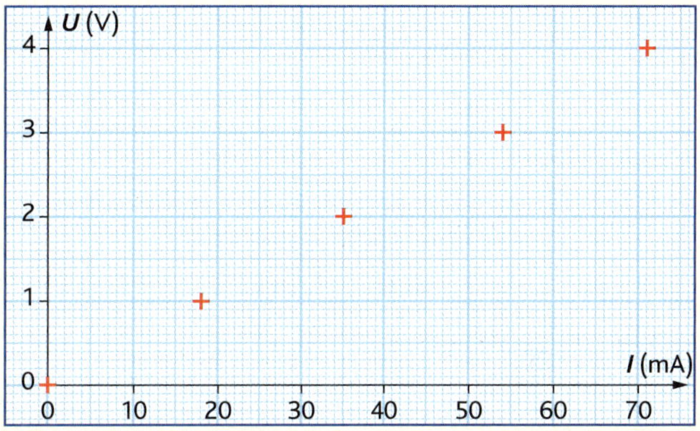

2. Placer les points.

- Reporter sur les axes les valeurs mesurées en tenant compte des échelles adoptées.
- Placer les points correspondant à ces valeurs en les représentant par des « plus ».

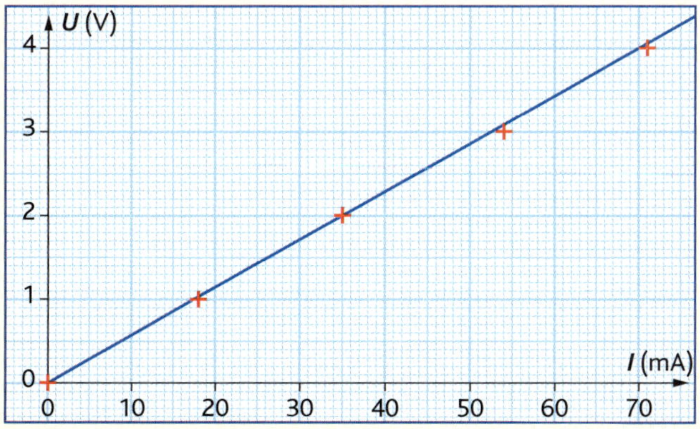

3. Tracer la caractéristique.

- Tracer, en utilisant une règle, la « droite moyenne », c'est-à-dire celle qui passe le plus près possible des points expérimentaux. Il n'est pas nécessaire que tous les points soient sur cette droite (il existe des erreurs expérimentales dans tous les cas).

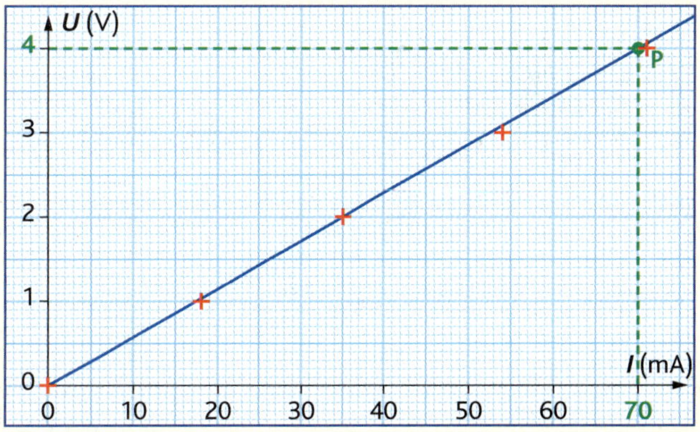

4. Déterminer la résistance.

- Choisir un point P sur la droite tracée.
- Mettre en évidence les coordonnées de ce point. On détermine ainsi son abscisse, ici : $I = 70$ mA, et son ordonnée : $U = 4$ V.

Calculer le quotient U/I, appelé coefficient directeur de la droite. Il représente la résistance du dipôle.

$$\frac{U}{I} = \frac{4}{0{,}07} = 57\ \Omega$$

Dans ce cas, on a donc : $R = 57\ \Omega$.

Méthode 3

Utiliser un tableur pour tracer une courbe

Au cours d'une expérience, on a relevé le tableau de mesures suivant.

I (mA)	0	15	32	49	65	80	95
U (V)	0	1,0	2,0	3,0	4,0	5,0	6,0

Représentons la variation de la tension *U* en fonction de l'intensité *I* en utilisant un tableur.

Comment faire ?

1. Mettre l'ordinateur en fonctionnement et lancer le logiciel-tableur.

2. Recopier les valeurs du tableau dans les colonnes correspondantes.
Indiquer le nom des grandeurs et des unités : I (mA) en tête de la première colonne et U (V) en tête de la seconde.

	A	B
1	I(mA)	U(V)
2	0	0,0
3	15	1,0
4	32	2,0
5	49	3,0
6	65	4,0
7	80	5,0
8	95	6,0
9		

3. Sélectionner les valeurs numériques à utiliser pour construire le graphe.
Pour cela, se servir de la souris.

	A	B
1	I(mA)	U(V)
2	0	0,0
3	15	1,0
4	32	2,0
5	49	3,0
6	65	4,0
7	80	5,0
8	95	6,0
9		

4. Choisir le type de graphique que l'on souhaite utiliser.

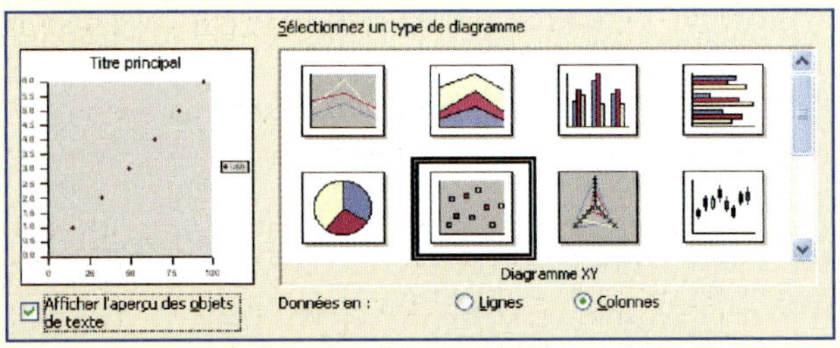

5. Indiquer les légendes à mettre sur le graphique.
Donner le titre du graphique, le nom des grandeurs et des unités figurant sur chaque axe.

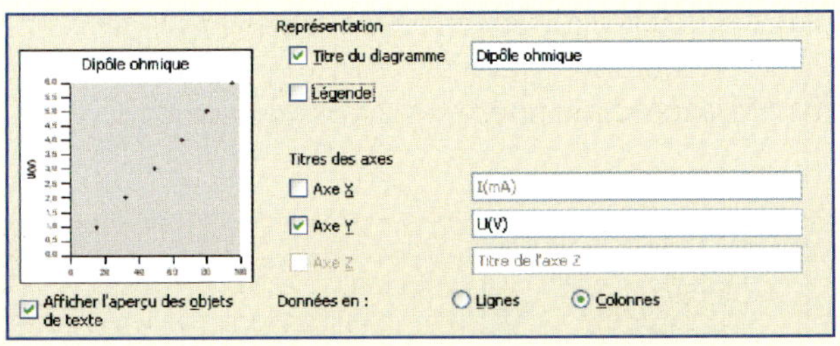

6. Faire afficher le graphique en choisissant les couleurs souhaitées.

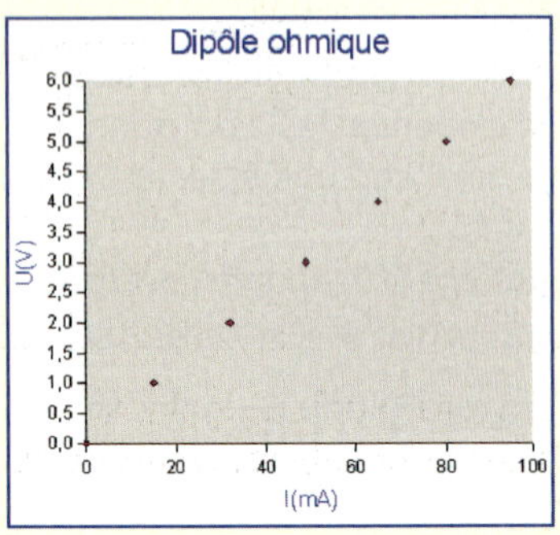

7. Faire tracer la droite moyenne, puis imprimer le graphique.

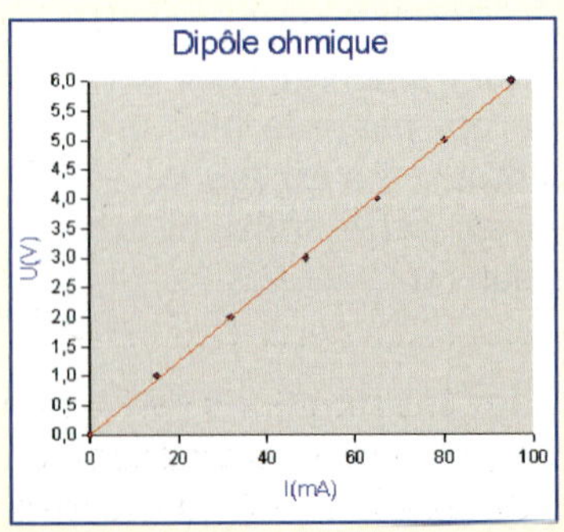

Méthode 4

Mener jusqu'au bout une investigation

Ton professeur t'a demandé de mener une des investigations proposées à la fin de chaque chapitre du manuel. Avant de lire cette page :
– *as-tu pris connaissance du problème à résoudre ?*
– *as-tu réfléchi à la façon de résoudre ce problème ?*
– *as-tu proposé des expériences pour te permettre de conclure ?*

Si tu as répondu oui à ces trois questions, tu peux passer à l'action en t'aidant de cette page.

Comment faire ?

1. Faire la liste du matériel en se servant du schéma de l'expérience. Soumettre la liste au professeur. Avec son accord, récupérer le matériel nécessaire.

2. Rédiger le protocole expérimental en s'aidant du schéma de l'expérience.
Réaliser l'expérience en respectant bien les consignes de sécurité données par le professeur.

3. Communiquer les résultats de l'expérience en rédigeant un compte rendu accompagné de schémas légendés et de tableaux lorsqu'il y a des mesures.

4. Rédiger la conclusion indiquant la réponse au problème. Utiliser pour cela les résultats de l'expérience.

Méthode 5

Schématiser un montage de chimie

Schématisons le montage permettant de recueillir le dioxyde de carbone obtenu lors de la réaction de l'acide chlorhydrique sur le calcaire.

Comment faire ?

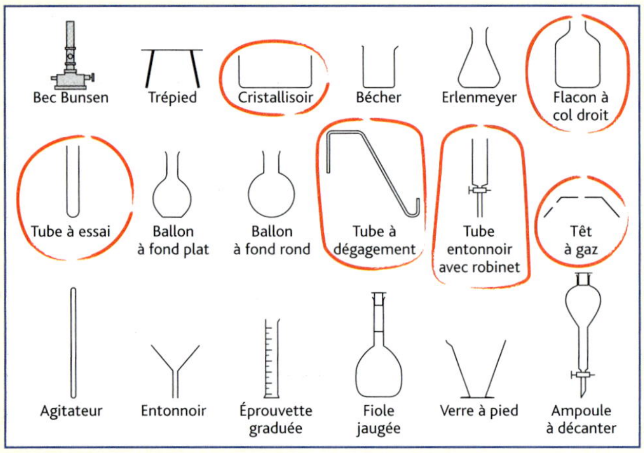

1. Faire la liste du matériel utilisé dans le montage et prendre connaissance (page 217) du schéma de chaque objet.

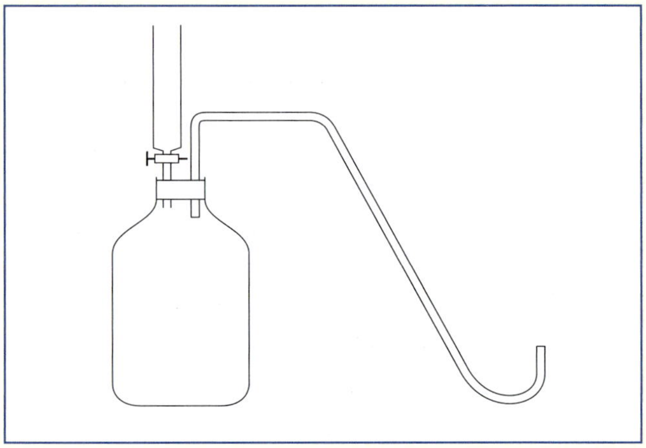

2. Schématiser le flacon muni de l'entonnoir tulipe et du tube à dégagement.

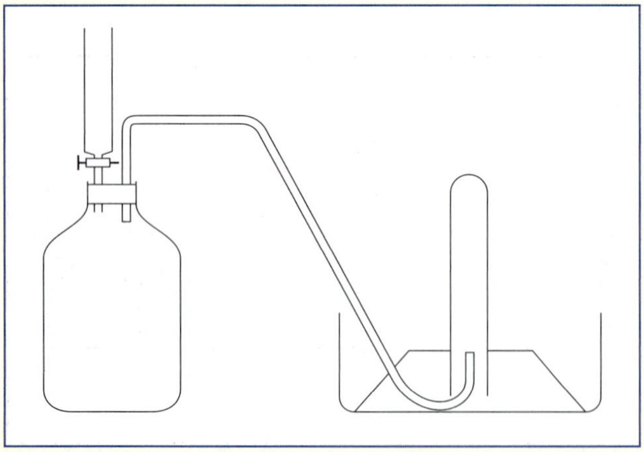

3. Schématiser la cuve à eau, puis le têt à gaz et enfin le tube à essai retourné sur le têt à gaz.

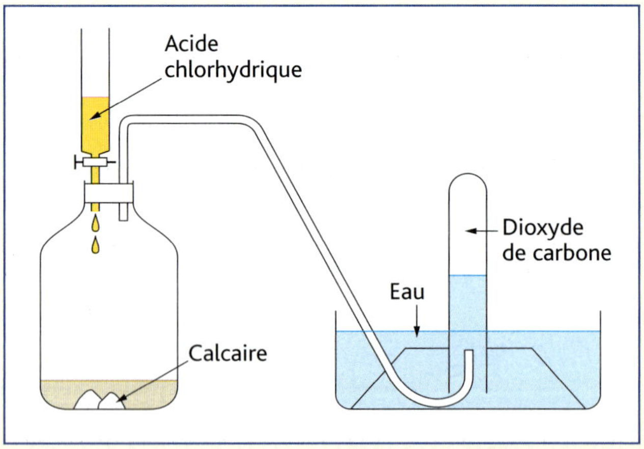

4. Schématiser le niveau de l'acide chlorhydrique dans l'entonnoir tulipe, le calcaire dans le flacon, ainsi que l'eau dans le cristallisoir et le tube à essai.

- Ajouter les légendes.

Méthode 6

Schématiser un montage électrique

Schématisons le circuit électrique photographié sur la figure.

Comment faire ?

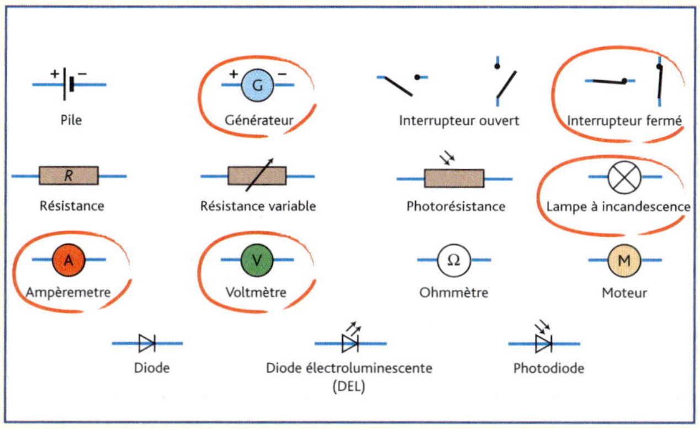

1. Faire la liste du matériel utilisé dans le montage et prendre connaissance (page 217) du symbole de chaque élément.

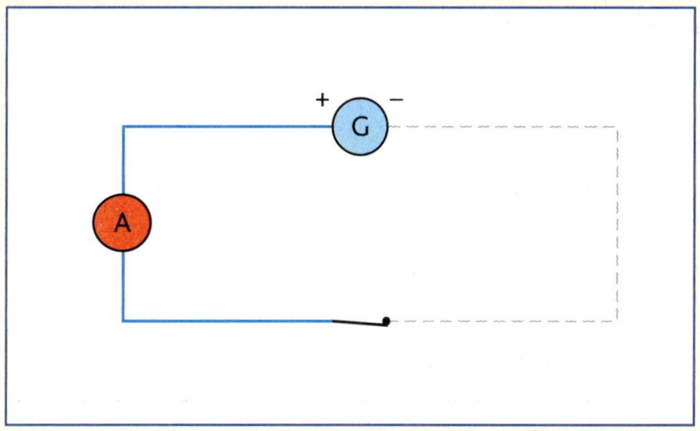

2. Tracer le rectangle dans lequel s'inscrit le schéma du circuit. Commencer le tracé à partir de la borne + du générateur et répartir les symboles le long du rectangle en respectant leur ordre.

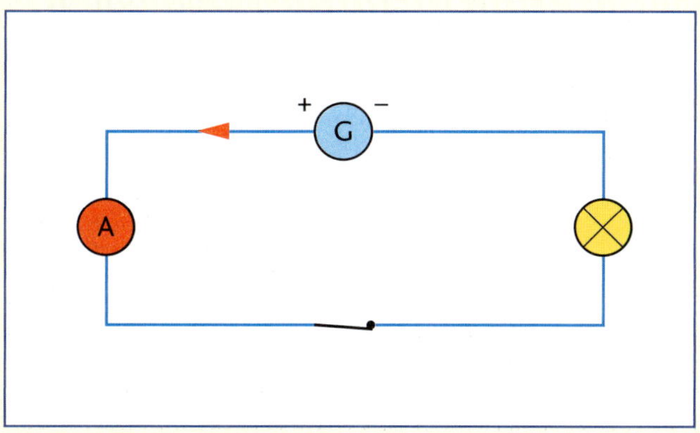

3. Terminer la boucle du circuit par la borne – du générateur, et indiquer le sens du courant.

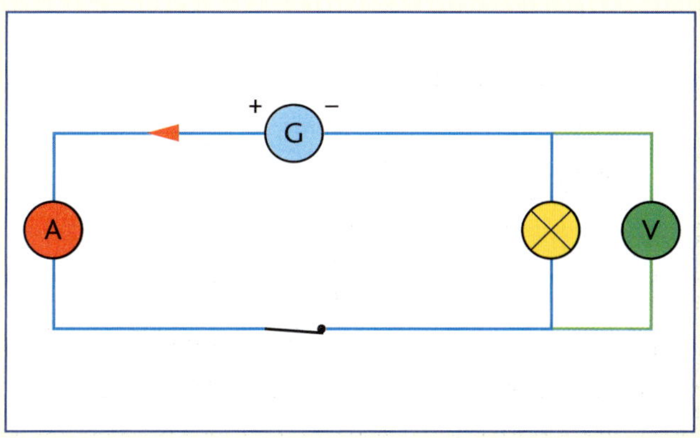

4. Représenter en dernier les appareils montés en dérivation.

Méthode 7

Schématiser en optique

On a réalisé un montage comportant un banc d'optique sur lequel figure :
– une lettre lumineuse de hauteur 2 cm ;
– une lentille située à 30 cm de la lettre lumineuse ;
– un diaphragme disposé contre la lentille ;
– un écran sur lequel se forme l'image de la lettre lumineuse, située à 21 cm de la lentille et de hauteur 1,4 cm.

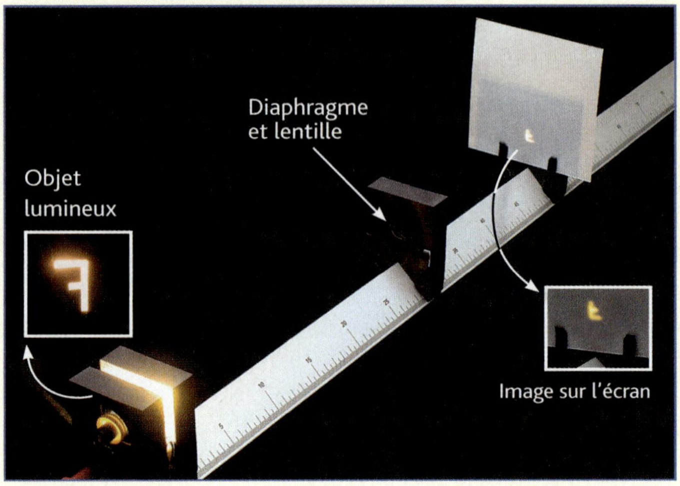

Schématisons le montage en utilisant l'échelle suivante :
– 1 cm sur l'axe optique représente 10 cm sur le banc d'optique ;
– les dimensions de l'objet et de l'image seront divisées par deux.

Comment faire ?

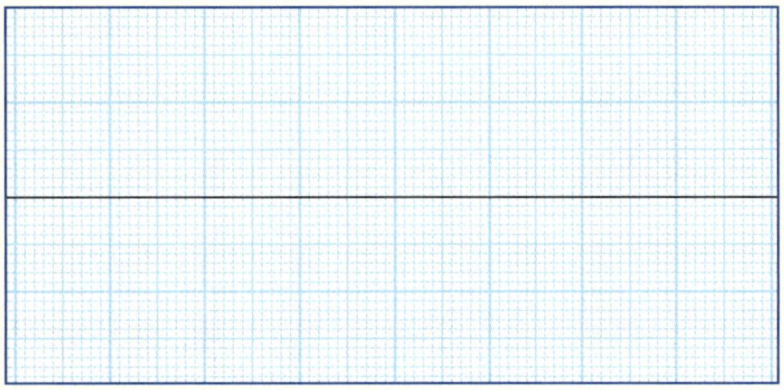

1. Choisir du papier millimétré pour effectuer la schématisation.
Dessiner l'axe optique de la lentille sur le papier millimétré.

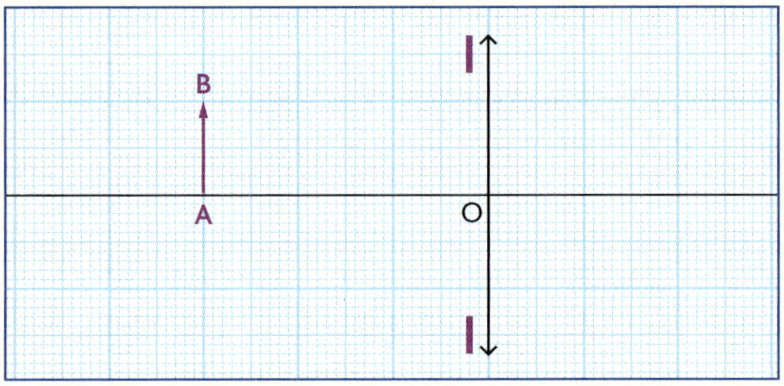

2. Mesurer la hauteur de la lettre lumineuse.
La représenter par une flèche AB perpendiculaire à l'axe optique en respectant l'échelle.
Disposer le symbole de la lentille à 3 cm de la flèche AB.
Placer le symbole du diaphragme contre celui de la lentille.

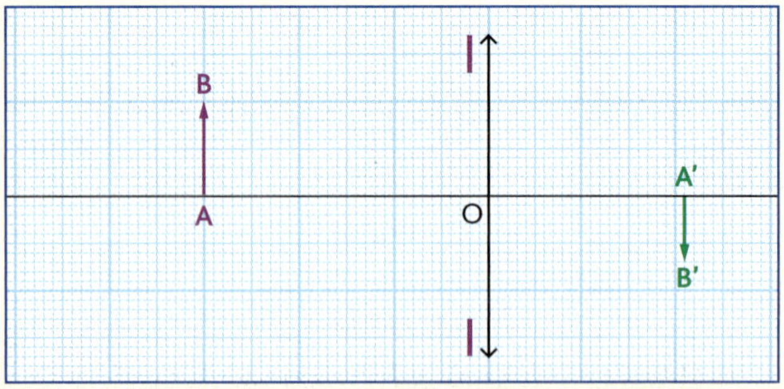

3. Mesurer la hauteur de l'image sur l'écran.
La représenter par une flèche A'B' inversée.
Disposer le symbole de l'image A'B' à 2,1 cm de la lentille en respectant l'échelle

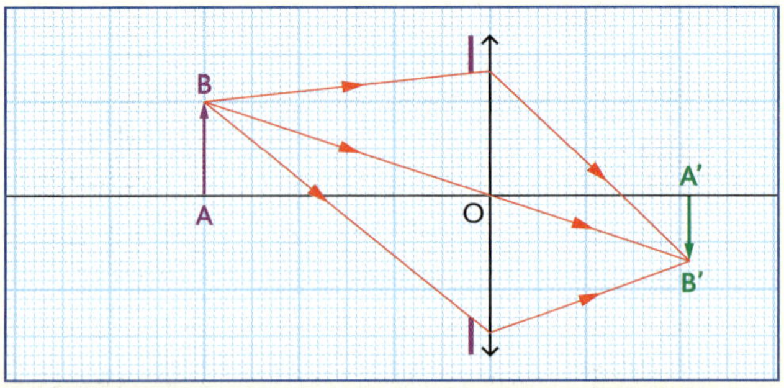

4. Relier le point B à son image B' en traçant :
– les rayons extrêmes limités par le diaphragme ;
– le rayon passant par le centre optique et qui n'est pas dévié.

Outil 1

Respecter les règles de sécurité lors des expériences de chimie

1. Expérimenter en sécurité

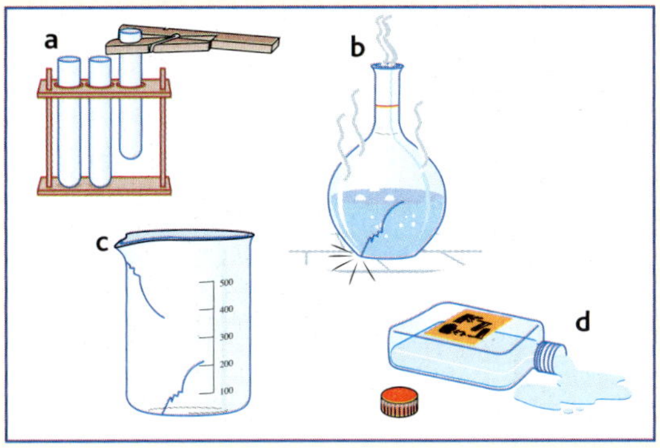

Être prudent avec la verrerie

a. Reposer les tubes à essai dans le porte-tubes.

b. Ne pas poser de la verrerie chaude sur un carrelage froid : risque de choc thermique.

c. Pour éviter les risques de coupure, déposer la verrerie brisée dans une corbeille prévue à cet effet.

d. Toujours reboucher les flacons pour éviter qu'ils ne se renversent.

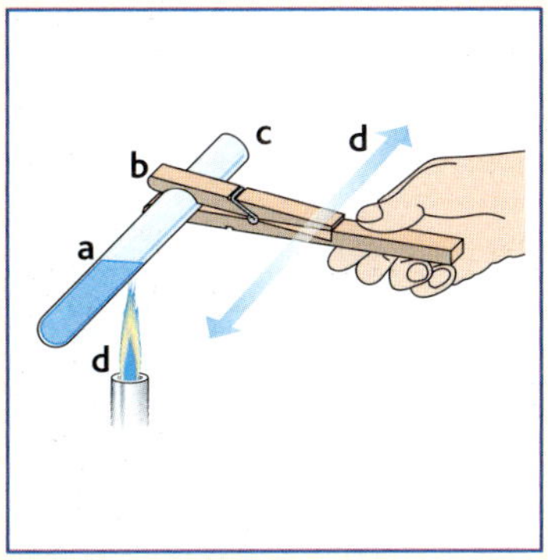

Lors du chauffage du contenu d'un tube avec une flamme :

a. Ne pas remplir le tube à plus d'un tiers.

b. Tenir le tube près de son ouverture avec une pince en bois.

c. Incliner le tube et l'orienter vers le mur.

d. Chauffer le liquide près de sa surface, jamais à sa base et déplacer le tube dans la flamme.

Protection personnelle

Pour certaines manipulations, le professeur imposera aux élèves le port d'une blouse, de gants et de lunettes de protection.

2. Comprendre les étiquettes de produits

Ça flambe !

F : inflammable

Manipuler loin des flammes, des étincelles ou de sources de chaleur. Tenir à l'écart des comburants.

Ça explose !

E : Explosif

Manipuler loin des flammes, des étincelles, de sources de chaleur. Éviter les chocs, les frottements.

Ça fait brûler !

O : Comburant

Tenir à l'écart des combustibles (F). Manipuler loin des flammes, des étincelles ou de sources de chaleur.

Ça ronge !

C : Corrosif

Porter des lunettes, des gants et des blouses pour protéger les yeux, la peau et les vêtements.

Ça pollue !

N : Dangereux pour l'environnement

Ne pas rejeter dans la nature, ni avec les eaux usées. Stocker pour retraitement.

Ça tue !

T : Toxique

Ne pas avaler, ne pas inhaler, ne pas mettre en contact avec la peau.

Ça pique !

Xi : Irritant

Éviter tout contact avec la peau et les yeux. Ne pas inhaler les vapeurs. En cas de projections, laver à grande eau.

Ça empoisonne !

Xn : Nocif

Mêmes précautions que pour T et Xi.

Outil 2

Utiliser toutes les fonctions d'un multimètre

Le multimètre numérique est un appareil de mesures électriques. Il peut être utilisé en voltmètre, en ampèremètre ou en ohmmètre.

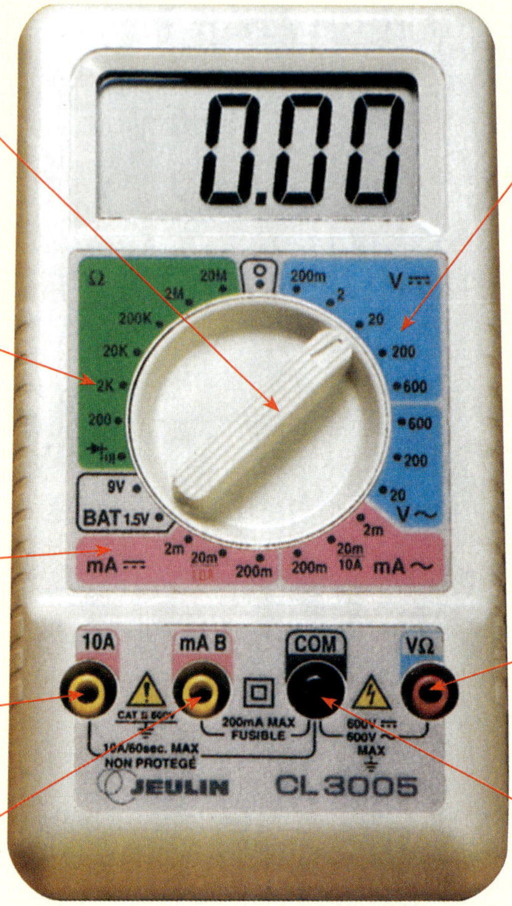

1. Sélecteur de fonction :
il permet de sélectionner la fonction du multimètre, et en même temps le calibre utilisé.

2. Calibres de l'ohmmètre :
cet appareil mesure des résistances dont la valeur maximale est de 20 MΩ.

3. Calibres de l'ampèremètre en continu :
en utilisant la borne mA, l'appareil mesure des intensités pouvant atteindre la valeur de 200 mA. Pour les valeurs supérieures à 200 mA, on utilise la borne spéciale 10 A : l'appareil mesure alors des intensités pouvant atteindre la valeur de 10 A.

4 et 5. Bornes de l'ampèremètre :
le courant dont on mesure l'intensité doit entrer par l'une de ces bornes.

6. Calibres pour le voltmètre en continu :
la tension maximale mesurable est de 600 V.

7. Borne du voltmètre :
l'appareil mesure la tension entre cette borne et la borne COM.

8. Borne COM :
cette borne est toujours utilisée. Lors d'une mesure, le courant doit sortir par cette borne.

Remarque : Les calibres de l'ampèremètre et du volmètre en courant alternatif seront étudiés en classe de 3e.

Outil 3

Schémas et symboles

1. Schémas de quelques objets utilisés en chimie

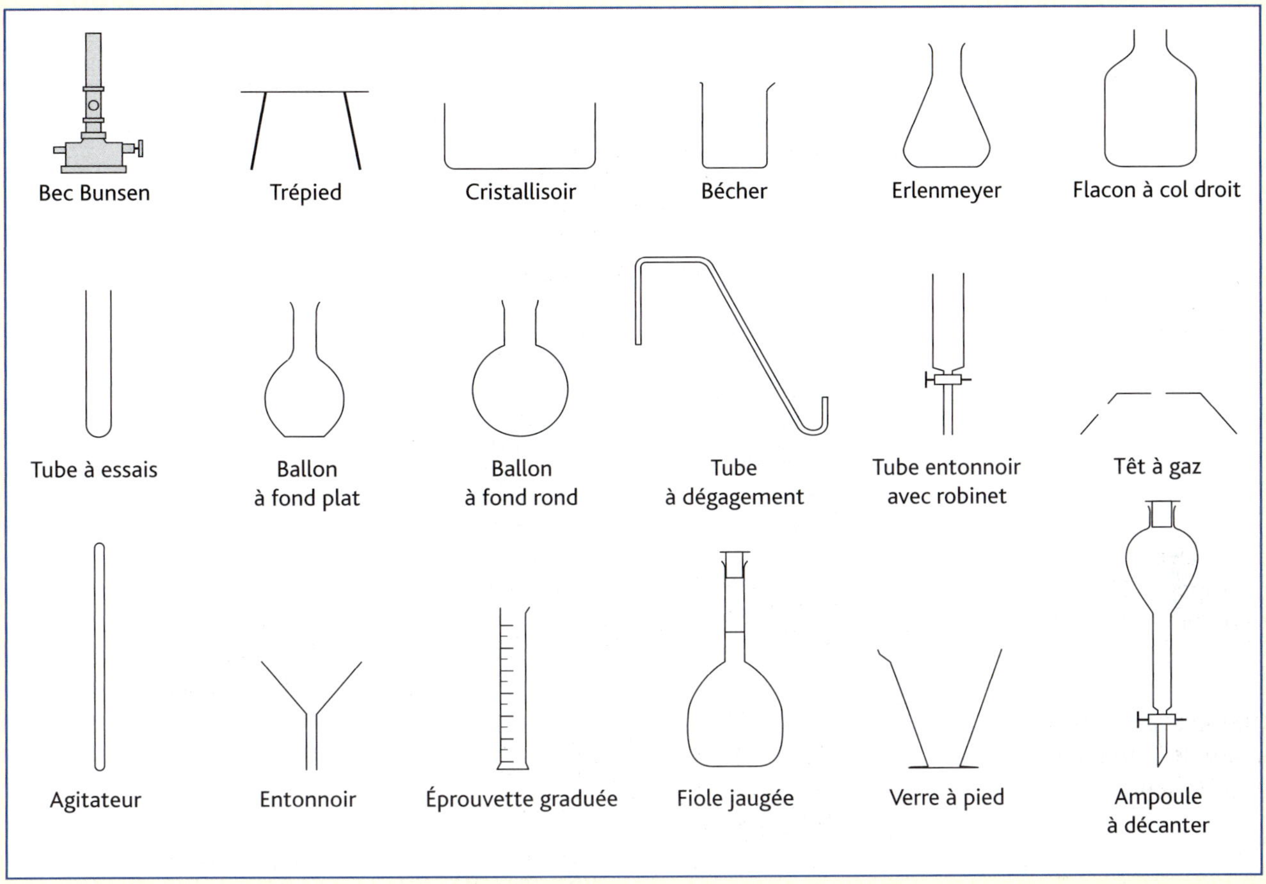

2. Symboles en électricité

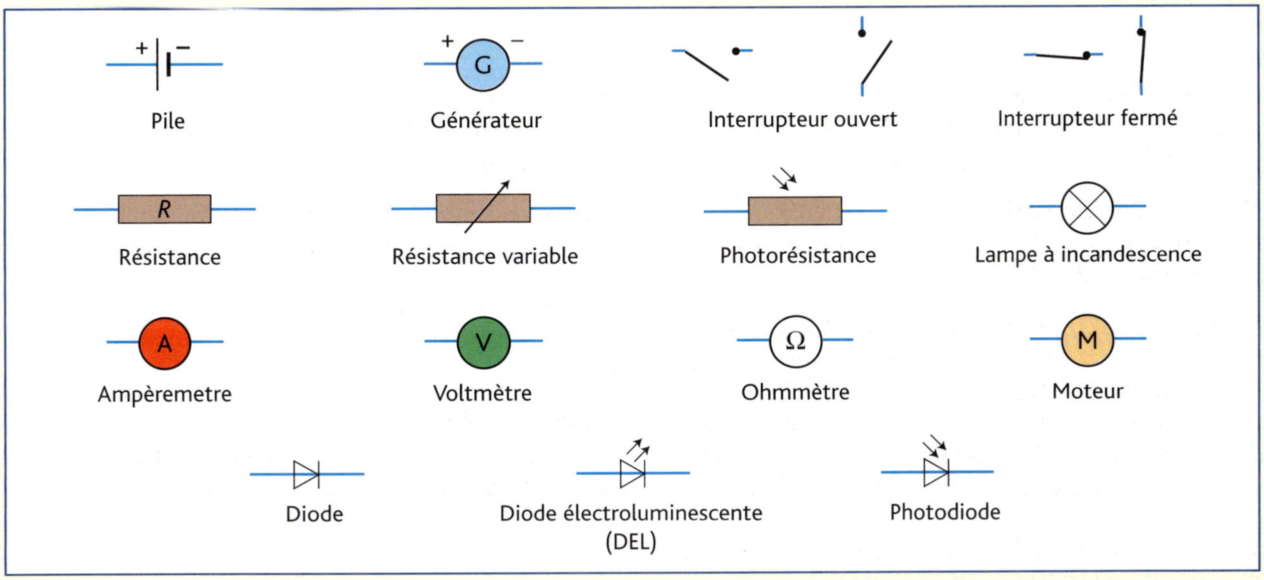

Outil 4 Les unités

Grandeur	Unité	Multiples	Sous-multiples	Correspondances
Longueur	mètre (m)	kilomètre (km)	centimètre (cm) millimètre (mm) micromètre (μm) nanomètre (nm)	• 1 km = 10^3 m • 1 m = 10^2 cm • 1 m = 10^3 mm • 1 m = 10^6 μm • 1 m = 10^9 nm
Surface	mètre carré (m^2)	kilomètre carré (km^2)	centimètre carré (cm^2) millimètre carré (mm^2)	• 1 km^2 = 10^6 m^2 • 1 m^2 = 10^4 cm^2 • 1 m^2 = 10^6 mm^2
Volume	mètre cube (m^3)		litre (L) millilitre (mL) décimètre cube (dm^3) centimètre cube (cm^3)	• 1 L = 1 dm^3 = 10^{-3} m^3 • 1 mL = 1 cm^3 = 10^{-6} m^3
Temps	seconde (s)	heure (h) minute (min)		• 1 h = 60 min • 1 min = 60 s • 1 h = 3 600 s
Vitesse	mètre par seconde ($m \cdot s^{-1}$)	kilomètre par seconde ($km \cdot s^{-1}$)		• 1 $km \cdot s^{-1}$ = 10^3 $m \cdot s^{-1}$
Masse	kilogramme	tonne (t)	gramme (g)	• 1 t = 10^3 kg • 1 kg = 10^3 g
Pression	pascal (Pa)	hectopascal (hPa) bar		• 1 hPa = 10^2 Pa • 1 bar = 10^5 Pa
Intensité	ampère (A)		milliampère (mA) microampère (μA)	• 1 mA = 10^{-3} A • 1 μA = 10^{-6} A
Tension	volt (V)	kilovolt (kV)	millivolt (mV)	• 1 kV = 10^3 V • 1 mV = 10^{-3} V
Résistance	ohm (Ω)	kiloohm (kΩ) mégohm (MΩ)		• 1 kΩ = 10^3 Ω • 1 MΩ = 10^6 Ω

• ***Multiples et sous-multiples du gramme (g)***

Unités	kg	hg	dag	g	dg	cg	mg
Valeur en g	1 000	100	10	1	0,1	0,01	0,001

• ***Correspondances entre les unités de volume et de capacité***

Unités de volume	m^3			dm^3			cm^3
Valeur en L	1 000	100	10	1	0,1	0,01	0,001
Unités de capacité	kL	hL	daL	L	dL	cL	mL

Outil 5

Les puissances de 10

1. Les puissances de 10

	L'exposant est positif				L'exposant est négatif				
Nombre	1 000 000	1 000	100	10	0,1	0,01	0,001	0,000 001	0,000 000 001
Puissance de 10	10^6	10^3	10^2	10^1	10^{-1}	10^{-2}	10^{-3}	10^{-6}	10^{-9}
Préfixe	méga	kilo	hecto	déca	déci	centi	milli	micro	nano

2. Écriture d'un nombre avec des puissances de 10

	L'exposant de 10 est positif			L'exposant de 10 est négatif		
Exemple de nombre	6 000 000	7 300	442	0,3	0,045	0,000 006 52
Écriture en puissance de 10	$6 \cdot 10^6$	$7{,}3 \cdot 10^3$	$4{,}42 \cdot 10^2$	$3 \cdot 10^{-1}$	$4{,}5 \cdot 10^{-2}$	$6{,}52 \cdot 10^{-6}$

3. Multiplication et division de puissances de 10

• ***Multiplication***

Multiplication de 2 puissances de 10 : $x \cdot 10^m \times y \cdot 10^n$	$3 \cdot 10^3 \times 5{,}1 \cdot 10^4$	$4 \cdot 10^{-2} \times 6 \cdot 10^{-3}$	$9 \cdot 10^{-2} \times 6 \cdot 10^4$
Résultat : $xy \cdot 10^{(m+n)}$	$15{,}3 \cdot 10^7$	$24 \cdot 10^{-5}$	$54 \cdot 10^2$

• ***Division***

Division de 2 puissances de 10 : $\dfrac{x \cdot 10^m}{y \cdot 10^n}$	$\dfrac{3 \cdot 10^4}{2 \cdot 10^2}$	$\dfrac{6 \cdot 10^{-3}}{5 \cdot 10^4}$	$\dfrac{24 \cdot 10^{-6}}{8 \cdot 10^{-2}}$
Résultat : $\dfrac{x}{y} \cdot 10^{(m-n)}$	$1{,}5 \cdot 10^2$	$1{,}2 \cdot 10^{-7}$	$3 \cdot 10^{-4}$

Solutions des tests et des exercices

Chapitre 1

1 **a.** molécule d'eau ; molécules ; identiques ; forme ; dimensions ; masse. **b.** proches. **c.** liées. **d.** masse ; molécules.

2 Molécules d'eau : **c**, **e**, **g** et **j**.

3 **a.** liquide ; **b.** gaz ; **c.** solide.

4 **1-c** ; **2-a** ; **3-e** ; **4-a** ; **5-e** ; **6-b** et **d**.

5 Glace : compact, ordonné, liaisons. Eau liquide : compact, désordonné, agitation. Eau vapeur : dispersé, désordonné, grands espaces vides, agitation.

6 **1** : fusion ; **2** : solidification ; **3** : vaporisation ; **4** : liquéfaction.

7 Schéma correct de la fusion du glaçon : **c**.
a : la masse n'est pas conservée ; **c** : le nombre de molécules n'est pas conservé.

8 **a** : corps pur liquide ; **b** : mélange homogène ; **c** : mélange hétérogène ; **d** : corps pur solide.

14 **1.** Le sable, comme l'eau, s'écoule quand on le transvase, et prend la forme du récipient qui le contient.

2. On peut comparer un grain de sable (la plus petite parcelle de sable) à une molécule d'eau (la plus petite parcelle d'eau).

3. La surface de l'eau est plane, alors que celle du sable forme un tas : les molécules d'eau sont mobiles et peuvent glisser les unes sur les autres ; ce n'est pas le cas des grains de sable.

Chapitre 2

1 **a.** mélange ; dioxygène ; diazote ; 4 ; 1. **b.** dioxygène ; combustions ; incandescente ; dioxygène. **c.** compressible ; pression ; chocs ; pression. **d.** 1,3 g.

2 Schémas **a**, **b**, **d**.

3 **a.** Le dioxygène de l'air entretient les combustions. **b.** Une bûchette incandescente se rallume dans le dioxygène.

4 Ce gaz est du dioxygène, puisqu'il ranime la combustion de la bûchette.

5 **1-d** ; **2-e** ; **3-a** ; **4-b** ; **5-c**.

6 **a.** Le schéma **c** est correct : pression plus élevée et nombre de molécules inchangé. **b.** schéma **b** : le nombre de molécules a diminué ; schéma **d** : la pression ne peut diminuer lors d'une compression.

7 La masse du gaz retiré est celle d'un litre d'air. La seconde balance affiche 285,7 g.

14 **1.** La différence des indications de la balance permet de calculer la masse du butane recueilli, $m_r = 19{,}6 - 16{,}0 = 3{,}6$ g.

2. Le gaz recueilli occupe un volume $V = 1{,}5$ L.

La masse d'un litre de butane est $m_L = m_r / V = 3{,}6/1{,}5 = 2{,}4$ g.

3. La masse du gaz contenu dans le briquet est $m_B = 12$ g. Elle correspond à un volume de gaz $V_B = m_B / m_L = 12/2{,}4 = 5$ L.

Chapitre 3

1 **a.** transformation ; réactifs ; produits. **b.** dioxygène ; dioxyde de carbone ; eau de chaux. **c.** dioxyde de carbone ; eau. **d.** incomplète ; monoxyde de carbone.

2 La réponse correcte est **b.**

3 **1** : carbone ; **2** : dioxygène ; **3** : eau de chaux ; **4** : dioxyde de carbone.

4 **a.** faux ; **b.** vrai ; **c.** faux (les produits de cette réaction sont le dioxyde de carbone et l'eau).

5 **a.** Flamme bleue : combustion complète. Il se forme : **1** et **2**. **b.** Flamme jaune : combustion incomplète. Il se forme : **1**, **2**, **3** et **4**.

6 **1-b** ; **2-c** ; **3-a**.

7 **1.** INTOXICATION ; **2.** BUTANE ; **3.** CARBONE ; **4.** DIOXYGENE ; **5.** MONOXYDE DE CARBONE ; **6.** COMPLETE ; **7.** BLEUE ; **8.** EAU ; **9.** ECLAIRANTE ; **10.** DIOXYDE DE CARBONE. *Mot caché :* INCOMPLETE.

19 **1.** Le carbone et le dioxygène ont été entièrement consommés. Il reste le dioxyde de carbone formé et le diazote contenu dans l'air qui n'a pas réagi.

2. Le carbone n'a pas entièrement brûlé, alors que le dioxygène a été entièrement consommé. Il reste du carbone, le dioxyde de carbone formé et le diazote contenu dans l'air qui n'a pas réagi.

3. Si 15 g de carbone réagissent avec 150 L d'air, 100 L d'air peuvent réagir avec 10 g de carbone : il reste donc 5 g de carbone.

Chapitre 4

1 **a.** modèles moléculaires ; nom ; atomes. **b.** conservés. **c.** équation ; équilibrée. **d.** conserve.

2

Nom	Symbole	Modèle
carbone	C	
oxygène	O	
hydrogène	H	

3 **a-d-f** ; **b-c-e**.

4 **1. a.** Dans CO_2, en indice après le symbole du carbone, il n'y a rien d'indiqué, ce qui sous entend le chiffre 1 et en indice après le symbole de l'oxygène, il y a 2. **2. a.**

5 **c.**

6

1	2	4	3
3	4	2	1
2	3	1	4
4	1	3	2

$CH_4 + 2\,O_2 \rightarrow CO_2 + 2\,H_2O$.

7 **a.** Faux : il y a autant d'atomes avant et après la réaction. **b.** Faux : au cours d'une réaction chimique, les atomes sont conservés. **c.** Vrai.

8 La masse est conservée : **b.**

15 **1.** Il y a 2 molécules de méthane et 4 molécules de dioxygène. **2.** Il y a 2 molécules de dioxyde de carbone et 4 molécules d'eau. **3.** Avant la réaction, 2 atomes de carbone, 8 atomes d'oxygène et 8 atomes d'hydrogène. Après la réaction, 2 atomes de carbone, 8 atomes d'oxygène et 8 atomes d'hydrogène.
4. $2\ CH_4 + 4\ O_2 \rightarrow 2\ CO_2 + 4\ H_2O$
soit, en divisant par 2 tous les coefficients :
$CH_4 + 2\ O_2 \rightarrow CO_2 + 2\ H_2O$.

Chapitre 5

1 **a.** ampèremètre ; en série ; ampère. **b.** même valeur ; indifférente. **c.** dépend. **d.** l'ordre ; l'intensité.

2 Le schéma correct est le **a**. En **b**, l'ampèremètre est en dérivation.

3 **a.** faux (c'est l'ampère) ; **b.** vrai ; **c.** faux (des grandeurs électriques) ; **d.** vrai.

4 Les bornes branchées sont celles qu'on utilise pour mesurer une tension.

5 Les ampèremètres A_1 et A_3 indiquent également 200 mA, car l'intensité a même valeur en tout point de la boucle de circuit.

6 L'intensité : **a.** diminue ; **b.** est nulle ; **c.** diminue ; **d.** est inchangée ; **e.** est inchangée ; **f.** est nulle.

7 **1.** ELECTRICITE ; **2.** GENERATEUR ; **3.** MOTEUR ; **4.** OUVERT ; **5.** INTERRUPTEUR ; **6.** SERIE ; **7.** CIRCUIT ; **8.** CONDUCTEUR ; **9.** AMPEREMETRE. *Mot caché :* INTENSITE.

13 **1.** 144 mA. **2.** Quelle que soit la position de l'ampèremètre, on mesurera toujours la même valeur : 144 mA.

Chapitre 6

1 **a.** un voltmètre ; dérivation ; volt. **b.** une tension. **c.** tension. **d.** nominale ; tension.

2 Le schéma correct est le **c**. Sur le schéma **a**, le voltmètre est en série ; sur le schéma **b**, le voltmètre est branché sur un fil de connexion.

3 **a.** vrai ; **b.** faux (en dérivation) ; **c.** faux (pile en circuit ouvert) ; **d.** ça dépend : dipôle générateur ou récepteur ?

4 **a** : 1,5 V aux bornes de la pile ronde ; **b** et **c** : 0 V aux bornes du moteur ou de l'interrupteur isolés.

5 Le multimètre est branché sur les bornes de l'ampèremètre et non du voltmètre.

6 **a-2** ; **b-1** ; **c-3**.

7 **1.** DERIVATION ; **2.** COURANT ; **3.** ECLAIR ; **4.** TENSION ; **5.** LUMIERE ; **6.** PILES ; **7.** VOLTA ; **8.** TONNERRE ; **9.** GENERATEUR. *Mot caché :* VOLTMETRE.

18 **a.** Dans le circuit **a**, l'intensité mesurée vaut I = 0,2 A (valeur nominale). La tension aux bornes de la pile en circuit fermé est légèrement inférieure à sa valeur en circuit ouvert, donc U = 4,0 V.

b. Dans le circuit **b**, I = 0 A. La pile ne débite aucun courant, donc U = 4,5 V.

Chapitre 7

1 **a.** intensité ; tension ; somme. **b.** tension. **c.** augmente ; additivité. **d.** intensités ; tensions.

2 **c. d.**

3 La proposition **a** est fausse : $I_G = I_{L_1} = I_{L2}$.

4 **1. c.** ; **2. a.**

5 Les relations correctes sont **a** et **d**.

6 Les expressions fausses sont **a** (U_G ne varie pas) et **d** (l'intensité dans la branche principale est la somme des intensités dans les 3 branches dérivées).

7 **1.** La bonne réponse est **a**. **2.** La bonne réponse est **b**.

8 Les affirmations correctes sont **a**, **c** et **e**.

20 **1.** Schéma du montage :

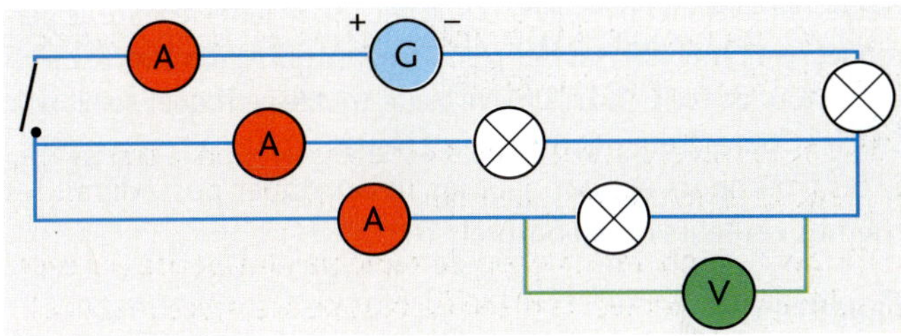

2. La loi vérifiée est la loi d'additivité des intensités : 0,33 A = 0,13 A + 0,20 A.

Chapitre 8

1 **a.** résistance ; baisse. **b.** ohm ; Ω ; ohmmètre ; intensité ; faible. **c.** proportionnelle. **d.** protéger.

2 **1-b** ; **2-d** ; **3-a** ; **4-c**.

3 **a.** correct. **b.** 0,3 MΩ = 300 kΩ. **c.** 1238 Ω = 1,238 kΩ. **d.** 567 kΩ = 0,567 MΩ. **e.** 0,00452 MΩ = 4520 Ω.

4 Les relations correctes sont : **a**, **d** et **i**.

5 **a.** Le voltmètre est en série. Il devrait être en dérivation. **b.** Le schéma est correct. **c.** L'ampèremètre est en dérivation. Il devrait être en série. **d.** Les places des deux appareils de mesure sont inversées.

6 **1. c** : $R = U/I$ = 12/0,024. **2. a** : $U = RI$ = 500 × 0,12.

7 **a** : la caractéristique ne passe pas par l'origine. **c** : ce n'est pas une droite.

8 L'intensité dans le circuit est $I = U/R$ soit I = 48/100 = 0,48 A = 480 mA. On peut donc choisir F4 : 500 mA.

17 Arnaud mesure une valeur égale à : $R = U/I$ = 6/0,049 = 122,5 Ω. Béatrice a trouvé 122 Ω. Jessica : 12 × 10 = 120 Ω. Compte tenu des erreurs d'expérience, on peut considérer que les valeurs trouvées par les 3 méthodes sont en accord.

Chapitre 9

1 **a.** décompose. **b.** spectre. **c.** synthèse additive. **d.** n'absorbe. **e.** diffuse.

2 1-I ; 2-B ; 3-V ; 4-J ; 5-R.

3 **a.** faux (on obtient du jaune). **b.** vrai. **c.** faux (on obtient du magenta).

4 Un filtre jaune.

5 **1.** En lumière rouge : les pommes apparaissent noires, les tomates rouges. **2.** En lumière verte : les pommes apparaissent vertes, les tomates noires. **3.** En lumière bleue : les pommes et les tomates apparaissent noires.

6 **2.** CYAN ; **4.** FILTRE ; **7.** JAUNE. **III.** BLANC ; **VI.** MAGENTA.

12 Les plumes du perroquet absorbent certaines radiations colorées et en diffusent d'autres. Les plumes bleues ne diffusent que les radiations bleues ; les plumes rouges ne diffusent que les radiations rouges ; les plumes jaunes diffusent les radiations rouges et vertes ; les plumes blanches diffusent toutes les radiations colorées.
a. En lumière rouge, le perroquet serait tout rouge, sauf les plumes bleues qui seraient noires, ainsi que le bec. **b.** En lumière verte, le perroquet serait tout noir, sauf les plumes jaunes qui seraient vertes, ainsi que le tour de l'œil. **c.** En lumière bleue, tout le perroquet serait noir, sauf les plumes bleues, qui resteraient bleues.
Si les trois spots étaient allumés, le perroquet possèderait les mêmes couleurs qu'au naturel.

Chapitre 10

1 **a.** convergentes ; divergentes. **b.** centre ; foyer. **c.** convergente ; supérieure. **d.** image.

2 convergentes : **b**, **d**, et **f** ; divergentes : **a**, **c** et **e**.

3 **1-b** et **c** ; **2-a** et **d**.

4 **a.** faux (elle est à l'envers) ; **b.** faux (si la distance entre l'objet et lentille est inférieure à la distance focale, on n'obtient pas d'image) ; **c.** vrai. **d.** faux, c'est la distance entre le centre optique et le foyer.

5 Le schéma correct est le **2**.

6 **a.** Deux des rayons parallèles ne convergent pas au foyer. **b.** L'image de B est B'.

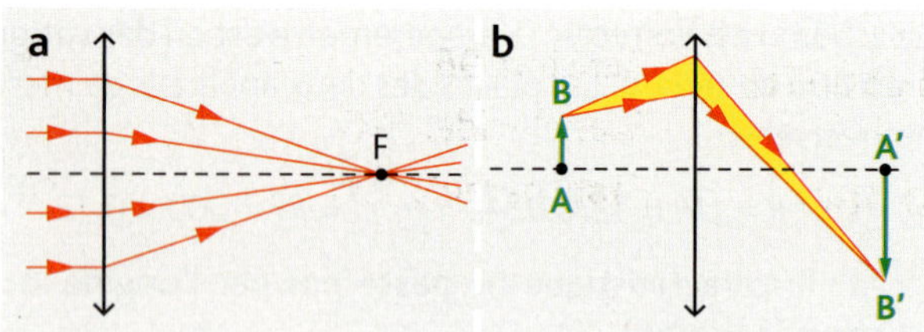

7 **1.** FOCALE ; **2.** BORD ; **3.** LENTILLE ; **4.** DIVERGENTE ; **5.** OBJET ; **6.** ECRAN ; **7.** IMAGE ; **8.** PARALLELES ; **9.** MINCE ; **10.** OPTIQUE ; **11.** FOYER. *Mot caché :* CONVERGENTE.

10 **1.** Pour d_1 = 20 cm. C'est le double de la distance focale. **2.** Quand *d* est inférieure à d_1, l'image est plus grande que l'objet. C'est le cas pour les projecteurs de films ou de diapositives. **3.** Quand *d* est supérieure à d_1, l'image est plus petite que l'objet.

Chapitre 11

1 **a.** rétine. **b.** nerf optique. **c.** myopie ; divergente. **d.** hypermétropie.

2 **a-1** ; **b-4** ; **c-3** ; **d-5** ; **e-2**.

3 **1** ou **a** : milieux transparents ; **2** ou **b** : rétine.

4 **a.** faux (elle traverse la cornée, le cristallin, puis arrive sur la rétine). **b.** vrai. **c.** faux (c'est le contraire : en provenance de la rétine à destination du cerveau).

5 **1.** Amélie souffre de myopie. **2.** Leonora souffre d'hypermétropie.

6 **a** : myopie ; **b** : hypermétropie.

7 **3.** CONVERGENTE ; **6.** IRIS. **I.** CRISTALLIN ; **IV.** DIVERGENTE ; **VI.** RETINE.

15 **1.**

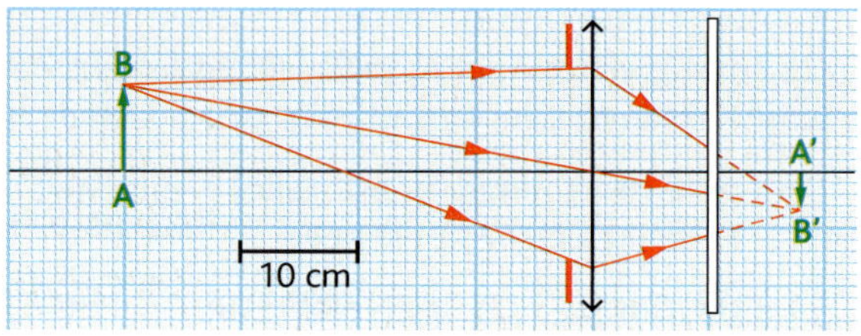

2. Pour que l'image soit nette, il faudrait qu'elle se forme sur l'écran, ce qui n'est pas le cas : l'image reçue sur la rétine (l'écran) est donc floue. **3.** Le défaut de l'œil pourrait être l'hypermétropie puisque l'image se forme derrière la rétine.

Chapitre 12

1 **a.** opaques ; transparents ; translucides. **b.** 300 000 km/s. **c.** moins. **d.** la Lune ; du Soleil.

2 Le verre n'est pas opaque, il est transparent. La plaque en fer n'est pas transparente, elle est opaque. Le carton n'est pas translucide, il est opaque.

3 **b**, **d** et **e**.

4 Mercure : **g** ; Vénus : **c** ; Terre : **d** ; Mars : **h** ; Jupiter : **f** ; Saturne : **a** ; Uranus : **e** ; Neptune : **b**.

5 **a.** faux ; **b.** faux ; **c.** vrai ; **d.** faux ; **e.** faux.

6 **1-d** ; **2-b** ; **3-e** ; **4-a** ; **5-c**.

7 **1.** TRANSLUCIDE ; **2.** JUPITER ; **3.** OPAQUE ; **4.** LUNETTE.

19 **1.** 45 m. **2.** 20 %. **3.** Quand l'épaisseur d'eau dépasse les 100 m, un très faible pourcentage de la lumière du Soleil est transmis et l'utilisation de torches est alors nécessaire. **4.** L'eau n'est un milieu transparent qu'en faible épaisseur.

Index

Réponses aux tests-bilans

p. 74 : 1. b et d ; **2.** a et d ; **3.** c ; **4.** b et d ; **5.** a et b ; **6.** b et d ; **7.** b ; **8.** a ; **9.** c ; **10.** b ; **11.** c ; **12.** c.
p. 140 : 1. b et c ; **2.** b ; **3.** a et d ; **4.** a ; **5.** a ; **6.** c ; **7.** c ; **8.** b ; **9.** c ; **10.** a.
p. 206 : 1. a et b ; **2.** c ; **3.** a et c ; **4.** c ; **5.** c ; **6.** b et c ; **7.** a et d ; **8.** d ; **9.** a et f ; **10.** c ; **11.** a ; **12.** c.

Crédits photographiques

0 1re de gauche : Ph. © Mauritius/Photononstop
0 1re de droite : Ph. © Judy Griesedieck/Corbis
9 : Ph. © SPL/Cosmos
10 g : Ph. © Juan-Carlos Munoz/Bios
10 d : Ph. © Fred Jocker/Hoa-Qui/HPP
11 ht : Ph. © Stephen Toner/Stone/Getty Images
11 bas : Ph. © Fabrice Brun/Skyandummit.com
12 m d : BIS / Ph. Luc Joubert © Archives Larbor
12 g : Paris, Musée du Louvre Ph. © Electa/Leemage
12 m g : BIS / Ph. © Archives Nathan
12 b : BIS / Ph. DR Coll. Archives Larbor
13 g : Ph. © Labat/Bios
13 m : Ph. © Dinodia/AGE Fotostock/Hoa-Qui/HPP
13 d : Ph. © Jonelle Weaver/Taxi/Getty Images
16 g : Ph. © Jonathan et Angela Scott/Imagestate/HPP
16 m : Ph. © Xavier Desmier/Rapho/HPP
16 d : Ph. © LAL/Photonica/Getty Images
18 ht : Ph. © Mona Lisa/Eurelios
18 bas : Ph. © Leemage
19 ht g : Ph. © Georgia Lowell/SPL/Cosmos
19 m : Ph. © Laurent Pyot/Ocean Vert/Gamma/HPP
19 ht d : Ph. © Georgia Lowell/SPL/Cosmos
19 bas : Ph. © Radeau des cimes/Gamma/HPP
22 : Ph. © Andy Small/GAP/Bios
24 : BIS / Ph. © ESA
25 : Ph. © Martial Aude
26 g : Ph. © Bianchetti/Leemage
26 d : Ph. © NASA/Roger Ressmeyer/Corbis
27 ht : Ph. © Frédéric Nevoit/Phone/Bios
27 bas : Ph. © Alain Even/Photononstop
32 : Ph. © Meyer/Tendance Floue
34 : Ph. © Miguel Villagran/EPA/Sipa
35 bas : Ph. © P. Allard/Rea
35 ht : Ph. © Duclos-Rossi/Gamma/HPP
42 ht : Ph. © Najlah Feanny/Rea
42 bas : Ph. © Rafa Rivas/AFP
43 : Ph. © Jeremy Nicholl/Rea
50 ht : Ph. © BCA/Rue des Archives
50 bas : BIS / Ph. Coll. Archives Larbor
56 : Ph. © Ray Kachatorian/Taxi/Getty Images
58- 59 : Ph. © Steve Starr/Corbis
59 m : Ph. © Bianchetti/Leemage
59 d : Ph. © The Art Archive/Musée des Arts et Techniques-CNAM/Dagli Orti
66 ht : Ph. © Ria Novosti/SPL/Cosmos
66 bas : Ph. © BCA/Rue des Archives
67 ht : Ph. © Rice University, Houston
67 bas : Ph. © Jaimie D. Travis/DK Stock/Getty Images
71 d : Ph. © M-P Morel/Photononstop
71 g : Ph. © AKG
75 : Ph. © JO Barcelone 92/Gamma/HPP
76 : Ph. © Denis Regaud
84 : Ph. © Sheila Terry/SPL/Cosmos
85 ht : Ph. © Didier Maillac/Rea
85 bas : Ph. © Mario Fourmy/Rea
90 : Ph. © Bianchetti/Leemage/T
92 : Ph. © Joseph Sohm/Visions of America/Corbis
93 m : Ph. © ND/Roger-Viollet/T
93 ht : Ph. © Yves Soulabaille/Eurelios
100 bas : Ph. © Alain Jocard/AFP
100 ht : Ph. © Kennan Ward/Imagestate/HPP
101 d : Ph. © The Granger Collection NYC/Rue des Archives
101 g : Ph. © SelvaLeemage
101 ht : Ph. © Roger Ressmeyer/Corbis
108 ht : Ph. © François Renault/Photononstop
108 bas : Ph. © Martin Sasse/Laif-Rea
109 ht : Ph. © Theodor Barth/Laif-Rea
116 ht : Ph. © Roger-Viollet
116 bas : Ph. © Mario Fourmy/Rea
117 : Ph. © Pierre Gleizes/Rea
122 : Ph. © Paul Box/Report Digital/Rea
124 ht : Ph. © Peter Bialobrzeski/Laif/Rea
124 bas : Ph. © Science Faction/Getty Images
125 ht : Ph. © Justin Guariglia/National Geographic/Getty Images
125 bas : Ph. © Michel Gaillard/Rea
132 g : Ph. © DKL Limited/Corbis
132 ht : Paris, collection particulière Ph. © AKG
132 bas : Ph. © Rainer Unkel/Rea
133 : Ph. © Cosmos
138 : Ph. © DR
141 : Ph. © Jack Zehrt/Taxi/Getty Images
142 bas : Ph. © Ian Hanning/Rea
142 ht : Ph. © Jacques Loic/Photononstop
143 ht : Ph. © Frederic Souloy/Gamma/HPP
143 bas : Ph. © David Hanover/Stone/Getty Images
150 ht : Ph. © Pierre Bessard/Rea
150 bas : Ph. © Jeremy Nicholl/Rea
151 ht : Ph. © CNES/Dist Spot Image/Hoa-Qui/HPP
151 m : Ph. © Lebon/Gamma/HPP
151 bas : Ph. © Véronique Durruty/Hoa-Qui/HPP
153 g : Ph. © Renaud Fulconis/Phone/Bios
153 d : Ph. © Jorgen Schytte/Still Pictures/Bios
154 : Ph. © Massimo Brega/Eurelios
155 g : Chicago, Art Institute/Ph. © Erich Lessing/AKG
155 d : Ph. © Andreanna Seymore/Reportage/Getty Images
156 : Ph. © Denis-Huot Michel et Christine/Bios
158 ht : Ph. © Chris Butler/AGE Fotostock/Hoa-Qui/HPP
158 d : Ph. © The Granger Collection/Rue des Archives
159 ht : Ph. © Frédéric Maigrot/Rea
159 bas : Ph. © Heritage Images/Leemage
166 ht g : Ph. © Selva/Leemage
166 ht d : Ph. © Selva/Leemage
166 bas : Ph. © david Nunuk/SPL/Cosmos
167 m : Ph. © Jean Guichard/Corbis
167 ht : Ph. © Reiner Harscher/Laif/Rea
167 bas : Ph. © Stefano Cagnoni/Report Digital/Rea
174 : Ph. © Flying Colours/Iconica/Getty Images
175 m : Ph. © Chassenet/BSIP
175 ht : Ph. © Jean-Claude Desarnaud
176 g : Ph. © Claude Fabre/T
182 ht g : Ph. © Mendil/BSIP
182 ht d : Ph. © Hamilton/Rea
182 bas : Ph. © Leemage
183 : Ph. © Pierre Gleizes/Rea
186 : Ph. © S.T. Yiap/AGE Fotstock/Hoa-Qui/HPP
190 : Ph. © Reinhard Dirscherl/Bios
191 ht : Ph. © Bruno de Hogues/Gamma/HPP
191 bas : Ph. © ESA/Eurelios
193 : Ph. © Selva/Leemage
198 ht : Ph. © Jim Ross/CNP/Corbis
198 bas : Ph. © AKG
199 ht : Ph. © Philippe Gontier/Eurelios
199 bas : Ph. © Antoine Devouard/Rea
202 : Ph. © ESO/SPL/Cosmos
204 : Ph. © Didier Maillac/Rea
205 ht g : Ph. © STScI/Ciel et Espace
205 ht d : BIS / Ph. © 1959 by California Institute of Technology and Carnegie Institution of Washington - Archives Larbor
205 m : Ph. © J. Gleason/Ciel et Espace
205 bas g : Ph. © Nasa/CXC/SAO/Ciel et espace
205 bas d : Ph. © Nasa/Ciel et Espace

Photographies non référencées : Ph. Guignard/Contreforts Production

Nous remercions Yaël Montet-Berthéas de sa collaboration.

Édition : Christelle Lequesne
Fabrication : Jean-Marie Jous
Compogravure : Nord Compo
Iconographie : Laure Bacchetta
Illustrations : Thierry Beaudenon/agence Christophe
Schémas : Corédoc
Conception et réalisation des pages Documents : Miz'enpage
Coordination artistique : Alexandre Millot
Couverture : Gérard Fally
Conception graphique : Killiwatch

N° éditeur : 10144934
Dépôt légal : août 2007
Imprimé en France par MAURY

De l'infiniment grand à l'infiniment petit

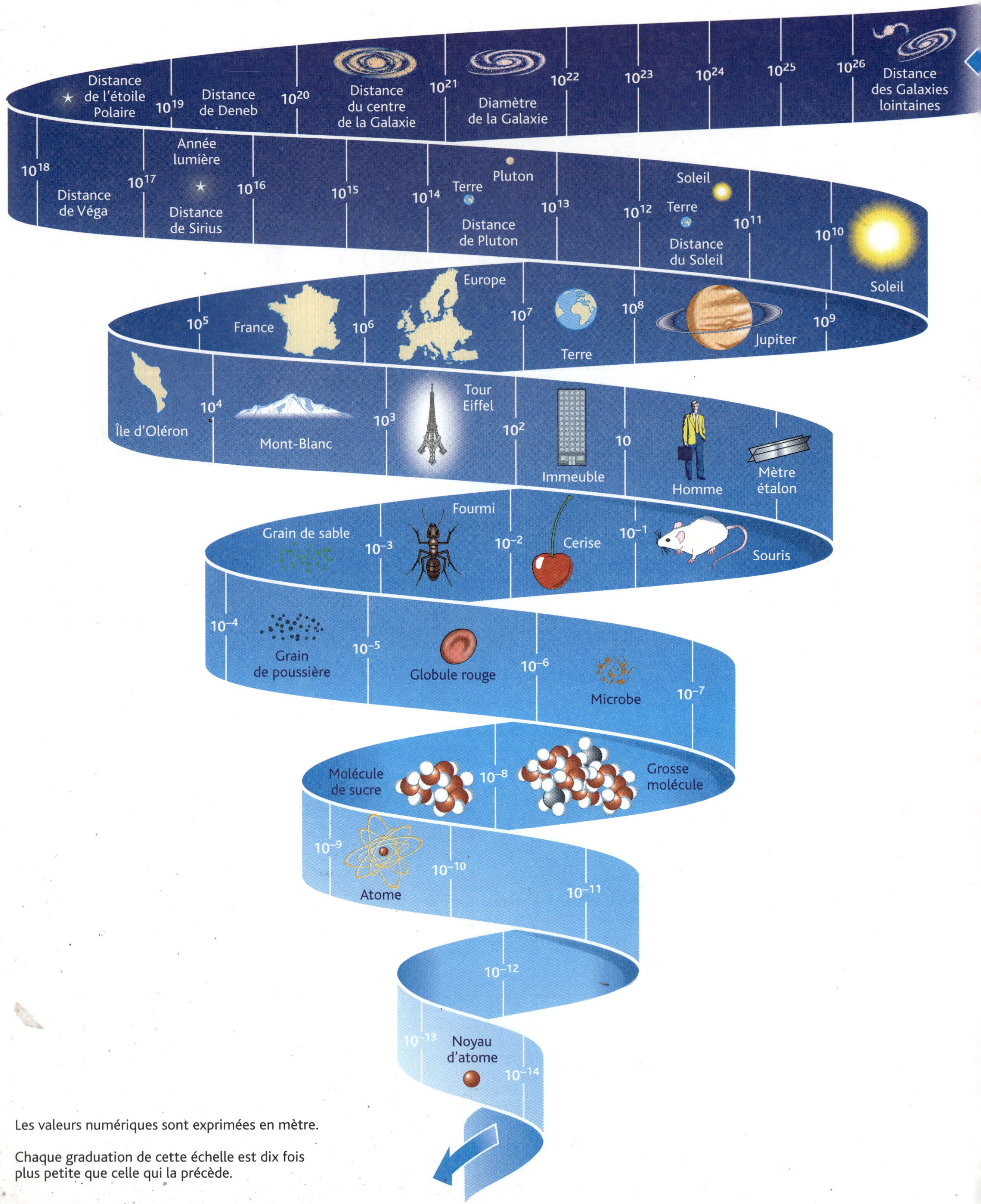

Les valeurs numériques sont exprimées en mètre.

Chaque graduation de cette échelle est dix fois plus petite que celle qui la précède.